年金、民主主義、経済学

再分配政策の政治経済学 Ⅶ

権丈善一

慶應義塾大学出版会

はじめに

　前著『社会保障の政策転換――再分配政策の政治経済学V』を出版したのは、2009年3月であった。それから現在に至る6年余りの間、自公政権から民主党政権、そして再び自公政権になるという時代をわれわれは経験した。そうした歴史のなかで、社会保障論議はいったん大混乱に陥っていたのだが、その混乱も今ではおおよそ過去のものとなり、医療介護も年金も、変えるべきところは変え、守るべきところは守るべく、前向きに議論できるようになってきている。のみならず、社会保障に関して世間の誤解をいかに解き、正しい理解をいかに広めるかという社会保障教育の動きも、ようやくスタートした。

　そこで、6年前に政権交代がなされた前後から、社会保障論議が混迷する渦中で、私が書いたり話したりしてきたことを――年金については、平成26年財政検証の解説や社会保障教育、とくに年金教育の現状と課題を本書用に書き下ろした文章も含め――、2001年のI巻以来刊行し続けてきた「再分配政策の政治経済学シリーズ」の2冊の本にまとめてみることにした。医療介護については『医療介護の一体改革と財政――再分配政策の政治経済学Ⅵ』。年金については『年金、民主主義、経済学――再分配政策の政治経済学Ⅶ』である。民主主義というのは実に忘れっぽいものである――そのなか、2009年9月の政権交代前後から今日まで、社会保障政策の周りでいったい何が起こっていたのか、そして今起こっていることはいかなる意味を持ち、これからの社会保障政策は――私にはあまり関心がない軌道から外れた短期的な動きはともかく――、中長期的にはどういう展開を見せるのかを知るには最も現実味のある歴史の記録、1つの座標軸、そして社会保障の理論と政策のつながりを知るうえでの1つのテキストになっていると思う。

個人的には、2009年3月に出したV巻の最後に書いていたように、民主党政権になった2009年8月30日の総選挙の翌日には、この政党のやり方には許しがたいものがあったので政府の仕事に辞表を出して、永田町、霞が関とは関わりを絶っていた。再び政策と関わりを持つのは、政権交代から2年を少し過ぎた2011年10月、厚生労働省社会保障政策統括官所属の検討会として、政治の中心から遠く離れたところで立ち上げられた「社会保障の教育推進に関する検討会」の座長としてであり、この検討会は2014年6月23日に報告書をまとめた。さらに、2012年11月30日に発足した社会保障制度改革国民会議に委員として参加し、この国民会議では、報告書の起草委員の1人となって、2013年8月6日に報告書を提出した。そして国民会議の報告書は、2013年12月成立の社会保障改革プログラム法に引き継がれていった。

　その後、医療介護では昨年2014年6月に医療介護の総合確保推進法が成立し、今年に入って2015年5月には医療保険改革関連法が成立している。国民会議が道筋を示した提供体制の再編、それを実効化するための医療保険の再編に向けた改革がかなり早いスピードで動いている。

　年金では5年に一度の定期的な制度の検診である財政検証が2014年6月に行われている。この財政検証では、国民会議報告書が求めた将来の給付水準の底上げを図るための改革について3つのオプション試算が示され、年金は今、その方向での改革を待っている段階にある。

　そして2014年7月には、社会保障制度改革国民会議の後継組織である社会保障制度改革推進会議が立ち上げられ、2013年の制度改革国民会議で提案された改革のフォローアップをすることができるように制度上準備されている。

　この間、社会保障教育と社会保障制度改革国民会議の両方——そして今は推進会議——に関わった私は、研究者であると同時に、一種のプレイヤーでもあったのかもしれない。その立場から見れば、今の社会保障は、よくもあの大混乱の時期から、なお大きな後遺症を残しながらも立ち上がり、前向きに進み始めたものだという思いがある。そうした気持ちが、昨年6月に開催された教育検討会の最後の場面での次のような発言に表れているとも言える。

　　今、社会保障政策統括官のほうから話がありましたように、民主党政

権の2年目の平成23年10月にこの検討会はこっそりと立ち上げられました。当時はまだ抜本改革論華やかなりし時代でして、そうした雰囲気と対立することになる社会保障教育の正しいあり方の検討、いわば世間の誤解をいかに解き、正確な理解をいかに広めるかということを検討していることは表だって言えない環境でした。検討会で話し合っている内容といいますと、前（民主党）政権に喜ばしくない彼らへの批判を結構していたのですけれども、そこからずっと続いて、われわれ、この検討会は生き延びて、ここまで到達することができ、報告書もまとめることができました。

　とここで終えたいところですが、昨年の社会保障制度改革国民会議の報告書には、「政府は、社会保障の現状や動向等についての情報公開等を行うだけにとどまらず、若い時期から、教育現場等において社会保障の意義や役割を学ぶことのできる機会を設けていくことが必要である」とあります。したがって、事務局の皆様方には、ここで終えたり休むことなく、社会保障の意義や役割を教育現場で教える機会がこの国でしっかりと整備されるまで、今後とも継続してがんばって頂かなければなりません。よろしくお願いいたします。

　この10年、社会保障はこれ以上ないほどに政争の具とされてきた。その政争の過程では、現在の制度が国民に憎悪の対象として受け止められるように政治的に仕立て上げられていくわけで、その時代に生きた国民の意識のなかには、社会保障へのいくつもの誤解、そうした誤解に基づく制度への憎しみが深く刻まれていった。そうしたなか、今デフォルトとして進められている改革——すなわち、とくに指定しないでも進められる予定された改革——、および必要でありながら、なお形に表すことができていない改革を着実に成功させるために大切なことは、社会保障というものに対する国民の正確な理解と国民からの協力である。

　医療介護の改革では、医療福祉の関係者たちをはじめとして、広く多くの人たちに、なぜ今、提供体制の改革が進められているのか、そして提供体制の改革のなかで、なぜ医療保険の大改革が必要となるのかを理解してもらわ

なければならないし、公的年金の改革では、どうして今、短時間労働者の厚生年金適用拡大が最も重要な課題であるのか、そして誰がその改革を阻止しているのかをはじめ、なぜ、将来世代の給付の引上げのために現在の高齢者に給付の調整に協力してもらわなければならないのかなどを理解してもらう必要がある。

さらに現段階で何よりも重要なことは、社会保障の教育である。将来の世代に社会保障を正しく引き継いでもらうために、社会保障教育によって、国民に正確な理解を広めることが大切な時期になっているのである。この度まとめた2冊の本が、その一助となればと願う。

目次
『医療介護の一体改革と財政――再分配政策の政治経済学Ⅵ』
- Ⅰ　賽は投げられた――競争から協調の時代への一歩
- Ⅱ　混迷のなかで――2009年から2012年
- Ⅲ　大混乱期を過ぎて
- Ⅳ　国民会議と医療介護改革の政策形成過程

『年金、民主主義、経済学――再分配政策の政治経済学Ⅶ』
- Ⅰ　年金、民主主義、経済学
- Ⅱ　平成26年財政検証の基礎知識
- Ⅲ　混迷のなかで――2009年から2012年
- Ⅳ　大混乱期を過ぎて
- Ⅴ　前途多難な社会保障教育

タイプ別読み方
『医療介護の一体改革と財政――再分配政策の政治経済学Ⅵ』
Aタイプ：医療介護はじめ社会保障制度の勉強をしたいと思っている学生は、辛かろうが苦しかろうが頭っから取りかかり、全部を読み通してください。

Bタイプ：社会保障をめぐる政策形成過程に関心を持つ読者は、冒頭から読

み進めてもよし、著者の既刊書を読んでいるなら、ひとまずIV部で社会保障・税一体改革の大詰めの議論がどのようなものであったのかを把握してから、I部に戻るもよし。

Cタイプ：高校の先生など社会保障教育に携わったり関わったりする人々——とくに、年金こそが社会保障の最大の問題と信じきっている人たちは、まずII部を読んで、みなさんへの情報の発信源となっていた日本の民主主義過程において、いったい何が起こっていたのかを把握してほしい。それから、III・IV・Iの順に読み進め、社会保障政策のなかで最も難題である医療介護改革の全体像を捉えてもらいたい。そのうえで、本書に続く年金の本『年金、民主主義、経済学——再分配政策の政治経済学VII』に進み、なぜ、年金よりも医療介護のほうが議論、政策の優先順位が高いのかを理解していただければと思う。

Dタイプ：医療介護の現場あるいは関連政策に携わる方々は、まずIV部で斯界のリーダーのメッセージを受け取るとともに、ぜひとも問題意識を共有してもらえればと思う。

『年金、民主主義、経済学——再分配政策の政治経済学VII』

Aタイプ：年金はじめ社会保障制度の勉強をしたいと思っている学生は、辛かろうが苦しかろうが頭っから取りかかり、全部を読み通してください。

Bタイプ：社会保障をめぐる政策形成過程に関心を持つ読者は、冒頭から読み進めてもよし、著者の既刊書を読んでいるなら、ひとまずIII・IV部でここ10年ほどの流れを把握してから、I部に戻って理論的なところを補強するもよし。

Cタイプ：高校の先生など社会保障教育に携わったり関わったりする人々は、まずV部を読んで、いま自分が信じ込んでいるものを疑ってかかれるくらいに頭をほぐしてから、III・IV部を読んでこの10年あまりに日本で何が起きた

のかを知り、そうして頭と心の準備をしてからⅠ・Ⅱ部で正確な知識を吸収してもらいたい。

Ｄタイプ：財政検証について読みたいと思っているプロ方面の人々は、Ⅰ・Ⅱ部だけで本を閉じずに、どうかⅤ部まで読んで問題の本質と事態の深刻さに対する認識を共有し、日本の社会保障を守っていく、責任ある一員に加わっていただきたい。

シリーズ「再分配政策の政治経済学」とは──Ⅱ巻「はじめに」より

2001年12月に私が出した本のタイトルは、『再分配政策の政治経済学──日本の社会保障と医療』であった。2004年３月に『年金改革と積極的社会保障政策』を出す時に、次の文章を書き、「再分配政策の政治経済学」をシリーズ化した。そして、１冊目の『再分配政策の政治経済学──日本の社会保障と医療』を2005年９月に第２版とする際に、このシリーズのⅠ巻に位置づけた。

> この本は、２年ほど前に出版した『再分配政策の政治経済学──日本の社会保障と医療』の第Ⅱ巻に位置づけた。というのも、前著に記した「経済学では、効率という価値に、他の価値をならべ重ね、それら価値の間の軽重是非を論じる判断を不可避とする問題を、分配もしくは再分配の問題と呼んでいる。そしてこの問題は、利害が衝突する場では、いつも確実に生じるのである。本書では、この再分配の問題を取り扱うことになる」という研究対象を、ここでも継承しているからである。のみならず、「政策は、所詮、力が作るのであって正しさが作るのではない」という視角や、「政策形成過程における権力の作用や価値判断の問題を視野に入れながら政治経済学的な分析を行う姿勢は、最近になればなるほど固まってくる。その意味で、本書の分析は、物事の考え方、物の見方に大きな特徴をもっている」という前著の特徴を、この本もそのまま備えもっているからでもある。
>
> 「はじめに」より

はじめに **vii**

勿凝学問とは

　Ⅵ巻、Ⅶ巻には、勿凝学問（学問ニ凝ル勿レ）という言葉がしばしば出てくる。これは私が気の向いた時にホームページにアップしていた雑文の呼び名である。Ⅱ巻の「はじめに」に書いた文章を紹介しておく。

> 　本書をまとめるにあたり『勿凝学問』〔学問に凝る勿れ〕というコーナーを設け、そこには、最近書いた随筆やインタビュー記事をおいた。「学問に凝る勿れ」とは、1890年に慶應義塾に大学部が設置された開設式における福澤先生の演題である。慶應義塾大学を開校するという記念すべきまさにその日に、第1期の入学生を前にして次のように演じる福澤先生の痛快さは堪らない。
>
> > 「之（学問）を好むと同時に学問に重きを置かず、唯人生の一芸として視るのみ。学を学んで人事を知らざるは碁客、詩人の流に異ならず、技芸の人に相違なしと雖も人生の完全なるものに非ずとて、物に触れ事に当たりて常に極限せざるはなし。〔中略〕学問に重きを置くべからずとは、之を無益なりと云うに非ず、否な、人生の必要、大切至極の事なれど、之を唯一無二の人事と思い、他を顧みずして一に凝り固まる勿れの微意のみ」
>
> （『福澤諭吉著作集』第5巻所収）
>
> 　わたくしの雑文や雑談を1つにくくる呼称を求めて案じているとき、ふと『勿凝学問』がひらめいた。それがこの企画の由来である。
> 　勿凝学問のリストは次から読むことができるので、お手すきの時にでもご笑覧あれ。
>
> http://kenjoh.com/korunakare_index.htm

目次

はじめに　*i*
年金、民主主義　関連年表　*xx*

第Ⅰ部
年金、民主主義、経済学

第1講　年金、民主主義、経済学Ⅰ　*3*
　　　　年金批判は永続する　*5*
　　　　年金界デビュー　*6*
　　　　右側の経済学と左側の経済学　*8*
　　　　ケインズの嫡子たち　*10*
　　　　経済政策思想の流れ　*14*
　　　　セイの法則かケインズの合成の誤謬か　*15*
　　　　手にした学問が異なれば答えが変わる　*19*
　　　　リスクと不確実性　*20*
　　　　経済界とアルフレッド・ノーベル記念経済学スウェーデン国立銀行賞
　　　　　　27
　　　　積極的賦課方式論　*30*
　　　　公的年金が実質価値を保障しようとしていることの説明の難しさ　*34*
　　　　市場を利用することと引き替えに喪っていったもの　*35*
　　　　素材的・物的な視点から見た積立方式と賦課方式の類似性　*36*
　　　　積立方式信奉者たちの論　*40*
　　　　本日のメッセージ　*42*
　　　　追記　*46*

第2講　年金、民主主義、経済学Ⅱ　*48*

年金数理人会で講演をするにあたって　*48*
年金の一元化？　*51*
2008年年金改革騒動の顛末　*52*
未納が増えると年金が破綻するって誰が言った？　*54*
2011年、年金制度改革2段階論？　*56*
年金は「年金保険」と正しく呼ぼう
　——世代間格差を不公平と言う間違い　*58*
政治的駆け引きに利用された年金試算　*59*
世代間格差という指標　*61*
公的年金財政の破綻!?　*66*
賦課方式年金制度の正しいバランスシート　*69*
マクロ経済スライドの意義と意味　*70*
賦課方式の持つ世代間リスク・ヘッジ機能　*74*
メディアはもう変わっている　*75*
年金は将来の生産物への請求権　*76*
積立金のメリット＆デメリット　*77*
世代間扶養の社会化　*81*
受給開始年齢自由選択制における繰下げの推奨　*82*
年金経済学の政策インプリケーションと結論　*86*
短時間労働者への社会保険の適用拡大　*89*
最低加入期間と受給開始年齢　*97*
国民への正しい情報提供とメディアの役割　*99*
世代間不公平論という行き詰まりの不毛な論　*101*
年金をめぐるメディアと政治家のギャップ　*106*
追記　*109*

第3講　政策技術学としての経済学を求めて
　——分配、再分配問題を扱う研究者が見てきた世界　*111*

経済学が問題なのではなく経済学教育、人の問題　*112*
資本主義的民主主義と経済学　*120*
価値判断と科学性　*126*
効率性だけしか持たない分析視角がもたらすもの　*132*
再び、経済学が限界を持っているのではなく、問題は教育、人なのである　*135*

第Ⅱ部
平成26年財政検証の基礎知識

第4講　解説　平成26年財政検証　*141*
04年フレームとは、そして04年フレームの宿命　*143*
マクロ経済スライドのフル適用で完成するフレームＡ　*143*
フレームＢ　*145*
「100年安心バカ」だけが使うフレームＣ　*148*
04年フレームの宿命　*149*
短時間労働者に対する厚生年金適用拡大　*151*
年金受給開始年齢と年金財政の関係　*155*
受給開始年齢自由選択制　*155*
「支給開始年齢引上げ」の種々の誤り　*158*
雇用延長問題と年金　*162*
年金不信を越えて　*164*
保険料収入という人的資本からのリターン　*165*

第4講の補講　シンポジウムで準備していたけれども話せなかったことなど　*168*
年金受給開始年齢（Pensionable Age）と雇用について　*168*
2004年年金改正法の附則第２条について　*170*
平成26年財政検証の意味　*172*
ニコラス・バー教授の「支給開始年齢引上げ」の正確な意味　*174*
年金部会における支給開始年齢　*176*
社会保障制度改革推進会議における年金の議論　*179*
年金制度、政策を考えるうえでの２つの前提　*182*
今後の高齢期所得保障政策について　*183*
年金は保険であることを忘れさせた原因　*189*
日本の年金を世界がうらやましがっている理由　*192*
保険としての年金の賢い使い方　*194*
人はなぜ保険を買う？　*197*

第 5 講　Output is central という考え方　*201*
　　　　　建設的な年金制度論、政策論を聞いてもらうための地ならしの必要性
　　　　　　201
　　　　　2013年1月のIMFシンポジウム　*204*
　　　　　Output is central という考え方　*206*

第 6 講　年金、社会保障と少子高齢化　*214*
　　　　　就業者1人当たり人口の安定性と努力目標　*215*
　　　　　「サザエさん」の波平さんはいくつ？　*218*

第 7 講　100年安心バカ　*220*

第 8 講　財政検証の積立金運用利回り前提　*222*

第 9 講　微妙に積立金を持つ賦課方式のワナ　*228*

第10講　公的年金、公的扶助、そして保険と税　*232*
　　　　　救貧機能と防貧機能　*232*
　　　　　社会保険と税　*233*
　　　　　追記　*241*

第11講　公的年金保険は何のため？　*242*
　　　　　長生きがどうしてリスクなのか？　*242*
　　　　　ああ言えばこう言う人たちへの「ただし書き」　*244*
　　　　　では、年金は何のため？　*245*
　　　　　初等経済学を政策に当てはめることの危険性　*246*

第12講　日本の年金の負担と給付の構造　*250*
　　　　　国民皆年金というロマンを追った日本　*253*

第Ⅲ部
混迷のなかで

第13講 　民主主義とは「最大多数の最大幸福」か、それとも「多数の専制」か？――ベンサムとJ. S. ミルが見たそれぞれの世界
　　　　　261

第14講 　「市場」に挑む「社会」の勝算は？　*266*

第15講 　政治的関心層の合理的無知がもたらした政治的帰結　*268*
　　　　　政治的関心層の合理的無知がもたらした政治的帰結　*268*
　　　　　北大シンポ「今ひとたび、政治の可能性を問う」　*271*

第16講 　政争の具にされてきた年金の現状　*273*

第17講 　運用3号とは何だったのか？　*275*
　　　　　追記　*278*
　　　　　参考資料　*280*

第18講 　合成の誤謬考――企業の利潤極大化と社会の付加価値極大化は大いに異なる　*283*

第19講 　大切なことは考え抜いた制度を作ること　*285*
　　　　　年金論議の天動説と地動説　*285*
　　　　　年金をめぐる大きな枠組み　*287*
　　　　　年金を政争の具とした政治家は、選挙で責任をとってもらおう　*289*

第20講 　公的年金論議のパラドックス　*290*

第21講 　歴史の共有と人間の感情――礼儀と歴史　*293*
　　　　　礼儀と歴史の関係　*293*
　　　　　YouTubeの映像による歴史の共有　*294*

　　　　　正しい歴史的事実への誤解と問題の根の深さ　296
　　　　　民主主義とB層　300
　　　　　再び礼儀と歴史と人間の感情の動き　302

第22講　年金政局の歴史と一体改革　305

第23講　少子高齢化と社会保障　307

第24講　年金制度の過去、現在と未来　309
　　　　　2009年政権交代後、初めての復帰　310
　　　　　2004年改正について　310
　　　　　年金制度の財政方式論の本質　311
　　　　　年金論議を理解するためのここ10年の歴史　316
　　　　　受給資格要件の10年への短縮について　320
　　　　　歳入庁の創設検討　323
　　　　　社会保険の考え方　323
　　　　　世代間格差論に対する「社会保障の教育推進に関する検討会」の見方　325

第25講　年金債務超過話の震源　332

第IV部

大混乱期が過ぎて

第26講　社会保険一元化はタケコプター　337

第27講　年金改革2段階アプローチ——歴史的経緯を知ろう　339

第28講　年金と政治家のレベル——政争の具とした愚行　342

第29講　「防貧」と「救貧」は異質——政策の実行可能性を考える　344

第30講　保険方式と税——実行可能性を問う次のステップ　*346*
　　　　参考資料　*347*

第31講　２度目の好機、生かせるか——民主党の年金案ゼロベース見直し　*349*
　　　　２度目の好機、生かせるか——民主党の年金案ゼロベース見直し　*349*
　　　　追記　*351*

第32講　「将来のことを論ずるにあたっての考え方」と年金　*352*
　　　　2014年２月14日　*352*
　　　　将来のことを論ずるにあたっての考え方とは　*352*
　　　　予測と投影　*354*
　　　　動学——歴史のなかで考える　*359*
　　　　不確実性と公的年金　*362*
　　　　予測可能性信仰を捨てて人知の限界の自覚を　*365*
　　　　不確実性と胆力　*369*

第33講　この人民ありてこの政治あるなり　*374*

第34講　ホメオスタット機構としての年金制度と社会経済制度改革インセンティブ　*376*
　　　　新年金制度が政策実行世代に組み込んだ社会経済改革インセンティブ　*377*

第V部
前途多難な社会保障教育

第35講　前途多難な社会保障教育　*383*
　　　　社会保障問題と民主主義　*385*
　　　　社会保障を素直に見れば　*390*
　　　　社会保障の教育推進に関する検討会の誕生　*391*
　　　　制度、歴史を知るということ　*397*
　　　　いわゆる「経済学者」が無視する時代背景や歴史　*399*
　　　　公的年金と財政方式　*400*
　　　　「教育検討会作成ケーススタディ」の作成　*408*
　　　　前途多難な社会保障教育？　*412*
　　　　両論併記から脱却したメディア　*414*
　　　　根暗で自虐的な社会保険の世代間不公平論　*417*
　　　　公的年金誕生の簡単な歴史　*425*
　　　　もちろん留意すべき世代間の問題　*436*
　　　　公的年金のバランスシート　*438*
　　　　参考資料　*441*

第36講　彼らが計算する世代間格差ははたして生活実感を表しているのか　*447*
　　　　参考資料　*450*

第37講　過去の不毛な年金論議による社会的損失　*452*

第38講　給付負担倍率試算に関するスタンス
　　　　――社会保障教育検討会における過去への訣別　*457*
　　　　追記1　*462*
　　　　追記2　*462*
　　　　追記3　*468*

あとがき　*469*
主要参考文献　*471*
索引　*475*

図表一覧

第1講

図表1-1	社会保障とかかわる経済学の系譜	9
図表1-2	左側の経済学と右側の経済学の相違	12
図表1-3	経済政策思想の流れ	14
図表1-4	有効需要理論に基づく過少消費論とセイの法則の世界	16
図表1-5	左側の経済学から見た経済政策	18
図表1-6	リスクと不確実性への保険の対応領域	22
図表1-7	私的・社会的老親扶養の転換	39
図表1-8	世代間のパイの分割のイメージ図	42

第2講

図表2-1	私的扶養から社会的扶養への移行	61
図表2-2	積立金の見通し（2009年度価格）	67
図表2-3	正しい年金バランスシート	70
図表2-4	マクロ経済スライドの発動時期の違いによる最終所得代替率への影響イメージ	71
図表2-5	特例水準の解消スケジュール（概念図）	75
図表2-6	ニコラス・バー教授による年金を設計するただ2つの方法	77
図表2-7	人口のコブに対する年金積立金の意義	79
図表2-8	ニコラス・バー教授による年金財政問題の4つの解決策	83
図表2-9	ニコラス・バー報告の政策インプリケーション	87
図表2-10	ニコラス・バー報告の結論	88
図表2-11	短時間労働者への社会保険の適用拡大	90
図表2-12	パート労働への厚生年金適用への現状（第1号被保険者の場合）	92
図表2-13	パート労働への厚生年金適用拡大のための改革案	93
図表2-14	世帯類型別給付水準のイメージ	98
図表2-15	世帯1人当たり手取り給与と年金の所得代替率	99
図表2-16	社会保険のリスク軽減効果	101
図表2-17	社会保険の創設と扶養の社会化	102
図表2-18	社会・経済変動による生活水準格差を避ける手段としての世代間格差	104
図表2-19	国民皆年金・有免除制度化の受給資格期間	110

第3講

図表3-1	政策判断という知的営み	*114*
図表3-2	所得と医療サービス支出の日米比較	*115*
図表3-3	利益集団モデルとしての Denzau and Munger モデル	*125*
図表3-4	ポピュリズムと政策評価の難易度	*126*
図表3-5	縁付きエッジワースボックスと自由放任	*132*

第4講

図表4-1	04年フレームとは？	*143*
図表4-2	日本の公的年金の財政天秤	*144*
図表4-3	早めのマクロ経済スライド適用は将来世代のため	*145*
図表4-4	プログラム法（2013年12月10日成立）	*149*
図表4-5	主な収入源別短時間労働者の年収分布	*152*
図表4-6	パート労働者の厚生年金適用イメージ	*153*
図表4-7	オプション試算の内容	*156*
図表4-8	繰上げ・繰下げ受給制度のもとでの年齢・給付水準線（割引率、割増率の屈折は無視）	*157*
図表4-9	支給開始年齢と平均実効引退年齢の乖離	*159*
図表4-10	世代間での所得代替率の推移	*161*
図表4-11	保険料拠出期間延長の効果	*173*
図表4-12	所得代替率の将来見通し（平成26年財政検証）	*174*
図表4-13	少子化、経済停滞と年金	*176*
図表4-14	04年改正前後の年金年齢と年金財政の関係	*177*
図表4-15	今後の高齢者所得保障政策	*185*
図表4-16	年金論、混乱の源――保険であることを忘れさせたネーミング	*191*
図表4-17	民主党による年金の将来イメージ	*192*
図表4-18	日本の年金は受給開始年齢自由選択制	*196*
図表4-19	保険料の内訳（概念図）	*199*
図表4-20	危険回避者の効用曲線の形状とリスクプレミアム	*200*

第5講

図表5-1	生産される財・サービスに対する少子高齢化の影響	*206*
図表5-2	年金局による社会保障制度改革国民会議での配付資料（図表2-6再掲）	*211*
図表5-3	年金局作成の積立方式と賦課方式	*212*
図表5-4	マンガ　公的年金における積立方式と賦課方式の説明	*213*

第6講
図表6-1　財務省作成の少子高齢化の図　216
図表6-2　高校教科書にある少子高齢化の図　216
図表6-3　人口構成の変化と就業者数の推移　217

第8講
図表8-1　GPIFの運用目標設定の仕組み　223

第9講
図表9-1　未納者の増加による財政への影響　229

第10講
図表10-1　社会保障給付費の内訳　232
図表10-2　社会保障の歴史展開概念図（スティグマからの解放の歴史）　236
図表10-3　社会保険と生活保護、民間保険　237

第11講
図表11-1　ニコラス・バーによる年金の目的　246
図表11-2　年金の分析のカギとなる原則　247
図表11-3　ファースト・ベストの仮定の失敗　248

第12講
図表12-1　公的年金の負担と給付の構造　251
図表12-2　2014年の賃金水準別の年金月額と所得代替率　252
図表12-3　公的年金加入者の状況（2013年度末）　253

第15講
図表15-1　民主主義における政治的関心層の役割　269

第21講
図表21-1　感想文の2つの構造　296
図表21-2　感想文の2つの構造（図表21-1再掲）　299
図表21-3　郵政民営化を進めるためのターゲット策略　301

第24講
図表24-1　スウェーデンにおける1999年年金制度改革の主な内容　322

第30講
図表30-1　平成19年度における国民年金第1号被保険者の内訳（粗い推計）　*348*

第34講
図表34-1　制度改正の検討のためのオプションについて　*377*
図表34-2　新年金制度のホメオスタット機構と社会経済制度改革インセンティブ　*379*
図表34-3　年金給付水準と世代、および人口、経済諸仮定　*380*

第35講
図表35-1　保険料水準固定方式（厚生年金および国民年金の保険料（率）の引上げ）　*386*
図表35-2　「経済学者」が捨象する時代背景や歴史　*401*
図表35-3　公的年金成熟過程における社会全体で見た「私的な扶養負担」と「年金保険料負担」の関係（イメージ図）　*402*
図表35-4　誰が何を間違えたのか？「世代間不公平論」　*412*
図表35-5　貧困線と貧困のライフサイクル　*426*
図表35-6　扶養の社会化制度としての公的年金（図表2-17再掲）　*427*
図表35-7　財務省資料に見る「財政赤字の問題点としての世代間の不公平」　*439*

第36講
図表36-1　複利計算の怖さ　*448*

第38講
図表38-1　割引率の考え方の整理　*458*

年金、民主主義　関連年表

日付		出来事	出版・執筆・インタビュー等
2002	12月8日	厚生労働省「年金改革の骨格に関する方向性と論点」	
	12月10日		「方向性と論点」が研究室に送られてくる（**第1講参照**）
2003	3月11日		年金に関する初めての仕事　シンポジウム「厚労省の方向性と論点をみる」主催　国立社会保障・人口問題研究所（**第1講参照**）
	4月14日		年金に関する初めての論文「年金改革論議の政治経済学——厚生労働省『年金改革の骨格に関する方向性と論点』を読んで」『三田商学研究』第46巻 第1号；2003年4月14日 脱稿（**第1講参照**）
	11月9日	第43回衆議院議員総選挙（衆議院において　民主／自公＝0.65）[1]	
2004	2月10日	年金改革関連法案（法律案460頁、理由1頁）が政府により国会に提出される	
	3月25日		『年金改革と積極的社会保障政策——再分配政策の政治経済学Ⅱ』
	4月1日	枝野民主党政調会長、衆議院にて「年金財政は、破綻状態と言っても過言ではありません」と	
	4月7日	民主党が年金改革法案（法律案11、理由1頁）提出（**第23講参照**）	
	4月23日	菅民主党代表「未納三兄弟」キャンペーンを始める	
	4月28日	年金改革関連法案は無風のまま衆議院厚生労働委員会で可決　直後から、「平成16年年金騒動」が始まる	
	4月30日	枝野民主党政調会長、新聞にて「政府案をこのまま押し切ったら、間違いなく破たんして、五年以内にまた変えなければならない」と（**第35講参照**）	

1）民主／自公＝民主党議席数／自民・公明党議席数
＊週刊誌の日付は実際の刊行日を記載

年金、民主主義 関連年表 xxi

日付		出来事	出版・執筆・インタビュー等
	5月7日	福田官房長官、未納で辞任	
	5月10日	菅民主党代表、未納で辞任	
	5月17日	小沢氏、民主党代表選、未納で立候補辞退	
	6月5日	平成16年年金改正法成立	
	7月11日	第20回参議院議員通常選挙（参議院において　民主／自公＝0.59）	
2005	3月22日		年金数理セミナー2005で講演（第2講参照）
	4月3日	第1回「シリーズ選択のとき」『朝日新聞』2005年4月3日（第32講参照）	
	4月8日	第1回年金制度をはじめとする社会保障制度改革に関する両院合同会議	
	4月14日	岡田民主党代表、第2回両院合同会議にて「国民年金は壊れている」と	
	7月29日	両院合同会議はこの日の第8回を最後に選挙を前にして中断し、再開されず	
	8月8日	衆議院解散（郵政解散）	
	9月11日	第44回衆議院議員総選挙（衆議院において　民主／自公＝0.35）	
2006	8月12日		『医療年金問題の考え方――再分配政策の政治経済学Ⅲ』序章より「そのとき（2004年年金改革時）、おそらく在野にあってわたくしひとりが、この2004年年金改革法案は、みんながいうほど悪くはないという論陣を張りはじめ、それから先は、詰将棋をして遊んでいるようなものであった」
	9月26日	安倍内閣成立	
2007	2月17日	年金記録問題が報道される	
	6月30日	社会保険庁改革関連法成立	
	7月10日		『医療政策は選挙で変える――再分配政策の政治経済学Ⅳ』はじめにより「（2005年）9.11の郵政民営化選挙の際、よもや与党に投票した医療関係者はいなかったでしょうね」

	日付	出来事	出版・執筆・インタビュー等
	7月29日	第21回参議院議員通常選挙（民主、参議院にて第1党に　民主／自公＝1.06）。自民・公明党は少数与党（参議院議席総数242の43％）となりねじれ国会となる	
	8月27日	安倍改造内閣	
	9月26日	福田内閣成立	
2008	1月29日	第1回社会保障国民会議（親会議と雇用年金分科会に所属）	
	3月4日		社会保障国民会議に「基礎年金租税財源化に関する定量的なシミュレーションの必要性」提出
	5月19日	第4回雇用年金分科会で「公的年金制度に関する定量的なシミュレーション結果について」発表	
	6月19日	社会保障国民会議「中間報告」	
	8月2日	福田改造内閣	
	9月24日	麻生内閣成立	
	11月4日	社会保障国民会議「最終報告」	
	12月24日	「中期プログラム」閣議決定（持続可能な社会保障構築とその安定財源確保に向けた中期プログラム）	
2009	2月23日	平成21年財政検証発表	
	3月14日		『社会保障の政策転換――再分配政策の政治経済学Ⅴ』はじめにより「この国の今の状況で、負担増のビジョンを示さない政党には拒否権を発動すべし」
	3月27日	平成21年税制改正法成立――附則第104条（税制の抜本的な改革に係る措置）	
	5月26日	臨時年金部会が招集され、民主党の要請による試算結果が報告される（2.3倍等）（**第1講・第4講参照**）	
	5月31日	「新報道2001」出演（**第1講・第4講参照**）	
	7月21日	衆議院解散	
	8月5日		「政策技術学としての経済学を求めて――分配、再分配問題を扱う研究者が見てきた世界」『atプラス』創刊号（**第3講**）

日付		出来事	出版・執筆・インタビュー等
	8月30日	第45回衆議院議員総選挙（民主、衆議院にて第1党に　民主／自公＝2.20）〔第44回総選挙（2005年9月11日）民主／自公＝0.35〕	
	9月7日		「メッキはすぐ剥げる！民主党の無駄をなくせ」『週刊東洋経済』2009年9月12日号（第15講参照）
	9月16日	鳩山内閣成立	
	9月28日		「勿凝学問251　民主主義とは「最大多数の最大幸福」か、それとも「多数の専制」か？」（第13講）
	10月26日		「年金激震」『週刊東洋経済』2009年10月31日（第35講参照）
	11月2日	長妻厚労相、テレビにて「年金は破綻しません、国が続く限り必ず支える」と	
	11月7日	政府事業仕分けで年金広報・教育費ゼロ査定	
2010	3月1日		「"市場"に挑む"社会"の勝算は？」『週刊東洋経済』2010年3月6日号（第14講）
	3月16日	自民党、「財政健全化責任法案」提出	
	3月22日		副総理兼財務大臣と会う（VI巻第9講参照）
	4月4日		「勿凝学問296　官僚を萎縮させる方法——江戸の敵を長崎で討つ」（第17講脚注）
	6月8日	菅内閣成立	
	6月22日	「財政運営戦略」閣議決定（IV巻第9講参照）	
	7月11日	第22回参議院議員通常選挙（民主、参議院にて第1党維持　民主／自公＝1.03）しかし、民主・国民新党は少数与党（参議院議席総数242の45％）となり、ねじれ国会となる	
	9月17日	菅第1次改造内閣	
	10月17日	海江田経済財政担当相、テレビにて、基礎年金国庫負担について「その話は今の年金のことでして、われわれはまったく新しい年金を作るわけですから」と（第27講参照）	

日付		出来事	出版・執筆・インタビュー等
2011	1月14日	菅第2次改造内閣で与謝野馨社会保障・税一体改革担当相	
	2月2日	運用3号問題を取り上げた社説「主婦の年金」『朝日新聞』（第17講参照）	
	3月6日	外務相が外国人献金問題で辞任	
	3月10日	運用3号問題で担当課長更迭（第17講参照）	
	3月11日	首相への外国人献金疑惑報道が朝刊より始まり、午前の国会で質問。午後2時46分、東日本大震災	
	5月24日	民主党の隠蔽されていた年金試算がリークされる	
	6月2日	午前中に菅内閣不信任案が否決され、その夕刻「社会保障改革に関する集中検討会議」で「社会保障改革案」がまとめられる	
	6月30日	「社会保障・税一体改革成案について」が政府・与党社会保障改革検討本部で承認される	
	7月1日	「社会保障・税一体改革成案について」〔いわゆる「成案」〕が閣議了承	
	8月26日	14時ころ菅首相退陣表明、同日16時より「マニフェストの中間検証」が注目されぬようにひっそりと発表される（Ⅵ巻第15講参照）	
	9月2日	野田内閣成立	
	9月11日		「勿凝学問374 政治的関心層の合理的無知がもたらした政治的帰結」（第15講）
	10月11日	第1回社会保障の教育推進に関する検討会（第35講参照）	
	10月17日		「政争の具にされてきた年金の現状」『週刊東洋経済』2011年10月22日号（第16講）
	10月25日		「合成の誤謬考——企業の利潤極大化と付加価値極大化は大いに異なる」『生産性新聞』2011年10月25日（第18講）
	11月27日	五十嵐財務副大臣、テレビにて消費税増税の理由を問われて、「年金に債務超過が450兆円ある」からと（第35講参照）	

日付	出来事	出版・執筆・インタビュー等
2012 1月1日		「大切なことは考え抜いた制度を作ること」『年金時代』2012年1月号（No.604号）（第19講）
1月4日		「公的年金論議のパラドックス」『週刊東洋経済』2012年1月7日号（第20講）
1月6日	「社会保障・税一体改革素案について」〔いわゆる「素案」〕閣議報告	
2月3日		講演「歴史の共有と人間の感情　アメニティーフォーラムで話した『礼儀と歴史』」アメニティーフォーラム（第21講）
2月17日	「社会保障・税一体改革大綱について」〔いわゆる「大綱」〕閣議決定	
3月12日		「年金政局の歴史と一体改革」『週刊東洋経済』2012年3月17日号（第22講）
3月16日	野田首相、国会にて「（現行の年金）制度が破綻しているとは言えない、破綻するということはない」と答弁（第28講参照）	
3月23日	第4回社会保障教育検討会、「社会保障の正確な理解についての1つのケーススタディ～社会保障制度の"世代間格差"」を報告	
4月7日	鳩山元首相、新聞にて「年金がこのままではボロボロになって、年を取ってももらえなくなるという語りかけは、非常に政権交代に貢献してくれた」と（第35講参照）	
4月9日		「年金破綻論のまやかし」『AERA』2012年4月9日号（第35講参照）
4月26日		「年金大誤報にダマされるな」『週刊文春』2012年4月26日号（第35講参照）

日付		出来事	出版・執筆・インタビュー等
	5月22日	岡田国務大臣、国会にて「年金制度破綻というのは、私もそれに近いことをかつて申し上げたことがございます。それは大変申しわけないことだというふうに思っております」と答弁（第28講・第35講参照）	
	5月28日		「少子高齢化と社会保障」『週刊東洋経済』2012年6月2日号（第23講）
	7月9日		「年金実務2000号記念座談会　年金制度の過去、現在と未来」『年金実務』第2000号（座談会日　4月26日）（第24講）
	8月6日		「年金債務超過話の震源」『週刊東洋経済』2012年8月11-18日号（第25講）
	8月10日	年金機能強化法・被用者年金一元化法成立	
	11月14日	党首討論で野田首相解散を表明	
	11月16日	衆議院解散	
	11月19日	社会保障制度改革国民会議委員決定	
	11月30日	第1回社会保障制度改革国民会議（欠席）	
	12月10日		講演「公的年金制度の現在と課題」年金総合研究所設立シンポジウム（2012年12月10日）（第1講）
	12月16日	第46回衆議院議員総選挙（自民、衆議院にて第1党　民主／自公＝0.18）	
	12月26日	第2次安倍内閣成立	
2013	5月17日	第12回社会保障制度改革国民会議において年金第1回目の議論（第2講参照）	
	5月27日		「社会保険一元化はタケコプター」『週刊東洋経済』2013年6月1日号（第26講）
	5月29日		講演「社会保障制度改革の行方」（2013年5月29日）年金数理人会平成25年度特別講演会（第2講）
	6月3日	第13回社会保障制度改革国民会議において年金第2回目の議論（第5講脚注参照）	

年金、民主主義 関連年表 xxvii

日付	出来事	出版・執筆・インタビュー等
6月13日	第15回社会保障制度改革国民会議（**第12講参照**）	
7月28日	第23回参議院議員通常選挙（自民、参議院にて第1党に 民主／自公＝0.44）。自民・公明党は過半数（参議院議席総数242の56％）を獲得し、ねじれ国会解消される。	
8月2日	第19回社会保障制度改革国民会議でのおかしなシーン（**第28講参照**）	
8月6日	社会保障制度改革国民会議報告書――確かな社会保障を将来世代に伝えるための道筋	
10月23日		「年金改革2段階アプローチ――歴史的経緯を知ろう」『毎日新聞』（**第27講**）
11月20日		「年金と政治家のレベル――政争の具と化した愚行」『毎日新聞』（**第28講**）
12月10日	プログラム法成立（持続可能な社会保障制度の確立を図るための改革の推進に関する法律）	
12月18日		「『防貧』と『救貧』は異質――政策の実行可能性を考える」『毎日新聞』（**第29講**）
2014 1月22日		「社会保険と税――実行可能性を問う次のステップ」『毎日新聞』（**第30講**）
2月14日		「勿凝学問385 「将来のことを論ずるにあたっての考え方」と年金」（**第32講**）
2月19日		「勿凝学問326 2度目の好機いかせるか――民主党の年金案ゼロベース見直し」（**第31講**）
3月17日		「この人民ありてこの政治あるなり」『週刊東洋経済』2014年3月22日（**第37講**）
6月2日		「勿凝学問388 ホメオスタット機構としての年金制度と社会経済制度改革インセンティブ」（**第34講**）
6月3日	平成26年財政検証発表	
6月23日	第9回社会保障の教育推進に関する検討会（**第38項参照**）	

日付		出来事	出版・執筆・インタビュー等
	6月26日	「新人記者にも分かった！　絶対損しない貰い方」『週刊文春』2014年6月26日（**第38講参照**）	シンポジウム「平成26年財政検証について」年金綜合研究所（2014年7月2日）（**第4講**）
	7月2日		
	7月18日	社会保障の教育推進に関する検討会、9回の会議を経て「報告書――生徒たちが社会保障を正しく理解するために」をまとめる	
	11月24日	衆議院解散	
	12月14日	第47回衆議院議員総選挙（自民、衆議院にて第1党維持　民主／自公＝0.22）	
	12月24日	第3次安倍内閣成立	
2015	1月21日	厚生労働省年金局、「社会保障審議会年金部会における議論の整理」をまとめる	

第Ⅰ部
年金、民主主義、経済学

第Ⅰ部には、書名『年金、民主主義、経済学』を代表する文章を収めた。第1講は2012年12月10日の講演録、第2講は2013年5月29日の講演録、第3講は2009年8月5日に創刊された『atプラス』に書いた論文である。

　第1講の2012年12月10日という頃を振り返ると、11月16日衆議院解散、19日社会保障制度改革国民会議の人選で15名が決まり、30日第1回社会保障制度改革国民会議（私は1回目は欠席）、12月4日衆議院選挙公示、16日総選挙で民主党が自公に大敗という慌ただしい時期の最中であった。この講演録は、年金綜合研究所の設立シンポジウムでのものである。

　第2講の2013年5月29日という頃は、5月17日、第12回社会保障制度改革国民会議で第1回目の年金の議論が行われ、第2回目に年金が議論される6月3日直前であった。第2講は、年金数理人会の年次総会での講演録である。

　第3講は、2008年9月15日のリーマン・ショックから1年、経済学への信頼が大きく揺らいでいた頃、「資本主義の限界と経済学の限界」という特集を組んだ『atプラス』創刊号――「思想と活動」をテーマにした雑誌――に書いた論文である。原稿依頼を受けた私は、経済学が問題なのではなく、経済学教育、経済学を手にしている人の問題だということを書いてよいのならばと伝えて、「政策技術学としての経済学を求めて――分配、再分配問題を扱う研究者が見てきた世界」というテーマで引き受ける。創刊号発刊の2009年8月5日頃は、7月21日に衆議院解散が行われ、8月30日の総選挙で政権交代が確実に行われるというお祭りムードのなかであり、私から見れば今後予測される大混乱の前夜であった。

第1講　年金、民主主義、経済学Ⅰ*

　本日は、年金綜合研究所の設立記念シンポジウムにお招きいただきましてありがとうございます。伺えば、年金を自由に語るサロンを作りたいとのこと、本当にすばらしい話ですね。

　私は、2004年改正の直前に年金の世界に入ったわけでして、本日のフロアのご出席者から見れば、まったくの新参者であります。そしてですね、この世界に入った頃に思ったのは「年金の世界は、なんとも根暗な世界だな」というものでした（笑）。妙に官僚との対立ポーズをとりたがる年金経済学者たちの独壇場でした。普通、研究者と呼ばれるくらいの人ならば、日本で展開されていた官僚バッシングはヨーロッパでの移民排斥と同じようなもので、ポピュリズム政治の現れだと理解するくらいの人物でいて欲しいのに、日本の年金経済学者を見ると、テレビに出ては、大衆レベルの司会者の話に合わせて一緒にバッシングをやっている。一方、どう考えても年金批判をする人たちのほうが間違えている場合でさえ、霞が関は反論もせずにいる。そういう官の態度も暗いですね。

　そうした根暗な世界は、私にはあまり向きません。この年金綜合研究所が、年金を語るサロンとなって、大いに明るく、賑やかな議論の場となってくれますことを、心より願っております。

　さて、本日は好きな話をしてよいとのことでしたので、日頃から「公的年金制度の最大の課題は、何人かしかいない年金経済学者だよ。他の国ではそ

＊　年金綜合研究所設立記念シンポジウム「公的年金制度の現在と課題」（2012年12月10日）での講演録を本書用に筆削補訂。

んなことないんだけどね」と言っている私から年金論議の現状を眺めてみて、思うところの四方山話を自由にさせていただこうかと思います。よろしくお願いいたします。

＊　　＊　　＊

まず、結論から言いますと、今日の話は最後、こちらにたどり着きます。

> 経済学者の政策論を、余裕をもって眺めることができるように……
> ①　公的年金批判論——皆保険批判論——は永続する
> ②　社会の一側面にすぎない「市場」を、それが本来あるべき場所に封じ込める制度である社会保障は、経済界と生活者との主戦場であり続ける
> ③　ただし、生活問題の解決を今日よりも重視したとしても、マクロ経済に悪影響を与えるとはかぎらず、むしろ現状では有利に働く

公的年金に対する批判論や医療分野での皆保険批判論といった社会保障批判論は、残念ながら永続します。

社会保障は、社会の一側面にすぎない市場というものを、それが本来あるべき場所に封じ込めているのですが、この市場あるいは資本というのは大変な膨張圧力を持っているため、自分の居場所を封じ込めようとする社会保障が邪魔で仕方がない。したがって、本質的には、社会保障は生活者と経済界との主戦場であるわけでして、年金はその矢面に立たされ続ける制度です。

ただ、経済界・産業界が生活者に譲歩すると、経済がうまく回らなくなるとか、経済が弱くなると多くの人が信じているようなのですが、むしろ今日の日本のように、ある程度まで経済が成熟した社会、つまり市場が人々の欲しているものが何であるかをある程度分かっている未成熟社会（たとえばキャッチアップ段階の日本）ではなく、市場が次は何を売るべきかを懸命に模索している成熟社会（既存の財・サービス需要が消費者にある程度行きわたった飽和社会）においては、生活問題の解決をより重視した公共政策をとったとしてもマクロ経済に悪影響を与えるとはかぎらず、むしろ現在の状況では有

利に働くということを、この講演のメッセージとしてみなさんに届けたいと思います。

年金批判は永続する

さて、先ほど言いました「年金批判論・社会保障批判論は永続する」とはどういうことか。本日配付してます資料は、今年（2012年）1月の『年金時代』でインタビュー[1]を受けたものです。私が「年金批判論は永続する」と言うと、「少し詳しく説明を」と質問されて、次のように答えています。

> 小さな枠組みの話で言えば、経済界にとって社会保険の年金制度は外形標準課税みたいなもので邪魔で仕方がない。だから彼らは、社会保険料から逃れる改革を勝算は抜きにして永遠に言い続けます。しかし、大きな枠組みで言えば、福祉国家や混合経済を解体しようと考える議論の矢面に年金制度が立たされているということと関係します。新自由主義者の総帥フリードマンの書『資本主義と自由』に、年金の廃止が書いてある。彼流の考えをすればそうなる。フリードマンの理想と利害が一致するために彼を持ち上げた経済界も、もちろん同じ考えでいる。

最近はこの『資本主義と自由』のなかに「最低賃金制度の廃止がある」と言って賑わっていますが、多くの経済学者にとって、フリードマンはアイドルですからね。仕方がない。

もう1人、この方面で有名なアイドルには、フェルドシュタインという経済学者がいます。私は、以前「世代間格差論議の学説史的考察」[2]という論文のなかで、フェルドシュタインについて次のように書いています。

> サプライサイダーのリーダー格は、フェルドシュタインである。……フェルドシュタインは、1970年代初頭、年金と医療に関して政府の介入

---

1) 本書第19講に所載。
2) 「公的年金における世代間格差をどう考えるか──世代間格差論議の学説史的考察」『Labor Research Library』11号（2006年6月）。権丈（2006）第5章所収。

を非とする論文を立て続けに書いていった。この時期、フェルドシュタインを指導教授とする大学院生の1人にコトリコフがいた。彼は、フェルドシュタインによる公的年金のサプライサイドへの悪影響、世代間格差を論じた1974年の研究を目にして感銘を受ける。そして彼は、80年代初めに一般均衡モデルにより世代間格差を論じ、90年代に入ると世代会計論というのを確立した。

日本には、このフリードマンを神様のように尊敬する経済学者や、フェルドシュタインを心から好きだという経済学者は山ほどいます。政府や民間で重責を担ってきた人たち、現に担っている人たちのなかで何人も名前を挙げることができるのですが、今日は遠慮しておきますね——「今日は研究所開設シンポジウムというおめでたい日だから、少し控えめに」と、家を出るときに言い聞かせられましたもので（笑）。

そうした状況にあるので、公的年金、公的医療保険など社会保障全般の議論を静かにさせることは無理です。社会保障は永久戦争の場であって、とくに公的年金は規模が大きいので、これにかかわる企業にとっての重要性は高く、主戦場であり続けます。

年金界デビュー

さて、冒頭に申しましたように、私が年金の世界にかかわるようになってから、わずか10年しか経っていません。先ほどご講演された吉原さん（吉原健二元厚生事務次官）の皆年金創設以来50年以上という年金とのかかわりとは対照的でして、さて10年前に、なぜ、私が年金界にデビューすることになったのか。

手帳で確認したところ、2002年12月10日、まさに10年前に大学の研究室へ『年金改革の骨格に関する方向性と論点』（以下、『方向性と論点』）が送られてきます。その年の3月に城戸喜子先生が慶應義塾大学商学部を退職される際のパーティを私が企画していまして、そこで偶然に名刺交換をした、本日もご出席の井口直樹さん、当時の年金担当審議官が「ご参考までに」との直筆のメモ付きで『方向性と論点』を送ってくださったわけです。あの頃は、

厚労省に1人も知り合いがいなかったものですし。

> **年金とのかかわり**
> ・2002年12月　『方向性と論点』が送られてくる
> ・2003年3月11日　シンポジウム「厚労省の方向性と論点をみる」（主催　国立社会保障・人口問題研究所）翁百合氏、高山憲之氏、山崎泰彦氏
> ・2003年4月14日　「年金改革論議の政治経済学――『方向性の論点』を読んで」（権丈（2009〔初版2004〕）第1章所収）
> ・2003年5月17日　「積極的社会保障政策と日本の歴史の転換」（権丈（2009〔初版2004〕）第3章所収）

　私、こう見えてけっこう律儀なので、礼状を書かなければいけないと思い、すぐに『方向性と論点』を読み上げました。そして、翌週には授業で、後に論文に書いたマクロ経済スライドに関する数式などを学生に示しながら、「僕はこの改革の方向性を支持するよ」という話をしています。そして『方向性と論点』に関するコメントをメールにして礼状として送っています。

　そうすると、それから1か月以上経った1月の終わり頃、「人生一度でいいから、年金のシンポジウムに参加してくれないか」という連絡が来ます。「人生一度だけですよ」とお断りして、結局、私は2003年3月11日に「厚労省の"方向性と論点"をみる」という国立社会保障・人口問題研究所（以下、社人研）のシンポジウムに参加することになります。その時には翁百合さん、高山憲之先生、山崎泰彦先生に私が参加し、こうして私が年金界にデビューすることになったわけです。

　後になって聞いた話ですが、本日ご出席の堀勝洋先生がお断りされて、その穴埋めに私に声がかかったということだったらしいです。今ですと堀先生がお断りされた理由が分からないでもないですけど（笑）、あの時、もし堀先生が引き受けられていたら、私は2004年改革以降に大いに盛り上がることになる年金騒動を遠くから傍観するだけの静かな人生を送っていたかもしれません。私は、そういう運みたいなものを人よりもおもしろがるのですが、世の中、本当に不思議なもので、ちょっとしたきっかけで、私と年金とのか

かわりが始まったわけです。

　ちなみに、あの2003年3月11日の社人研シンポジウムで、高山先生は、満を持して公的年金のバランスシート論を発表されます。その場にいた私は、「うんっ？　何かおかしなことを言っていないか」くらいの気持ちで聞いていたのですが、堀先生は、長年の経験でシンポジウムへの参加をお断りされていたのだと思います。

　社人研のシンポジウムに参加するために、私は、専門家のみなさんはどういう議論をしているのだろうかと思って、年金部会の傍聴に応募して出かけたりしていました。そこで、せっかくいろいろと考えたり、シンポジウム用に準備したりしたので、年金の論文でも書いてみようかと思って書いたのが、脱稿日が2003年4月14日の論文「年金改革論議の政治経済学──『方向性と論点を』読んで」[3]です。私が初めて書いた年金の論文で、およそ1年後に『年金改革と積極的社会保障政策──再分配政策の政治経済学Ⅱ』に収めたものです。

右側の経済学と左側の経済学

　こうして私は、2004年改革以降に大揺れに揺れた年金の世界に巻き込まれていくことになります。ただ、今から話すことは私にとってきわめて重要なポイントでして──実は、はじめての年金の論文を書き終えて1か月後に、「積極的社会保障政策と日本の歴史の転換」[4]という、資本主義論、混合経済論といいますか、経済成長論と社会保障の関係についての論文を書き上げています。年金の論文と積極的社会保障政策の論文とでは、脱稿日の間隔が1か月しかありません。

　このあたりの時間的経緯を正確に言いますと、「資本主義論、経済成長論、

3）「年金改革論議の政治経済学──厚生労働省『年金改革の骨格に関する方向性と論点』を読んで」『三田商学研究』第46巻第1号（2003年4月）。権丈（2009〔初版2004〕）『年金改革と積極的社会保障政策──再分配政策の政治経済学Ⅱ』第1章所収。

4）「積極的社会保障政策と日本の歴史の転換」『三田商学研究』第46巻第3号（2003年8月：同年5月17日脱稿）。権丈（2009〔初版2004〕）第3章所収。

図表1-1 社会保障とかかわる経済学の系譜

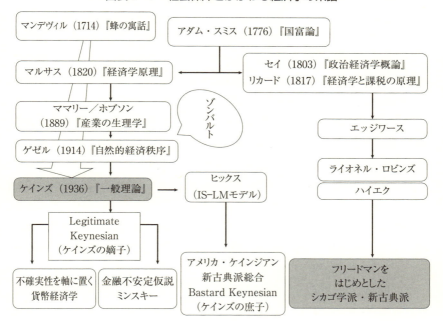

あるいは福祉国家、市場を理解するための経済学というものは、いったいどうあるべきなのか」というようなことをかなり長い間考えていた最中に、『方向性と論点』が私の手元に突然送られてきたわけです。したがって、あの時に私が書いた年金の論文は、日頃、「資本主義は国民生活とどのような関係を持っているのか」「世の中を正確に把握するためには、経済学とはどうあるべきか」などを考えている人間が書いた年金の論文だということになります。そうした経緯のなかで書いた論文でしたから、それまでの日本の年金論者とはぜんぜん違う観点に立つ論文になり、あの論文で批判した当時の年金経済学者が査読したら、間違いなくリジェクト（掲載拒否）されそうな内容になったわけです（笑）。

私が当時、年金の論文を書きながら、頭の片隅で考えていたことを図で示すと図表1-1になります。私はかなり以前から、この「社会保障とかかわる経済学の系譜」という経済学全体のマップを意識していました。

この図にあるように、アダム・スミスから経済学が始まると考えていいのですが、スミスの直後に、経済学は、ジャン＝バティスト・セイやリカード流の、この図で言えば「右側の経済学」と、マルサス流の「左側の経済学」に分かれます。そして、10年前に私が書いた年金の論文は、こうした経済学の系譜の左側にある流れに沿って展開していきました。ところが、日本では、この図の右側の流れに沿った年金論しか存在していなかった。

　この「経済学の系譜」の左側は、主に、ケインズの『雇用、利子および貨幣の一般理論』の第23章「重商主義、高利禁止法、スタンプ付き貨幣および過少消費論に関する覚書」に基づいています。今日は、18世紀前半の人マンデヴィルの説明は省略しますけれども、アダム・スミスから経済学が始まり、その後、右と左に分離しますが、主流はずっと右側の経済学です。ところが、1929年に大恐慌が起こる両大戦間期に、左側へ経済学の流れがドンと移っていきます。その時、ケインズが、100年前に自分と同じことを考えていたマルサスを高く評価するわけです。

　マルサスは、アダム・スミスに反論し、そしてスミスの考えを単純化して継承したリカードに対しても反論するのですが、残念ながらずっと無視されます。そして両大戦間期に、ケインズによってマルサスは左側の経済学の開祖として位置づけられ、表に出てくることになります。

ケインズの嫡子たち

　では、右側の経済学と左側の経済学のどこが違うのか。その違いは、経済規模を規定する主要な要因を供給とみなすか、需要とみなすかで生まれます。右側は、供給が経済を規定すると考える。左側は、需要が経済の規模、そして成長力・推進力を規定すると考えます。もっと言えば——この理屈は、歴史的には事後的に考えられていくわけですけど——、右側の経済学では、人は貨幣からは効用を得ることがなく貨幣そのものへの需要は想定されないのですが、左側では、人は貨幣から効用を得、貨幣そのものに対する需要があると考えます。

　そして左側の経済学では、貨幣からの効用が追加的な財・サービスからの効用より大きい時に経済は停滞し、経済規模が拡大するのは、消費者にとっ

ての追加的な財・サービスからの効用が、貨幣からの効用よりも大きくなる時に起こると考えます。したがって、ある時代ある時代において、既存の財・サービスが消費者の間に広く行きわたる、すなわち需要がある程度飽和すると経済は停滞することになり、新たな発展のためには、みんなが貨幣を手放してでもどうしても手にしたくなる魅力的な新たな財・サービス——たとえば高度経済成長期の3C（カラーテレビ、クーラー、カー）——の誕生が必要になると考えることになります。

　ここで、世の中が大きく誤解してしまっているのが、ケインズからヒックスを経て、アメリカ・ケインジアンに向かう流れです（図表1-1）。ケインズの『一般理論』が出版されたのは1936年2月ですが、ヒックスは、その年の9月、オクスフォードで開かれた学界でIS-LMモデルを発表します[5]。

　このIS-LMモデルがアメリカに渡ってサミュエルソンの「新古典派総合」を通り、アメリカ・ケインジアンを作っていきます。ただし、ヒックスのIS-LMモデルは、ケインズと一緒に『一般理論』を考えていった若い経済学者たち——リチャード・カーンやジョーン・ロビンソンなど——から見ると、ケインズとはまったく異質のものに見えました。そのため、ジョーン・ロビンソンはアメリカ・ケインジアンを"Bastard Keynesian"（ケインズの庶子）と呼んで批判します。そしてヒックス自身も、85歳でなくなる2年前に、「この2つの曲線（注：IS曲線とLM曲線）を一緒に処理することはできない。1つはフロー均衡であり、もう1つはストックだ。これらを同じグラフのなかで取り扱うには無理がある」[6]という言葉を残しているんですね。

　ヒックスの後半生は、自分で作ったIS-LMモデルの否定だけでなく、若い頃（と言っても30代後半から40歳にかかる頃）に著した右側の経済学の代表作『価値と資本』などの研究を自己否定していきます。本日のご出席者のなかにも、学生の頃に『価値と資本』を懸命に勉強された方がいらっしゃるかもしれませんが、あの本は、そういうものです。考えますと、ヒックスは当時の経済学者と比べて、やはり相当に賢かったのだと思います。素直に世の中を眺めていれば、右側の経済学には否定的となり、いずれは過去の自分と

　5）　ただし、論文での発表は翌1937年である。
　6）　Klamar（1989）p. 175.

訣別することになるはずなんですね。宇沢弘文先生もそうですが、多くの人が、ある年齢に達しますと右から左に移っています。それは相当に誠実さと勇気の要ることだとは思います。そして、ベルリンの壁ではないですが、逆方向に移動した人を、私は見たことがありません。

私にとってしっくりくる経済学は——"Bastard Keynesian"があるのならばと、私が名づけたのですが——、"Legitimate Keynesian"(ケインズの嫡子)とでも呼びましょうか、「経済というものは不確実なものであり、将来というものは基本的に分からない。だからこそ、さまざまな困った経済現象が起こるのだ」と考えるグループです。ここで、右側と左側の経済学の違いをまとめると、次のようになります(図表1-2)。

右側の経済学は、スミス以来の「見えざる手」が前提とされています。この前提のもとでは、「私的利益と公共善の間の神の摂理による予定調和」[7]という思想が帰結されるため、基本的には政府の役割は否定され、レッセ・フェールが尊重されます。

対する左側の経済学では、「合成の誤謬」という考え方が置かれます。そうした前提が置かれた世界では、個々の経済主体が自らに都合の良いように行動すると、全体として不都合が生じてしまう。したがって、私的利益に基

図表1-2　左側の経済学と右側の経済学の相違

ケインズの嫡子 (Legitimate Keynesian) 左側の経済学	新古典派経済学 右側の経済学
合成の誤謬	見えざる手
不確実性 (uncertainty)	リスク (risk) エルゴード性の公理
流動性選好	貨幣ヴェール観 貨幣数量説
貨幣経済 monetary economy	実物交換経済 real-exchange economy
有効需要理論	セイの法則

---

7)　ケインズ(1981)237頁。

づいて行動する民間ばかりに任せてはいられない。公共の利益を優先するためにレッセ・フェールは否定され、資本主義経済を全面的崩壊から救い個人の創意工夫を守るためには、政府介入もやむをえないと考えることになります。

　こうした合成の誤謬の世界で、未来のことを分かろうとしても無理があるという意味での、フランク・ナイト流の「不確実性」を前提として流動性選好、貨幣経済のロジックをたどると、「セイの法則」と呼ばれる「供給はそれ自らの需要を創る」という法則が必ずしも成立しなくなります。未来のことはよく分からないから、将来、どんなものにでも転換することができる貨幣に強い需要が生まれるというのが、左側の経済学ではセットになった考え方で、流動性選好というのはそうした考え方が根底にあります。

　ところが、セイの法則の成立を前提とする右側の経済学では、未来については、リスク分布を既知として将来予測は可能であると考えるため、数学で言うエルゴード性の公理[8]、つまり過去からの標本データが将来からの標本データに等しいという想定が置かれることになります。"Bastard Keynesian"である新古典派総合の創始者、1970年のノーベル経済学賞受賞者であるサミュエルソンも、経済学が真の科学であるためにはエルゴード性の公理を置かざるをえないと論じていますね。

　したがって、右側の世界では、将来を非エルゴード的世界、すなわち予測不可能な不確実な世界としては見ないので、将来の不確実性に対して、お金を手元に置いていなければならないという貨幣ニーズが生まれません。お金は商取引のあり様そのものに影響を与えるわけではなく、物々交換を効率よく行わせるためのヴェールにすぎない。この「貨幣ヴェール観」が、貨幣数量説の基礎にあり、貨幣数量説には、日銀当座預金の存在など眼中になく、この説を素直にたどれば、中央銀行がお金をどんどん刷ったり、国債を新発・既発にかかわらずどんどん購入したりしていくと物価は上がるというような考え方に行き着きます。

　将来は不確実であるという前提を置くからこそ、貨幣に対する需要が生ま

8）　デヴィッドソン（2011）30頁。

れ、貨幣ヴェール観と訣別することになり、貨幣需要の理論である流動性選好につながっていきます。こうして作り上げられていくのが、左側の経済学である「ケインズの嫡子（"Legitimate Keynesian"）の経済学」です[9]。

経済政策思想の流れ

ここで、歴史的な経緯を眺めておきましょう（図表1-3）。まずマンデヴィルによって「経済は需要が大切なんだよ」という左側の見方が示されます。しかし、スミスの登場によって、経済学の主流は右に移ります。これに抵抗したのがマルサスで、後にママリー、ホブソンなども抵抗する。

ホブソンは、なぜ帝国主義が起こったのかと問い、これは効率的に貯蓄が

図表1-3 経済政策思想の流れ

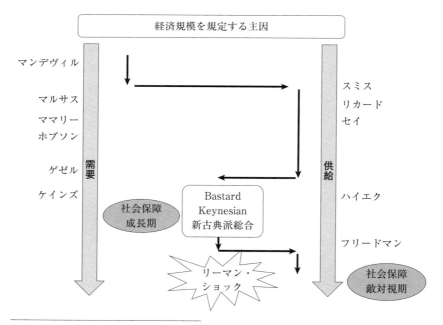

---

9) 詳細は、権丈（2012）「社会保障と係わる経済学の系譜序説」『三田商学研究』第55巻第5号、権丈（2013）「社会保障と係わる経済学の系譜（1）」『三田商学研究』第55巻第6号参照。

増える社会の仕組みを作りすぎたことに原因があると考えます。所得分配を不平等にして、高所得者に多くの所得を持たせるという形で貯蓄を効率的に行って投資をするという社会をつくったら、国内で需要が不足してしまった。したがって、資本は軍旗のもとでの輸出を展開していくというような「帝国主義論」、後にレーニンに影響を与える論をつくっていきます。しかし、ホブソンも、時代のなかで右側の経済学者たちから敵視され、経済学者としては不遇な人生を送ります。

そして、時代は両大戦間期の大恐慌まで進み、ケインズが、経済学の流れを左側に引き寄せようとします。しかし、左側へのシフトは図の中央の新古典派総合で止まってしまう。そして戦後、サミュエルソン『経済学』の第3版（1955年）で初めて登場する新古典派総合（neoclassical synthesis）が主流の地位を確保するのですが、1960年代後半からおかしくなり、サミュエルソンも1960年代末にはこの言葉を使うのをやめています。そして、ブレトンウッズ体制の崩壊、オイルショックのなかで新古典派総合は崩れ落ちます。こうして経済学の主流は右側に移り、以来ずっと右側経済学の支配が続いて21世紀を迎えます。ところが、2008年にリーマン・ショックが起こり、経済学全般への不信感が起こり、広がってしまった。

経済学の流れから理解すると、社会保障の成長期は、まがりなりにもケインズ経済学が主流にあった、戦後から1970年代初めまでの新古典派総合期です。そしてその後、社会保障は敵対視されるようになります。先に話したフリードマンやフェルドシュタインは、右側経済学者の代表です。彼らを尊敬する日本の経済学者は、別に話を聞かなくても、もう、言うことは決まっています。それから、経済界や経済界に近い新聞もそうですね。

セイの法則かケインズの合成の誤謬か

そして、経済学が右と左に大きく分かれていく分岐点がどこかというと、やはりマルサスです。彼に次の文章があります。

> アダム・スミスは、「資本は節約（parsimony）によって増加し、すべてのつつましい人は社会の恩人（public benefactor）である……」と述

図表1-4　有効需要理論に基づく過少消費論とセイの法則の世界

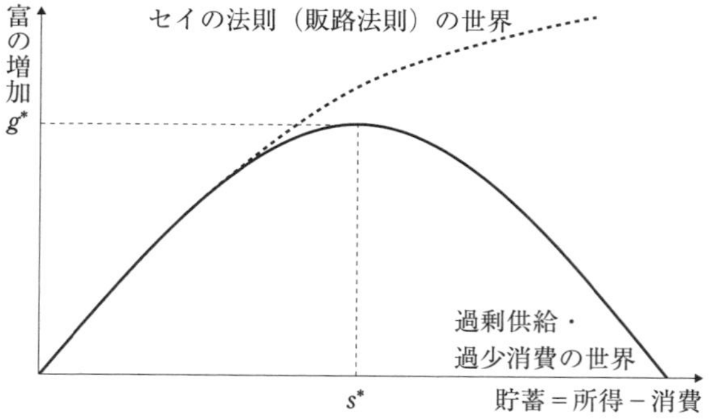

（縦軸：富の増加　g^*、横軸：貯蓄＝所得－消費　s^*）

セイの法則（販路法則）の世界

過剰供給・過少消費の世界

べている。……貯蓄の原理は、過度にわたるときには、生産への誘因を破壊し去るであろうことは、まったく明らかである。……生産力と消費への意志との双方を考慮に入れた場合に、富の増加への刺戟が最大になる中間点（intermediate point）がなければならない、という結論となる[10]。

この、マルサスの論をグラフにすれば、次のようになるでしょうか（図表1-4）。

社会の総貯蓄が横軸にあるとする。そしてセイの法則と言われている「供給はそれ自らの需要を創る」が成立するのならば、貯蓄は多ければ多いほど、それが投資に回って生産力が増強され、生産されたものは売れていく。最近では、経済界への減税を進めて企業貯蓄を増やせば投資が増えるという話も、右側の人たちが得意とするストーリーでしょうか。

ところが、マルサス、あるいは最終的にはケインズによって理論づけされていく考え方は、社会全体の総貯蓄が多すぎると、行き着く先は過少消費に陥って、経済の成長力が落ちていくというものです。

ここで、1つ、みなさんに質問をさせてください。

世の中の所得は平等に分配したほうが経済の活力が高まるのか、不平等に

10）　マルサス（1968）。

分配したほうが経済の活力が高まるのか。みなさん、どう思われますか？

スミス以来続いてきた信念は、ケインズの言う「資本の成長は個人の貯蓄動機の強さに依存し、われわれはこの成長の大部分を富者の余剰からの貯蓄に仰いでいるという信念」[11]であり、それゆえに＜高所得者から低所得者への所得再分配は資本の成長を阻害するために望ましくないとする思想＞が支配的でした。

つまり、高所得者の限界的な貯蓄性向は低所得者のそれと比べて高い[12]。ならば、高所得者から低所得者に所得を移すという所得の再分配は、社会の総貯蓄を少なくする。したがって、セイの法則が成立すると考える右側の世界では、所得の再分配は経済理論上、望ましくない政策とみなされることになる。そして、低所得者の生活を向上させるためには、経済全体の成長の結果として、そのしずくがしたたり落ちる（trickle-down）方法で図っていくことが望ましいということになる。こうした考え方は「上げ潮はあらゆる船を浮かばせる」という上げ潮政策において、核の役割を担うトリクルダウン理論と呼ばれているのですが、理論と呼ばれているわりに、歴史上、いまだ確認されたことはありません。

他方、ケインズがその中心にいる左側の経済学では、セイの法則を否定します。そこはシュンペーターが評するように、「（ケインズの）教義は、実際にはそういっていないかもしれないが、貯蓄をしようとする者は実物資本を破壊するということ、ならびに、貯蓄を通じて、所得の不平等な分配は失業の究極的な原因となる」[13]世界です。セイの法則どおりにことが進まないの

---

11) ケインズ（2008）下・179頁。
12) 少し説明しておこう。追加的な1単位の所得を受け取った時、そのうちのどれだけが貯蓄に回されるかという割合を「限界貯蓄性向」と呼び、一方、追加的な1単位の所得に対して消費に回される割合を「限界消費性向」と呼ぶ。そして一般には、高所得層になるほど限界貯蓄性向が高まり、所得階層が下がるにつれて限界消費性向が高まるという傾向がある。したがって、ある社会が生み出す富（所得）の分配が高所得層に向かうほど社会全体での貯蓄（総貯蓄）が増えやすくなり、その貯蓄が投資へ、そして生産へと向かい、生産されたものにはすべからく需要があり、結果、経済が成長する。このように考えるのが右側の経済学の世界なのであるが、それは「供給はそれ自らの需要を作る」というセイの法則が成立してはじめて成り立つ論でしかない。

図表 1-5　左側の経済学から見た経済政策

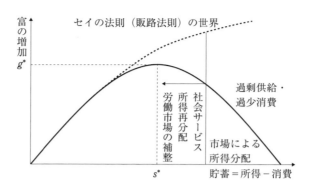

は、個々には妥当しても全体を合計すると妥当しなくなるという合成の誤謬が成立するからです。これはケインズが『一般理論』で説いた考えの基礎にあるもので、そうした、セイの法則が成立せず合成の誤謬が支配的な世界では、経済に活力を与えるためには、むしろ、限界消費性向の高い中低所得層の購買力を高めることで、社会全体の需要（総需要）を増やすほうが妥当な政策ということになります。図表1-5の山型の曲線を見てください。社会が s^*（経済成長の極大点）の左側にあれば、貯蓄の増加が生産そして消費の拡大を生み、経済を成長させるでしょう。しかし、市場による所得の分配が企業や高所得層に偏っていき、貯蓄水準が s^* を越えて右側の世界に入ると、供給力の増大に需要が追いつかなくなると予想され、過剰供給・過少消費の世界に入ります。そうした世界では、生産力を拡大してもそれに見合った需要が見込めないのですから、個々の企業は期待利益率を低く予想するようになり、どんなに供給を優遇しても生産力を拡大するための投資は増えなくなります。そこで、需要を拡大して社会の富を増加させるために、労働市場を補正して労働者の賃金水準を高めたり（一次分配の補正）、高所得者から中低所得者へ所得を再分配したり、さらには政府が公共サービスを国民経済への灌漑施設として国内全域に張りめぐらせるために医療、介護、保育、教育などの社会サービスを拡充することにより総消費を下支えしようという考えが

---

13)　Schumpeter（1951）p. 290.〔中山・東畑監訳（1952）411頁〕。

出てきます[14]。現在の日本ですと、家計や企業のストックをできるだけ限界消費性向の高い層や高い分野へ回してフロー化することなどが、経済政策としてプラスの働きをすると考えられることになるわけです。

ケインズの言葉を直接借りれば、次のように表現されるということでしょうか。

> 消費性向と投資誘因とを相互調整するという仕事にともなう政府機能の拡大は、19世紀の政治評論家や現代のアメリカの金融家の目には、個人主義への恐るべき侵害だと映るかもしれないが、私はむしろそれを擁護する。現在の経済体制が全面的に崩壊するのを回避するために実際にとりうる手段はそれしかないからであり、同時にそれは個人の創意工夫がうまく機能するための条件でもあるからだ[15]。

手にした学問が異なれば答えが変わる

学問の怖いところですね。その人が手にする学問によって、政策解がまったく異なってしまう。まず、政策を論じている当人たちが、そうしたことをどこまで自覚しているかということがあります。たぶん、自分が手にした学問がどういう性質のものであり、自分が唱えている政策がどのような前提から演繹されているのかを意識している人はあまりいないと思います。

ただ、たまったものではないのが、そういう経済学の世界とはまったくかかわりのない人たちです。とくに社会的弱者は、経済学のなかでの思想の闘いという奔流に翻弄されることになるわけです。端から見ると、経済学はいったい何をやっているんだと思われるかもしれませんが、これは、人間の性と言いますか、人間というのは双方の論に証明できない隙があれば、必ずそこを突いて流派が対立するものです。

宗教や芸術では、必ず起こる現象です。実験して証明できるわけではないことを対象としている経済学も同じで、多数派になるかどうかは、宗教や芸術と同様、長期的には仲間になる費用の高低、イニシエイション・コストの

---

14) 権丈（2015）第14講参照。
15) ケインズ（2008）下・190頁。

高低に依存することになるようです。そして右側の経済学は、規格化された教科書なども準備されていますので、左側と比べてイニシエイション・コストがきわめて低い。したがって経済学では、右側が圧倒的に多数派となる傾きを持っているようです。

　ですから、年金をあまり専門的に研究していない経済学者は、昔も今も、ほぼ右側の考え方に沿って年金を考えています。そこへフリードマンやフェルドシュタイン、そして彼が教えたコトリコフの考え方を公的年金にあてはめた年金論者が出てくると、普通の経済学者から幅広く支持されるという構図が生まれます。この構図が、公的年金をはじめとした社会保障の世界では実に厄介な問題となります。社会保障に詳しくない普通の経済学者たちが、彼ら自身の専門とはかかわりのない、いわゆるオルテガの言う「近代の原始人、近代の野蛮人」たる科学者として、社会保障という舞台で振る舞うことになる。その数は圧倒的です。

　ところで、先日、年金部会の「年金財政における経済前提と積立金運用のあり方に関する専門委員会」というところで、経済学者の提案に基づいてOLG（overlapping generation）モデルの勉強会を開いていました。あのようなモデルと公的年金がどのようにかかわるか、あるいは、モデルが年金をどのように評価するかは、そのモデルに資本蓄積のあり方がどう組み込まれるかに依存します。モデルのなかに「供給はそれ自ら需要を作る」というセイの法則が組み込まれれば、貯蓄を増やすであろうと彼らが考える積立方式が望ましいという結論が得られる。と言っても、本当は、積立方式にすれば社会全体の貯蓄が増えるかどうかさえも、よく分かっていないのですけどね。一方、左側の経済学というのはあのようなモデルには馴染まないので、経済モデルは右側の経済学に基づいて構築されることになります。となると、結論は、勉強会を開く前から決まっているわけで、「ご苦労さまですね」としか言いようがない。

リスクと不確実性

　付け加えますと、左側の経済学では、将来は「不確実」であって、ほとんど何も分からないという前提でものを考えますから、中長期的な将来予測

(prediction) などは、この経済学から見れば想定外です。だから、本当は「ケインズ型計量経済モデル」なんて存在しえない。そもそも、ケインズはティンバーゲン流の計量経済モデルを、批判というよりも否定していましたから、ケインズ型計量経済モデルという言葉自体が形容矛盾なんですね。しかしながら、どうも世の中にはケインズ型計量経済モデルに基づく予測が多くのところで行われている。でもそれはせいぜい、エルゴード性の公理を前提とした新古典派総合モデルくらいのもので、そうしたモデルの長期的な予測など、あてにできるはずがない。

　もっとも、今日では、一部の経済学者を除いて誰もそうした予測なんか信じていないのではないでしょうか。データもコンピュータも、揃って未熟だった50年前なら、さらに言えば大学の計算センターなどがまだ大きな権威を持っていた30年ほど前なら、データが揃いコンピュータが進歩すれば予測 (prediction) は可能かもしれないと夢を抱くのも理解できないことではありません。しかし、データもコンピュータも充実して、やはり予測は不可能だったということが自明になった今日でも、あのような計量経済モデルに基づいて政策提言ができると信じる一部の経済学者たちのナイーブさというか無邪気さというのは、どうでしょうかね。

　左側の経済学に基づけば、現在の財政検証、かつての財政再計算で行っていたような、数年に一度定期的にチェックする projection、つまり現在の将来に向けた「投影」しか考えられないことになります。こうした、人間の予測力、正確には定量的な予測力に対する見切りのようなところも、私が年金界に参入してきた時に、周りの人たちとは際だった違いを見せていた点かもしれません。

　私が初めて書いた年金の論文を収めた『年金改革と積極的社会保障政策』は日本労働関係図書優秀賞を受賞しまして、その授賞式の日に、小池和男先生から「権丈さんの年金論は、フランク・ナイトですね」と言われました。実はそのとおりで、小池先生が読んでくださった本のなかに、次のような文章があります。

　　不確実性の古典である Knight (1921) のなかでは、結果についての

確率分布関数が既知である場合は＜リスク＞と呼ばれ、そのような確率分布関数についての知識がまったくない場合は＜不確実性（uncertainty）＞と呼ばれたことはひろく知られている。そして、Atkinson（1993）は社会保険が、＜不確実性＞に対する社会的制度であることを論じており、わたくしもこの見解に同意する[16]。

このあたりについて、講義では次のような図を使って説明しています（図

図表1-6　リスクと不確実性への保険の対応領域

(a) 将来、望ましくないことが発生する可能性のある領域

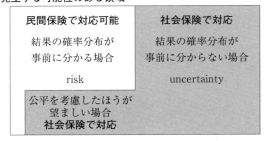

(b) 生活自立の基礎をなす領域で、将来、望ましくないことが発生する可能性のある領域

注：「結果の確率分布が事前に分かる場合」「……分からない場合」という言葉は、ニコラス・バー（2007）13頁からの引用。該当する英語は、risk（where the probability distribution of outcomes is known）and uncertainty（where it is not）であり、Barr（2011: p.56）にも同じ表現がある。もっとも、確率分布が事前に分かると言っても、それは過去のデータを用いて確率的に結果の分布を推測できるという意味のことである。

16）　権丈（2009〔初版2004〕）14頁。

表1-6）。データがないと民間保険を作ることはできませんから、民間保険会社は過去のデータを基に確率によって予測できる「リスク」でないことには対応できません。データがない予期せぬ将来の出来事に対しては、民間保険では対応できません[17]。今、人間が生活自立の基礎をなす領域に絞ってみれば、右側にある民間保険では対応できない不確実性の世界で、社会保険が対応することになります。

---

17)「データがないと保険はできない」ということを理解するのに参考となる話を紹介しておく（2014年7月19日、権丈ホームページより）。

　2014年6月13日、生命保険協会の定例記者会見にて。患者申出療養について、記者から「政府の成長戦略で混合診療の拡大という話があって、いろんな診療の方法が出てくると保険の市場も活性化されるのではないかという見方もありますけれども、その辺はどのようにお考えか」という質問があり、佐藤義雄同協会会長が次のように答えている。

　　公的保険適用の部分については、既にずっと昔からわれわれは広くカバーしてきて、最近というか、もう大分になりますけれども、先進医療についても先進医療特約という形でかなり商品を開発してきておりまして、対応しているわけですけれども、今回言われているのは、いわゆる今までの公的保険ではなく、それから先進医療の枠組みでもない、患者との合意に基づくいわゆる自由診療についての公的保険併用を認めるか認めないかという議論だと思いますけれども、これはまだ議論が煮詰まっていないというふうに思います。
　　……
　　データとかそういったものをそろえないと保険というのはできないわけですので、どういう形にその制度が収束していくのかというのは、よく見極めなきゃいけないというふうに思っています。ですけれども、これはおっしゃったようにわれわれの業界にとってはビジネスチャンスであろうということでウォッチをしてまいりたいと思っています。

　なお、次はこの記者会見に基づいた翌日の報道の1つ。メディアの世界ではこういう引用の仕方が許されるのかどうか、僕には分からない。

　「混合診療の拡大、ビジネス機会に　生保協会会長」
　　生命保険協会の佐藤義雄会長（住友生命保険会長）は13日の記者会見で、政府が混合診療を拡大する方針を打ち出したことを受け、「大きなビジネスチャンスになる」と述べた。公的保険が使える診療と保険外の診療を併用する混合診療が広がれば、民間保険に求められる役割は大きくなる可能性が高い。
　　　　　　　　　　　　　　　　　　　　　　『日本経済新聞』2014年6月14日

もっとも、民間保険が対応できる領域でも、保険料の負担のあり方が公平に思えないような領域では、社会保険が対応することもあります。アメリカの医療保険のように、やろうと思えば民間で対応することも可能ですが、その結果がどうしても公平性の問題に抵触する領域も社会保険で対応することになります。したがって、民間保険と社会保険が対応する領域は、図表1－6（b）のようになります[18]。

　こうしたリスクと不確実性の峻別が私のなかであったので、初めて書いた年金の論文には「公的年金論議のパラドックス」という文章があります。

　　公的年金を論じるという行為には自己矛盾がある、とわたくしは常々考えてきた。なぜか？　公的年金は、将来予測に対して＜人知の限界＞があるゆえに存在する制度であると考えられるのに、公的年金を議論するためには、将来の話をしなければならないからである。これを＜公的年金論議のパラドックス＞と呼ぶことにしよう。……人間が的確な予測力をもつのであれば、勤労世代から退職世代に所得を再分配する現在のような賦課方式の公的年金など必要ないであろう。しかしながら、何十年も先の経済社会状況を予測することは、どんな方法をとってもいかに

---

[18]　2014年から2015年にかけて世界的なブームを巻き起こしているピケティは、「賦課方式の公的年金は、将来のどんなところでも、理想的な社会国家の一部であり続けるだろう」と言っている。理由は2つあり、1つは賦課方式を積立方式に切り替える際の二重の負担の問題。いま1つは、不確実性の問題を挙げ、これを、賦課方式を正当化する主要な根拠としている。現在の賦課方式を積立方式にして「全額をサイコロの目次第に賭けるのは全くもって不合理だろう。賦課方式を正当化する主要な根拠（primary justification）は、それが年金給付を信頼できる予測可能な方法で支払う最善の方法（the best way）だということである」と（Piketty（2014）p. 489. 日本語訳は、山形浩生ほか訳（2014）を参考としている）。
　ピケティは、続けて、「先進国の既存年金制度は、一部を変更しなければならないかもしれない」と論じ、その理由として高齢化による影響、複雑な制度などを挙げている。前者については日本では2004年改革──マクロ経済スライド、繰上げ受給に加えて繰下げ受給の導入など──で部分的に対応しており、後者については、日本の公的年金は被用者年金が公務員と民間労働者との間で一元化されていたりするためフランスよりも簡素化されている印象があり、ピケティの論は、さほど参考とはならない。

費用をかけても、実のところ不可能なのである[19]。

　ちなみに、私は、ジョーン・ロビンソン女史がケインズ理論を評した「ケインズ革命の本質は、分析を歴史的時間のなかに置き、不確実性のもつ決定的な影響を強調したこと」というのは、まったくそのとおりだと思いますし、そうした不確実性による分配システムへの決定的影響を考えるのが公的年金保険という社会保険だと考え続けてきました。
　とまぁ、大学の講義では公的年金の話をする際に、このように不確実性を強調しますけど、そうは言っても、年金受給開始年齢に近い人に繰り下げ受給を薦める時には、長生きリスクという言葉を使います。若い人にとっての公的年金の役割と年金受給世代にとっての公的年金の役割は、似ているようで完全に同じではなく、それぞれにとっての公的年金の必要性は不確実性からリスクへと、年をとるにつれてグラデーションを持って変わっていくものだと思います[20]。
　ところで、前回2009年の財政検証の時、私は年金の経済前提専門委員会の委員だったのですが、議事録をご覧になると分かりますように、他の委員たちが100年先の将来をいかに予測するのかといった話で盛り上がっている時は、私は、一言も参加していません。第1回目の会議など、「慶應の権丈です」としか言わず、あの時はたぶん目をつぶって聞いていただけでした。私が参加するのは、議論が一巡したと言いますか、2回目の途中からで、次のように発言しています。

　　　5年に1回の財政検証における試算は将来のことを当てるのが目的ではなくて、先ほどのマクロ経済スライドのところの話もありましたように、5年に1回見直していく予測なんです。たとえば、少子化対策を今のうちにしっかりとやっておかないと将来の給付水準はここまで落ちるぞというようなことを、将来のために今できることを判断するために、5年に1回見直していく推計なんだということを考えていけば、どの辺

---

19)　権丈（2009〔初版2004〕）14頁。
20)　本書第11講中「長生きリスクに対する『ただし書き』」参照。

りのところが妥当な前提になっていくかというのは、おのずと出てくるのではないかと思います。

　将来のことを当てるとか、そういう話ではこれから先、我々には荷が重過ぎます。将来のためにやらなければいけないことを今、どれだけやるかということを見定めるためにやる推計なんだけれども、これは5年に1回見直していく推計なんです。その辺りのところを、まず前提に置いて考えていただければと思います[21]。

次のような発言もしていますね。

　100年前と言えば、今から考えると日露戦争が終わって数年の頃ですが、そのくらいのタイムスパンを考えるというのは、なかなか難しいものがあると思います[22]。

そして、2009年2月に、財政検証の結果が報告された年金部会では、次のようなことを言っています。

　私としては所得代替率が50％を切ってくれればよかったのにというのがあるんですね。……ただ、50％を切るという試算が出たとしても、今の所得代替率は60％前後なのですから、大体20年後、30年後に50％を切るということが予測されるだけのことでしかない。……でも、50％を切るという試算が出されることは、50％を切るという意味をみんなが考える良いきっかけになるのではないかと思うんですね。50％を切るからと言って、年金をまったくもらえなくなるわけではないということをはじめ、みんなが年金を勉強する良いきっかけになりますよ[23]。

このように、人間の予測力については、私にとっては当たり前のことなのですが、普通の人、とくに右側の経済学を信じている人たちから見れば、な

---

21) 社会保障審議会年金部会経済前提専門委員会、第2回会議（2007年12月27日）議事録。
22) 同上。
23) 社会保障審議会年金部会、第14回（2009年2月23日）議事録。

んとも脱力感が漂う発言をしています。とはいえ、将棋に上手・下手があるように、政治経済現象に関する定性的な読みの能力は、学問、つまり経験と思索を重ねることによって鍛えられるとは考えています[24]。

経済界とアルフレッド・ノーベル記念経済学スウェーデン国立銀行賞

　さて、経済学の話に戻ります。経済学も所詮は社会科学でありまして、社会科学がすべからく備え持つ思想性も強く持っています。たとえば、右側の経済学を長く批判されてきた伊東光晴先生が1992年に書かれた文章があります。

> 　フリードマンがかつてまだ有名でないころ日本に来て、"私はユダヤ人だ。ユダヤ人は国家とか制度とか民族とかを否定する。それによってナチス治下のユダヤ人、スターリン治下のユダヤ人がどれだけひどい目に遭ったかを考えてくれ"と言ったことを覚えている。そういうユダヤ人の発想として、"人間行動について抽象的なものを前提し、その上に立つ普遍理論をつくりたい。これは私の血の叫びですよ"と彼は言っていた。ところが第二世代は、職業としてこの分野に立ったため、現実との緊張関係を失った[25]。

　さらに言えば、右側の経済学は、現実との接点を失っているんじゃないでしょうか。ところが、現実との接点はほぼないけれども、経済学というのはなかなか難しい問題があって、なぜ右側の経済学が主流派となっているのかということを考えていく時に、経済学が政治、政策とのつながりを持っているという側面が視野に入ってくることになります。

　19世紀初めの話になりますが、かつて、右側の経済学の代表者であり、自由放任を唱えていたリカードを、当時の産業資本家たちが大いに持ち上げたように、経済界から見れば、世の常識たる思想は右側の経済学に則っていなければならず、決して左側であってはなりません。というのも、左側は、合

---

24)　権丈（2009〔初版2004〕）327頁。
25)　伊東光晴「ノーベル経済学賞ゼロの裏側」『THIS IS 読売』1992年8月号。

成の誤謬が大前提にあり、個々の経営者の思いどおりに世の中が作られると、公共善が達成されないことがあると考えているので、個々の経営者の集合である経済界の意向とは対立することの多い経済学なのです。だから、戦後のアメリカでは、マッカーシズムのもとで、ケインズ経済学をはじめとする左側の経済学はレッド・パージの矛先も向けられて排斥されてもいました。サミュエルソンの新古典派総合は、そうした政治状況のなかで、右ではないが決して左ではない思想として誕生してくるわけです[26]。

　本日、12月10日はノーベルの命日で、ノーベル経済学賞の授与式も行われます。ただし、ノーベル自身は、遺言でノーベル経済学賞というものは残していません。この賞は1968年にスウェーデン国立銀行が300周年を迎えた際、受賞者への賞金は自分たちが負担するから、経済学賞もセレモニーに入れてくださいと頼んで、69年からアルフレッド・ノーベル記念経済学スウェーデン国立銀行賞（日本での通称はノーベル経済学賞）として授与されるようになりました。

　そこでスウェーデンの経済界は何をしたか。彼らがいくら説得しても、国民はなかなか福祉国家を嫌いになってくれないし、労働組合も強い。だからスウェーデンの経済界は、自分たちの影響力を駆使して、ノーベル経済学賞をシカゴ系の人たちにたくさんあげるということで抵抗していきます。要するにスウェーデンの経済界は、ノーベル経済学賞をプロパガンダに存分に利用するわけです。これはもう見事なものですね。

> 　最も効果があったのは、〔スウェーデンの〕雇用者集団によって遂行されたプロパガンダ運動だった。彼らは、ノーベル経済学賞に対して自分たちが持っている影響力を利用し、スウェーデン人をはじめとした経済的思考のうちに新自由主義的な見方を確立しようとした。……雇用者側のシンクタンクであるビジネス政策研究は……経済の構造と展望に関する本格的研究に資金を提供し、政策担当エリートや市民に向けて、福祉国家が経済停滞の根本原因だと「科学的に」繰り返し繰り返し証明した[27]。

---

26) 権丈 (2012) 参照。
27) ハーヴェイ (2007) 157頁。

そこで後に、フリードマンは、ノーベル経済学賞を調査すれば、次の傾向があることが分かると言います——男性であること、アメリカ国籍を持っていること、何らかの形でシカゴ大学と関係していること。これ、そのとおりなんです。
　こうした事情もありまして、ノーベル賞が100周年を迎えた2001年、アルフレッド・ノーベルの親族（ノーベルに子どもはいなかったのでノーベルの弟のひ孫たち4人）が、「経済学賞はノーベルの遺書にも盛り込まれておらず、受賞者の多くは西側世界の価値観を体現する人々であり、人類に多大な貢献をした人物を顕彰するとした故人の遺志と賞本来の価値にそぐわない」と言って批判し、ノーベル経済学賞をやめてくれと、ノーベル財団にお願いしています。
　ただし、スウェーデンの経済界だけではなく、アメリカの経済界にとっても右側の経済学の砦であるシカゴ学派は使い勝手がありました。

　　　自由放任経済を否定するケインズ革命は、企業部門に多大な代償を強いるものだった。企業の失地回復のためにはケインズ主義に対抗する「反革命」を起こすこと、つまり大恐慌以前よりさらに規制のない資本主義体制に戻ることが必要なのは明らかだった。だがウォール街自らが行動に出ることは、当時の情勢からいって無理だった。……そこで、まさにその役割を担ったのがシカゴ学派だった。
　　……
　　常に数学と科学の用語で覆い隠されてはいるものの、フリードマンの見解は、その本質からして規制のない大規模な新市場を渇望する大手多国籍企業の利害にぴたりと合致していた[28]。

　まあ、世の中、民主主義というのはそういうものです。しかし、そういうものだということを、世の中の人はあまり知らない。
　だから経済学というと、ノーベル経済学賞も受賞している先生の論文、先生の教科書、先生が言うこと、という形でみんな一所懸命に勉強してしまう。

28）　クライン（2011）77-79頁。

彼らは勉強が足りないのではなく、勉強しすぎなのでしょうね。彼らは、自信を持って、ノーベル経済学賞を受賞した先生たちと同じことを言う。

　でも、一口に経済学と言っても、それは全然違う考え方の総称なのです。ノーベル経済学賞は、右側の経済学を主流にすることにかなり貢献してきました。その罪は大きいです。

積極的賦課方式論

　ここで、私と年金のかかわりの話に戻ります。先ほども申しましたように2003年4月14日に年金の論文を、その1か月後の5月17日に私は「積極的社会保障政策と日本の歴史の転換」という論文を書き終えます。要するに、後者のことを考えていた人間が、前者の年金の論文を書いたというわけです。

　そして、私が年金の世界で産声を上げた第一文がこれです[29]。

第1章　年金改革論議の政治経済学
──厚生労働省『年金改革の骨子に関する方向性と論点』を読んで──

序論

　シカゴでミルトン・フリードマンから直に薫陶を受けた「シカゴ・ボーイズ」たちが、祖国のチリの民営積立方式の公的年金をデザインしたとされている。この年金は、1990年代に一世を風靡し、2階部分の民営積立方式を推奨する World Bank (1994) からは年金改革のお手本のように引きたてられていた。

　40歳をとうに過ぎて、年金の論文を生まれて初めて書こうかなっという人

---

29)　権丈（2003a）93頁。権丈（2009〔初版2004〕）第1章所収。

間が、その冒頭で、「シカゴでミルトン・フリードマンから直に薫陶を受けた『シカゴ・ボーイズ』たちが」なのですから、自分でも微笑ましいものがあります。

　1990年代の後半から、日本の経済学者たちは、世界銀行の出した報告書『年金危機をどう回避するか』(*Averting the Old Age Crisis*) でも言っているじゃないかと、年金の民営化や積立方式を言って大変賑やかにやっており、何人かの時代の寵児も誕生していました。1980年代前半に年金の世界に入ってこられた高山先生たちを年金経済学者第一世代と呼ぶとすれば、1994年の世銀報告書をきっかけに参入されたきた人たちを年金経済学者第二世代と言うこともできるかと思います。

　現在は一橋大学におられる小塩隆士先生は1998年に『年金民営化の構想』を出版し、時代の最先端を行っていましたね。小塩先生はその後、年金民営化構想を反省され、そのうえで高山憲之先生の公的年金バランスシート論に少し手を加えて[30]紹介した『人口減少時代の社会保障改革』を書いて、堀勝洋先生に「新『バランスシート論』について」『年金と経済』(25巻2号、2006年) で徹底的かつ正しく批判されたりと、はたから見ていてなかなか興味深い年金論をたどっていくことになります。年金経済学に関心のある若い人たちには、高山先生と小塩先生の業績を時系列に並べて勉強することをお勧めします。ある時点の論を見るだけでは、その変化を学びきれませんね。時系列ですと大変ためになり、年金の話だけではなくいろいろなことを学べるかと思います。小塩先生のほうが経済学を好きなようで、2000年頃には最適所得代替率なども推計されていますね。厚生利得を最大化する賦課方式の年金の最適な所得代替率は10％前後の水準であったと思います[31]。

　ところが、私はどうも、同世代の年金経済学者第二世代の彼らと違って余

---

30) 本書第35講、注72参照。ここでは、高山先生の公的年金バランスシートと小塩先生のそれとの違いを説明している。

31) 小塩隆士 (2000)「不確実性と公的年金の最適規模」『経済研究』51巻4号。この論文では、「賦課方式による公的年金の最適規模や許容範囲を大雑把に試算」(311頁) されている。そして、この「大雑把に試算」によって「将来所得の不確実性軽減だけという目的だけで正当化できる賦課方式の公的年金の規模は、それほど大きなものではないと確認された」(319頁) とのことらしい。

計なことを考えたり、余計な本を読んだりしているせいか、その頃すでに、世銀がシカゴ学派やIMFと手を組んで経済界、とくにウォール街の手先として動いていたり、IMF、世界銀行、アメリカ財務省が「ワシントン・コンセンサス」を結んで何やら右側の経済学に基づく政策を世界中に普及させようとしているとか、あるいはフリードマンたちがチリのピノチェト政権やアルゼンチンのビデラ政権のもとでかなりひどいことをやっているのを知っていました。ですから、とてもじゃないけど、世銀案を崇め奉る気にはなれない。定性的な予測としても、世銀が推奨するチリの年金は、歴史的に見れば「不安定な市場」、ミンスキーの意味で不安定な金融市場（図表1-1参照）に強く依存しすぎているために、いずれ転ると私は思っていました。

　そうは言っても、私が年金の世界に入った2003年当時、公的年金というのは、そもそも制度発足当時は積立方式で始まったのであり、本当は積立方式が望ましいものの、賦課方式に堕落した現在の制度を積立方式にするためには「二重の負担」という超えがたいハードルがあるので、残念ながら賦課方式でいくしかないという「消極的賦課方式論」が一般的だったように思えます。

　こうした論でまず、私に不思議に思えることが、どうして制度の誕生が積立方式だったから積立方式が望ましいと考える人がいるのかということですね。だいたい、「そもそも」とか「本来」という言葉に続く話は疑ってかかるに越したことはないのですが、そうしたことは、昔から、「発生論の誤謬」という論点すり替えのレトリックとして知られていることですよね。次に疑問に思うことは、人間、当初の意図はそうだったが、それがうまくいかなくなったから変化したということもあるわけです。

　そこで私は、人間の普通の感覚に基づいて、つまり民間保険などの世界には存在しない賦課方式とかは発想もせずに、普通に公的年金を積立方式で立ち上げ始めるけど、その方式では、公的年金の政策意図である高齢者の貧困の大量発生を抑止できなかったから、各国、次第に賦課方式に移行していったという考え方を示すことになります。各国の公的年金の歴史を見ると大方そうした経緯をたどるわけです。しかしそうした歴史観は、積立方式は、一部の経済学者が言うように、そして多くの人が信じているほどに絶対的に望

ましい制度ではなく、積立方式では公的年金の政策目標を達成できないことを前提としているわけでして、トータルで考えれば公的年金は賦課方式のほうが優れているいと言いますか、実質価値の年金を終身で保障しようとする公的年金は、賦課方式でしかありえないという意味も内在していることになります[32]。今年（2012年）7月に『週刊年金実務』の座談会[33]で言っているように、「もし、二重の負担のような艱難辛苦を乗り越えて、何十年、何百年後に積立方式にたどり着いても、賦課方式と比べて何もよいことがない。いや、むしろ制度の不安定性が増してしまう」わけです。それでは、高齢者の貧困の大量発生を抑止できないために、またいずれは賦課方式に戻っていくだけの話。したがって、私は「積極的賦課方式論」を展開していくことになります。そうした論を展開した理由は、左側の経済学の大前提である未来に対する「不確実性」という考えがあってのことでした。私は、初めて書いた年金の論文で次のように書いています。

> 私に、賦課方式の公的年金は十分な存在意義を持つとする考えの間違いを指摘しようと思う人は、ぜひとも、私が考えているほどには市場は「不確実」ではないことを説明してほしい。そして、このことを説得するためにどうしても必要となる、我々＜人間の予測力＞というものは私が見限っているほどに当てにならないものではないことを示してほしいと思う。そうしたことを示し、説得してもらわない限り、私は公的年金を支持しつづける[34]。

暇さえあれば、資本主義の歴史とか、資本主義の動きのなかで経済学がどのように動いてきたかなどを考え、まさにそうした時間こそ、私が自分の時間を無駄にしていないと実感できるような生活をしていますと、新古典派総合の創始者サミュエルソンが、「将来の金利は r、成長率は g で推移すると仮定」して年金財政の話をするのを見れば、「おいおい、現実の市場の動きが r や g で推移するとはかぎらないだろう。もし仮定よりも下方に乖離した

---

32) 本書第35講中「公的年金と賦課方式」参照。
33) 本書第23講参照。
34) 権丈（2009〔初版2004〕）11頁。

らどうするんだ？　そういう不確実性がある世界においてもなんとかして高齢者の生活に資する実質価値を保障する制度が必要だったからこそ公的年金は誕生し、存在しているのではないのか」と批判したくなるわけです。

公的年金が実質価値を保障しようとしていることの説明の難しさ

　と言っても、公的年金が実質価値を保障することに配慮した終身年金であるということを説明するのは至難の業です。公的年金の目的が、その社会において高齢者が現役世代の生活水準とも比べて相対的に貧しい状態に陥ることを防ぐためにあるわけですから、各国とも、公的年金の給付水準というのは、現役世代の賃金とリンクして制度設計されています。このことが、公的年金を理解する際の基礎中の基礎に位置づけられることになります。実際には、2004年改革で給付建てから拠出建てに変わり、財政のバランスがとれるまでは、公的年金の給付水準は賃金の伸び率からスライド調整率を引いて調整されるようになったために、基礎年金も報酬比例年金も揃って実質価値を固定的に保障することは難しくなりました。しかしそれでも、公的年金の政策評価をする際には、所得代替率という指標で行いますから、今後の改革の方向性も所得代替率に基づいて考えられることになるわけです。また、国際比較を行う際にも、所得代替率での比較が必要になりますよね。

　よく、テレビなどを見ていると、「年金って、将来、いくらもらえるのですか？」という会話がなされているシーンがあります。そういう話をしている人が60歳なら、わりと簡単に答えることができるのですが、アラサー、アラフォーの人からの「年金って、将来、いくらもらえるのですか？」というのは、私たちから見ると困ってしまう質問なんですよね。ワイドショーのコメンテーターになった気持ちで無責任に言うのでしたら、「30歳で月給が○○万円のあなたでしたら、65歳から○○万円を受給できますよ」と答えることができるかもしれません。そして実際、民間の保険などでは、30年後の将来、X万円を得ることができる養老保険とか、さらには、医療保険とか介護保険とかは、あるのはあります。しかしですね、30年後の将来、そのX円で、どの程度のものを買うことができるのかということは、実はあまり分からないわけです。

たとえば、民間で、床屋保険というものがあり、床屋さんに月1回行く支出を賄ってくれるものとしましょう。そうした床屋保険は、保険期間が長くなればなるほど設計の難易度が高くなっていきます。そして30年先までを対象とすることは不可能に近いくらいに難しいわけです。というのも、30年後の床屋さんの料金がいくらになっているのかということは、予測がつかないわけですから。

床屋と同じようにサービス産業である介護保険も、遠い将来の話となると設計は難しくなります。さらには、床屋さんとは違い、技術進歩の話を大いに組み込まなくてはならない医療となると……。そして、医療も介護も、床屋も含めたあらゆる支出項目を対象とした年金となると、将来いくらくらい必要になるのか皆目見当もつかない。ちなみに、私が学生だった1980年代には、三田でよく食べていたラーメン二郎の大ダブルは380円でした。しかし今では、850円らしいですね（笑）。

そこで私たちは、年金の給付水準なるものを、その時代時代の現役世代の給与水準の何割という指標である「所得代替率」で政策目標を立てたり、政策効果を測っていくわけですよね。この指標で見れば、現役世代が享受している生活水準の、「少なくとも」何割は確保できると、間違いなく言えるからです。これを、少し難しい表現で言いますと、公的年金は実質的な価値に配慮した給付水準の保障を政策目標としているということになります。そして実質価値の保障は保険期間が長くなると民間保険では困難さが増していきます。そのあたりが、先ほど話したリスクと不確実性のグラデーションという話に相当します。

そう考えますと、30歳の人から「将来の自分の年金はいくらになるんですか？」と質問されても、なかなか答えることができないんですね。ついつい真面目に考え込んで「あなたはおおよそ平均賃金ですから、年金は所得代替率では何％くらいになるでしょうかね」と答えても、「んっ？　この人、大丈夫？」と思われるのがオチ（笑）。

市場を利用することと引き替えに喪っていったもの

私たちは、生活の向上を果たすために進んでダイナミックな市場を取り入

れたわけですが、その見返りとして、きわめて不確実性の高い社会で生きていくことになりました。一方で、生活水準の向上のおかげで寿命もどんどんと延びてきたわけですが、人生、70年、80年、90年というタイムスパンのなかで起こる不確実性に個々人で対応することは、きわめて難しいです。仮にその場合に、昔ながらの家族というものが機能していたならば、けっこう楽だったと思います。家族のなかで、年老いた両親に対して、彼らが生きていくのに必要な財・サービスは、子どもたちが稼いできた給料で、随時賄っていくことができますし、その子どもたちの給料は、労働市場を介して経済全体の変動とリンクしています。だけど、市場というものは、変化を人々に強いて、家族も形を変えてしまったわけです。カール・ポラニーという経済史家は、市場が持つ破壊力の側面を「悪魔のひき臼」という怖い名前で呼んだわけですけど、気持ちは少し分かります。産業革命以降、不確実性は高まるし、不確実性への受け皿としての家族も機能を弱体化してしまい、今なお変化を続けています。

そこで、私が初めて書いた年金の論文では、サミュエルソンは不確実性と隣り合わせで生きていかなくてはならない緊張感というものが本当のところは分かっていないと批判して、サミュエルソンモデルを先ほどの r や g に不確実性を組み込んだ方向に修正して議論をしています。将来は不確実だからリスクヘッジを主な機能とする公的年金があるはずなのに、新古典派総合から右側に位置する経済学では、その大切なところを捨象した年金の議論、これは本当なら公的年金の議論にならないのですが、そういう議論になってしまう。それは、おかしいではないかと。

素材的・物的な視点から見た積立方式と賦課方式の類似性

と同時に、もう1つ、同じ論文のなかで、伊東光晴先生の論を基にして、アダム・スミス以来の2つの経済の見方、つまり、貨幣的・価値的な視点と素材的・物的な視点のうち、後者の見方から、積立方式と賦課方式の論を展開しています。

ケインズ的有効需要理論の利用

$$Y = C_Y + C_O + I$$

C_Y：勤労世代の消費量　　C_O：高齢者の消費量　　I：投資

勤労世代は所得 Y を生産し、C_Y を消費する。その余り

$$Y - C_Y = C_O + I$$

は、勤労世代の貯蓄 S である。

高齢化とともに、C_O が増加したとする……

需要が増加して、供給に変化がなければ、インフレが需給を調整する[35]。

　今、国民所得 Y は、勤労世代の消費量 C_Y と高齢者の消費量 C_O と投資 I から成り立っているとします。勤労世代は、所得 Y を生産し、C_Y を消費します。その余りである $Y - C_Y$ は $C_O + I$ で、これは勤労世代の貯蓄 S です。ここで今、高齢化が進んで、高齢者の生活水準が一定のままに C_O が増えてしまったら何が起こるかというと、需要が増加して供給に変化がなければ、物価や金利などの価格が需給を調整するようになる。当たり前のことです。

　そして、結局は……、

　　生産物という、長期的には蓄えのきかない＜素材的＞な視点、＜物的＞な視点からみれば、その年々に勤労世代が生産した生産物を高齢者が消費する方法しか存在しない。この事実は、伝統的な家計内での高齢者扶養制度であろうが、高齢者の自助努力に任せようが、老齢年金の財政が積立方式・賦課方式のいずれであっても、変わりはない。伊東（1978）が証明したかったのは、この点、すなわち「老齢者は若い人たちの経済的負担を重くしないために、現に自らが働いているうちに老後のための費用を貯蓄し、それによって、自らの老後を支えるべきである」という考えの誤謬であった[36]。

---

35)　権丈（2009〔初版2004〕）22-23頁参照。
36)　権丈（2009〔初版2004〕）23頁。

こうしたことを、初めての年金の論文に書いています。

なお、積立方式のもとで積み立てられた資金を海外に投資できるような開放経済ではどうなるかという議論がありますが、そういうことはニコラス・バーをはじめとする社会保障の経済学、年金の経済学の専門家たちは古くから検討していまして、やはり、積立金が直接投資されて云々というストーリーと現実とは、相当に違うという話をしています。

だいたいもって、公的年金というのは、かつて家族内で賦課方式のように行われていた現役世代による年老いた親の扶養、仕送りを、社会化と言いますか、家族間で保険化しただけの話です。公的年金ができたから、何か事態が悪化したというわけではありません。最近、この国で何度目かの積立方式論ブームが起こっていて、彼らの議論のベースには世代間不公平論があるようですが、彼らの不公平論には、社会保険が持つ私的扶養の社会化・保険化という考えがまったく入っていないという特徴があります。かつて家族のなかでは、年老いた親の生活水準は一緒に暮らす子どもたちの生活水準と連動した実質価値が保障されていたわけでして、「おじいちゃん、おばあちゃんたちが若い時は貧乏だったんだから、歳をとった今も貧乏でいいよね」とはならないわけです。そして、今日の公的年金も同じことを政策目標として意識していて、この政策目標を掲げれば、政策手段の候補から積立方式は一歩も二歩も後退しまして賦課方式しか残らなくなります。

賦課方式は家族内での私的扶養を社会化・保険化しただけのものですが、積立方式は、かつての家族内の私的扶養をいったん遮断して市場に委ねる方式ですので、年老いた親の生活水準の実質価値を保障できるとはかぎりません。うまくいく場合もあれば、そうでない場合もある。したがって、公的年金の政策目標を共有する各国は、永続することが前提の「国」が運営する社会保険では、民間保険としては考えられない賦課方式、pay as you go——成り行き任せの現金主義——ということができるんだと気づくにつれて、次第に政策手段も賦課方式という方向で揃っていくわけです。金融界の働きかけなどにより、政策が積立方式のほうに誘導される国も希にあるのですが、リーマン・ショックのような経済変動が生じれば、再び公的年金は賦課方式

図表1-7　私的・社会的老親扶養の転換

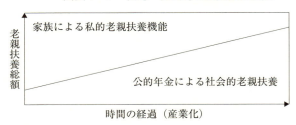

出所：権丈(2006)124頁。

の方向に戻ることになります。

　賦課方式の公的年金は、経済成長が起これば、現役世代が生み出す成長の果実を、かつて1つの家計のなかで、あるいは仕送りとして自然に行っていたように退職世代と分け合うことができますし、物価変動のリスクも分かち合えますので、経済変動の度合いに応じて、公的年金のなかでは世代間格差は当然生まれます。さらには社会化・保険化の過程が、世代を追って順に拡大していくとすれば、社会保険のなかだけを対象として負担と給付の倍率を見れば、前世代のほうが大きくなるのは当たり前です。制度が成熟していく段階では前世代は負担以上に給付を受けているように見える一方、後世代による私的扶養の役割は次第に減っていくんですね（図表1-7）。

　こうした無理のない事情も多分にあるのに、今の年金制度で観察される世代間格差を見てはカッカカッカと腹を立てて、世代間不公平だと言いふらされるのは、まいったもんだという感じですね。

　もちろん、積立金があれば政治的な調整を行いやすくなるので、運営は楽になるでしょう。たとえば、保険料は世代間でなるべく平準化されたほうが望ましいでしょうから、日本のように2つのベビーブームの影響で人口の凹凸が大きな国では、人口構造の凹凸に対するバッファーとして積立金をある程度は持っていたほうがいい。それゆえに他の先進国と比べて多くの積立金を持っている。しかし、先ほどの話のように生産物の視点からは積立金があっても同じですし、積立金に頼る度合いが高まると、公的年金が市場にさらされる度合が高まりますから、制度の不安定性も高まります。AIJ問題に見るように、積立方式で運営せざるをえない企業年金などの辛いところです。

積立方式信奉者たちの論

　どうも、積立方式を提唱する人は、「積立方式は、人口減少、少子高齢化がどれほど進もうがまったく影響を受けないのです」と信じきっているようなんですね。でも、その一言で研究者生命は終わりでしょう。いや、そうしたトンデモ論を諌めることができない出版社や雑誌の編集者の責任なのかな。トンデモ論を言う人たちを観察していると、彼らはどうも自分に都合の悪いものを見ないという人たちのようですから諦めるとしても、編集者は、良い本を作るため、良い記事を書くためにいろんなものを読むのが仕事でしょうからね。

　「積立方式にすれば少子高齢化の影響をまったく影響を受けないのに、どうして自分たちの論は相手にされないのか？　それは厚労省が自らの省益を守るためである」と思いながら生きていくのは、相当にストレスフルなものだろうなと、心中察するものがありますけど、「積立方式は少子高齢化の影響を受けない」という話が神話にすぎないとした研究は古くから世界中にあるわけです。そんなことも知らなかった。彼らは、ようやく今、いや自分たちは知らなかったり間違えたりしていたのではなく、積立方式にしたほうが貯蓄が増えるから成長には望ましいのだ、という論に切り替えようとしていますけど、われわれが経験している成熟した資本主義社会で、消費が多すぎるために資本が不足し、その結果、投資が不足して供給不足に陥っているという論——図表１－４では s^* よりも社会が左にあり、セイの法則が成立する状況にあるという話——に誰が共感するのかなという話でしょうかね。

　1974年のフェルドシュタインの論文で、賦課方式の公的年金が貯蓄率を下げていて、アメリカの成長の足を引っ張っているという研究がセンセーショナルに取り上げられたことがあります。しかし、そこには計算ミスもあり——計算したのは院生だという言い訳までが有名になり——、実際は公的年金が貯蓄率に与えている影響はあまり観察されず、フェルドシュタイン・フィーバーは沈静化したのですけど、もう一度この国でああいう話が流行るのでしょうか。

　ただ、彼らの論がそうした方向に進んだとしても、「積立方式は、人口減少、少子高齢化がどれほど進もうがまったく影響を受けないのです」という

弁は間違いですね。

　それに、今われわれが考えていることは、家族にせよ企業にせよ、生活保障のリスク・ヘッジ機能がいっそう弱体化していくなか、将来世代に大量の貧困者が発生しないようにするためにはどうすればよいか、また将来の年金給付水準の底上げの方法は大方限られているのですが、それを実現するための流れをいかにして築いていくかということです。しかし、彼らの論はそうした問題意識と接するところがかけらもない。だから、厚労省をはじめとした政府もわれわれも、みんな彼らの論を相手にしないだけの話です。彼らが報われないのは彼らに難があるからなのですが、それは認めたくないようで、とにかく厚労省を悪く言い、そして彼らの論を相手にしない研究者や記者たちに対する罵詈雑言を一般書に書いては、読者である一般人に、ひたすら悪印象を植え付けるレッテル貼りをし続ける。でもですね、彼らが世界的な研究成果と違うことを主張したいのならば、既存研究にしっかりと目を通して、反論しなければなりません。そんな面倒なことをしていると、マスコミにも取り上げてもらえず、無名のまま人生を終えることになるかもしれませんが、それが、研究者というものです。

　実は、本日ご出席の玉木伸介さんは、2004年に出された『年金2008年問題——市場を歪める巨大資金』に、今話したことを一言で、「給付が負担」と書かれています。その年々のパイは、その年々に勤労世代が生産するしかない。玉木さんは、公的年金の方程式としての「勤労世代の取り分＋高齢者の取り分＝国民所得」という恒等式を国民所得制約と呼ばれます。勤労世代が生産したものを、子どもたちや高齢者みんなで分けて、みんなで生活していく。高齢者の生活水準を支えているのは、勤労世代が生産したパイからの分配分です（図表1-8）。すなわち、「パイを二つの集団（勤労世代と高齢者）で分け合うとき、片方が多く取れば片方は少なくなる。勤労世代と高齢者の両方が豊かな暮らしをしようとすれば、生産性を上げてパイを大きくするしかない」[37]。賦課方式や積立方式、さらにはかつてのように家族のなかで老親を扶養するというようなどんな方法を採ろうとも、彼ら高齢者の生活水準、

37）　玉木伸介（2004）88頁。

図表1-8　世代間のパイの分割のイメージ図

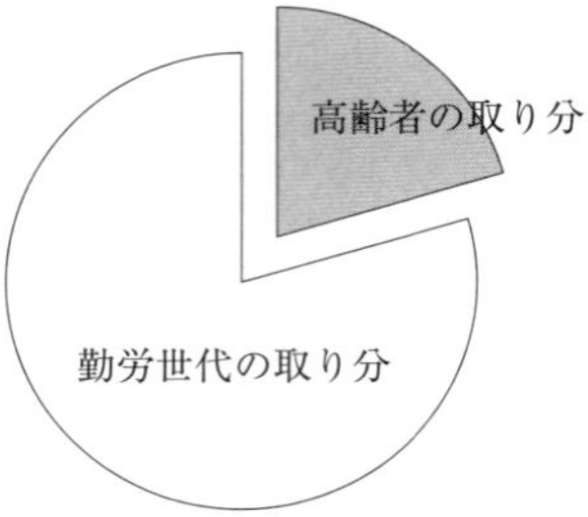

高齢者の取り分
勤労世代の取り分

出所：玉木（2004）83頁。

給付そのものが勤労世代の負担であるという意味で「給付が負担」と表現されているのです[38]。

　玉木さんの言う国民所得制約と先に紹介した伊東先生の素材的・物的な視点は同じ考え方ですが、そうした視点に立つと、「積み立てる、積み立てる」と言っている人たちは、いったい何を積み立てるつもりなのかと思いますよね。お金を積み立てると言っても、貨幣価値は国民所得制約に合わせて調整されます。

　だから、公的年金問題の負担と給付の問題を解決していくためには、少子高齢化を緩和していくか、あるいはパイそのものを大きくしていくか、それしかないということになります。それは同時に、少子高齢化が進めば、そして生産性の伸びが滞れば、将来の高齢者に大量の貧困者を発生させないという目標を掲げる公的年金の運営は厳しくなってきます。厳しい現実から目を背けずに胆力を持ってこの問題に取り組む、それが今、公的年金の運営に携わっている人たちがやっていることです[39]。

本日のメッセージ

　私は講義で、学生に、「経済学者の政策論は余裕を持って眺めることができるように上から目線で眺めて考えておきな」、それから「どの政策を選択

---

38)　本書第5講、図表5-1参照。
39)　本書第32講「不確実性と胆力」参照。

するか、どのような政策解を創造するかを君たち自身で決めなっ」そして「君たちは、決して無教養学派にだけはなってはいけない」と話しています。ここで、冒頭で紹介した本日の結論に到達します。

> 経済学者の政策論を、余裕をもって眺めることができるように……
> ① 公的年金批判論——皆保険批判論——は永続する
> ② 社会の一側面にすぎない「市場」を、それが本来あるべき場所に封じ込める制度である社会保障は、経済界と生活者との主戦場であり続ける
> ③ ただし、生活問題の解決を今日よりも重視したとしても、マクロ経済に悪影響を与えるとはかぎらず、むしろ現状では有利に働く

「こういう政策論はこんなロジックで出てくる」「ああいう政策解はあんな前提から導かれる」ということを、しっかりと把握したうえで受け止め、年金経済学たちの話は優しく見守ってあげてはどうでしょうか。まぁ、フリードマンを筆頭として、右側の人たちは不思議とあまり品のよろしくない言葉を使うので、いろいろと腹が立つこともあるでしょうが。

経済学者は、あまりにも自分たちの流儀ばかりを猛勉強しすぎるようで、他にも物の見方があるということをほとんど意識しませんし、制度の怖さも知らないと言いますか、制度を軽視している人が多い。制度を知らないままに政策を論じるなど、間違える可能性があまりにも高くなるために、私たちは怖くてできないわけですけど、経済学者が育つ大学や大学院でのカリキュラムも、スマートに学ぶ教育はあまりせず、いわゆる大人を育てようとはしていないように見えます[40]。

私は「勿凝学問（学問に凝る勿れ）」という文章をホームページ上で長年書いてきました。このタイトルの由来を紹介しておきますね。福澤諭吉先生が1890年に大学を作ります。1858年に英語塾を作るのですが、その32年後の1890年に大学部を設置します。その最初の入学式で、彼は「学問に凝る勿れ」という講演をいたします。

学問を好むと同時に学問に重きを置かず、唯人生の一芸として視るのみ。学を学んで人事を知らざるは碁客、詩人の流に異ならず。技芸の人に相違なしと雖も人生の完全なるものに非ずとて、物に触れ事に当たりて常に極言せざるはなし。学問に重きを置くべからざるとは、之を無益なりというに非ず、否、人生の必要、大切至極の事なれど、之を唯一無二の人事と思い、他を顧みずして一に凝り固まる勿れの微意のみ[41]。

　福澤先生55歳、1890年に慶應義塾大学を開校するという記念すべきまさにその日に、第1期の入学生を前にして「学問に凝る勿れ」と話す痛快さは堪らないですね。2003年に『福澤諭吉著作集』を慶應義塾大学出版会が出した時、出版記念の座談会に呼ばれて、そのなかで福澤先生の講演「学問に凝る勿れ」を私が強く勧めていたりしたために、慶應出版公認（笑？）のもとで福澤先生の演題「学問に凝る勿れ」を「勿凝学問」と書き換えて私の随筆の総称にし、以来、文章を書き始めることになったわけです。

　人が学んでいくうえで、福澤先生の言う「学問に凝る勿れ」という姿勢は、とても大切だと思います。世銀の年金報告書などを見る際に、どうしてもチリとフリードマンの繋がりが透けて見え、シカゴ大学とピノチェト政権のことなどを、ついつい一緒に考えてしまったり、日本の年金経済学者をはじめとした日本人がみんな揃って2004年年金改革の批判で大いに盛り上がっている時に、ひとり冷めたままでいてしまう。結果、同年配の人たちと比べれば、

40）　ここでの「スマートに学ぶ」は、医療経済学の碩学フュックスの次の言葉を参考とした使い方である。

> 私の経験では、あなた型は大学院でスマートに学ぶことを身につけていない。……（大学院では）あなた方は、すべてを学ぶこと、膨大な理論や技法を、それらの妥当性や適切性を考慮しないまま身につけることを期待されている。スマートに学ぶことはこの逆である。それには、膨大な新しい研究を識別し、学ぶべき研究を選び出す能力が必要である。経済理論は非常に重要だが、多くの新しい研究はいつの時代にも一時の流行や自己満足の表現にすぎず、海辺で筋肉をひけらかしている若者の知識人版である。
>
> V. R. フュックス（2000）101頁。

41）　『福澤諭吉著作集』第5巻所収。

どうしても10年近くは出遅れてしまうわけですが（笑）、この年になると、そういう生き方も、まんざら悪くはないと思えます。

　それにしても、世の中、政治や経済というのは、そっちに行ってはいけないよと私たちが警告する方向にばかり、どんどん行ってしまうようです。ただ、私ももう今年50歳になりまして、四捨五入して100歳になってしまいましたので、かつてハロッドが『ケインズ伝』のなかで書いていること、昔は「そういう心境に本当になるものなのか」と思ったようなことが、少し分かるようになってきました。

> ケインズは経験から、自然は強いものであるということや、社会は論理的には破滅を導くはずの底知れぬほど深い過ちの連続にもかかわらず、何とか生き延びるものであるということを学んだ[42]。

　50になっても天命を知るにはほど遠いのですが、さすがにいろいろなことを経験してきまして、ようやく、ケインズのこうした心境に近づいてきたという感じでしょうか。まあ、世の中というのは、ひどいことばかりが起こる。次から次に新たな障害物が準備される障害物競争というゲームのなかで、われわれは生きているようなものです。民主主義のもとでの政治というものは、僕らが走るトラックに障害物をこれでもかこれでもかと並べてくれます。そんなことなどを時々思うのですが、まぁ、それでもなんとか、社会は生き延びていくのだろうと思えるように、少しばかりなってきました。

　そうしたタフで柔軟な社会なのですが、なかなか辛い問題がしばしば起こる年金の世界に、年金綜合研究所という、いわば、年金問題をまじめに考えたいと思われている人たちが集まるサロンが提供され、さまざまな人たちのネットワークが作られていくことは、本当にすばらしいことだと思います。とにかく大切なことは、みんなで「考え抜いた制度を作る」[43]ことです。本日は、そうした日本の未来を明るくしてくれそうな研究所の設立記念シンポ

---

42) ハロッド（1967）522頁。
43) 権丈「大切なことは考え抜いた制度を作ること」『年金時代』2012年1月号。本書第19講として所載。

ジウムにお招きいただきまして、ありがとうございました。そして、理事長をはじめ、設立に奔走されたみなさん、この度は、おめでとうございます。心より、お喜びを申し上げます。

どうもありがとうございました。

> **追記――2012年12月10日の講演後の年金論議の展開**
>
> 　この講演を行った2012年12月10日のちょうど1か月後の2013年1月10日に、年金の経済学研究の第一人者であるLSE（ロンドン・スクール・オブ・エコノミクス）のニコラス・バー（Nicholas Barr）がIMF主催の会合で、「年金受給者は金銭に関心があるのではなく、消費に関心がある（食料、衣類、医療サービス）。このように鍵となる変数は、将来の生産物である。賦課方式と積立方式は、単に、将来の生産物に対する請求権を組織的に設定するための財政上の仕組みが異なるにすぎない。2つのアプローチの違いを誇張すべきではない」と報告している（本書第2、第5講参照）。こうしたニコラス・バーの「Output is central（生産物こそが重要）」という考え方は、伊東光晴先生たちが言う「素材的・物的な視点」、玉木さんの言う「給付が負担」と同じ考え方である。
>
> 　「Output is central」の視点に立つと、積立方式も少子高齢化の影響を受けることがよく見えるのであり、積立方式支持者たちが拠って立つ論拠「積立方式は、前後の世代とは無関係な財政方式」という議論のスタート地点が間違っているという話になる。
>
> 　さらに言えば、一橋大学教授の小塩隆士さんは、第12回社会保障審議会年金部会（2012年4月24日）で「私は積立方式のファンではありますが、積立方式に移行しても世代間の格差の是正にはあまり効果がないと言わざるを得ません」とも発言されており、彼は著書でも、積立方式に移行しても世代間格差はなくならないということを、年金経済学の世界では有名な同等命題として紹介されている（小塩隆士（2012）188頁）。年金制度のなかで観察される世代間の格差を不公平と捉え、それを是正する必要があると信じ続けてきた人たちから見れば、彼らが主張してきた積立方式にしても世代間格差を是正できないことは、きわめてストレスフルな話かもしれない。
>
> 　しかしながら、公的年金で観察される世代間格差は別に不公平を表しているわけではないのだから、積立方式にしても世代間格差が小さくならないというのは、別にどうでもいい話ではある[44]。

積立方式の議論は、いつの時代も、「積立方式は人口減少、少子高齢化の影響をまったく受けない」と信じた者が始めるのであるが、実のところ、積立方式にしても少子高齢化の影響からは逃れられないし、積立方式にしても彼らが強く問題視する世代間格差の是正にも寄与しない。一方、積立方式は賦課方式よりも市場の不確実性にさらされる度合いが高くなり、制度の脆弱性が高まることは確かである。それゆえに、私は、初めて書いた年金の論文（2003年）のなかで「積極的賦課方式論」を言っていたのである。
　ところで、ニコラス・バーのIMF講演は、第12回社会保障制度改革国民会議（2013年5月17日）において厚生労働省年金局により紹介されることになり、「Output is central」という、それまではまともな年金研究者の間でのみ共有されていた考え方が、広く国民が知るべき話となった。そこから、年金論は興味深い急旋回を見せることになるのであるが、そのあたりの詳細については、第2講を参照してもらいたい。

　なお、年金の経済学に興味のある人向けに、ニコラス・バーの次の2冊を紹介しておく。
Nicholas Barr（2012）*Economics of the Welfare State* 5th edition, Oxford University Press.
―――（2001）*The Welfare State As Piggy Bank: Information, Risk, Uncertainty, and the Role of the State*, Oxford University Press.〔菅沼隆監訳（2007）『福祉の経済学――21世紀の年金・医療・失業・介護』光生館〕

44）　本書第35講も参照。

第2講　年金、民主主義、経済学Ⅱ*

年金数理人会で講演をするにあたって

　ご紹介にあずかりました権丈と申します。

　おそらく年金数理の方々と知り合いになったのは、私が年金のバランスシート論を批判したところから始まったと思います。

　2004年7月17日に、私は「やれやれの年金バランスシート論」という、高山憲之先生の年金バランスシート論を批判した文章をホームページにアップしました。実は、2004年7月16日の労働関係の学会で高山先生が報告をされ、フロアーから神代和欣先生（横浜国立大学名誉教授）が、それは少しおかしいのではないかと質問をされた場面があったんですね。すると、高山先生は、「教科書にも書いてあるようなことだから、もっと勉強して質問してもらいたい」と、まぁ、高山先生が学生時に、横浜国立大学で先生であった神代先生に壇上から言われるシーンに出くわすわけです。なるほどぉ、高山先生はこういう無礼な物言いをされる人なのかと思いまして、ならば、っと書いた「やれやれの年金バランスシート論」[1]を、その翌日にHPにアップしたわけです。そうしますと、あの文章はかなり広く読まれたようでして、一月くらい経った8月の13、14、15日と連続して、今日いらっしゃいますかね、年金数理人のお一人から、「けしからん。おまえは何を考えておるんだ。一度、自分たちの研究会に顔を出すように」というようなメールが届きました。喩えがよいかどうか分かりませんが、「よっ、征夷大将軍！」と年金の大家に

---

*　年金数理人会主催講演会「社会保障制度改革の行方」（2013年5月29日）の講演録を筆削補訂。

1）　権丈（2006）所収。

声をかけた私が、「無礼者」と呼ばれて新撰組に追われるような状況になったわけです。

　そこで、私は2004年10月22日に年金数理人の勉強会に参加させていただきました。その時に知り合った方々は、その後、私の講演に何度もいらっしゃっていますので、今日はほとんど名刺交換をする必要はないのではないかと思っています。あの日の勉強会に出席されていた方々は、今日もご出席のみずほ年金研究所の小野正昭さんをはじめ、私の年金バランスシート批判は正しいと仰ってくださり、呼び出された2004年10月22日の勉強会では事なきを得て、討ち取られることなくすんだわけです（笑）。その後、みなさんの前に登場するのは、翌年の2005年3月22日の年金数理セミナー「年金の安定性・公平性——様々な考え方と現実」の会場でした。

　私が年金で活動し始めたのは2003年の春頃からなのですが、2005年3月の年金数理セミナーに呼ばれるまで、私は、年金部会の人たちや年金局の人たちを知らないままに勝手なことをずっと言っていたわけです。年金部会の宮島洋先生とか、堀勝洋先生や、年金局の人たちが「権丈というのがいるみたいだから、呼んでみようか」という話になったようでして、年金数理セミナーで私は初めて彼らと会います。そのセミナーのフロアーに、今日とほとんど同じような方々が座られていたことを記憶しております。そしてあの日に、今も付き合いのある多くの記者の方たちにも初めて会ったわけですから、彼らとはかれこれ10年近い交流があることになります。

　続いて、2008年にアクチュアリーの年次大会というところに呼ばれて、またみなさんを前に話をする機会がありました。アクチュアリーの会に私を演者として推薦した人は、「アクチュアリーにも理解できる年金の話をする人が出てきた」と言って会の人たちに私を推薦したという話も聞いたことがあります。保険の基礎となる数理計算を行うアクチュアリーの人たちに理解できない年金の話をしていた、それまでの年金研究者とはいったい何だったのか？と言いたくもなりますが、それはいいとして、昨年は12月10日、年金綜合研究所の設立記念シンポジウムの時にも、顔なじみの方々が、今日のように笑みを浮かべて前のほうに座られていました。ただ、将棋のプロが自分の打った棋譜を覚えているように、私も仕事方面に関して何を話したかという

のは、けっこう明確に覚えております。ですから、あまり重複しない話を今日もしていきたいと思います。

　早いもので、年金にかかわり始めてもう9年近く経ってしまいました。まぁ、いろいろと言ってきましたが、最近、私の考え方の根本にあるのは2つかな、という気がしています。

　1つは、投票者の合理的無知[2]。どうも私は、民主主義を考える前提が他の人と根本的に違う。これが、多くの政治学者と私との間の相違を生んでいるようです。

　もう1つは、合成の誤謬。この合成の誤謬というものが、ジャン＝バティスト・セイ、リカードの流れを汲む主流派の経済学の人たちが前提としているセイの法則というものと真っ向対立するんですね。真っ向対立した前提に立つと、そこからものの見方、考え方が根本から変わってきます。この合成の誤謬について、昨年12月の年金綜合研究所の設立記念シンポジウム[3]で詳しく話をしたら、「今日の話が一番おもしろかった」と言ってくれる人もいたんですが、「年金とどこに関係があるんですか」とも言われました（笑）。

　実はあの時の経済学の話と年金とは関係が大ありなんですが、今日は主催者から何度も何度も「年金の話をお願いしますよ」と頼まれていますので、年金の話をまじめにしてみようかと思って出かけてまいりました。

＊　＊　＊

　まずは、目下進行中の社会保障制度改革国民会議で、年金はどうなるのかという話題から入ろうかと思います。これはなかなか難しいと言いますか、この国民会議の場で、年金について何を話し合えばいいのか、私はよくわからない。

　どういうことかと言いますと、先々週の（2013年）5月17日に年金が国民会議の議題とされました。国民会議委員のなかには、年金についてぜひとも報告したいと言う方もいらっしゃる。そういう人たちは、民主党が推薦した委員であるという点で一致しているのですが、そのうちの1人は「年金の一

　2）　本書第34講参照。
　3）　本書第1講参照。

元化」を言われ、もう1人は「年金局が言うような、支払った分に対して2.3倍返ってくるというような年金の給付負担倍率はおかしい」と言われる。

年金の一元化？

年金の一元化、被用者とそれ以外の人たちの年金を一元化しようということは昔から言われているのですが、政治的には2004年3月27日に小泉さんがテレビで「一元化が望ましいと思っている。分かりやすいのがいい」と話して、そこから火がついて、「ほら、総理もそう言った」というような、レベルの低い議論が盛り上がっていきました。

当時の新聞には、次のような報道があります。

> 首相としては、7月の参院選前に、与党の強行採決で、年金関連法案を成立させるのは避けたいのが本音。成立後に、民主党の意向を反映することも念頭に置いた協議機関設置のカードを示すことで、同党の対応を軟化させ、円滑に国会審議を進めたい思惑があったものとみられる。だが、首相が年金制度について「一元化が望ましい」と発言したことは政府・与党側が「安定、安心できる制度だ」と力説する年金関連法案が、実は完全なものではないことを自ら認めたことを意味する。民主党の菅直人代表は「抜本改革の名に値しない」と、対決姿勢を鮮明にしているだけに、今回の首相発言で、さらに野党側は攻勢を強めることは確実。さらに、同法案の策定をリードした公明党にとっても、首相発言は受け入れがたい。首相の「誘い水発言」は与野党の反発を招き、"逆効果"となる可能性が強い[4]。

実際は、小泉発言は、この記事で指摘されている強いほうの可能性である"逆効果"となって、民主党は2004年夏の参院選を年金選挙にすることに成功します。その後の展開はご承知のとおりですが、歴史というのは結構おもしろいもので、歴史という、1つの社会実験の軌跡が、あれから10年という長さで残っているわけです。

---

4) 『中日新聞』2004年3月28日朝刊。

2008年年金改革騒動の顛末

　年金論議が大いに盛り上がって1つ目の峠を越えるのは2008年です。『日本経済新聞』が、2008年1月7日に年金の一元化や基礎年金の租税方式を含めた抜本改革案を出してきます。続いて2月26日に『朝日新聞』が年金の改革案を紙面で出します。これは、社会保険方式を前提としながらパート労働の厚生年金適用拡大をメインとする改革案でした。そして4月16日に『読売新聞』が、社会保険方式を前提としながらも、民主党の言う最低保障年金を部分的に取り入れたような、年金の防貧機能に救貧機能[5]を組み合わせたような問題の多い改革案を出してくる。

　そして、『毎日新聞』も独自の改革案を発表したいということで、論説委員が2度ほど私に会いにきます。しかし、「先生の話はよく分かります。でも、われわれは1面にド〜ンと出したいんですよ。先生の話は、すでに朝日が近いポジションを取っていますからねぇ」と。結局、彼らは、2008年7月27日に一元化を含んだフィンランド方式という「所得比例制度に一元化　7万円の最低保障で老後支える」案を「慶應大学の駒村康平教授らの研究者グループに協力してもらい」、ド〜ンと1面に出してきます。これが長年、駒村さんが民主党や連合にも売り込んできた駒村案というものですね[6]。

　その日の朝、毎日新聞の紙面を自宅で見た私は、ことの成り行きのあまりにバカバカしさに呆れて毎日新聞の購読をやめ、毎日の記者は私のところに出入り禁止になります——その後、あの時の論説委員は退職したりと、いろいろありまして、4年と数か月経った去年の終わり頃から、毎日新聞とは仲良くしています。月日というのは偉大です（笑）[7]。

　さて、話は、ここからがおもしろくなります。いろんな抜本改革案を出した新聞社の案はその後どうなるのかという歴史が、すでにこの国にはあるわ

5）　本書第29講「『防貧』と『救貧』は異質——政策の実行可能性を考える」参照。
6）　この案は、彼が2005年にまとめた日本生産性本部案（「年金改革——安心と信頼のできる年金制度改革」生産性労働情報センター）である。この生産性本部案に触れた文章として、著者ホームページ内「勿凝学問112　年金財政シミュレーションという研究について——朱に交わっても赤くなるなよ」（2007年10月29日脱稿）参照。
7）　本書第26講参照。

けです。

　日経は、1月7日の社説の冒頭、「今の年金制度を変えずに済むならそれに越したことはない。だが保険料の未納付増加で制度は破綻する可能性が大きい。制度を変える方法は様々だが、どれも一長一短がある。そのなかで日本の風土や社会の現実に合うものとなれば、厚生・共済年金受給者の基礎年金部分を含む国民年金を全額、消費税で賄う方式が優れている。本社年金制度改革研究会の報告を縮めて言えばこうなる」と書いていました。

　日経の年金制度研究会には、日経の論説委員たちと、当日の日経紙面によれば「宮島洋早大教授、西沢和彦日本総研主任研究員、土居丈朗慶大准教授（当時）ら外部有識者3名」が参加していたそうですが、宮島先生が10日後の1月17日に日経の「経済教室」に書かれた「年金改革本社報告への視点」は、実に見事な日経改革案批判の文章です。聞くところによると、「経済教室」への外部有識者3名による寄稿の企画は、宮島先生の提案によるものだったらしいので、宮島先生は1月7日の日経案の提案者にご自分の名前が連ねられたことを忸怩たる思いで眺められていたのだと思います。私は、宮島先生の文章を昔からいろいろと読んでおりますが、あの「経済教室」での論考は、宮島先生の論文のなかでも最もすばらしいものの1つだと思います。あの宮島先生の論文で、日経の年金改革案は「お前はすでに死んでいる」状態になっています。

　ところで、日経が年金改革の抜本案を提示したあの1月7日の日経の社説は、現行制度に対する宣戦布告のつもりで書かれたものだと思います。ところが、その年に開かれていた社会保障国民会議が5月19日に発表した「公的年金に関する定量的なシミュレーションについて」のなかで、保険料の未納が増えても年金は破綻しないことが示され、そのうえ、基礎年金の財源を消費税でまかなう場合の移行問題と財源規模問題が示されるわけです。そのシミュレーション結果を見た多くの人が、日経案にはフィージビリティ（実現可能性）がないと考えたようで、あの国民会議のシミュレーション以来、基礎年金の租税方式論はしぼんでいきます。5月19日の国民会議の夜に知人の記者からメールが来たのですが、そこには、「租税方式の終わりの始まりですね」と書かれていました。歴史はそのとおりに進んでいきます。

未納が増えると年金が破綻するって誰が言った？

　のみならず、2008年の社会保障国民会議に参加していた細野真宏さんは、日経のあまりにもの不勉強さと誤報に憤りをおぼえ、『「未納が増えると年金が破綻する」って誰が言った？』という本を書かれる。もちろん、答えは『日経新聞』、いや、5月19日に国民会議に呼ばれて細野さんの前で「未納で年金が破綻する」と自分で書いた社説を読み上げながらプレゼンをした論説委員の大林尚氏、という内容ですね。ちなみに、あの日の国民会議では、日経、朝日、読売の論説委員に、各社の改革案の説明をしてもらっていました。そして、各紙の論説委員を国民会議に呼びましょうと提案したのは私でした。

　もう1つ、当時の状況を説明しておきますと、2008年の社会保障国民会議での年金シミュレーションそのものを提案したのも私です。ただし、私が提案したシミュレーション項目のなかには、納付率が年金財政に与える影響の話は入れていなかった。ところが、ある日、今でも年金の研究者として大活躍されている経済学者方面から、納付率が90％、80％、65％の場合も計算するようにという指示が、ある省を通じて国民会議事務局に届きます。どうも、「未納で年金が破綻する」ことをシミュレーションで示そうと思ったみたいなんですね。そして、事務局からその連絡を受けた私が何を言ったかというと、「えっ、そんなにおいしい計算をしていいの？」。だって、少し考えれば、未納が増えても年金が破綻しないことは分かりますよね。ところが、そのあたりで年金を論じている経済学者やその人たちに近い関係府省の人たちは、未納が増えると年金は破綻すると信じ切っていたわけです。

　「焼け太り」という言葉にかけて、私は昔から、年金論者の「負け太り」という言葉を使っています。年金でバカなことを言って現行制度を批判した論者は、プロの間での議論では簡単に負けるのですが、世間的にはみるみるうちに有名人、時の人になっていき、例外なく社会的に太っていって、職場も有名な大きなところに移っていきます。

　国民会議に納付率の試算を指示した経済学者もそうなのですが、結果は、みなさんご存知のとおりで、彼らの狙いはやぶ蛇となり、日経新聞やそれにかかわった人たちは面目丸つぶれとなる。年金を分かっている人たちの間では、日経の年金改革案は2008年の半ばには終わった。しかし、素人さん、政

治の世界では、まだ生き残っているかもしれません。少なくとも日経のなかでは生き残っているようですし。興味深いのは、あの時に間違えていた人たちは、その後も懲りずに、繰り返し間違えていくということです。映画『ゴッドファーザー』のなかで、「敵を憎むな、判断が鈍る（Never hate your enemies, it affects your judgment）」という名言がありますが、負け太り論者たちの弱点は、官僚・厚労省を憎みすぎるところから生まれているのかもしれません。と言っても、自分たちに繰り返し苦杯をなめさせる「年金制度」は心から許せないようで、彼らはいつも一発逆転を狙っているのでしょうね。喩えて言えば、彼らは債務超過に陥った金融機関のようなものですから、すみやかに撤退してもらうのが世のため人のためなのですが、世の中はなかなかそうはいかないようです。

　私は、機会があるごとに、制度設計者たちには「とにかく考え抜くように」と言っています[8]。考え抜かれた制度はけっこう強いもので、負け太り論者たちの柔なトンデモ論は、軽く粉砕されます。その都度、彼らの年金や厚労省への憎悪は増し、判断の鈍りも増していくみたいで、結果、彼らは繰り返し間違えていく。

　私は、2004年年金改革で戦争は終わったと思っていまして、翌2005年には「退役軍人」という言葉を使って、この国で起こっていること、そして今後起こるであろうことを説明していますね。

　　厄介な問題は、いつの時代でも面倒な問題として取り扱われる、戦争が終わった後の「退役軍人」の処遇です。いまの状況で、大学院生の新入生が年金をテーマにして研究をやりたいと言ったとき、それを認めるのには、かなりの無責任さが必要です。世間にはそうした無責任さを備えた人もいるでしょうけど、その人が、自分の子どもが年金をテーマにして研究者の訓練をスタートしたいと言ったとすれば、おそらく考え直すように言うでしょう。ゆえに、年金研究者というのは先細りしていくとは思うのですが、これまで年金を専門としてきた中堅、古参の研究者は、今も、そしてこれからも存在する。彼らの言動は、年金論議の攪乱

8）　本書第19講参照。

要因として、今後しばらくは存続するとは思います[9]。

この時の予測どおり、2004年の年金改革時に、年金研究者として中堅・古参になっていた数人が、退役軍人のランボーのように、2004年年金改革批判者として、その後暴れていくことになります。しかし、彼らはことごとく制度に敗れていく。その都度、年金制度と厚労省への憎しみが増していく。今や彼らの文章を読めば、厚労省・年金局が嫌いだということは分かりますし、実はそれしか書かれていなかったりします。そして、自分に理解できないことはなんでも陰謀論で説明しようとする。日経の論説委員も、同じ心境かな。でも、憎しみというのは人間の根源的な強い感情ですので、今後とも彼らは忘れずに抱え続けていくと思います。

2011年、年金制度改革2段階論？

年金で、次に歴史上の特筆すべき動きがあったのは2011年になります。

2011年に一体改革の集中検討会議が開かれます。集中検討会議では、担当大臣であった与謝野馨さんが、「いろいろな年金改革案はみんなすばらしい。是非、みなさんのご意見を参考にさせていただきたい」と発言されて、集中検討会議に、経済界、労働界、メディア、研究者の順で呼ばれます。

メディアが呼ばれたのは2月26日。その日に出席した毎日新聞は、2008年7月27日に彼らが提案した改革案を評して、「われわれとしてよい案だと思ったが、実際問題は自営業者の所得把握や事業主の負担をどうするかなど、かなり高いハードルがあった」。したがって、「2段階での改革を提案した」と、君子豹変してしまいます。付け加えますと、メディアが呼ばれた2月26日の直前2月19日の集中検討会議には連合も呼ばれています。連合は、それまで「一元化だ、租税方式だ」ということを言っていましたが、2月19日には、「われわれは2段階で改革していきたいと思っており、……第2段階として、自営業者の所得比例年金の創設、そしてその後、すべての年金制度の一元化。それから、基礎年金を最低保障年金に転換して、最低保障年金は所得比例年金を補完するものとして位置づける。最低保障年金の給付水準は月

---

9) 権丈（2006）545頁。

額7万円」と、2段階方式に切り替えています。

　そして、連合や毎日新聞のブレインとして、一元化、最低保障年金をアドバイスし続けていた民主党長妻大臣下での時の人・駒村康平さんも、2011年3月5日に集中検討会議の場で「私は2段階方式を言いたい」と言う。2012年6月12日に国会で参考人として呼ばれた時は「2段階」だけではなく、「ツーステップ」とも表現していますね。こうして、みんな2段階の改革案に落ち着いていきました。

　2段階方式で今回の国民会議の報告書をまとめておくということは、別に悪いことではない。だから私は、先々週5月17日の国民会議で、一元化を言う駒村委員に、「その案はすぐできないだろうから、2段階方式でいいだろう」と言うと、彼は自分の言う改革案を望ましいと思われるんですかと聞くから、「うん」と言ったら、何かちょっと喜んでもらって、終わったわけです。終わるでしょう、この話は。その日の国民会議の様子を動画で見ていた民主党の議員も、私が民主党の年金改革案を全否定しなかった様子を見て、喜んでいたそうです。

　と言いましても、この5月17日の国民会議の朝、私は『週刊東洋経済』に原稿「社会保険一元化はタケコプター」[10]という文章を提出していました。みなさん「ドラえもん」の歌はご存知だと思いますが、「空を自由に飛びたいなぁ」と言われたら、そりゃぁ、飛びたいですよね。タケコプターがあれば嬉しいです。でも、タケコプターは存在しません。社会保険一元化はタケコプターのように、望ましいけどフィージビリティがないということになれば、もう議論する必要はない。政治的には面倒だから、2段階方式ということで話を終わらせておく。

---

10)　本書第25講所載。

年金は「年金保険」と正しく呼ぼう
――世代間格差を不公平と言う間違い

　もう1つ、「保険料を払った分の2.3倍返ってくるというようなことを厚労省は言っている。おかしい」と、西沢和彦さんが言う。私はやっぱり「おかしいよね」と同意しました。同意するのも当たり前で、年金は、債券や株などの金融商品ではなく、保険ですからね。民間保険というのは付加保険料というのが入っているので[11]、たとえば自動車保険で同じような計算をしたら、払い損になります。保険というものの存在意義を表現するうえでは、こういう計算をすること自体がおかしい。だから、厚労省は間違えているという話を、私はしました。

　たとえば私が、66歳で繰下げ受給をしようと思って頑張っていたとします。しかし、65歳で死んでしまって年金の受給は0円だった場合、この時、本当に年金の便益はなかったのでしょうか。私は、死ぬ65歳までの間にも、老後には年金があるという「安心感」として年金の便益を受けていると思います。ですから、いま保険料を支払っている人を含めて、被保険者全員が保険の受益者です。先ほどの自動車保険で言えば、事故に遭った時に受け取る保険金それ自体が便益なのではなく、事故に対して備えがあるという安心感を持って生きられることこそが、保険を購入することの便益だというのは当たり前の話ですよね。

　アメリカでも、メディケア制度の存在意義がどれだけあるかを経済学者が計算する時には、リスクヘッジによって得られる便益をいかにしてカウントするかというスキルが勝負目となっています。

　ですから、厚労省が、払った保険料と給付期待値の現在価値の比率を計算しているというのであれば、そうした計算をしたことは咎められなければなりません。しかしながら、先日の国民会議でも話したように、あの2.3倍を計算した2009年頃の厚労省は、別に計算したくて計算したわけでもないんですよね。

　ああいう計算は、まず、年金の生い立ちや役割などを考える力のない一部

11）　本書第4講中「人はなぜ保険を買う？」参照。

の経済学者が始めます。そうした一部の経済学者が「世代間の格差が発生しているが、これは不公平だ」とか、「払い損になる」ということを懸命に何度も計算するわけです。そのうちに、彼らは、「なぜ厚労省はこの事実を認めないんだ。なぜ、われわれだけが計算をして厚労省は計算をしない」と厚労省を批判するようになる。官僚バッシングの風潮のなか、世論も経済学者の味方をし、何も分かっていない経済産業省や内閣府は、なんだか自分たちの仕事が増やせそうだと思って、世論側で参加する。あの頃の厚労省は「こういうものを計算して、何の意味があるんだ」と考えただろうと思います。もっと昔はともかく、当時はすでに賦課方式の年金に対する正しい認識が、厚労省のなかでもある程度深まっていましたから。私的扶養が公的年金という形で社会化されていった過程や、年金は保険であってその役割はリスクヘッジそのものにあるというのを分かっていれば、普通はそう思いますよね。だから、通常はそういう無意味な計算はしない。だけど、世論がそれを許してくれない。そこで、押し切られる形で厚労省は計算をしたと、私は見ています。

政治的駆け引きに利用された年金試算

具体的に言えば、2009年5月26日の年金部会で厚労省が公開した2.3倍というあの試算は、当時野党だった民主党の年金担当者たちが、国会運営をめぐる与党との政治的駆け引きのなかで、2009年財政検証の追加試算として年金局に試算をさせたものです。6月初めに、基礎年金国庫負担を2分の1に引き上げる財政措置に関する法案を通さなければならなかった。当時、解散総選挙は近い。だから与党は、「強行採決の映像」だけは残したくない。目の前に迫っているはずの選挙戦の最中に、連日、その強行採決の映像を報道されてはたまらないからです。さらに、参議院は野党が過半数を握るねじれ国会。そうした状況のなかで、自公は民主党の追加試算の要求を飲んだ。

あの追加試算そのものには、当時の年金部会、そして2009年の財政検証の経済前提を議論していた「経済前提専門委員会」はまったく関わっていません。2009年5月26日に年金部会が、突然、3か月ぶりに招集され、あの試算が公表されました。議事録を見ると、当時、年金部会の委員と経済前提専門

委員会の委員であった私は、次のような発言をしていますね。

> つまりここで言いたいのは、我々は年金を政治から守るために、ある程度専門家の知識というものを使っているわけなんです。我々専門家が、この国の年金で最も心配していることは、政治リスクなんですね。それをどういう政治状況があるか知らないけれども、年金が政局作りに使われ、年金が政争の具にされ、おもちゃにされるような状況をブロックする機能を、経済前提専門委員会や年金部会が持つ必要があるのです。
>
> 社人研がやっている人口推計に関しては、政治家が人口推計の前提を変えてくれと注文したら、その場合は専門家に問い合わせるのではないかと思うんですけど、なぜ経済前提に関しては、あるいはこういう納付率の問題に関しては、経済前提専門委員会や年金部会に無断で追加試算を出すのか。
>
> ……
>
> 今後、経済前提専門委員会にどういう人が参加されるようになるか、そして年金部会にどういう人が参加されるかわからないのですけれども、専門性というものを持って議論しているわけですから、そして我々は同時に、これは皆さんがどう意識されているか知らないのですが、経済前提専門委員会や年金部会は社会システムとして、年金が政争の具とされるのを守るための組織として存在していると考えることもできるわけですから、年金の財政検証についてはその前提のひとつひとつについて、公開で議論できるような、そういう方向というか、道もあるということも視野に入れていただいて、次の財政検証では考慮してもらえればと思います[12]。

私が人生で一度だけテレビに出演したのは、この年金部会から5日後の5月31日朝の「新報道2001」でした[13]。民主党の狙いどおりに、彼らが要求した試算結果が、世の中に年金破綻を印象づけることに大成功し、メディアが揃って年金破綻を報道していた頃です。しかも数日後には、基礎年金の国庫

---

12) 第15回社会保障審議会年金部会議事録（2009年5月26日）より。
13) 出演時の詳細は、権丈（2009〔初版2004〕）ix-x頁参照。

図表2-1 私的扶養から社会的扶養への移行

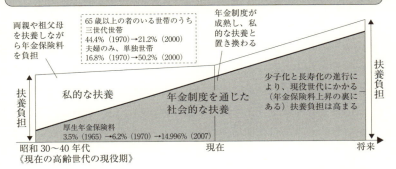

出所：厚生労働省「平成21年財政検証関連資料(1)」。

負担を2分の1に引き上げる法律を通さなければならないタイミングだったのですが、与党の政治家は、民主党の仕掛けで浮き足立っていた。バカバカしかったけど、民主党のやり口はあんまりだなという状況でしたので、出演を引き受けました。2009年に出演したあの番組のなかでも、この国で重要な政策課題は年金ではなくて医療・介護なんだと話をしていますね。

世代間格差という指標

5月26日の臨時年金部会で公開された世代間格差の指標については、会議の場で次のように話しています。

> そこで例えば5ページの図〔図表2-1〕を見てほしいのですが、左側の扶養負担、私的扶養が社会的な扶養に置き換わっていった図です。
> この図は、私のほうが先に書いたのではないかというぐらいの気がす

るんですけれども、こういう図で制度というのは歴史的には動いていますよという話をする必要があります。ここで重要なことは、世代間の再分配は年金のみならずフロー、ストック様々なチャネルを通じて、前世代から後世代へ、後世代から前世代へと双方向で行われているということです。そこで年金のみを取り上げてことさらに問題視する理由はないんです。もし年金の世代間格差を推計するのであれば、前世代から後世代へ、後世代から前世代へと様々なチャネルを通じた双方向の世代間再分配制度のすべてについても推計して、総合的に判断しなければ、素人には誤解を招く。そうした総合的な判断材料を提示することが無理なのであれば、年金の世代間格差の推計を行うことは望ましくない。そうした配慮を欠いた結果が、今の日本の状況なんですね。

年金で観察される世代間格差は、必ずしも世代間の不公平を意味しているわけではない。大切な問題設定は、ミクロ・マクロにかかわる複数の社会経済政策目標を視野に入れながら、世代間に所得をいかに分配するか、その手段としての年金や税はいかにあるべきかということです。年金しか視野にない年金モンロー主義者や年金を政争の具としようと狙う者の論は百害あって一利なしです。

……

だから、そういうところをしっかりと考えていかないと。私が言いたいのは、政策の優先順位を間違えてしまって、再び、いや再々度、医療、介護、財源調達という重要な問題を年金が締め出してしまい、次の衆院選もまた、何の意味もないような議論、2004年に盛り上がったバランスシートというのも本当に意味のない議論だったと思いますが、そういうことを繰り返して、我々生活者は政治の犠牲になって疲弊していくということで良いのかということを、少しは考えていきましょうと言っておきたいと思います[14]。

さて、話を戻しますと、与野党攻防の政治的な狭間に立たされて年金の給付負担倍率を試算しなければならなくなった厚労省は、経済学者が言うよう

---

14) 第15回社会保障審議会年金部会議事録（2009年5月26日）。

に、事業主の負担は全部被用者に転嫁されるという話、これはちょっとおかしいのではないかと考えたようです。もし経済学者が言うとおりならば、経済学者も協力して「被用者が保険料を全部負担するように」と言ってくれてもよさそうなものだと言いたくなりますよね。あるいは、パート労働に厚生年金の適用拡大をしても、事業主負担分は全部、労働者に転嫁できるのだったら、外食産業とかスーパーマーケットとか、反対しないでくれと言いたくもなると思います。現場で厚生年金の適用拡大などの地上戦をやってきた厚労省には、経済学者が言うように転嫁が速やかに100％起こるというのには抵抗もあろうし、だいたい、経済学のなかでも、他の条件を一定（other things being equal）として考える頭の体操程度の部分均衡分析ならばまだしも、その条件を外した一般均衡分析のなかでは、恐ろしく多くの要因を考慮しないと転嫁と帰着のあり様は判別できないということに理論的には落ち着いていますし、実証面でも結果はきわめて不確定なわけです[15]。まあ、常識的と言えば常識的ですが。

　そういう転嫁問題の不確定さを考慮したのだと思いますが、厚労省は、経済学者たちとは反対の極である転嫁しないという形で計算します。さらに、割引率に何を使うかというところも、経済学者は年金がなかったら市場で運用するのだからと、市場での運用利回りで割り引いていくのが常識だと考えるのですが、賃金の伸び率に基づいて公的年金の給付水準を設計している年金局から見ると、あるいは同様の設計になっているスウェーデンの年金のバランスシートでも賃金で割り引かれていることを参考として、年金は当然のごとく賃金で割り引くものと考えたのだと思います。

　そこで年金局は、「転嫁を前提としない。そして、賃金で割り引く」という計算をする。そうすると2.3倍になったというだけの話で、私から見ると年金局の計算もおかしいし、経済学者の計算もおかしい。要するに、そんな計算をすること自体がおかしいわけで、年金の役割は保険というリスクヘッジ機能ですし、世代間に目を移せば、私的扶養を社会的扶養に切り替えた度合いが世代間で違うわけですから、それを無視して社会的扶養の側面である

---

[15]　本書第38講、脚注1、あるいは権丈（2009）「コラム　社会保険料の転嫁問題に関する経済学者の誤解」172-176頁、などを参照。

公的年金だけを取り上げた計算結果は有害の類に入る。だから、「こういう計算はなしにしましょう」ということになる。ちなみに、私は高校生を対象とした「社会保障の教育推進に関する検討会」で座長を務めていますが、そこでもこの問題を扱っていて、高校教育には、このような不毛かつ誤解を生む話は持ち込まないことにしています。

と言っても、残念なことに民主党の年金担当者の要請による2009年5月26日の政治的駆け引きの産物としての試算は、今では高校の教科書に「世代ごとの年金保険料負担額と給付額」として掲載されています。出所は厚生労働省の試算、と明示されてですね。ちなみに、当時、年金局は、年金試算が政治の駆け引きに利用されたことを残念に思ったのではないでしょうか。彼らは、2009年総選挙が行われる直前の8月12日に「平成21年財政検証関連資料（1）（年金制度における世代間の給付と負担の関係等）」をホームページ上に発表していました。それは「財政検証の内容等について正確なご理解をいただくには、併せて公的年金制度の仕組みを知ることが重要です。ここでは、財政検証等の意味を理解するために必要となる公的年金制度の仕組みについて、御紹介いたします」とする、すばらしい資料でした[16]。そこでは、2.3倍などの年金の給付負担倍率にも触れられており、「公的年金制度における世代間の給付と負担の関係のみで、公平・不公平を論ずることはできないと考えています」と説明されていました。

もっとも、厚労省試算の2.3倍はおかしいと発言した西沢委員の真意は、2.3倍は過大推計だと言いたかったんでしょうね。彼が計算した値で1を切った0.8というのを見たことがありますから。でも、それは私的扶養を社会化・保険化していった公的年金というものを分かっていないというだけの話です。同様の計算を社会保障・財政全般に広げた世代会計になると、もっとひどいことになります。このあたりは、『年金実務』2000号記念座談会のなかで、次のように話していますね。

　　重要なことは、世代会計で計上される世代間格差の中身の見極めでしょうか。「教育検討会」の資料では、「我々の世代は、国・地方の公債

---

16) http://www.mhlw.go.jp/za/0812/d01/d01-02.pdf

等残高の対 GDP 比で200％に至ろうとする公的債務を残してしまった。そのため、将来世代に多額の公債費（国債・地方債等の元利払い）を負わせることとなる。これは明白に問題視されるべきことであるが、こうした公債費を後世代に負わせたゆえに生まれる世代間格差と、私的扶養の社会化ゆえに生まれる社会保障の中で観察される世代間格差の現象を、混同して議論していないか」という文章があります。公債の元利払い、特に社会資本を残すこともない赤字公債の公債費を後世代に残してはいけません。だから私は、物心ついた前世紀から（笑）、おそらくこの国で誰よりも早く速やかな増税の必要性を一貫して言ってきたのですけど、その観点と、私的扶養の社会化ゆえに生まれる社会保障制度の中の世代間格差は、峻別してもらわないといけません。別物ですから[17]。

　世の中には、どうも、このあたりを混同して議論する人が多いんですよね。ということで、国民会議で年金の報告をしたいという民主党推薦の委員たちのご意見は、先日5月17日の会議一回だけで終わりました。

　余談ですが、今は「国会会議録検索システム」がありますから、議事録を簡単に検索できます。昨日5月28日現在、国会に駒村さんは6回、西沢さんは3回、参考人等として出席していますね。昨年（2012年）6月12日には、共産党の先生が「（駒村）先生はまさに公聴会の常連でもございますので」と言われるくらいに、民主党は彼ら2人をとても頼りにしてきたようです。最低保障年金と一元化を唱える駒村さんは長妻厚労大臣時の顧問だったことから分かるように、民主党のなかで最低保障年金と一元化を言い続けている長妻氏の要人。そして、租税方式を言い続けている西沢さんは租税方式が良いと思い続けている岡田さんが強く支援していますね。今回の社会保障制度改革国民会議に2人が参加しているのもそうした事情からでしょう。今は自公政権になりましたが、政治というのは、だからどうなる、というものでもないところがおもしろいわけでして、彼らは今後も各所で対野党戦略のなか

---

17)「年金実務2000号記念座談会　年金制度の過去、現在と未来」『年金実務』第2000号（2012年7月9日号）38-39頁。本書第23講参照。

で重用されることになるのでしょうね。

ちなみに、国会の参考人などは「○○党からの推薦でして」という連絡が来ます。私の国会への出席はご想像どおり、ゼロ回。これまで、都合3つの政党から、医療介護や年金で出てくれという連絡を受けたことは何回もあります。ただし、先方も、万が一どころか億が一くらいの可能性があればと思って連絡してきているようで、いつも円満にお断りさせていただいております（笑）。

公的年金財政の破綻！？

話を戻します。さて、「国民会議で年金が予定されている次は、何をやるのかな」というのが、現在、次の6月3日に予定されている会議に向けての検討項目です。年金で議論することもないなら、やらなければよいではないかと思うのですが、どうも、3党合意のなかの1つの党に気を遣っているのか、そういうわけにはいかないらしいです。

「じゃ、僕が時間をもらおうか」という形で、次回は私が1人で何か話をするかもしれません。この前は、私は報告の時間もいただかないで、じっと聞いて、「2段階方式でいいんだよね」とか「やっぱり、払った分の何倍返ってくるかという計算はおかしいから、これはなくしたほうがいいだろうな」と、人の報告に感想を言って終わっただけでした。ただ、先日、ちょっと事件が起こりまして、今は少しばかりやる気が出てきたところです。

その事件ですが、人事院が入間（埼玉県）に研修所を持っておりまして、毎年5月になると国家公務員の新人さんが研修に来ます。私はその研修所に2009年から講義に行っていて――前政権下でも私を雇っていた人事院というのは大したものだと思うのですが――、そこで、まず月曜日に2時間半いろんな話をしてから、課題を出します。1班が7人で6班、これは厚労省からも財務省からも経産省からも来ている混成チームです。課題は3問、6班のなかで2班が同じ課題をやります。そして火曜日から木曜日まで合宿して勉強し、金曜日になると課題について各班に報告をしてもらいます。私は、講義では年金だの混合診療だのといった細かい話はせず、公的年金とは何ぞや、社会保障とは何ぞや、民主主義とは何ぞや、みたいな話を月曜日にして帰り、

図表2-2　積立金の見通し（2009年度価格）

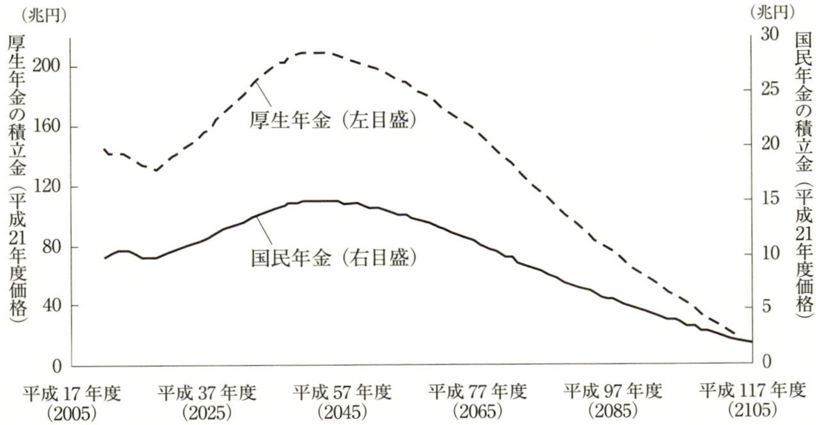

出所：平成21年度財政検証関連資料。

金曜日に彼らのところにもう一回出かけるわけです。

　今年は、3つの課題のうちの1つで「社会保険の一元化ってどう思う？」という問題を出しました。この課題への彼らの報告が実におもしろかった。社会保険の一元化という問題を2班でやるわけですが、2班とも「一元化なんて悠長なことを言っていてはダメですよ」と、まず私は叱られます。「年金は、まず持続可能性を考えなければなりません」と、問題を変えられてしまっていました。

　彼らは7人で2班だから14人の新人国家公務員、厚労省もいました。この14人が「現行制度のもとでは年金は積立金がこのように減ります。したがって、年金は破綻します」と。

　これには私も驚きました。「どこでそういう情報を得たんだ？」と尋ねたら、「厚労省のホームページで見ました」と答える。そこいらのトンデモ本じゃない、厚労省のホームページでこのグラフを見つけて、「あっ、あった、あった。年金が破綻する図があったよ」と言って、2班ともこの図を使ってプレゼンを行ったのです（図表2-2）。

　私は彼らに「社会保険の一元化についてどう思いますか？」という質問を出したのに、2班ともこの図を見て、「ほら、破綻してるよね」「うん、そう

だね」とグループ学習し、いかに公的年金の持続可能性を持たせるかという問題に切り替えてしまった。私は、「そのグラフは、平成21（2009）年度の財政検証報告書のなかで描かれているもので、年金の財政は安定しているということを示したグラフなんだけどね」と言うのですが、彼らにとってはアンビリーバブルな話に聞こえるようでした。

　「これはちょっと深刻だな」と思ったのが先々週の5月17日（金）でした。あの日は、午前中から、国家公務員の新人君たちによる「積立金のグラフが示しますように、年金は破綻しています」という突拍子のない話に笑って、コメントとして、その日の朝に『週刊東洋経済』に送った原稿「社会保険一元化はタケコプター」[18]の話をし、午後2時過ぎに、彼ら新人君たちに「4時から国民会議の動画を見ておいてくれ」と言って、少し早めに入間の研修所を出させてもらい、4時に官邸に到着して国民会議での年金の議論に参加しています。そこで先ほど話しましたように、その5月17日の国民会議で民主党案を2段階方式に棚上げし、「給付負担倍率の議論は年金が保険であることを分かっていない話で、百害あって一利なし」として葬り去ったわけです。そのときは年金について何もやる気はしなかったのですが、その後、入間での年金破綻報告事件（？）を思い出しまして、本日5月29日に次回6月3日用の資料を国民会議の事務局に提出してきました。年金のまわりで、こういうとんでもない状況があるからなのか、たとえば民主党は先祖返りして、また7月の参議院選挙では年金で勝負をしようとしています。

　「年金の行方はどうなりますか？」と問われても、私にはわかりません。昔から、「民度」以上の制度はできないと私は言っていまして、国民の能力次第です。彼ら野党の年金抜本改革キャンペーンが、今度も功を奏するかもしれないし、うまくいかないかもしれない。最近彼らは、これから先インフレが起こるとマクロ経済スライドが発動され、年金の給付水準が下がっていくということを延々と攻撃しています。何匹目のドジョウなのかは、もう忘れましたが、少なくとも彼らは過去、そういう選挙戦略で成功してきた。もう何か見ていて辛いけれども、民主主義というのは、所詮、そういうもので

18）　本書第25講所載。

あります。

*　　*　　*

　とまぁ、ここまでは枕話でして、まだ本日の本題に入っていません。
　私が、この講演の準備をしていたら、最後の最後で「そう言えば、年金局、この前の国民会議で、いい資料を出していたよな」ということを思い出しました。そこで、自分が準備していたスライドはいったんなしにして、今日は、年金局の資料を前のほうに持ってきました。しばらく、これを説明させてもらおうかと思います。これは先々週の国民会議に厚労省年金局から提出された資料です。これが、実に今までとは次元が違うぐらいに良い。全部で21頁の資料なのですが、見てみて、ほぉっと感心してしまいました。

賦課方式年金制度の正しいバランスシート
　そのなかでまず紹介したいのは、年金の正しい意味でのバランスシートが示されていることです（図表 2-3）。
　この国では、2004年に、保険料収入を資産に繰り入れないバランスシートが流行り、公的年金には莫大な債務超過があるという話が大いに盛り上がり、このトンデモ論は、年金論議を大混乱に陥れました。世に言う高山憲之先生の年金バランスシート論[19]です。年金局が作った上図には、左側の保険料収入、つまりバランスシートの資産に将来の保険料収入が入っていますね。賦課方式の年金のバランスシートは、こうなるのが当たり前の話です[20]。
　さらに、医療、介護の状況と冷静に比較をしていくと、公的年金は圧倒的に制度的に安定しています。もっとも、作った制度をちゃんとワークさせていかなければ安定はしません。たとえば、マクロ経済スライドが始動しよう

---

19)　本書第4講、第17講参照。
20)　公的年金バランスシートの左側の資産から保険料を外したものを高山バランスシートと呼ぶとすれば、保険料と国民負担の両方を外したバランスシートは、小塩・鈴木バランスシートと言うことができる。そして、彼らの公的年金バランスシートの資産がどのように定義されているかを考えれば、彼らが公的年金をどのように誤解しているのかは、分かりやすいものである。本書第35講、脚注49を参照。

図表2-3　正しい年金バランスシート

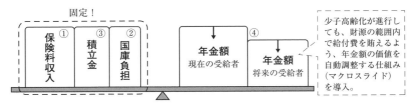

① **上限を固定したうえでの保険料の引上げ**
　平成29（2017）年度以降の保険料水準の固定（保険料水準は、引上げ過程も含めて法律に明記）。
　　・厚生年金：18.30％（労使折半）（平成16年10月から毎年0.354％引上げ）
　　・国民年金：16,900円　※平成16年度価格（平成17年4月から毎年280円引上げ）
　　　※現在の保険料：厚生年金16.766％（平成24年9月〜）、国民年金15,040円（平成25年4月〜）

② **基礎年金国庫負担を2分の1へ引上げ**　---- 平成24年「社会保障・税一体改革」により消費税財源確保。
　平成21年度以降、基礎年金給付費に対する国庫負担割合を2分の1とする。

③ **積立金の活用**
　おおむね100年間で財政均衡を図る方式とし、財政均衡期間の終了時に給付費1年分程度の積立金を保有することとして、積立金を活用し後世代の給付に充てる。

　　　平成24年年金額の特例水準の解消（法改正）により、マクロ経済スライドが機能する前提条件を整備。

④ **財源の範囲内で給付水準を自動調整する仕組み（マクロ経済スライド）の導入**
　現役世代の人口減少とともに年金の給付水準を調整。標準的な年金の給付水準について、今後の少子高齢化のなかでも、年金を受給し始める時点で、現役サラリーマン世帯の平均所得の50％を上回る。
　　※標準的な年金給付水準の現役サラリーマン世帯の平均所得に対する割合（所得代替率）
　　　62.3％（2009年度）→ 50.1％（2038年度以降）　※平成21年財政検証結果

出所：厚生労働省「年金関連4法による改革の内容と残された課題」（http://www.kantei.go.jp/jp/singi/kokuminkaigi/dai12/siryou2.pdf）

とする瞬間に、あるいは、やるべきタイミングが来るのかなといった瞬間に、政治がこれを邪魔してしまえば、もうどうしようもない。そういう政治の問題には、今日は触れないでおきましょう。さすがに、国民も、前政権の3年3か月を経験して少しは分かってきたのではないかと期待しています。

マクロ経済スライドの意義と意味

　年金局の資料に戻りますと、これも実にうまい図を考えましたね、彼らは（図表2-4）。

図表2-4　マクロ経済スライドの発動時期の違いによる最終所得代替率への影響イメージ

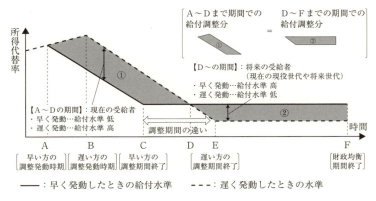

出所：図表2-3と同じ。

　マクロ経済スライドの発動時期の違いによって、将来世代の人たちの所得代替率への影響が違ってくる。早く発動すると、将来世代の代替率は高い状況になり、遅く発動させると代替率が低くなる。2004年の年金改革で保険料が固定されましたから、当たり前と言えば当たり前の話なのですが、こういう話が世の中に浸透していくまでには時間がかかると思います。私は、このあたりは、先ほども紹介した昨年の『年金実務』2000号記念座談会で、次のように言っています。この話と、図表2-4とは、内容が符合します。

　　今のこの国の年金制度を考えると、保険料率が固定されるわけですから保険料収入は決まっています。そして、概ね100年で最終的に積立金は1年分にするということも決まっています。ということは、年金という制度に入ってくる総額と出ていく総額は決まってしまっていることになる。
　　あとは、年金受給が年次的に早めの人が一杯もらうか、後ろの人が一杯もらうかという話に集約されます。将来世代の人たちよりも所得代替率が高い今の高齢者の給付を早めにカットすることができれば、将来世代が楽になるということです。

16年改正以降、年金は世代間のゼロ・サム・ゲームになりました。ただ、世代間の格差と言っても所得代替率で10ポイント前後の話で、ちまたの世代間不公平論者が言うようなスケールではないですけど。

　ただ、特例水準をそのままにして、デフレ下でもマクロ経済スライドを効かせませんということをやっていると、今の年金受給者の高めの給付の負担は後世代に先送りされ、後の世代の給付が下がっていくことにはなる。16年改正は、そういう年金財政上の世代間のトレード・オフを、国民に突きつけたわけです。16年以降、相当に強い財政規律が課されたと考えて良いんじゃないでしょうか[21]。

　繰り返しますと、2004年の年金改革で、有限均衡方式が採用され、おおむね100年で積立金を１年分にするということと、保険料固定方式が採用されました。100年後の積立金の水準が決められた条件下で、保険料が固定されれば、今後100年間で年金制度に入ってくるお金と出ていくお金は量的には変わらない。そうなると、この量的に変わらないものを、どう世代間で分けていくかという議論が残ることになります。現在の高い所得代替率の年金給付を早く調整していくほど、後世代にとっては望ましい。遅くすると後世代にとっては辛くなる。ただ、それだけの話です。

　このあたりに関しては、前回５月17日の国民会議では、西沢さんから世代間の格差を把握できるような指標を示して、その格差を縮小していくという目的を明示してもらいたいという意見もあったのですが、通常、給付の十分性を示す所得代替率を世代間で比較する方法で何がいけないのかと私は思います。西沢さんたちは、給付負担倍率が大好きなのですが、先ほども話しましたように、あの指標は、年金政策の効果測定の基準としてはきわめて不適切で、害しかないようなものですからね。彼らは、そのあたりがいまだに分かっていない。公的年金というのは実質価値を保障しようとする終身年金なんですね[22]。30年後、40年後の実質価値を計る指標としては、年金給付額をその時々の勤労世代の賃金で割った所得代替率を使うしか方法はない。そう

---

21)「年金実務2000号記念座談会　年金制度の過去、現在と未来」『年金実務』第2000号（2012年７月９日号）11-12頁。本書第24講所載。

した所得代替率のある程度の水準を守るということを政策目標として、いろいろと年金政策論というのが展開されるわけですが、そうした政策目標を達成するためには、負担給付倍率なんて10円の役にも立たないわけです。バカだねっと言いますか、そうしたことが分からない者は、公的年金の論議に参加してもらっては迷惑なわけです。

　ちなみに、所得代替率で測られる将来の給付水準が結果として高まることになる、次のような話は、私しかしていないかもしれません。それは、今後消費税が引き上げられた場合の物価上昇分は、給付水準の物価スライドから外すべきということです。

> 　公的年金は、物価上昇に合わせてその額が自動的に改善されることになっているが、今後の消費税引上げ過程では、その影響による物価上昇分については、年金額の多寡に応じて全額を反映させないことも考えたい[23]。

　実は、2008年の社会保障国民会議が行った「公的年金制度に関するシミュレーション」では、租税方式に移行する場合にどの程度の消費税が必要かを計算しています。その際、本当のこの国の年金制度を反映させるとすると、租税方式にするために消費税を上げると物価が上がるわけですから、その物価上昇分を給付に反映させなければならなくなります。しかし、これを計算するためには、無限級数みたいな計算をしなければならなくなります。また、それ以前に、消費税を増税した時に、それがすべて年金に物価スライドで上乗せされてしまうとなれば、年金受給者は消費税の増税分を負担しないことになるわけで、それはないだろうというのもありました。そこで、2008年の年金シミュレーションでは、消費税を引き上げた時の物価上昇分は年金の給付水準に反映しないという仮定を置いて推計しています。したがって、この国の制度として本当に反映させていくと、あそこで必要と試算された消費税

---

[22]　本書第1講中「年金が実質価値を保障しようとしていることの説明の難しさ」参照。

[23]　権丈善一（2011a）「震災復興と社会保障・税の一体改革両立を」『WEDGE』（5月号）。権丈（2015）第12講所載。

率よりも上がります。しかし私は、むしろ2008年の年金シミュレーション時の仮定のほうがあるべき姿だと思っていますので、先ほどのように、消費税引上げ過程での物価上昇分は物価スライドに反映させるべきではないと論じてきたわけです。もしそういうことになりますと、将来の給付水準は高まることになります[24]。

　時々、将来世代の年金のことを最も考えているのは権丈さんなのに、そのことが世間は分かっていないと言われることがあるのですが、別に分かってもらう必要もないです。なにも私は給付負担倍率に基づく世代間不公平論の観点から、将来の給付水準の底上げの話をしているわけではなく、将来の高齢者が、できるだけ生活保護に頼ることなく、できればディーセントな生活を送るためにはどうすればよいかを考えているだけですから、彼ら世代間不公平論者たちとは根本が違います。

賦課方式の持つ世代間リスク・ヘッジ機能

　それでは負担のほうはどうかというと、年金というのは、私的に親を扶養していた際の負担を徐々に社会化・保険化したシステムです。社会化されていったということは、要するに、生活上のさまざまなリスクに対応する保険規模を、個々の家族から社会全体に拡大していったということです。自分の親が長生きする。自分の子どもが早く亡くなる。あるいは、自分の結婚相手が何人兄弟か。扶養する側である勤労世代の当人たちが仕事を失う。突然、自分や身内が障害を抱える身となる。また、そうした同一世代内のリスクだけでなく、ある世代とその次の世代の間で急激な経済変動、たとえば経済成長あるいは経済停滞が起これば、世代間で生活水準の格差が生じるリスクが生まれるわけです。かつては、そうしたリスクには、家族のなかで現金・現物さまざまな形の再分配で対応していましたが、それが徐々に公的年金を通じて社会全体で平準化されていった。

　そうであるのに、徐々に、保険として社会化されていく過程において、公的なところだけを捉えて計算したその値と給付の比率を見て、何の意味があ

---

24) 第4講中「追記」とくに「社会保障制度改革推進会議での年金の議論」を参照。

図表2-5　特例水準の解消スケジュール（概念図）

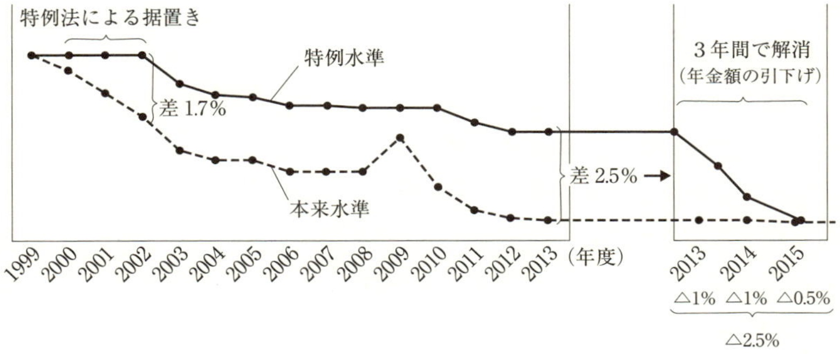

出所：国家公務員共済組合連合会ホームページ「特例水準の解消による年金額の改定について」より。

るのか。

　強いて年金に関して世代間の問題を言うとすれば、今の高い所得代替率を早く下げることができれば、将来世代の給付水準を高くすることができる。この政策は、現在、法定よりも高い特例水準にある年金を本来水準に戻して、後世代の給付水準を高めることですでに採用されていますし（図表2-5）[25]、また、マクロ経済スライドを早期に適用したりすることも、この政策の応用になります。政治にはこういうことをやってもらいたいと思うのですが、野党の政治家は相も変わらず、「年金が減額されるぞ」「年金を減らすためにアベノミクスをやっているんだ」と言って騒いでいる。

メディアはもう変わっている
　彼ら野党の政治家が分かっていないのは、9年前の2004年頃と比べてメ

25）　年金額は、物価や賃金の変動に応じて、翌年度の年金額を改定（上昇時には増額・下落時には減額）する仕組みを基本としているが、過去の物価下落時に特例措置として年金額を減額せず据え置いたことなどにより、本来の年金額より2.5％高い水準となっていた。これを「特例水準」とい言う。
　2012年11月に成立した「国民年金法等の一部を改正する法律等の一部を改正する法律」により、段階的に「特例水準」を解消することにより年金財政の改善を図り、現役世代の将来の年金額の確保や世代間の公平を図ることとされた。

ディアが賢くなっているということですね。9年以上も年金のことを眺めてきた記者たちは、野党の政治家たちよりも圧倒的に年金まわりのことを理解しています。この人たちの存在はこの国の立派な財産だと思います。と同時に、私は『年金時代』の昨年1月のインタビューで答えていますが[26]、記者のほうが年金政局を狙う政治家よりははるかに地頭がいいみたいですね。と同時に、年金研究者よりもずいぶんと賢いみたいです。一時期よりも年金論がある程度鎮まったのは、記者たちが、「学者、研究者というのはその程度のものなのか!?」という域に達して、彼らの言うことを鵜呑みにしなくなったからだと思います[27]。

　私は、今を生きている世代の研究者は、過去の学者が築いてきた信頼という資産を食い潰している世代だと言っています。年金破綻論や年金抜本改革論で一世を風靡した年金の研究者たちは、過去の学者が営々と築いてきた世間からの学者への信頼という社会の資産を食い潰してしまいましたね。以前は、世間は学者だからといって信用して、ある程度の社会的地位を与えてきましたが、最近の年金学者の中身はトンデモ論。さすがに新聞記者や経済誌の記者に見破られてしまいました[28]。年金を政争の具として仕掛けようとする政治家は、そのあたりも考えておいたほうがよいと思います。

年金は将来の生産物への請求権

　さて次に、これがまたおもしろくて、ニコラス・バー LSE 教授が IMF で行った年金問題に関する報告を年金局が翻訳し、それを社会保障制度改革国民会議の資料として出したものです（図表2-6）。こうした試みは、私は画期的だと思います。

　年金局が提出したニコラス・バーの論は、要するに、老親を扶養する制度は、私的に行おうが、公的年金の積立方式で行おうが、賦課方式で行おうが、実質的には変わらないということ。ニコラス・バーのスライドでは、「年金を設計するには、現在の生産物を蓄える、将来の生産物に対する請求権を設

---

26) 本書第19講参照。
27) 本書第35講中の「参考資料　公約年金とメディア」参照。
28) 本書第8講中の「両論併記から脱却したメディア」参照。

図表2-6　ニコラス・バー教授による年金を設計するただ2つの方法

2.2 Output is central
- Two and only two ways of organizing pensions
- Store current production
- Build a claim to future production
- Pensioners are not interested in money, but in consumption (food, clothing, medical services).
  Thus the key variable is future output.
- PAYG and funding are merely different financial mechanisms for organizing claims on future output
- Thus the difference between the two approaches should not be exaggerated

2.2 生産物が中心
- 年金を設計するただ2つだけの方法
- 現在の生産物を蓄える。
- 将来の生産物に対する請求権を設定する。
- 年金受給者は金銭に関心があるのではなく、消費に関心がある（食料、衣類、医療サービス）。このように鍵になる変数は、将来の生産物である。
- 賦課方式と積立方式は、単に、将来の生産物に対する請求権を組織的に設定するための財政上の仕組みが異なるにすぎない。
- このように、2つのアプローチの違いを誇張すべきではない。

出所：図表2-3と同じ。IMF主催「世界危機後のアジアにおける財政的に持続可能かつ公平な年金制度の設計（2013年1月9〜10日、東京）」におけるニコラス・バー氏の講演資料「適切な年金制度を確保するための公共部門と民間部門の役割——理論的考察」から抜粋。

定するという、この2つの方法しかない」というところから説明が始まります[29]。

　普通に考えたら、年金受給者は金銭に関心があるのではなく、消費に関心がある。医療とか食料、サービスのような変数は将来の生産物です。賦課方式と積立方式は、単に将来の生産物に対する請求権を組織的に設定するための財政上の仕組みが異なるにすぎません。ニコラス・バーは、Output is centralというスライド1枚で、そうしたことをすべて説明しているわけです。Output is central——生産物が中心という考え方は、広く理解されなければなりません。

積立金のメリット&デメリット

　2012年の年金綜合研究所の設立記念シンポジウム[30]でも話しているように、日本のように目の前の高齢化水準に2つのコブがあり、そしておよそ半世紀先に人口構成が定常状態に入るような国で完全なる賦課方式で給付水準

---

29)　本書第5講参照。
30)　本書第1講所載。

を安定させようとすると、その人口のコブに合わせて保険料率を変えなければならなくなります。これは政治的にちょっと都合が悪く、保険料を上げたり下げたりするのは調整が難しいから、そのコブをならしていくためのバッファーぐらいは持っておいたほうが望ましい。そして、バッファーとしては他の国よりもコブの幅が大きいから、他の国よりも積立金を余計に持っておく必要はある。けれども、この方法では多額の積立金をマーケットにさらしてしまうリスクもある。このマーケット・リスクというのを、みんな甘く考えすぎていますね。

　年金積立金を人口のコブに対するバッファーとして理解するのに便利な図[31]は、次です（図表2-7）。

　積立金がないところで保険料を固定した場合は、給付水準が上下します。日本の年金の積立金は、その給付水準の上下をならすためのバッファーとして存在するわけです。ただし、積立金があろうがなかろうが、その時々の高齢者の生活水準を維持するのに要する財・サービスという生産物そのものの量が、勤労世代の負担となるわけです。

　こういう考え方が、今回、ニコラス・バーのプレゼンを、年金局が社会保障制度改革国民会議で紹介したことで、広く知られる「べきこと」になったと思います。実は、年金をまじめに研究すれば、そういうことは昔から言われていることが分かるはずなのですが、そうであるのに、過去の研究、年金研究の流れをまったく勉強することもなく、「積立方式は、前後の世代とは無関係な財政方式。人口減少、高齢化がどれほど進もうが、まったく影響を受けない」と繰り返し一般の人たちに説く者たちが、残念ながらけっこういたわけです。研究者としてはアウトですね。さらに言えば、彼らの特徴は、年金について「厚労省は『世代間の損得を言うのはおかしい』と言っている」という表現をしますけど、今日の厚労省は、年金研究のかなりのレベルまで視野に入れて発言しているだけでのことですね。昔は、厚労省も、年金制度の世代間不公平や積立方式を論じる一部の経済学者が言うことは「何かお

31）この段落は、講演録の校正中の2013年8月に出された『年金積立金運用報告書』4頁にある図を用いた説明をしている。この図は、賦課方式下でのバッファーとしての積立金の役割を実にうまく描いているからである。

図表 2-7　人口のコブに対する年金積立金の意義

- 高齢化のピーク（たとえば2050年頃）において積立金を保有せず、完全な賦課方式で財政運営した場合、固定した保険料（18.3％）で給付可能な水準は、所得代替率40％程度。
- すでに生まれている世代がおおむね年金受給を終える100年程度の期間について給付と負担の均衡を図り、おおむね100年後に積立金水準を給付費の1年分程度に抑制する財政計画とすることにより、2100年まで所得代替率を50％以上に保つことができる見通しとなっている。

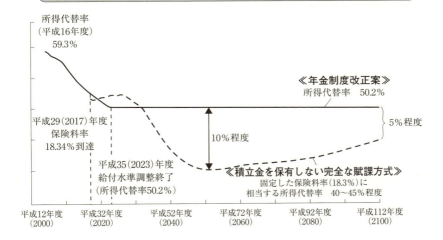

注：所得代替率は夫婦2人の基礎年金を含む。
出所：厚生労働省（2013）『年金積立金運用報告書』4頁「年金制度改正に基づく所得代替率と完全賦課方式の場合の所得代替率（平成16年財政再計算）」。

かしい」という違和感を抱くにとどまっていて、私から見るとしっかりとした反論ができていなかったようにも見えたのですが、現在は、彼らも勉強を重ね、年金の経済研究の流れとその到達点をかなりサーベイし、先日もニコラス・バーのプレゼンなどを論拠にして、かつての違和感を理論武装して発言している。ちゃんと研究をしていけば、研究の大きな流れに立たざるをえなくなって論者自身のオリジナルな見解は薄れていきます。厚労省も、別に彼らのオリジナルな考え方に立っているわけではない。年金研究の大きな流れに沿って発言しているだけのことです。

　もしも「厚労省の言うことがおかしい」「積立方式にすれば、人口減少、

高齢化の影響をまったく受けない」などと言うのであれば、過去から継続されている一連の年金研究の蓄積をしっかりとサーベイし、そのロジックを研究したうえで否定して、初めて研究者として発言したことになるはずです。日本人が抱く官僚バッシングのムードを利用して、「厚労省の言うことだからおかしい」というような論は、研究者としては許されないわけです。ただ、そうした面倒なことをやっていたのでは、メディアからもてはやされて、時代の寵児になるタイミングを失い、（負け犬りとはいえ）太ることもできなくなる。けれども、研究者の人生とはそういうものです。

私は、ニコラス・バーら世界的な潮流のなかにいる年金経済学者の論をかなり前から読んでいたので、初めて年金の論文を書いた2003年の時点で、次のようにまとめています[32]。

> 「いずれの場合においても、増加する高齢者の支出にみあうだけの物的生産を現に働いている人たちが生産しなければならず、それを彼らが利用することはできないという点で、負担増となるのである」。こうした高齢者の増加がもたらす勤労世代への負担増は、高齢者に生産物を分配する次の4つのどの手段をとってみても変わることはない。
>
> 1．公的老齢年金は存在せず私的に家計内で高齢者に生産物を分配する方法。
> 2．高齢者自身のいわゆる自助努力——私保険・貯蓄——で高齢者に生産物を分配する方法。
> 3．私的であれ公的であれ、積立方式の年金で高齢者に生産物を分配する方法。
> 4．賦課方式の公的老齢年金で高齢者に生産物を分配する方法。

生産物という、長期的には蓄えのきかない〈素材的〉な視点、〈物的〉な視点からみれば、その年々に勤労世代が生産した生産物を高齢者が消

---

32) 権丈善一（2003）「年金改革論議の政治経済学——厚生労働省「年金改革の骨格に関する方向性と論点」を読んで」『三田商学研究』第46巻第1号。権丈（2004）第1章、23頁。

費する方法しか存在しない。この事実は、伝統的な家計内での高齢者扶養制度であろうが、高齢者の自助努力に任せようが、老齢年金の財政が積立方式・賦課方式のいずれであっても、変わりはない。

2004年には、当時日銀にいらした玉木伸介さん（現在は大妻女子短期大学部教授）も「勤労世代の負担は、給付であって拠出ではない」と書かれていますね。高齢者が財・サービスを消費しているかぎり、その生産物は勤労世代が生産している。勤労世代は、自らが生産した財・サービスの一部を高齢者に渡して高齢者の生活が支えられているのですから、玉木さんの言うように、「給付が負担」という命題が出てくるわけです。

世代間扶養の社会化

もちろん、大金持ちは別ですよ。大金持ちは余生を資産だけで生きても、なお余るほどの財産を持っていたり、自分の国の金融市場が危なかったら他の国に資産を避難させたりできますから。しかし、普通の人たちは、老後の備えを全部準備して老後を迎えていたのではなく、家族内で老いた親を子供が扶養し、老親の必要性に応じて所得や財・サービスが分配されていたわけです。そうした子供が親を扶養していたシステムを社会化・保険化するシステムの1つとして公的年金制度があり、そうした公的なシステムと私的なシステムの両方を見れば、その負担の総額は世代間で大きく差が出てくるわけではない。

ただ、そのように社会化してしまうと、子供たちが、「今ちょっと苦しいから、仕送りを減らしていいかな」というようなことが、民主主義手続きのなかではやりづらくなる。だから、そういう調整――デフレ下でのマクロ経済スライドの適用や特例水準から本来水準への調整――を民主主義手続きのもとでしっかりと実行していけば、当然これは公的年金に加入しておいたほうがいいと言ってよいと思います。

昨年の年金綜研シンポジウムの講演録（本書第1講）を見ると、みなさんは、年金とは関係のない経済学の話を延々としているように思われるかもしれません。しかし、あそこで話していることは、もれなく年金論なんですよ。

私が時々カチンとくるのは、「権丈の意見はこうだ」と新聞なんかで書かれるんですが、私は「あるものの考え方、ある議論の前提に基づけば、その後はロジックを正しくたどっていくとそうなる」と話しているだけであって、どこからどこまでが私の考え方か、実はよく分からないんですね。
　先ほども言ったように、私の論の根底には、合成の誤謬ということがまずある。そして、合成の誤謬というものが起こりうるために、「人間は貨幣それ自体から効用を得ており、したがって貨幣は単なるベールではない」という前提を置くと、後は論理的に、年金論をはじめ、いろんな結論が導き出されるんです。暇さえあれば、今はこの世にいない昔のおじさんたちの本を読んで遊んでいる私からすれば、私が言っていることは、だいたい過去の誰かが言っていることです。

受給開始年齢自由選択制における繰下げの推奨

　年金の話に戻りますと、ニコラス・バーは、もし年金の支払いに問題がある場合、解決策が4つだけあると言います（図表2-8）。「平均年金月額の引下げ、支給開始年齢の引上げ（年金引下げの別の手法）、保険料の引上げ、国民総生産の増大政策、これらのアプローチが含まれていない年金財政改善方策は、いずれも幻想である」。これは、年金局による翻訳ですが、支給開始年齢のところで対応する英語は、later retirement at the same monthly pension（another way of reducing pensions）[33]、つまり「現在の年金月額と同額のままでの支給開始年齢を引上げ（年金引下げの別の手法）」とあります。
　そこで、この国で考えなければならないのは、2004年に保険料と積立金の水準がロックされたということです。有限均衡方式のもとでおよそ100年後の積立金の水準がロックされ、かつ保険料の引上げがロックされた場合の支給開始年齢の引上げというのは、ニコラス・バーが想定している意味、つまり「現在の年金月額と同額のまま」とは異なってしまいます。
　これから先の保険料は決まっているとします。そこから支給開始年齢を引き上げる。何が変わるかというと、高い年金給付を短くもらうか、低い年金

---

33) 本書第4講中「ニコラス・バー教授の『支給開始年齢引上げ』の正確な意味」参照。

図表2-8 ニコラス・バー教授による年金財政問題の4つの解決策

Solutions to Problems of Pension Finance
- If there are problems in paying for pensions there are four and only four solutions
    - Lower average monthly pensions
    - Later retirement **at the same monthly pension** (another way of reducing pensions)
    - Higher contributions
    - Policies to increase national output
- Any proposal to improve pension finance that does not involve one or more of these approaches is illusory

年金財政問題の解決策
- もし年金の支払いに問題がある場合、4つそしてただ4つだけの解決策がある。
    - 平均年金月額の引下げ
    - 支給開始年齢の引上げ(年金引下げの別の手法)
    - 保険料の引上げ
    - 国民総生産の増大政策
- これらのアプローチが含まれていない年金財政改善方策は、いずれも幻想である。

出所:図表2-6と同じ。

給付を長くもらうか、それしか選択肢ありません。縦×横、すなわち「年金給付月額の縦×受給期間の横」は同じです。

と同時に、「繰上げ受給・繰下げ受給制度」を持つこの国では、60歳から年金を受給できます。繰上げ受給を選択して60歳から年金を受給でき、そこから受給年齢を繰り下げていくと、だんだんと給付水準が高くなっていく。そこで、私は「繰り下げ受給ができる人たちは、なるべく受給開始を遅らせて、年金の給付水準を高く設定するライフプランを立てていったほうがいい」と言い続けてきました。そして、受給開始を遅らせても大丈夫な家計の状況だったから繰下げ受給を選択し、その結果、年金を受給する前に死んでしまったとしても、別にいいではないですか。年金は保険なんだから、それまでにも老後の生活に対する安心感という便益は受けているよっと。早く亡くなれば年金は掛け捨てになりますが、それのどこが悪いのか[34]。大切なことは、長生きした時に後悔しないようにしておくことですね。

ただ、2004年の年金の改正案の附則のなかで、「所得代替率が次の財政検証までに50%を切る場合には、何らかの措置を講ずる」という文言があります。この所得代替率の基準になるのが65歳です。だから、「実態として多くの人が繰下げ受給を選択して66歳、67歳から受給している時代が来たとしても、65歳を基準にした所得代替率を見なければならないか」というのが私の

---

34) 本書第4講「追記」中「保険としての年金の賢い使い方」参照。

疑問です。ここは何とかしたいですね。スウェーデンも保険料を固定していますが、あの国では支給開始年齢の弾力化を図っていると説明しますから、いつから年金を受給するかは個人の選択に委ねられています。したがって、年金は「支給」開始年齢ではなく、「受給」開始年齢と呼んでいます。その意味で、日本も、個人の選択に委ねられた受給開始年齢は繰上げ受給を選択することのできる60歳なんですけどね。

　だいたいもって、保険料を固定している国と固定していない国を並べて、支給開始年齢が「この国ではああだ、あの国ではこうだ」と比較することにどれほどの意味があるのでしょう。日本が保険料固定方式を採用して以降は、保険料を固定した国同士で、支給開始年齢の議論がどのように行われているかを考えなければならないと思います。さらに言えば、保険料固定方式を採用している国が繰上げ受給・繰下げ受給制度を持っていれば、その国の制度は、受給開始年齢自由選択制と同じになってしまいます。日本も早いところ、60歳以上の受給開始年齢自由選択制と呼び変えたらいい。

　このあたりのところは、2012年7月の『年金実務』2000号記念の座談会のなかで、次のように言っています。

> 　16年以降、年金に入ってくる総額と出て行く総額は、決まっています。残された選択肢は、高い給付を短くもらうか、低い給付を長くもらうかの制度設計です。高さと長さの縦横を掛け合わせた面積は同じです。
> 　今後出てくる問題点は、ひとつは、定年延長をはじめとした高齢者雇用確保への年金サイドからの圧力が弱まること、今ひとつは、年金支給開始年齢65歳時の所得代替率を基準として、16年改正の附則は「次の財政の現況及び見通しが作成されるまでの間（5年後）に所得代替率が50％を下回ると見込まれる場合には」云々と書かれているので、将来、多くの人が自主的に66歳で年金を受給するようになった場合でも、65歳の所得代替率が附則基準に引っかかってしまうということですね。
> 　スウェーデンの年金制度は、「61歳以降、本人が受給開始年齢を選択」と書いてあるだけで、どの年齢から受給しても、保険数理的には差がないように設計されています。在職老齢年金との兼ね合いがありますから、

同じようにはいかないでしょうけどね[35]。

この発言に対して、みなさんご存知の坂本純一さん、2004年年金改正時の年金局数理課長は、次のようにおっしゃっています。

> **坂本氏** 確かに「給付水準の下限」の規定は65歳時が基準なので、この点は将来的には基準となる年齢を変更する等の検討が必要となりますね。いずれにせよ、平均余命が延びるときにはより長く働き、年金は繰り下げ受給することが必要ですね。平均余命が延びた分をすべて年金生活にするのは健全な社会のすることではないと思います[36]。

ここでわれわれが話しているように、財政的な理由からの支給開始年齢の引上げの議論が不問になるとすると、「雇用延長への年金サイドからの圧力が弱まる」というけっこう大きな問題が出てきます。このあたりをどのように議論するかでしょうね[37]。ただ、今後起こってくるだろう、年金の給付水準が低すぎることになるだろうから支給開始年齢を引き上げるべきという議論には、少し距離を置きたいと思います。というのも、年金給付水準が不十分な人ほど年金を早く受給したいと思う傾向があるとすれば、目の前の年金給付水準が低いでしょうから、その年金を強制的に取り上げて、将来にしか受け取れないようにしますよというのは、何か妙ですね。今の時代に、今すでにある「受給開始年齢選択の自由」を奪うべし、とでも言いたいのでしょうか。

受給開始年齢の選択の自由を保障しながら、当面の生活に余裕のある人には繰下げ受給を推奨する。今後、マクロ経済スライドが働き始め、どうしても給付水準が不十分であるという事態が予測されるのであれば、将来的には被保険者期間を延ばして保険料の拠出期間を延長するとか、保険料の水準を再検討するというような方法で年金制度に入ってくる収入そのものを増やす

---

35) 「年金実務2000号記念座談会 年金制度の過去、現在と未来」『年金実務』第2000号（2012年7月9日号）35頁。
36) 同上。
37) 本書第4講中「年金受給開始年齢（Pensionable Age）と雇用について」参照。

道を考える。よく、「高齢者にも支える側に回ってもらう」と表現されますが、年金の場合は、保険料を納付するほど、その高齢者個人の給付水準が上がることにつながります。逆に言えば、保険料固定方式のもとで年金の給付水準を引き上げるためには、長く働いて長く保険料を納付してもらうくらいしか方法はないわけですから、根気よく説明していけば理解を得られると思います。そして、年金のみならず年金以外の論理、たとえば平均寿命80歳、90歳の社会での人としての生き方の問題としても、企業側に雇用延長の圧力をかけ続けていく――そうした論が展開されていくことを期待しています。

一方、テレビや週刊誌などでは、「とにかく繰り上げて早目に年金をもらえ」というようなキャンペーンを張っている。これは国民を不幸にします[38]。年金にかかわられている方々には、ぜひとも一緒に「あんまり不幸な人を出さないようにしましょう」と言っていただければと思いますし、社会保障の教育推進に関する検討会の一委員としても、ご協力を強くお願いしたいと思っております（笑）。年金まわりには、本当に、呆れるような話があまりにも多すぎて。

年金経済学の政策インプリケーションと結論

ニコラス・バーに戻れば、彼が用いたスライドの政策インプリケーションにまとめられていることは、「積立方式は人口構造の変化の問題を自動的に解決するわけではない」ということです（図表2-9）。

「積立方式は必ずしも成長率を増加させない」というのは当たり前のことで、積立金が投資に回って成長を起こすということが、ほぼ100％成立するのであれば別ですが、そうした世界は、要するに貯蓄はすべからく投資され、投資されて増えた生産物はすべからく売れるという、「セイの法則」が成立する世界ですね。そこでの成長の制約条件は供給量を規定する資本の量だということになります。ところが、現実はそうとは限らない。需要が不足しているという状況もあろうし、資本市場が未整備の場合もあるでしょうし、資本市場が整備されていたからといって、金融市場に効率的市場仮説が当ては

---

38) 本書第4講中「保険としての年金の賢い使い方」参照。

図表2-9　ニコラス・バー報告の政策インプリケーション

Policy implications
- Funding is not an automatic solution to demographic change
- Funding does not necessarily increase growth rates. Funding can increase output if
  - It increases saving in a country with a shortage of savings, or
  - Improves the operation of capital markets, thus improving the allocation of saving to productive investment
  - The evidence suggests that funding can have a beneficial effect, but that effect should not be taken for granted nor its magnitude over-stated
- Funding is only one of the sources of growth

政策的インプリケーション
- 積立方式は、人口構造の変化の問題を自動的に解決するわけではない。
- 積立方式は、必ずしも成長率を増加させない。積立方式が生産を増加させることができるのは、次のような場合である。
  - ある国の貯蓄が不足している状況で貯蓄を増加させるか、または、
  - 資本市場の機能が改善され、より生産性の高い投資につながるように貯蓄の配分が改善される場合
  - 実証分析によると、積立方式には確かに収益をもたらす効果があるが、その効果は常に実現すると認識すべきではないし、その規模を過大評価すべきでもない
- 積立方式は、成長の源の1つにすぎない

出所：図表2-6と同じ。

まると考える人はどれほどいるのか。年金の積立金があるからといって、社会全体の貯蓄が増えるわけでもない、そして仮に貯蓄が増えたからといってもこれが社会全体のパイを高めることに1対1でつながっていくというわけではないということも、年金研究の一分野として昔からあります。これから成熟社会に向かおうとする高度経済成長の頃ならば分かりますが、市場が成熟して、企業が抱える貯蓄でさえ過剰資本と受け止められるようになった社会では資本不足が成長を阻害するという話は当てはまらないだろうということは、長い需要不足を経験した日本人ならば感覚的に分かるはずです[39]。

　結論として、ニコラス・バーは「すべての国に対して共通の、単一で最善の制度はない。年金財政問題を処理する政策は4つあり、かつ4つしかない。避けるべき誤りは……」という（図表2-10）。

　なんだかうれしいですね。年金を論じる際に、こういう話をこの国でして

---

39) 本書第1講中「積立方式信奉者たちの論」参照。

図表2-10　ニコラス・バー報告の結論

5 Conclusion
- No single best system for all countries
- Four and only four policies to fix problems of pension finance
- Mistakes to avoid: a country
  - Should not reform piecemeal and in haste, but strategically and with a long time horizon
  - Should not set up a system beyond its capacity to implement
  - Should not introduce a mandatory, earnings-related pension system until it has a robust capacity to keep records accurately over forty+ years
  - Should not introduce mandatory individual funded accounts until it can regulate investment, accumulation and annuitisation
  - Should not underestimate administrative costs over a long working life
  - Should not underestimate transition costs, hence should not move towards funding if that risks breaching fiscal constraints
- What really matters
  - Good government
  - Output growth

5 結論
- すべての国に対して共通の、単一で最善の制度はない
- 年金財政問題を処理する政策は、4つで、かつ4つのみ
- 避けるべき誤り：国は、
  - 部分的にかつ性急に改革すべきではなく、戦略的に長期的視野で改革すべき
  - 実施能力を超えた制度を作るべきではない
  - 40年を超える記録管理を正確にできる強健な能力を持つまでは、強制の所得比例年金制度を導入すべきではない
  - 投資、蓄積、年金化を適切に規制できるようになるまでは、強制の個人積立勘定を導入すべきではない
  - 長い労働生活にわたる運営コストを過小評価すべきではない
  - 移行のコストを過小評価すべきではなく、それゆえ、そのリスクが財政制約を超えそうなのであれば、積立方式への移行を図るべきではない
- 本当に重要なことは良い政府と経済成長

出所：図表2-6と同じ。

きたのは、私くらいしかいなかったのではないかと思うのですが、世界的な年金研究の潮流としては、ほぼ答えが出ているわけで、だいたいこういうところで落ち着いています。

ただし、時々IMFとかが世の中を惑わせるというのが過去にあったわけです。その辺のところはIMF、世銀、ワシントンの財務省、そしてウォール街とかが組んで、いわゆる「ワシントン・コンセンサス」というような状況で、アメリカの経済界とくに金融業界に有利な――生活者にとってはなかなか辛い――社会が志向される傾向がありました。そうしたワシントン・コンセンサスに強くコミットしてきたIMFがニコラス・バーを呼んでこういう報告を受けたということは画期的な出来事でありまして、またそれを年金局が社会保障制度改革国民会議で発表したというのは、私は時代を画する出来事であると思っております。

先々週の社会保障制度改革国民会議のホームページ[40]にアクセスすると、

この年金局の資料「年金関連4法による改革の内容と残された課題」を閲覧することができます。ぜひとも、こうしたものの考え方を当たり前のこととして議論していただけるようになればと思っております[41]。

＊　＊　＊

さて、いよいよ、本日の本題に入りましょうか（笑）。

短時間労働者への社会保険の適用拡大

年金において今残っている大きな問題として、短時間労働者に対する社会保険の適用拡大があります（図表2-11）。

この適用拡大に関しては、2012年8月10日に成立した年金機能強化法（8月22日公布）のなかで「3年以内に検討を加え、その結果に基づき必要な措置を講ずる」とされています。まず、消費税を上げるので、その過程で適用を拡大すると、適用拡大に反対している事業主にとってはダブルパンチになるかもしれないため、時間をおいて議論をしましょうということになっているようです。今後、消費税を継続して上げていかなくてはなりませんから、そういうことを言っていたら、いつまで経っても適用拡大には進めないのですけどね。とはいえ、次回（2013年）6月3日に年金の議論が行われる時には、私が言うようなことも視野に入れてくださいということを、今日、資料として年金局に提出してきたわけです。

---

40) 第12回社会保障制度改革国民会議（2013年5月17日）
http://www.kantei.go.jp/jp/singi/kokuminkaigi/dai12/siryou2.pdf
41) そして、年金局の資料に刺激されて「ならば私も」と思い、同日の関連資料として私が配付したのが次の3点である。同じく国民会議のホームページからダウンロードできる。
http://www.kantei.go.jp/jp/singi/kokuminkaigi/dai12/siryou 3 -4.pdf
  <配付資料の内容>
  ・「少子高齢化への対策　就業者増やし支え手確保　女性・高齢者に働きやすい環境を」『読売新聞』2012年4月23日朝刊
  ・「少子高齢化と社会保障」『週刊東洋経済』（2012年6月2日号）、本書第11講所収
  ・「年金債務超過話の震源」『週刊東洋経済』（2012年8月11-18日号）、本書第12講所収

図表2-11　短時間労働者への社会保険の適用拡大

○ 被用者でありながら被用者保険の恩恵を受けられない非正規労働者に被用者保険を適用し、セーフティネットを強化することで、社会保険における「格差」を是正する。
○ 社会保険制度における、働かないほうが有利になるような仕組みを除去することで、とくに女性の就業意欲を促進して、今後の人口減少社会に備える。
○ 社会保障・税一体改革のなかで、3党協議による修正を経て法律が成立した。

≪改正内容≫

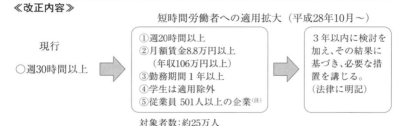

短時間労働者への適用拡大（平成28年10月〜）

現行
○週30時間以上

→
①週20時間以上
②月額賃金8.8万円以上
　（年収106万円以上）
③勤務期間1年以上
④学生は適用除外
⑤従業員 501人以上の企業（注）

→
3年以内に検討を加え、その結果に基づき、必要な措置を講じる。
（法律に明記）

対象者数：約25万人

注：現行の適用基準で適用となる被保険者の数で算定。
出所：第12回社会保障制度改革国民会議（2013年5月17日）提出資料、厚生労働省「年金関連4法案による改革の内容と残された課題」16頁。

　その資料は、「短時間労働者の社会保険適用拡大に関する方法について」というものです。短時間労働者の社会保険適用拡大こそが、年金のなかで最も重要な課題だと、私はずいぶんと前から位置づけています。
　次の文章は、4月19日の社会保障制度改革国民会議の際に、「これまでの主な議論」として配付された資料のなかのものです。

　　欧州諸国では、低賃金の段階から社会保険を適用し、雇用主の責任も事業者が認め、低賃金の方の保険料を免除しても、雇用主責任の方は果たす制度もあるが、日本もそのような方向で考えるべき[42]。

　この内容は、私が言ったのではなく、読売新聞の榊原智子さんの発言が元になっています。2月19日に経済界がプレゼンをした時に榊原さんがここに要約されている話をされています。もっとも、私が以前から言っていたことを、ありがたいことに、彼女がその日に発言してくれたのですが。

42）　第9回社会保障制度改革国民会議（2013年4月19日）提出資料、「これまでの社会保障制度改革会議における主な議論」。

これについての私の発言を紹介しますと、たとえば年金部会が2008年11月27日に「社会保障審議会年金部会における議論の中間的な整理」をまとめています[43]。

> 6．パート労働者に対する厚生年金適用の拡大等
> ○　賃金により生計を営む被用者については、パート労働者や非適用事業所の被用者等を含め、できる限り厚生年金を適用し、報酬比例部分を含めた年金権の確保を図り、その老後の生活の安定を図ることが求められている。
> ○　一方で、低所得のパート労働者への適用拡大を図る場合、現行の標準報酬月額の下限（98,000円）の引下げが必要となるが、この場合、国民年金の第1号被保険者（平成20年度で月額14,410円の保険料負担）が基礎年金しか受給できないことに対し、それよりも低額の保険料負担で厚生年金を併せて受給できるというアンバランスが生じることが懸念される。
> ……
> なお、上述のアンバランスを避けながら基礎年金の最低保障機能の強化を図り、かつ、非正規雇用を自然な形で減少させる方法として、現行の第1号被保険者である被用者を雇用する事業主に、事業主負担分だけの保険料納付を求めることも検討すべきではないかとの意見もあった。

この第2段落以下の文章を少し説明します。今、国民年金の基礎年金部分があるので、ほんの少し働いて厚生年金保険料を払ったら、基礎年金つきの報酬比例年金を受給できるようになるというのでは、毎月1万5,000円程度の保険料を払っても基礎年金しか受給できない第1号被保険者にとっては非常に不公平な制度になってしまうという論があります。社会保険制度で守るべき第1の原則は、正直者がバカを見ないという原則です。そこで最終段落に書かれているのが、「なお、上述のアンバランスを避けながら基礎年金の最低保障機能の強化を図り、かつ、非正規雇用を自然な形で減少させる方法として、現行の第1号被保険者である被用者を雇用する事業主に、事業主負担分だけの保険料納付を求めることも検討すべきではないかとの意見もあっ

43）　社会保障審議会年金部会（2008年11月27日）、「社会保障審議会年金部会における議論の中間的な整理」について。

図表 2-12 パート労働への厚生年金適用への現状（第 1 号被保険者の場合）

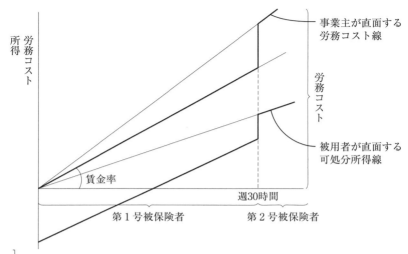

出所：権丈善一（2008）「年金騒動の政治経済学——政争の具としての年金論争トピックと真の改善を待つ年金問題との乖離」[特集　社会保障改革の政治経済学　社会政策学会第115回大会共通論題]『社会政策学会誌　社会政策』〔2007年10月14日の社会政策学会にて報告〕、権丈（2009〔初版2007〕）「勿凝学問67」に再掲。

た」。これは、2008年の年金部会における私の発言です。

つまり、現行制度は、横軸に週労働時間、縦軸に労務コストと所得をとると、賃金率は原点からのタンジェントで示されます（図表2-12）。労働時間が増えて週30時間になり、厚生年金が適用されるようになると、事業主は労使折半の年金保険料を負担しなければならないので、事業主が直面するコストは、30時間のところで屈折して増加します。

パートで働く第1号被保険者にとっては、厚生年金が適用されれば定額の保険料1万5,000円を支払わなくても済みます。厚生年金の労使折半の保険料は、第1号から第2号に変わるあたりですと1万5,000円の半額くらいになりますから、彼らは厚生年金の適用者になった瞬間に、負担面でふっと楽になるんですね。しかも、将来の年金は基礎年金プラス報酬比例部分となる。

事業主側から見れば、要するに労務コスト線に屈折点がある。だから、厚生年金が適用されない非正規や厚生年金が適用されないように労働時間を調

図表 2-13　パート労働への厚生年金適用拡大のための改革案

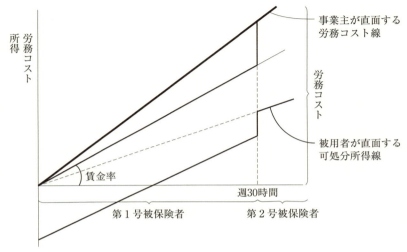

出所：図表 2-12 と同じ。

整したいと思っている第3号被保険者を優先的に雇いたくなるインセンティブが、年金制度のなかに組み込まれている。社会保障制度の1つである厚生年金が非正規雇用を増やしてしまうようなことは絶対にあってはならないわけでして、そこで私が以前から提案しているのが、事業主の負担を免除しなければいいじゃないか、ということです（図表 2-13）。

　改革の狙いは、事業主が直面する労務コスト線から屈折点をなくすことです。

　先日の国民会議でも話しましたが、社会保障の善し悪しは税制の善し悪しにかかっています。日本は税制があまりにもだらしなく、そのために所得捕捉の問題や、社会保険料賦課ベースの調整の問題を乗り越えることはきわめて困難、むしろこの国では不可能に近いために、日本で、被用者と他の人の所得を1つの制度に統合することは見果てぬ夢。ならば、現行のように第1号被保険者と第2号被保険者の存在を前提としたまま、第1号の36％（平成23年調査）を占める被用者には、事業主負担を免除しないという制度にする。そうすると、事業主から見れば、労務コスト線から屈折点がなくなります。

このように改革すると、実は、使用者にとっても保険料を負担する基準労働時間が20時間だろうが30時間だろうが、あまり関係なくなります。第1号被保険者との整合性で決めればよい。

　こういう話は、2008年の社会保障国民会議でもしました。しかし、あの時は無視されてしまいました。なぜかと言うと、そういう中途半端なことではなくて、フランスのように全員に被用者保険を適用すべきだという声が出てきて、いつの間にか、私の言う案は報告書から消されていました。厚生年金を全員に適用するなどということは、そこで意味する「全員」が被用者しか考えられておらず、皆年金なんてことをやっていないフランスを想定しているから言える話です。ただ、国民会議では1回の会議で何回発言できるかを、周りの様子を見ながら考えなければならないので、そう何回も発言できない。遠慮していたら、報告書から私の意見はなぜだか消されてしまっていたわけです（笑）。

　昨年（2012）末に亡くなられた杉山千佳さんが2007年の年金部会で話されていたのですが、スーパーマーケットのオオゼキでは、「やっぱり商品知識がある人たちのほうが価値があるから、私たちは正規労働者を雇っていますよ」という方針で、商品知識の蓄積がある人を育てようとしているそうです。同じ賃金率で雇うことができるのであれば、ある程度スキルを蓄積できる雇用形態を選択するわけです。ですから、事業主が直面する労務コスト線から屈折点をなくす措置さえしておけば、もうこの国の年金は、形としてはほぼ完成するのではないか。

　こういうアイデアに対して、民主党は反対できません、と言いますか、してはいけません（笑）。彼らは国民全員に報酬比例の保険料を課そうというのですから、彼らの改革案が実行可能だというのであれば、私の言うアイデアも実行できることになります。自民党の人たちから見れば、若い議員たちは私の本を読んでいるので理解してくれてはいるのですが、「先生の言うとおりなんだけれども、政治的に辛い」と。彼らの気持ちも分からないではないのですが、厚生年金の適用拡大に反対する一部の事業主たちの言い分に抗しきれずに制度を今のままにしていくと、改革さえしていれば幸せな人生を送ることができたはずの若者が、非正規のまま不安定な底辺の生活を余儀な

くされることになります。しかも大量の若者が、労働市場のブラックホールに吸い込まれていく。

　ドイツでは、「所得の低い人たちは目の前の現金が必要だろうから、保険料の支払いを免除する。しかし、事業主負担分は免除なし」という制度が当ります。その制度の存在が、私の発想の源にあります。その制度を日本にあてはめれば、所得捕捉の問題も、9万8,000円の壁の問題も乗り越えることができるではないかと。

　昨年の『年金実務』の座談会で私が言っていることを読み上げますと……

> 前から言っていることですが、2つのことをセットでやってもらいたいのです。1つは、3号の人に1号の保険料を払ってもらう。そしてもう1つ、事業主側は1時間でも雇ったら事業主負担だけは全額払う仕組みとする。短時間労働者の本人の負担は、1号の人との逆転現象が起こらない水準まで免除してもいいですけれども、事業主の負担は全部払うようにしておく。そうすると、いずれ3号被保険者は消えると見ています。企業にとって3号を雇っても社会保険料の負担面で何のメリットもなくなる。となれば、労働者には長い時間働いてもらったほうがスキルも上がるので、企業は3号を雇いたくなるインセンティブは無くなるでしょうと。企業側は、3号や短時間労働者を雇用したくなるインセンティブを制度的に消しておけば、あとは自然に各経済主体が利己的に動けばうまくいく。そういうインセンティブスキームを準備しておくわけです。適用を30時間から20時間にしても、企業が利己的に動けば労働者が不利になる事態が生まれるインセンティブスキームは残りますから……[44]。

さらに続けて、

> 事業主側の負担は一切免除しないということにしておけば、厚生年金の適用拡大は30時間だろうが20時間だろうが実は余り関係がなくなりま

---

[44]「年金実務2000号記念座談会　年金制度の過去、現在と未来」『年金実務』第2000号（2012年7月9日号）33頁。

す。とにかく企業側が3号や非正規の短時間労働者を雇いたくなるインセンティブをなくさなければならない。これはドイツでやっていて、ドイツは低所得者であっても事業主の負担は課す。けれども、本人は今の現金が必要か、将来の年金が重要かの選択はして良しというような仕組みを取っている。事業主の保険料を免除する理由はないんじゃないかと思います[45]。

たしかに第3号被保険者制度は世帯単位で見ればうまく設計された制度で、この制度を不公平という視点から批判するのはなかなか難しい。第3号制度が備え持つそのもっともらしさに引きずられて、この制度への批判が研究者のなかでも30年近く統一されなかったわけで、それが議論の堂々めぐりを許してしまった。だけど、年金のなかの第3号制度が幾つかのチャネルを通じて非正規労働者や貧困者が増える大きな原因になっているということ自体、絶対にあってはならないことで、この事実のほうが強く問題にされるべきだと思います。これから女性には労働市場に積極的に参加してもらいたい時に、社会保障制度そのものが参加を疎外しているというのは、実によくない[46]。

……ということを話しています。

この部分だけは、次回の国民会議で3分間ぐらい時間をいただいて説明しようかと思っています。そうすると、あとは利己的な理由ゆえに「保険料を払いたくない」という事業主の気持ちだけが残る。

この第3号被保険者の問題については、八代尚宏先生とそのグループの年金制度に対する無理解もずいぶんと世を惑わせました。当時、『週刊東洋経済』の巻頭コラム「経済を見る眼」に次の文章が出ましたが、どうしてこうした思い込みの間違いを長い間続けることができるのか、そしてこうした間違いが、どうして世に出るのかが理解できない。

[45) 「年金実務2000号記念座談会　年金制度の過去、現在と未来」『年金実務』第2000号（2012年7月9日号）、34頁。
[46) 同上。権丈（2015）第1講中「図表1-19」も参照。

今回の試算では、世代間だけでなく、異なる世帯間の負担と給付との格差も明瞭に示されている。2025年の賃金に対する年金給付の水準は、専業主婦世帯では50％水準を維持できるが、共働き主婦世帯では40％未満と、大きな格差が生じている。これは、専業主婦が個人としての保険料なしで基礎年金給付を得るという優遇措置によるものであることを、始めて公式に認めた点で画期的だ[47]。

　先に話したように、2009年5月のあの試算は、当時野党だった民主党が、国会運営をめぐる与党との政治的駆け引きのなかで、年金局に試算をさせたものでした。それは措くとしても、あの試算で、専業主婦世帯のほうが共働き世帯の所得代替率よりも高くなっているのは、専業主婦世帯の男性の平均所得に、働く女性の平均所得が加算された額が、共働き世帯の所得とされているからですね。厚生年金は、所得が高いほど所得代替率が低くなるように制度設計されていますから、ああいう前提で計算をすれば、ああいう結果になるのは当たり前です[48]。

　なにも、私は第3号被保険者制度を支持しているわけではないですけど、民主党が年金局にやらせたあの試算に関して、八代先生の言う「専業主婦が個人としての保険料なしで基礎年金給付を得るという優遇措置によるものである」というのが明確な間違いであることは指摘しておかなければなりません。

　図表2-13を見ても分かるように、あの試算における共働き世帯は専業主婦世帯の1.62倍の家計所得が想定されているわけで、そうなれば、所得代替率が落ちます（図表2-14も参照）。

最低加入期間と受給開始年齢

　八代先生は、他にも、「国民年金の保険料未納分を被用者に払わせれば良いという現行制度のトリック」[49]という間違いや、皆年金制度下の日本にお

---

47) 八代尚宏（2009）「経済を見る眼　世代間格差の改善を」『週刊東洋経済』2009年6月1日号。
48) 本書第12講参照。

図表 2-14　世帯類型別給付水準のイメージ

世帯類型		手取り賃金	年金額	所得代替率
専業主婦・パート主婦世帯	男（夫）	1	0.37	―
	女（妻）	0	0.13	―
	世帯合計	1	0.5	50%
	世帯1人当たり	0.5	0.25	
共働き世帯	男（夫）	1	0.37	
	女（妻）	0.62	0.28	
	世帯合計	1.62	0.65	40%
	世帯1人当たり	0.81	0.33	
男子単身世帯	男	1	0.37	―
	世帯合計	1	0.37	37%
女子単身世帯	女	0.62	0.28	―
	世帯合計	0.62	0.28	45%

注1：それぞれの給付水準は、世帯1人当たり所得により変わるものである。
　2：パート主婦の場合、パート収入は年金では保険料の徴収に当たってカウントしないため「0」としている。
出所：「平成21年度財政検証関連資料」より。

ける最低加入期間25年を皆年金ではない諸外国の最低加入期間と比較して、「日本は長い、ゆえに問題あり」と、他の視点からも議論されていることを無視して経済財政諮問会議で論じたり[50]。

　昨今でも、保険料が固定されていない国の年金支給開始年齢とそれが固定されている日本を、直線的に比較されている。先ほども言いましたように、保険料が固定されていない国の支給開始年齢は、later retirement at the same monthly pension という形、すなわち給付月額を固定して支給開始年齢を引き上げることができるわけですが、有限均衡方式下で保険料が固定されたら、座標軸を揃えて比較することはできなくなります。日本が参考にできる支給開始年齢の動向は、保険料を固定しているために旧来の財政問題からは解放されている国しか対象になりえないわけで、繰り返しになりますが、

---

49)　八代尚宏（2009）「経済を見る眼　世代間格差の改善を」『週刊東洋経済』2009年6月1日号。

50)　本講「追記」中「年金受給資格期間25年を短くすると、未納者は減り低年金者は減少するか？」参照。

図表2-15 世帯1人当たり手取り給与と年金の所得代替率

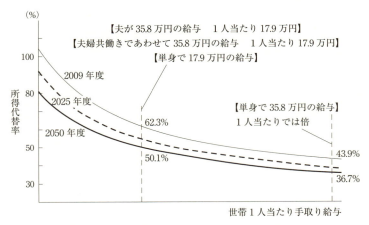

出所:「平成21年度財政検証関連資料」より。

スウェーデンでは、最低保障年金への国庫負担額を自由に選択できないようにするための年齢制限はありますけど、基本的に61歳以上で年金の受給が可能となり、受給開始年齢は個人の選択に委ねられています。こうした、保険料が固定された国は日本の参考になりますし、実際のところ、日本には繰上げ受給・繰下げ受給制度もすでにあるわけですから、支給開始年齢という言葉そのものが意味を持たなくなっているわけです。そうした状況にないアメリカやヨーロッパの国々で支給開始年齢が66歳だとか67歳だとかという話は、日本では役に立たず、誤解を生むという意味で弊害さえあります。

国民への正しい情報提供とメディアの役割

一方、かつては、とにかく現行制度を批判する人たちの論を紙面で大いに取り上げていた新聞や経済誌の記者たちは、ずいぶんと変わってきました。記者たちの歴史をたどれば、彼らはまず、報道のお作法に則って、思い込みグループの論とそれとは違う論を両論併記で論じていました。そのうち、前者の論の間違いに気づき始め、次第に、メディアにおける両論併記は自分たちの思考停止に等しいことが分かるようになり、思い込みグループの論を取

り上げなくなってきました。日経新聞のなかでも多くの記者は理解が進んで、今でも間違え続けているのは論説委員の大林さん1人しかいないようですが、そうした一部を除いて、ほとんどの記者たちの知識と理解は、思い込みグループの研究者たちを凌駕し、彼らの間違いをしっかりと指摘することができる域に達しています。

ただ、これから先がどうなるかということは、先ほども言ったように国民がどのような情報を持つかに依存します。だからこそ、将来の軌道が大きく道を踏み外さないように、われわれは「社会保障の教育推進に関する検討会」という場で、たとえば高校生に向けた年金のファクトシートを作ったりして、正確な理解が普及する活動をしているわけです[51]。年金数理人の方々には、そうした普及活動に是非ともご協力いただければと思っています。

と同時に、去年の1月に内閣府が社会保障の世代間格差論を仕掛けてきました。テレビというのは、新聞や経済誌と違ってああいう仕掛けにまんまとひっかかるようでして、フジテレビの「新報道2001」などは、数週間にわたって、内閣府資料を使って世代間格差の特集を組んでいました。

でも、内閣府が公表した「社会保障を通じた世代別の受益と負担」は、見るからにおかしかったですよね。あのレポートのなかに、「例えば、介護保険では制度創設が2000年なので現在の高齢者は、現役時代に保険料を負担することがなかった。年金、医療でも、これまで段階的に保険料率を引き上げてきたので、前世代は後世代よりも負担が軽くなっている可能性が高い」という言葉がある。

これは、さすがに、みんなおかしいと思うでしょう。介護保険の受益者は、要介護の虚弱老人であることはもちろんですが、それ以上と言っていいくらいに家族です。介護保険は2000年に創設されたのに、現在の高齢者は便益を受けている、したがって世代間格差が生まれるというロジックをおかしいと思わない人のほうが重症だと思います。そして、そのおかしいという感覚は、実は、医療全般、そして年金にもあてはまるんです。

---

51) 本書第35講参照。

図表2-16　社会保険のリスク軽減効果

まず、"社会保険における世代間格差論を問うことの是非"は別として、"計算技術"的ないくつかの点について指摘する。

【論点①】（保険給付の期待値を計算することの問題）
　社会保険は、あくまでも保険であり、金融商品ではない。
　仮に、社会保険における世代ごとの給付と負担の関係について、機械的な"計算"ができるとしても、それは、あくまでも"平均値"としての期待値を示したものにすぎない。
　社会保険があることでリスクが軽減されることによる"期待効用の増加"も考慮すべきではないだろうか（"リスクヘッジ"こそが"保険"の意義）。
　たとえば、あらゆる民間の保険商品は、保険会社が事業を運営するために必要とするコストである付加保険料を徴収している分、「保険給付の平均値としての期待値」は「市場運用の期待収益額」より低くなる。だからといって、保険商品が払い損とは言えない側面があることと同様に、社会保険も単純に払い損とは言えない側面がある。

＜リスク軽減の例＞
　年金：「終身年金」により引退時の想定以上に長生きした場合に生活費を保障
　　　　「インフレ」による老後所得の実質価値減少のリスクを軽減
　　　　経済成長によって若者世代が裕福になった場合の老後生活水準の相対的低下のリスクを軽減
　　　　「障害」や「遺族」となったときの生活費を保障
　医療：予期せぬ疾病により生じた「高額の医療費」を軽減
　介護：長期にわたる「介護による家族の負担」を軽減

出所：教育検討会ケーススタディ、2頁。

世代間不公平論という行き詰まりの不毛な論

　そこで、社会保障の教育推進に関する検討会は、内閣府が公表した「社会保障を通じた世代別の受益と負担」に対して、A4で27頁に及ぶ反論、「社会保障の正確な理解についての1つのケーススタディ～社会保障制度の"世代間格差"に関する論点～」（以下、教育検討会作成ケーススタディ）を作成し、内閣府ペーパーの論点のおかしさを示しました[52]。教育検討会が主張したことは、年金、医療、介護も揃って「保険」なんだということと（図表2-16）、こうした社会保険は家族の扶養機能を社会化したにすぎないということです。教育検討会がまとめた次の図をご覧ください（図表2-17）。
　社会保険はリスクヘッジがメインの機能で、保険の機能を評価する方法と

---

52)　本書第35講参照。

図表 2-17 社会保険の創設と扶養の社会化

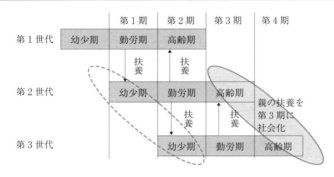

●社会保険が主に対象とする生活リスクは、
 (年金) 年老いて収入がなくなり、長生きしてしまった時、「障害」や「遺族」となった時
 (医療) 病気やケガで高額の費用がかかった時
 (介護) 身体が弱くなり、長年にわたり、日常生活に手助けが必要となった時
に、制度創設前は、(賦課方式的に) 子世代が親世代を直接的に支援してきた"リスク"を、経済成長とともに起こってきた都市化・核家族化などに対応できるよう「社会化」したもの。

出所：社会保障の教育推進に関する検討会（2012年3月23日）資料、『社会保障の正確な理解についての1つのケーススタディ〜社会保障制度の"世代間格差"に関する論点〜』12頁。

して、給付負担倍率をとることはきわめて不適切です。民間保険は、付加保険料をとっていますから、給付負担倍率は1を切ります。それでも、リスクヘッジ機能を持つ保険には存在意義がある[53]。

ちなみに、今は、かつての「社会保障3経費」を構成してきた年金、医療、介護に子育てが加えられて社会保障4経費と呼ばれています。新しく加わった子育ては（図表2-17では破線で示された楕円）、勤労期の人たちがこれまで家族単位で行ってきた幼少期の子どもたちの扶養を一種の支出膨張のリスクと捉え、そのリスクは個々の家計ではなく社会的に対応する価値が十分にあると考えられるようになってきました。今後は子育ての社会化をいっそう充

---

53) 本書第4講「追記」中「人はなぜ保険を買う？」参照。

実させていかなければなりません。それがこの国の大きな課題です。

　先ほど「賦課方式の持つ世代間リスクヘッジ機能」について話した際、「ある世代とその次の世代の間で急激な経済変動、たとえば経済成長が起こったりすれば、世代間で生活水準の格差が生じるリスクが生まれるわけで」と言ったことは、図表2-16では、「経済成長で若い世代が裕福になった場合の老後生活水準の相対的低下のリスク」と表現されていることになります。このあたりについては、教育検討会作成ケーススタディのなかの「社会・経済変動による生活水準格差を避ける手段としての世代間格差」（図表2-18）にも書いていますように、重要なことは、

> 各国とも社会保険の中で世代間格差が生じることを承知の上で、戦後の世界規模の経済成長期に、世代間で生活水準に大きな格差が生じないように社会保障給付の充実に努めてきたことをどう考えるか。そして、同時期、他の先進国と比べて経済成長率が高く、高齢化のスピードが速かったのであるから、日本の社会保険の中の世代間格差は他国と大きくなることはやむを得ず、その評価は慎重であるべき[54]。

ということになります。
　さらに先の、介護保険は2000年にできたから世代間格差が生まれたという内閣府の話に対しては、教育検討会は、次のように論じています。

> 介護保険創設はむしろ現役世代も含めた国民の声を踏まえて創設された仕組み。創設時の高齢者には、給付を制限すべきだという声はなかった。
> 介護給付は高齢者への給付なのだろうか、現役世代の私的な介護負担が軽減されており、現役世代への給付とも考えられるのではないか（70歳世代は親世代への給付はもらえないが、40歳世代は親世代への給付の受益も受けていることから、一概に40歳世代の給付負担比率が低いとは言いきれない）[55]。

54）　教育検討会作成ケーススタディ、20頁。

図表2-18　社会・経済変動による生活水準格差を避ける手段としての世代間格差

● 仮に、社会保険のなかで観察される世代間格差をなくすため、社会保険に「再分配が一切行われない給付反対給付均等原則」を求めるのであれば、制度創設時の高齢者は十分な給付を受けることはできず、リスクは自己責任となるが、多くの国民は、

① "社会保険のなかで世代間格差がまったくない世界。しかし、社会・経済で起こりうるリスクはすべて自己責任"と
② "社会保険のなかに世代間格差は生まれるものの、社会・経済の変動があっても、世代間で生活水準の大きな変動を避けることができる世界"

のどちらを選択するだろうか。

これだけ生活水準の差があるため、もしも1944年生まれの男性が若い世代と同じ給付／負担倍率の年金受給になったら…

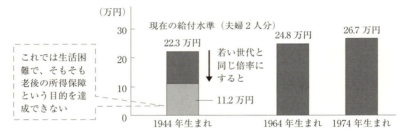

注：金額はすべて物価上昇率にて現在価値（2009年度時点）に割り引いたもの。夫は20～60歳まで厚生年金に加入し、（平均標準報酬月額42.9万円）妻はその間専業主婦というモデル世帯で試算、人口推計、経済前提は09年財政検証の基本ケースに準拠。
資料：厚生労働省のデータを基に本誌作成、1944年生まれの減額幅の推定は本誌による。
出所：このグラフは『週刊東洋経済』2009年10月31日号、75頁より転載。

● なお、国際社会においては、古くからILO条約で一定の水準の社会保障制度を整備することが求められており、各国とも社会保険のなかで世代間格差が生じることを承知のうえで、戦後の世界規模の経済成長期に、世代間で生活水準に大きな格差が生じないように社会保障給付の充実に努めてきたことをどう考えるか。そして、同時期、他の先進国と比べ経済成長率が高く、高齢化のスピードが速かったのであるから、日本の社会保険のなかの世代間格差は他国と比べて大きくなることはやむをえず、その評価は慎重であるべき。

出所：教育検討会ケーススタディ、20頁。

　介護保険は2000年にできたから世代間格差が生まれたというレベルの話を相手にしなければならないことに空しさを感じないわけではないですが、年

55）　教育検討会作成ケーススタディ、14頁。

金をはじめとした社会保障の世界は、残念ながら、ゲッベルス流の「ウソも百回言えば本当になる」という世界であることは歴史の教訓でもありますから、ウソにはウソ、間違いには間違いと言わなければならないんですね。われわれにとっては、あまりにも非生産的な作業ですが、公害と同じようなもので、目に余る被害が明らかになると、残念ながら人、カネ、物という多くの資源を費やして対策を打たなければならなくなります。

　おまけにわれわれが、経済変動・社会変動が生じているなかで公的年金の目的、すなわち高齢者の実質的生活水準の確保を達成するためには、世代間の所得移転という手段を使わなければならなかったと考えているのに、彼らは、世代間移転そのものを不公平だと問題視する。ところが、彼らが問題視する世代間格差は、決してなくすことはできない。それは同等命題という名前で、研究者の間では有名な話です[56]。別に大げさな名前で呼ばなくても少し考えればすぐに分かる話で、たとえば、入試で出題ミスがあったとしたら、その後どんなに取り繕ってもミスの影響はぬぐいきれないというような話が公的年金の世代間格差に関する同等命題ですね。私たちは、公的年金で世代間格差が発生するのを問題だとは考えないので、同等命題の話を目にしても何ともないわけですが、彼ら一部の経済学者たちは公的年金に観察される世代間格差を不公平とみなし、この不公平を解消するのが年金の最大の課題だと過去に言ってきたものですから、さあ大変。彼らが唱えてきた最大の課題は解決できないというのが同等命題なわけですから。

　そうした同等命題が成立するうえに、積立方式にしても少子高齢化の影響を受けるし、積立方式では、金融市場の不確実性の悪影響をダイレクトに受ける。積立方式論は、いわゆる同等命題と Output is central という考え方なんかを、彼らが若い頃は知らなかった人たちが唱えていただけの、行き詰まりの不毛な論なんですね。彼らの言う世代間不公平論を信じると、この国に忽然と650兆円とも750兆円とも言われる債務超過が現れてしまい、その処分をするために今後大幅な増税をしなければならなくなります。しかも彼らの言うように「抜本改革」をして、何十年、何百年もかけて債務超過額を返

56）　本書第35講参照。

済して積立方式にしても、公的年金として給付される額は今と変わらない。

現在の制度には世代間格差はあるけど、それは別に不公平な話ではないと理解しておけば、彼らの言う債務超過は消えるんです[57]。バカバカしい話です。もし彼らが処分したいらしい債務超過分の増税ができるのならば、その額で財政再建を図ったり、医療、介護、保育、教育などの充実を図ったりしたがいいと思うんですけどね。

昨今、彼らは、「いや、僕らは間違えていたわけではない」とか「同等命題とか Output is central というような考え方を知らなかったわけではない」とか「それでも積立方式のほうが望ましいんだ」という論をがんばって作ろうとしています。しかしながら、まず彼らがやるべきは、Output is central とは相容れない「積立方式は、前後の世代とは無関係な財政方式ですから、人口減少、少子高齢化がどれほど進もうがまったく影響を受けないのです」という過去の発言と、同等命題とは相容れない「すでに存在する世代間格差を積立方式にすることによって解決しうる」と受け止められる彼らの過去の弁を訂正することですね。

年金をめぐるメディアと政治家のギャップ

そして「介護保険は2000年にできたから世代間格差が生まれた」というのはおかしいだろうし、その延長線上で年金や医療を論じることもおかしいだろうというような話は、10年前と比べると、メディアの人たちもずいぶんと理解してくれるようになりました[58]。メディア人には「世のため人のため

---

57) このあたりについて、堀勝洋先生がおもしろい表現をされているので紹介しておきます。

> 2004年改革による保険料の引上げ、年金水準の引下げ、国庫負担率の引上げ等によって、将来の財源不足は基本的に解消されることになった。あれだけ大騒ぎした450兆円の「未積立金」や600兆円の「債務超過」は、2004年改革によって、将来の財源不足という意味では、もはや基本的になくなったのである（ただし、積立方式の考えでは、積立不足は、依然として残っている）。このような内容の2004年改革を、これらの人々は猛烈に批判した。このことは、私にとって世界7不思議の1つとなった。

堀勝洋（2005）17-18頁。

第 2 講　年金、民主主義、経済学Ⅱ　107

に」という意識があることも一因なのだと思います。メディア人は、これだけ間違い続けては世の中に迷惑をかけている研究者とは明らかに違う。政治家たちは、世代間格差や年金での勝負がどのくらいの勝算を持つのかを少し考えたほうがいいかもしれません。

　ただ、テレビなどでは、いまだに世代間格差を報道すれば視聴率がとれるようです。でも、おもしろいのは、40代、50代のテレビ界の偉い人たちが、「世代間格差の特集をやる！」と部下に指示を出しても、最近は30代、20代の人たちが「さて、先生、どうしましょうか？」と私に相談に来ることです。私は、「先生、世代間格差も大切ですが、世代内の公平の問題も大切ですよねっ」と、インタビューの途中で話題を変えておきなっとアドバイスしていますが、40代、50代のテレビマンたちが「世代間格差の特集をやる！」と言うのも、ある面では仕方がないかと思います。もちろん、彼らテレビマンたちは、何も学ぶことなく40代、50代になったんでしょうが、年金というものは、この50年、なお研究の過程にあったうえに、2004年の年金改革については、あの制度が生まれた頃は、「新税は悪税」ではないですが、初めて見るものへの人間の当然の反応として、その評価は最悪で、2004年年金改革の評価が落ち着くまでには、かなりの時間が必要でした。そして今は、2004年改革以前のいわゆる「支給開始年齢引上げ」という改革が無意味になったということについて多くの人が学ぶ、パラダイムシフトの最終局面にあるということかもしれません。いつぞや、私の知っている記者が、「自分たちは年金記者第1世代ですから」と言っていましたが[59]、2004年前後にわたって年金を担当してきた記者たちは、まさにそういう心境でしょう。彼らは、政治家や研究者たちにずいぶんと翻弄され、大変な経験をしてきた世代の記者たちだと思います。

　民主党などは、これまでと同じように年金に頼りっきり、年金で主導権を握っている長妻・山井両政治家に頼りっきり。この7月にある参議院選挙でも、民主党は年金で勝負を仕掛けたいようですが、こんなことを続けていたら、あの党は、早晩消えます。そういうところまで、世の中の年金に対する

58）　本書第19講参照。
59）　たとえば本書第35講中「参考資料　公的年金とメディア」参照。

理解度は高まってきました。あるいは間違えた考え方が正されてきたと思います。

　もっとも、長い目で見れば、世の中というのは、どうも生物学における恒常性というか、ホメオスタット機構というようなものを持っていて、時間が経てば正しい理屈のほうに落ち着く力を持ってはいるみたいです。しかしながら、いかんせん社会には寿命がある。その寿命までに世の中が正常な方向に戻るのかどうかについては、あまり自信がありません。けれども、本日、ここにいらっしゃるこれだけの方々が、世の中が、あまり遠回りをせずに正しい軌道を進むことができるように、いろいろと手を携えながらやっていただければと思っております。

　年金も、本日いらっしゃいますライフネット生命の出口治明さんは「将来への備えとして真っ先に行うべきは、国民年金保険料の完納であることを付言しておきたい。世間には、わが国の公的年金の将来を危ぶむ声がないではないが、近代国家においては、国の年金以上に安全な貯蓄手段はどこにもないことを銘記する必要がある」とおっしゃってくださるのですが[60]、他の民間会社はなかなかそうはいかないようで、「年金は破綻している」などという論者の論を、マーケティング的な観点からでしょうか（笑）、安易に利用するところが出てまいりますので、気をつけなければいけません。

　私は、公的年金というのは資本主義社会における、経営者と生活者との間の闘いにおける最大の争点だと言っております。年金保険料は、企業から見れば外形標準課税のようなもの。この負担から逃れるための策を、あの手この手で仕掛けてきます。だから、これから先、年金論が静かになることはないと思います。

　（2013年）2月19日だったでしょうか、経団連、同友会という経済界の方々に、社会保障制度改革国民会議にプレゼンで来ていただきました。国民会議の動画がありますので、ぜひご覧になっていただきたい。何が見えるか想像がつくと思いますけれども、とにかく、彼らは、負担は限界だということし

60）　この講演の後、出口治明氏は、次のブログをアップされる。
　　「わずか4枚で年金問題の本質を見事喝破　ニコラス・バー教授の最強パワーポイント資料」（http://diamond.jp/articles/-/36867）

か言わず、将来ビジョンのようなことは何も考えていないことがよく分かります。国立長寿医療研究センターの総長大島伸一先生からの「そもそも皆さんはどんな医療を保険で受けたいとお考えか。これについてどのような議論が行われているのか聞きたい」という質問には、「そんなことは考えたこともなく議論もしたことがない」との答え。この日は経済界が、医療政策に関する基礎的なデータ、基本的な情報さえ把握していないことも示されました[61]。

公的年金は、これから先も、市場と公の境界領域に位置する最大の争点となっていくと思います。付け加えれば、経済界は積立金も狙ってくるでしょう。その動きに乗じて政治も動いてくると思いますので、理屈というところで勝負をしていかなければならない私たちがみんなで協力しながら、国民の生活を守っていくことができればと思います。

本日はちょっとまじめに年金の話をしてしまいまして、お恥ずかしいかぎりであります（笑）。長い時間お付き合いいただきまして、ありがとうございました[62]。

◯司会　権丈様、ありがとうございました。（拍手）

> **追記——年金受給資格期間25年を短くすると、未納者は減り低年金者は減少するか？**[63]
>
> 　日本の年金制度には、25年という最低加入期間がある。アメリカ10年、イギリスは男性11年女性9.75年、ドイツ5年、フランスなし——たしかに日本の25年は長い。そして25年を短縮すべしというのが一般的見解になりつつあり、朝日新聞も読売新聞も10年に短縮するよう提言している。
>
> 　私は以前から、次のような説明をしていた。皆年金政策をとっている日本は、形式上は全員が年金に加入していることになっているのだから、政策目標は次なる高みにある「意味のある年金給付水準の実現」になり、それが最

---

61)　権丈（2015）第26講、第29講、第30講参照。

62)　本講演の関連資料は著者ホームページ内 http://kenjoh.com/actuary2013.pdf で閲覧することができる。

63)　「年金加入期間25年を短くすると、未納者は減り低年金者は減少するのだろうか？」『JJK（全国情報サービス産業厚生年金基金）』（2008, Summer, No.105）より転載。

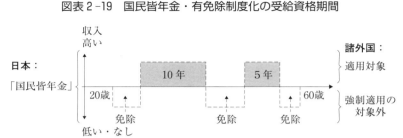

図表2-19　国民皆年金・有免除制度化の受給資格期間

出所：第9回社会保障審議会年金部会（2008年6月19日）資料。

低加入期間の長さに表れる。ところが、欧米では無職・無業者は最初から年金の対象ではない。

　そこに先日（2008年）6月19日に開かれた社会保障審議会年金部会で、とてもよくできた次の図が提出された（図表2-19）。

　皆年金政策下の日本は、収入が低い・なしの期間は免除制度の対象になり、免除期間は最低加入期間にカウントされる。ところが諸外国は、同期間は強制適用の対象外となる。こういう日本の状況下で、収入が低い・ない人がしっかりと免除手続をしているのであれば、加入期間が25年に満たない人は、免除対象以外の——すなわち保険料納付能力ありとみなされた——人ばかりとなる。言うまでもなく、国民年金には税が投入されており、この税部分の負担は未納者も逃れられないため、この制度は、未納者から納付者に所得が再分配される制度として機能している。よって、納付して受給資格を得ることができなければ、損をするのは自明である。そうした制度であることを知らないためなのか、納付しなかったために年金受給権を喪失している。

　さて、こういう状況のもと、年金の最低加入期間25年は、長いのか短いのか。先日は、厚生労働大臣も、未納者対策として、最低加入期間を引き下げると発表していたので、最低加入期間の短縮は現実味を帯びてきた[64]。そうなると将来、未納者が減るのか増えるのか。低年金者は減るのか増えるのか。みんなで予測して遊んでみるのも一興かと思えなくもない。

64）　2012年8月10日成立の「年金機能強化法」で、受給資格期間の短縮（25年→10年）が決まる。しかし、消費税増税8％から10％への先送りで、受給資格期間の短縮は延期されている。本書第4講「追記」中「今後の高齢期所得保障政策」参照。

第3講 政策技術学としての経済学を求めて
──分配、再分配問題を扱う研究者が見てきた世界*

　社会保障などという、経済学のなかではマイナーな領域を20年以上も前に専攻し、将来は数少ない履修者を相手にのんびりと講義しながら生きていこうと思っていた。ところが世の中、何がどうなってしまったのか、社会保障、つまり分配・再分配問題が、政局をめぐる議論のど真ん中に置かれるようになってしまったようなのである。

　ところで最近の、つまりマルクス経済学が衰退して後に、社会保障研究に参入している経済学者への評価はおおよそ次のように相場が決まっている──制度を知らない、歴史を知らない、市場、市場と連呼してはそれが国民生活にいかなる影響を与えるのかについての想像力が欠けている、時には制度設計者たちの意図を大きく曲解させる推計をしては議論を無意味な大混乱におとしめる──などなど、およそプラスの評価は見られない。されど、彼らの知名度は不思議なことに高く、政策形成に影響を与えるけっこう重要な地位を与えられることがある。なぜ、こういうことが起こるのか？　ここではそういう問いを立ててみようと思う。

　なお、最初に断っておきたいことは、経済学以外の世界から眺めれば、経済学というあたかも1つの考え方があるように見えるかもしれないが、経済学のなかには、他の世界と同様に、実はいくつもの流派がある。経済が危機に瀕し国民生活の底が抜けてしまっている今、経済学を一括りにしてこれを全否定したくなる反経済学の感情が起こるのは分かる。しかし、昔から、まともな経済学というものは確実にあり、それを論じる人もたしかに存在して

　＊　「政策技術学としての経済学を求めて──分配、再分配問題を扱う研究者が見てきた世界」『atプラス』01号（2009年8月5日発行）を筆削補訂。

きたのである。ただ、そうした真っ当な流派が主流派たりえなかったということが真相であり、その原因は、今日的な経済学教育や経済学を学ぶ人そのものに問題があるということを分かってもらうのが、本論の主な狙いである。

経済学が問題なのではなく経済学教育、人の問題

「自分で考えろ」としか教育された覚えがなく、「自分で考えろ」としか教育した記憶のない私がどんな講義をやっているか。その一例を示すことから始めよう。日頃は慶應義塾大学の三田キャンパスで講義を担当しているが、年に2コマだけ日吉で、2年生を相手に話をする機会がある。以下は昨年（2008年）度のその時の講義である。

「公的医療保険制度がない世界を想像してもらいたい。つまり、日本の公的医療保険制度を民営化して医療を市場に任せた場合、そこでは何が起こるか？　その予測結果に基づいて、公的医療保険の民営化を君たちは支持をするか、それとも支持をしないか？　5分間、真剣に考えてくれ」。

5分後、マイケル・ムーア監督のドキュメンタリー映画『SiCKO』（2007年）の冒頭の数分間を観てもらい、この映画に流れるシーンと、自分で想像力を駆使して考えた「そこでは何が起こるか？」という予測結果とを照らし合わせてもらう。なお、映画『SiCKO』は、アメリカという、全国民を対象とする公的医療保障制度を持たない国での、私的医療保険を購入する余裕のあるはずの中所得層の医療にまつわる悲劇を取り扱っている。決して、国民の6分の1にあたる私的医療保険を購入することができない人たちを扱っているわけではない。

まず、公的医療保険の民営化を支持する人について考えてみよう。彼は想像力を働かせて、公的医療保険が存在しなければ何が起こるかを予測するであろう。たとえば彼は、そこでは所得、すなわち支払い能力に応じて医療の利用機会に格差が生まれ、高所得者は十分すぎる医療を受けることができるが、低所得者は医療を受けることができないことを予測するかもしれない。そして、病弱な人は医療を利用するリスクの高さを反映して医療保険料率がおそろしく高額に設定されるため、私的医療保険を買うことができないか、はじめから私的医療保険から加入を拒否されるかもしれないと予測するかも

しれない。さらには、病気になっても、医療保険会社がなにかと難癖をつけて保険からの支払いを拒もうとする社会になってしまうことや、もう少し想像力が豊かであれば、社会全体の医療費がどんどん高くなっていって、今日の日本のようにGDPに占める医療費の割合が8％である社会から、アメリカ並みの15％に近づく社会になることを予測するかもしれない。そうした、自らの想像力を存分に駆使した将来予測の結果を、それでも良しと判断することによって、彼は、公的医療保険の民営化を支持する立場を表明するかもしれない。

しかしながら、公的医療保険の民営化を支持する人のなかには、仮に公的医療保険を民営化したとしても、現在の状況とさほどの変化はなく、強いて言えば、ムダ、すなわち今日的「悪の温床たる政府」が小さくなるだけだから、それはとても望ましいことではないかと考える人がいるかもしれない。

要するに、公的医療保険の民営化を支持する人のなかには、想像力を駆使した予測が当たっており、その結果を是と受け止める人と、予測は外れ、その外れた結果を否とみなす人がいると考えられる。他方、公的医療保険の民営化に反対する人についても2種類の人を考えることができる——予測が当たっており、その予測結果に基づいて反対する人と、想像力が欠如しているために予測が外れ、その外れた結果に対して否と判断する2種類の人である。

社会科学の世界では、想像力を駆使して予測を行う知的営みをPositive Analysis（しばしば実証分析と訳されるが、事実解明型分析のほうが適訳）、価値判断を伴う知的営みをNormative Analysis（規範分析）と呼んでいる。そして政策判断というのは、これらPositive AnalysisとNormative Analysisの双方を不可欠とする知的な営みなのである。今、政策判断にまつわる知的営みを1つにまとめると、図表3-1のようになる。

公的医療保険の民営化の話を例にとれば、Ⅰは豊かな想像力に裏打ちされた的確な予測に基づいて、その結果を是とみなすケースである。Ⅱは想像力に難があるために予測ミスが生じ、そこでなされた不的確な予測に基づいてその結果を是とするケースである。Ⅲは的確な予測に基づいてその結果を否とするケースであり、Ⅳは予測ミスに基づいてその結果を否とするケースである。

図表3-1　政策判断という知的営み

| | | 想像力に裏打ちされた予測 (Positive Analysis) ||
		予測 豊かな想像力	予測ミス 想像力欠如
価値判断 (Normative Analysis)	結果を是とする価値判断	I	II
	結果を否とする価値判断	III	IV

この表から、少なくとも次のことは言える。

① 政策判断には予測が必要である。すなわち、現時点から将来にわたり時間の推移に応じて起こることへの予測、それを行う学問を動学というのであるが、そうした動学が不可欠である。
② 政策判断には価値判断が必要である。すなわち、予測された結果を、是とするか非とするかの判断が不可欠である。

さて、このあたりで2年生を相手とした講義の内容から、少し脱線してみる。

政策判断には、予測と価値判断が必要であるが、研究を積み重ね深化させていけば養われる能力は、どちらかと言えば予測力である。他方、価値判断「力」という言葉がないように、価値判断については、懸命に机に向かって勉強すれば力が増すというものではない。たとえば、次の図表3-2のアメリカと日本の医療消費の状況を見て、左側のような医療の平等消費社会が望ましいとか、右側の階層消費社会のほうが望ましいという判断について、研究を積み重ねた研究者の見解がどちらかに収斂するものではない。これは言わば感性の問題であり、その人の人生経験、さらに読書、見聞による疑似体験の幅などなどに依存して決められるものである。なお言うまでもなく、経済界は、いついかなる時も一国の国民経済における市場部分が大きい社会、すなわち図表3-2の右側の社会を望ましいと考えている、そういうものと

図表3-2　所得と医療サービス支出の日米比較

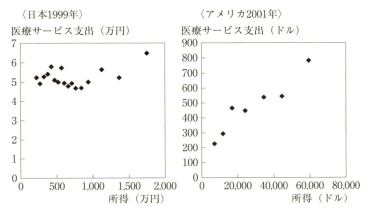

出所：鈴木玲子（2004）「医療分野の規制緩和——混合診療解禁による市場拡大効果」八代尚宏／日本経済研究センター編『新市場創造への総合戦略——規制改革で経済活性化を』。

みなしておいてよいであろう。

　人々に代わって事を議する人たちを代議士と呼ぶように、人々に代わって考える人たちを「代考士」と呼ぶべきだと常々思っている。そして社会科学の研究者が社会から時間面での余裕を与えられているのは、何よりも代考士として想像力を磨き、予測力を高めるためであるとも思っており、そのように考える私にとって、研究者として最も恥ずかしいことは、想像力の欠如に基づく予測のミスである。先の図表3-1で言えば、ⅡとⅣのケースになる。このうち、予測を誤ってその結果を否と判断したケースⅣは、自分の予想が外れて自分が否定した社会とは反対の状況になっている——すなわち、思わず望ましいことが起こっている幸運なケースである。他方、予測をミスしてその結果を是と判断したケースⅡは、自分の予想が外れて自分が支持した社会とは異なった状況になっているケースである。このケースⅡが、「私はかつて間違っていた」との反省を表明する「転向者」が属するケースである。リーマン・ショック以降、かつての新自由主義者がこの「転向者」となっていたのだが、予測を誤るのは想像力の欠如以外の何ものでもなく、研究者として決して誉められるものではない。もっとも、反省しない者よりはましな

のであるが。

　ところで、まじめに研究を積み重ねれば、しっかりとした想像力が身につき、レベルの高い政策判断ができるようになるのかというと、残念なことにそういうわけでもない。というのも、政策判断には、時間の変化とともに推移する事態に関する予測、動学的な判断が不可欠なのであるが、経済学をはじめとしたほとんどの社会科学が、動学としての性格を帯びていないという本質的な問題がある。

　さらには、計量経済分析の手法を磨き上げれば、適切な将来予測を行う力が身につくのかというと、これも残念ながらそうでもない。データ処理というのは、所詮は、過去のデータを用いて、過去にあった傾向を読み取っているにすぎず、過去と未来とでは、われわれが焦点を当てている変数のみならず、それを取り囲む諸変数も異なるのである。こうした変数が、時間と空間においてその平均値が変わらないという仮定をエルゴード性（もしくはエルゴード性の公理）と呼ぶが、これが成立すると考えるかどうかで、経済学はまったく異なる性質を帯びることになる[1]。

　こうした社会科学上の問題は、政策にかかわる諸変数のコントロールができない、つまり実験できないという特徴に帰することができる。映画『SiCKO』を観ることによって、公的医療保険を民営化した帰結を知ることができたのは、アメリカが実験場となってくれているという希な状況があったからである。普通は、医療保険の民営化の是非は想像力の世界で政策判断をしなければならない問題である。

　このような事情があるために、われわれは「他の条件を一定として（other things being equal）」という条件下での部分均衡分析に多くを負い、言葉のうえではしばしば一般均衡という言葉を使うこともあるが、一般均衡モデルがいかに絶対価格ではなく相対価格に視野を広げたとはいえ、政策にかかわる変数の多くを視野に入れるというにはほど遠い。そして、政策判断に本当は必須である動学の議論が目指すべき方向の先にあることは分かるのであるが、なお、政策技術の域には達しておらず、今後も政策技術として用いる

　1）　この点については、第2講中「左側の経済学、右側の経済学」を参照。

第3講 政策技術学としての経済学を求めて 117

に足る水準に達しそうにもない。経済学をはじめとした社会科学の方法論は、なお、これといってすっきりしたものは存在せず、人間社会の栄枯盛衰、治乱荒廃を知る術としての歴史に興味を抱きつつ、「海千山千」「千軍万馬」というようなアプローチをとりながら直観を鍛えるしかないようなのである。このあたりをケインズは経済学者に求められる「理想的な多面性」という言葉で表現している。

> 経済学の研究には、なんらかの人並外れて高次な専門的資質が必要とされるようには見えない。それは知的見地から言って、哲学や純粋科学などのより高級な部門に比べると、はなはだ平易な学科ではあるまいか。それなのにすぐれた経済学者、いな有能な経済学者すらまれな存在なのである。平易で、しかもこれに抜きんでた人のきわめて乏しい学科！こういうパラドックスの説明は、おそらく、経済学の大家はもろもろの資質の類まれなる組合わせを持ち合わせていなければならない、ということのうちに見出されるであろう。……彼はある程度まで、数学者で、歴史家で、政治家で、哲学者でなければならない。彼は記号も分かるし、言葉も話さなければならない。彼は普遍的な見地から特殊を考察し、抽象と具体とを同じ思考の動きの中で取り扱わなければならない。彼は未来の目的のために、過去に照らして現在を研究しなければならない。人間の性質や制度のどんな部分も、まったく彼の関心の外にあってはならない。彼はその気構えにおいて目的意識に富むと同時に公平無私でなければならず、芸術家のように超然として清廉、しかも時には政治家のように世俗に接近していなければならない[2]。

まったくもって、そのとおりだと思う。経済学、とくに人々の生活に影響を与える、「政策」領域と密着する経済学分野を学ぶということは、経済学のテキストを読んで、計量経済学を一通り学び、そしてデータをコンピュータにダウンロードして加工して、「はい、論文ができました」というものでは決してない。経済研究というものは、経済現象にまつわる事実と制度を正

---

2) ケインズ（1980）232-233頁。

確に調べ、そこで何が起こっているのか、これからどのように変化していくのかということについて想像力を磨くために歴史に視野を広げ、考えている対象と関連のある複数の価値の間の優先順位をつける判断の連続、しかもその時代時代における利害の対立、権力の分布を詳しく知り、その力の分布図をアダム・スミスが『道徳感情論』で言う公平無私な第三者の立場から俯瞰的に眺めたうえで、リアリティのある問い、分析と総合、判断の連続という作業から成り立っている。

　そうであるはずなのに、最近、社会保障の研究領域に参入してきた、すぐに「経済学的には」という言葉を使う、自称「経済学者」は、不思議と制度の怖さを知らない、歴史を知らない、さらに言えば、おもしろいほどに政治も分かっていない。ゆえに、問いもトンチンカンならば答えもトンチンカン。そのうえ彼らには、制度の細部を知らないままに政策提言をするという傾向もある。政策論というのは細部への知識と洞察が生命線なのであり、制度への細部の知識と洞察が、思考の碇となって言論のブレを抑える働きもするわけである。しかしながら、そうしたことが、今日の経済学教育のなかではあまりにも軽視されている。

　昨今の経済学者の論は大いに問題があり、経済学に限界があるのではないかという懸念が噴出してくるのは理解できるが、経済学は、昨今の自称「経済学者」が口にすることばかりを政策解として準備する学問ではない。問題は経済学教育のあり方であり、人なのである。

　2007年の秋に、2つの学会で興味深い現象を観察した。まず、2007年10月14日の日本社会政策学会である。私はこの学会のメンバーではなく、「社会保障改革の政治経済学」という共通論題のもとに開かれたシンポジウムに招かれて、「年金騒動の政治経済学――政争の具としての年金論争トピックと真の改善を待つ年金問題との乖離」というテーマで民主党による2004年以降の「年金を政争の具とした政治戦略」を徹底的に批判した。前日の懇親会では、「この学会には民主党の年金改革案の支持者が大勢いるから、明日は大変なことになるよ」と何人かから警告されていた。そして当日――私は報告の冒頭に、「本日の報告は、2005年4月から7月末まで8回開かれた「年金制度をはじめとする社会保障制度改革に関する両院合同会議」の議事録にあ

る民主党年金改革案に基づいています。この両院合同会議のことについて、ご存知の方、いらっしゃいますか？」と尋ねてみた。ところが、フロアーにいた社会政策学会のメンバーのなかで、誰ひとりもこの会議のことを知っている人はいなかった。言うまでもなく、当会場には、経済学者、社会学者をはじめ年金について語っている人も多くいて、民主党の年金案である基礎年金の租税財源化を支持している人や、この民主党案をベーシックインカムの視点から支持している人も当然いた。民主党は自らの年金戦略への批判を避けるために、自分たちの改革案の具体像をできるかぎり口にしないという戦術をとっており、そうした秘された状況のなかで、彼らの年金改革案、政治戦略を知るためには、両院合同会議で与党に問い詰められて口にしてしまった民主党案を議事録を繙いて知るしか方法はないのである。しかしながら、誰もこの両院合同会議の存在を認識していなかったわけである。

さらには、この社会政策学会の翌々週の日本財政学会でのこと——私は、年金財政シミュレーションの報告についてコメントを頼まれていた[3]。その時の様子は、当時文章に書いているので紹介しておこう。

> 学会報告でのそのセッションでは、第一報告も、第二報告も……公的年金を民営化したり保険方式から租税方式に変更したりする年金財政シミュレーションの研究であり、コメンテイターやフロアーからの質問者も、シミュレーションの技術的な話で盛り上がっていた。そんななか、私の出番となり、報告者に次の質問をした。
>
> ・ 制度移行問題について、同じような研究をしている人たちの間でどのような議論をしているのか？
> ・ 他の制度、たとえば、年金受給年齢以前の生活保護制度との整合性について、同じような研究をしている人たちの間でどのような議論をしているのか？
> ・ 制度移行後の年金受給要件について、同じような研究をしている人たちの間でどのような議論をしているのか？

---

3) 日本財政学会でのことは、第28講にも書いているが、ここは本講の文脈の都合上、あえて重複する内容を記しておく。

会場は、シーンとする。最後に、司会者が「何か質問、ご意見はありませんか」と問うても、水を打ったような静けさ——そして終了。

これまでこの国でなされた年金財政シミュレーションでは、たとえば、現行制度から財源を消費税にする場合には、今すぐ全員に基礎年金の満額が給付されることが仮定されてきた。そのとき彼らは、「租税方式のもとでは、未納問題が解消され、結果、無年金・低年金問題も解消されるメリットがある」と言い続けてきた。不思議なことに、未納問題があり、ゆえに無年金・低年金問題があるために租税方式に切り替えることが難しくなるという側面を、彼らは考えたことがないようなのである。

先週の経済財政諮問会議の報告でも、現行年金制度の最大の課題は未納問題だと指弾する。続けて、これを解決するために租税方式にすべしと言う。けれども、過去に未納問題があり、そのために、無年金・低年金者が目の前に存在するという事実そのものが、実は、彼らの言う解決策である租税方式への移行の最大の障壁として制度変更の前に立ちはだかるのである[4]。

ことほど左様に、社会保障の問題を語る経済学者は、現実に動いている制度に関して無関心であり無知でもある。しかしそれは、経済学の問題というような高いレベルでの話ではなく、もっと基本的な情けないレベルの問題のように見える。

資本主義的民主主義と経済学

次に、少しばかりレベルの高い話に移るとしよう。経済学に限らず、ある学問におけるものの見方を規定する流派がただ1つしかない、と想像するの

---

[4] なぜ、無年金・低年金者の存在が租税方式への移行の最大の壁になるのかについては、社会保障国民会議が試算した「公的年金制度に関する定量的なシミュレーション結果について」（2008年5月19日）を参照。このシミュレーションは、現行方式から租税方式への移行問題が政治的には超えられないほどの高さを持つことを浮き彫りにするために、国民会議の委員であった私が2008年3月4日に提出した「基礎年金租税財源化に関する定量的なシミュレーションの必要性」に基づいて行ったものである。

はナイーブすぎる話であって、どの世界にも東があれば西がある、表があれば裏があるのは人間社会ではむしろ一般である。経済学においても、政策の俎上にのぼりやすいいわゆる主流派の経済学もあれば、そうでない経済学も当然ある。ただ、経済学において問題なのは、昨年（2008年）ノーベル経済学賞を受賞したポール・クルーグマンが教科書のなかで述べているように、ある流派の経済学が主流派になるかどうかは、経済学における学問的・科学的決着によってではなく、多分に政治的に決められるということである。

　　経済学がよく政治にまきこまれてしまうことも覚えておいたほうがいい。多くの問題について有力な利益団体が存在し、自分たちが聞きたい意見を知っている。彼らはそういう意見を表明している経済学者を探し出し応援して、学者仲間の間でも群を抜く地位と名声を与えて自分たちの立場を有利にしようとするのだ[5]。

経済学をはじめとした社会科学の領域が、自然科学の領域でのように実験によって物事の真偽を判定できるのであれば、これほど政治の影響を受けないのかもしれない。ところが社会科学の世界では、流派間の優劣は、100メートル走の判定のように誰が見ても客観的に、ある者が一番というような決定を行うことはできず、どうしても、フィギュア・スケートやシンクロナイズド・スイミングのように印象点という主観的評価が入り込んでくる余地が生まれてしまう。この曖昧な領域がスキとなって、政治が介入・利用してくることになる。と言っても、経済学に対する政治の介入、利益集団の介入は、何も今に始まったことではない。古くは、次のように経済界にとってきわめて都合のよいことを理路整然と論じたリカードは、当時の経済界から時代の寵児ともてはやされ、その勢いこそが、リカードの言う自由放任論を、彼の後継者たちの流派である古典派、新古典派経済学の核の部分に受け継がせていく原因となった。

　　他のすべての契約と同様に、賃銀は市場の公正かつ自由な競争にまかせられるべきであり、けっして立法府の干渉によって統制されるべきでは

5）　クルーグマン、ウェルス（2009）45頁。

ない[6]。

　政府は労働市場に介入すべきではないという論など、「本当か？」と言いたくなるところであるが、これほど当時の経済界に好都合な論はなかった。19世紀初頭の当時、地主階級と新しい支配層のポジションをめぐって闘っていた産業家は、リカードを自分たちの擁護者として大いに祭り上げ、彼が生きていた時代には、リカードはアダム・スミスを超える人物として圧倒的に賞賛されていたわけである。

　こうした傾向は、今日まで延々と続いているわけで、通称、ノーベル経済学賞（本当は、スウェーデン国立銀行賞）にも新古典派の経済学者が受賞しやすいという傾向が見られる。

　ここで、「ノーベル経済学賞は新古典派とは異なる経済学者[7]、アマルティア・セン、ジョセフ・スティグリッツ、それに前述したポール・クルーグマンも受賞しているではないか」と思われる方もいるかもしれない。たしかに、センは1998年、スティグリッツは2001年、クルーグマンは2008年に受賞している。彼らが受賞した年の前年、すなわち1997年にヘッジファンドの破綻を機にしたアジア通貨危機が発生し、2000年にネットバブルがはじけ、2007年にはサブプライム問題が露見し、翌2008年9月にはリーマン・ショックが起こって、その直後の10月、大恐慌を超えると言われる危機的な経済状況のなかで受賞が発表されている。そうした事実が、私がしばしば学生にお薦めする3人の経済学者の受賞と、何か関係があるのかどうかは分からない。しかし、彼らの受賞の直前に、そうした事実があるということは、ここに書きとどめておく（もっとも、スティグリッツの受賞は若干意味合いが異なるだろうとは思っている）。

　なお、ノーベルが遺言に記した5つの賞には、経済学賞は含まれていなかった。経済学がノーベル賞の対象となったのは1969年からであり、これは1968年にスウェーデン国立銀行が設立300周年祝賀の一環として、ノーベル

6）　リカードウ（1972）123頁。
7）　結果、彼らはアメリカでは民主党を支持し、もしイギリスにいれば労働党を支持するであろう経済学者である。

財団に働きかけ、設立された賞だからである。ちなみに、2001年にノーベル賞が100周年を迎える際、ノーベルの兄弟のひ孫が「ノーベルの遺志に反する」として経済学賞の廃止を訴えたことは覚えておいてよいだろう。ノーベルの子孫4人の連名によるノーベル財団への抗議は「経済学賞は、ノーベルの遺志にも盛り込まれておらず、受章者の多くは西側世界の価値観を体現する人々であり、『人類に多大な貢献をした人物を顕彰する』とした個人の遺志と賞本来の価値観にそぐわない」というものであった。2008年までの経済学賞の受賞者数62名のうち、欧米諸国の国籍を持たない受賞者は、1998年のアマルティア・セン（インド）が唯一である。ノーベルの子孫たちが訴えていることは、まったくの正論だと思う。のみならず、ノーベル賞が、ハイエク、フリードマン、ブキャナンなど、経済的自由の保障の他は視野に入れようとしないリバタリアンや新古典派経済学、小さな政府論という、経済学全体から見れば一流派にすぎない考え方に賞を与え続け、経済学の外の人たちに（いや、経済学を専門とする人たちにも）彼らの論があたかも経済学上の真理であるかのような印象を与えた罪は、相当に大きい。さらには、ノーベル賞はウェッブ夫妻の娘婿であり思想的には労働党寄りのヒックスに与えられることもあったが、これがかえって、ヒックスの晩年には彼自身が誤りを認めていたIS-LM分析を経済学の標準的ツールにしてしまい、現在でも経済学の講義のなかで延々と教えられ、ケインズ理論の正しい認識を阻害してきた罪も忘れてはならないだろう[8]。

　私は、ずいぶんと前から、「資本主義的民主主義」という言葉を使っている。民主主義社会においては、有権者の耳目まで情報を運ぶコストを負担できる者が多数決という決定のあり方を支配できる権力を持つのであり、有権者の耳目まで情報を伝達するコストの負担は財力に強く依存している。財力を持つ集団は経済界であるから、民主主義というのは、経済界が権力を持ちやすく、そこでなされる政策形成は経済界に有利な方向にバイアスを持つことになるという民主主義の特徴を、資本主義的民主主義というタームで指摘し続けてきた。

---

8) このあたりは、宇沢弘文（1994）、および伊東光晴（2006）をぜひとも参照されたい。

こうした考え方の基本にあるのは、経済学に基づく政治過程のモデルである。私は、研究者として物心ついた頃から「権力とはなんぞや」とか、政策、力、正しさの関係について考え、そういう文献を読んでは論文を書いていた。2001年に初めて出版した著書[9]の第1章は「再分配政策形成における利益集団と未組織有権者の役割——再分配政策の政治経済学序論」であり、その論文は「政策は、所詮、力が作るのであって正しさが作るのではない」という文章で始まっている。そこで参考としていた民主主義研究では、世論は利益集団の資金力で形成されることが仮定されていて、モデルのなかには利益集団しか登場せず、投票者の存在は前提に組み込まれていなかった。しかし、政策形成には世論が大きな役割を果たすことも時々あるのだから、当時、Denzau and Mungerモデルという、利益集団も投票者も登場するモデルに着目した。このモデルのエッセンスを概念化したのが図表3-3である。

　右に利益集団がいて、彼らが政治家のキャンペーン資源を賄い、政治家がキャンペーンを張って有権者の支持を得て投票してもらう。今度は、政治家が法案を作って利益集団に利益を還元するというモデルである。このモデルでは、政治家は次期選挙での得票率極大化行動をとっていることが仮定される。一方の投票者には、公共政策を勉強するために自分の時間を費やすことは合理的に考えれば割に合わないと判断するのが自然だろうという「投票者の合理的無知」という仮定が置かれていて[10]、そういう合理的無知な投票者はキャンペーンにまんまとのせられ、その場合は、投票者が存在しない利益集団モデルに等しくなる。しかし、投票者がなんらかの事情があって情報を持つようになれば、キャンペーンは効かなくなり、投票者の存在が政策形成にかかわってくる——そういうことが想定されている。

　公共政策を理解するのに、時間をはじめとしたコストを相当かけなければならない現在、民主主義というものは基本的にはこういうモデルのように機能していると、私は考えている[11]。こうした民主主義過程のなかで、経済界の権力行使の手段として、経済学のなかのある1つの流派が経済界の力を後

---

9) 権丈（2005〔初版2001〕）。
10) 本書第24講参照。
11) 本書第5講参照。

図表3-3　利益集団モデルとしての Denzau and Munger モデル

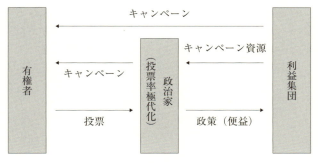

If 有権者＝合理的無知→キャンペーン効果∞
If 有権者＝完全情報→キャンペーン効果ゼロ

出所：権丈（2005〔初版2001〕）86頁をもとに作成。

ろ盾として主流派に祭り上げられることになる。資本主義的民主主義という言葉の意味も理解されるかと思われる。

付け加えれば、「投票者の合理的無知」なるキーワードを用いて、私はポピュリズム政治を次のように定義してきた。

> 正しい政治行為とは、合理的に無知な投票者に正しいことを説得することによって権力の地位を狙うことであるにもかかわらず、ポピュリズムというのは、合理的無知な投票者に正しいことを説得する努力を放棄して（あるいは無知や誤解の度合いを増幅させて）、無知なままの投票者に票田を求めて権力を追求する政治行為である[12]。

こうしたポピュリズムという病理現象は、図表3-4の右側で起こる。

すなわち、アウトカムの評価がエンドユーザーにとって難しく、需給者間の情報の非対称性が強い市場や政策領域では、供給者間の競争が激しくなると、言葉の正しい意味での消費者主権・投票者主権とはほど遠い、悪しき競争（エンドユーザーの無知につけ込んだいかさま商法・選挙戦略）が支配的にな

---

[12]　「勿凝学問233　世襲制限に対するポピュリズム批判のピント外れ」（2009年5月22日脱稿）。

図表 3-4　ポピュリズムと政策評価の難易度

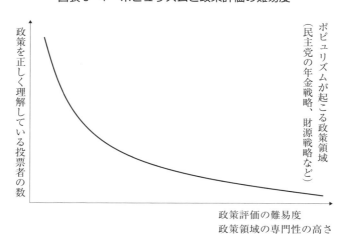

（縦軸）政策を正しく理解している投票者の数
（右上）ポピュリズムが起こる政策領域（民主党の年金戦略、財源戦略など）
（横軸）政策評価の難易度／政策領域の専門性の高さ

り、悪貨が良貨を駆逐するという弊害が目に余るようになる。政治の場では、これがポピュリズムという病理現象として顕在化することになる。最近の政治状況、とくに野党、民主党の年金戦略や財政戦略には、こうしたモノの見方が実によく当てはまり[13]、経済学という思考ツールの切れ味の鋭さを実感している。

価値判断と科学性

　研究者には、自らを科学者と呼びたい願望というものがあるようで、20世紀の経済学は、そうした人間の願望に翻弄されておかしくなった側面はたしかにある。このあたりについて論じておこう。図表3-1のNormative Analysisのなかでなされる価値判断は、複数の価値を視野に入れれば、それらの価値の間にウェイト付けをしなければならない。しかし、そうしたウェイト付けを行う客観的な方法など存在しない。と言うよりもそれ以前に、政策判断の際にいかなる価値を視野に入れるべきかという客観的な方法もあ

13）　本講は、『atプラス』01号（2009年8月号）、すなわち2009年8月30日の総選挙直前の8月5日、民主党が年金戦略と財政戦略で大衆から大いに支持を得ていた最中に公刊されたものである。

るはずがない。ところが経済学では、価値判断を入れるのであればパレート効率という概念で一義的に定義できる価値規準のみを導入するにとどめ、公平などという多義的で実に厄介な価値は導入すべきではないという考えが支配的になっていった。その経緯を少し眺めてみよう。

ロンドンの貧民窟を歩き、そこに見る労働者の貧困を解決するために経済学の研究を志したマーシャルの衣鉢を継ぎ、人々の厚生を高めるためにはどのような政策を展開するべきかという政策技術としての経済学について考え抜いたピグーが、『厚生経済学』を上梓したのは1920年である。ピグーは、社会的厚生と経済厚生はパラレルに動くと考え、この経済厚生を高めるための3つの命題を導き出した。すなわち、

> 多くの限定の下においてではあるが、社会の経済的厚生は、（1）国民分配分の平均量が大きければ大きいほど、（2）貧者に帰属する国民分配分の平均取得分が大きければ大きいほど、また（3）国民分配分の年々の量と貧者に帰属する年々の取得分との変動が少なければ少ないほど、ますます大きくなる[14]。

これらは、成長、分配、安定の3命題と呼ばれた。このうち第2命題の分配が、所得の再分配を根拠づけたものであり、この命題については次のように述べられている。

> 比較的富裕な人々から、同じような性格の比較的貧乏な人々に所得のなんらかの移転が行われるならば、比較的緊切でない〔富者の〕欲望を犠牲にして、一層緊切な〔貧者の〕欲望をみたすことが可能となるわけであるから、明かに満足の総和は増大するに違いない。このようにして、従来の「限界効用逓減の法則」から確実に次の命題が導かれる。貧者の手に入る実質所得の分け前の絶対額を増加させる原因は、それがどの見地から見ても国民分配分〔全体〕の大きさを縮小させるに至らないとすれば、いずれも一般に経済的厚生を増大させるであろう、という命題がそれである[15]。

---

14) ピグウ（1953）57頁。

ピグーが創出した『厚生経済学』がここで完結していれば、20世紀経済学は世の福祉向上のために大いに貢献していたかもしれなかったのであるが、ことはそうは進まなかった。『厚生経済学』が出されて12年後の1932年に、ピグーがいたケンブリッジ大学に強いライバル意識を持つLSE（ロンドン・スクール・オブ・エコノミクス）の若き経済学者、後に20世紀の経済学界において最も影響力を行使する経済学者の1人となるライオネル・ロビンズが『経済学の本質と意義』を出版して、ピグーの限界効用逓減の法則に基づく第2命題を次の論理で否定する。

> かりにAの選好について意見の相違が生じたとせよ。わたくしは、ある種の価格においてかれがmよりもnを選好すると考え、あなたは、同一の価格においてかれがnよりもmを選好すると考えたとせよ。われわれの相違を純粋科学的な方法で解決することは容易であろう。われわれはAに頼んでいずれが望ましいかを言ってもらうことができるであろう。……しかしわれわれが、千ポンドの所得からAが得る満足とその2倍の大きさの所得からBが得る満足とについて意見が違ったとせよ。かれらに尋ねることはなんの解決をもたらさないであろう。かれらの意見が違ったとして、Aは限界においてBよりも大きい満足を得ると主張するかもしれない。一方Bは、これと反対に、Aよりも大きい満足を得ると主張するかもしれない。われわれは、この場合にはいかなる科学的証拠も全くない……。Aの満足をBの満足と比較してその大きさを検査する手段は全くない。……異なった人々の満足を比較する方法は全然ないのである。……限界効用逓減法則の拡張〔ピグーの第2命題〕は非論理的なものである。したがってそれに基づいた議論は科学的根拠に欠けている[16]。

ロビンズのピグー批判は、たしかにそのとおりであるとしか言いようがない。そして、経済学が科学であるためには、ピグーの第2命題にかかわる分

---

15) ピグウ（1953）90頁。
16) ロビンズ（1957）209-212頁。

配問題・再分配問題を切り離さざるをえなくなるのも、論理必然性を持っていたことも理解できる。そしてロビンズ以降、厚生経済学は、「新」の字を付した「新厚生経済学」と名前を変えて、経済学は分配問題を視野から外し、「希少性のある資源をどのように配分したならば、最も効率よく生産を行うことができるか――最も効率のよい資源配分はいかにして実現できるか」という問題に特化していった。その際、効率を判定する価値規準としては、パレート効率性（他の誰もが損害を被ることなく誰かが利得を得ることのない状態）が用いられるようになり、経済学の定義は資源の効率的配分を考える学問ということになった。つまり、ピグーが1920年に打ち立てた厚生経済学は、わずか十数年後には、経済学から分配問題を切り離すべしというライオネル・ロビンズのアプローチに締め出されて、新厚生経済学になってしまったのである。それからこれまで、経済学者は、新厚生経済学のもと、パレート最適が実現されない「市場の失敗」はいかなる状況で起こるのかを考え続けてきた。

　しかしながら、そうした経済学のなかでは、私が専門とする社会保障問題、これは本質的に分配問題・再分配問題なのであり、この社会保障問題に対して、分配問題を切り離した経済学でまともな議論ができるわけがない。それに大体、分配問題を伴わない経済問題というのはありえないわけで、公平の議論を伴う分配問題について禁欲的でいようとした経済学は、意識的にか無意識のうちにか、その時点での所得分配のあり様を前提、肯定した、けっこう不公平な政策解を結論づけたりしてきた。ところが、主流派の経済学は、分配（distribution）問題は科学の範疇を超えるとして、資源配分（allocation）の問題に集中すべしと学徒に説き続けてきた。となれば、主流派の経済学に忠実であろうとすれば、社会保障のみならず世の中の社会経済問題を適切に論じることができないし、世の中に存在する社会経済問題を適切に論じようとすれば、主流派の経済学と距離を置かなければならなくなる。

　そこで私は、ずいぶんと以前に後者の立場をとることにした。社会経済問題は価値判断と独立でありうるはずがなく、むしろ価値判断は人々が全身全霊で悩み、自分の信念となしうる答えを、全人格をかけて準備するしか方法はないのであり、価値判断は最も崇高な人間の知的営みであって、その崇高

な知的営みを経済学に委ねてしまっては、人間として魅力のないつまらない者になってしまうというようなアプローチ——つまり、それまで禁欲的に取り扱われてきた価値判断を、思いっきり価値のある知的行為というポジションに置くアプローチをとるようになったわけである。そして、政策判断をしているかぎり、背後には必ず価値判断をしているはずだから、その価値判断を絶対に隠してはいけない、むしろ前面に出すべし。自分の政策判断が拠って立つ価値判断は、決して無意識に行ったりしてはならず、むしろ積極的に明示することによってのみ議論の客観性は担保されうるという立場をとることになる。こうした立場は福澤諭吉の「本位論」やスウェーデンの経済学者グンナー・ミュルダールの「価値観明示主義」とも呼べるアプローチを参考にしていることは、ほかのところで述べている[17]。

　たとえば医療サービスを公的に供給するか私的に供給するかは、これらのサービスを必要に応じて利用できる社会をつくるかどうかという意思決定もかかわる問題であり、パレート効率性で評価する「市場の失敗」とは関係のない価値判断の問題なのである。医療を必要に応じて利用できるようにすると、必要性が所得と関係なくランダムに発生する場合、結果として平等に利用できるようになる。言わば、医療を市場から特別に切り離して平等に分配するという、ジェームズ・トービンの言う「特殊平等主義」——ある特別な財・サービスについては必要に応じて利用できる機会を平等に保障する方針——、さらには宇沢弘文氏の社会的共通資本などの考え方を是とする社会が望ましいと考えるか、それとも支払い能力に応じて利用できる社会が望ましいと考えるかは、価値判断の問題に属している。

　市場は、消費者の意思と能力——所得や資産に裏打ちされた支払い能力——に基づいて、生産される財・サービスを利用できる権利を人々の間に分配している。逆に言えば、市場の原則とは、消費者にものすごく強い必要性（ニーズ）があったとしても、支払い能力のない人には必要となる財・サービスを利用できる権利を与えないということである。そのように市場は非情ではあるが、一方でダイナミックな性質を持ち、多くの人の生活を向上させ

---

17) たとえば、座談会「著作に触れ、確かめる、福澤諭吉の新しさ」『三田評論』2004年2月号（No.1065）参照。権丈（2006）付録1に所収。

る力があるので、なかなかそう袖にはできず、どうしても社会の中心に据えたくなるメカニズムではある。

そこで私は、医療・介護、保育・教育――これらは、人々が不幸せな時にどうしても必要となる基礎的なサービスであり、また子供という、本人たちの経済的責任や意思決定の責任を問うことが難しい人たちが必要とする基礎的サービスでもある――をダイナミックな市場の周りに、あたかも誰もが利用できる共有地のように配置して、これら4つのサービスについては特殊平等主義に基づいて分配されるべきと考えている（図表3-5）。そして、これら4つのサービスを市場から外すか、市場にのせるかという問題は、それらを必要に応じて利用できる社会が望ましいと考えるかどうかという問題と同値なのだが、いずれが望ましいかは、経済学をはじめとしたどんな学問の教科書にも、普通は載っていない。

この「特殊平等主義」を、市場の周りに、あたかも誰もが利用できる共有地のように配置した社会は、「能力に応じて働き、能力に応じて分配する」結果としての純粋資本主義とも、「能力に応じて働き、必要に応じて分配する」結果としての社会主義とも異なる、現代的な国家の形態となる。

2007年10月に、当時、経済財政諮問会議民間議員であった八代尚宏氏（国際基督教大学教授）と自治体病院全国大会で公開討論を行った時にも、八代氏と私の違いは医療・介護、保育・教育を必要に応じて利用できなくてもよいと考えるか（図表3-2、右のアメリカ型）、それとも必要に応じて利用できるのがよいと考えるか（図表3-2、左の日本型）で分岐され、この国がいずれの方向に進むべきかは、八代氏が望ましいと思う社会を世の中に説き、私が望ましいと思う社会を世の中に説き、そして「多数決で決めるしか方法はないでしょう」という話をしている。

ただし、強い膨張圧力を本質的に持つ市場をそれが本来あるべき場所に封じ込めて、これら国民の生活と社会の存続に不可欠な基礎的な社会サービスが政策目的を十分に達成できるかどうかは、各制度が税や社会保険料を通じてどれほど財源を調達することができるかということに依存している。

図表 3-5 縁付きエッジワースボックスと自由放任

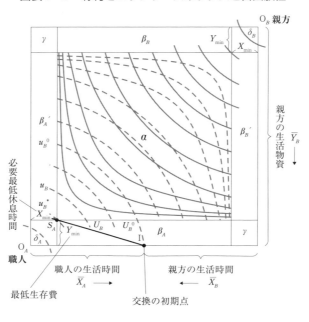

出所：辻村江太郎（2001）111 頁。

効率性だけしか持たない分析視角がもたらすもの

　新厚生経済学は効率性しか価値規準を備えないで議論を展開してきた。その結果がどのような帰結をもたらすのかを労働市場において考えてみよう。

　図表 3-5 の α ゾーンは、20世紀はじめの福祉国家形成に大きく関与したビアトリス・ウェッブ（夫のシドニー・ウェッブとともにウェッブ夫妻として知られる）の若い頃に、彼女にプロポーズしたことで（知る人ぞ）知られる経済学者エッジワースが考案したもので、職人の選好場（無差別曲線群）の原点を南西に描き、親方の選好場の原点を北東において、両者の選好場を向かい合わせたボックスのことである。次にエッジワース自身は想定していなかった生活時間と生活物資に関する最低必要臨界量（$X_{\min}$, $Y_{\min}$）を組み込んだ縁付きエッジワースボックスを考える[18]。最低必要臨界量とは、それ以下には無差別曲線が存在しえないほどの水準を示すという、パレートが20世紀

初頭に定義して、経済学の世界に導入された概念である。

　ここでエッジワースは——そして、1990年代に日本の労働市場の規制緩和と生活の自己責任を強く求めた経済学者も——、職人と親方の取引が、両者の無差別曲線が存在する α ゾーンのみで行われていると勘違いしていたのではなかろうか。仮に α ゾーンの内部で取引が行われ、市場への参加者が増加していけば、双方の自発的、対等な立場での取引によって、パレート最適が確実に達成される——すなわち厚生経済学第1定理が成立する。しかしながら、アダム・スミスがいみじくも指摘しているように「労働者には、仕事がなければ1週間ともたない人が多く、1ヶ月もつ人は希だし、1年もつ人はまずいない」[19]。これは、職人の初期点が β_A ゾーンにあることを意味する。この時、親方は S_A 点よりも不利になる点で契約を結ぶインセンティブをかけらも持たないことになる。

　この縁付きエッジワースボックスは、昨今の労働問題、つまり、労働と福祉の接点を考察するうえで、若干の示唆を与えてくれる。アダム・スミスが見た18世紀後半の労働市場とは異なり、今日の先進国では、どこでも生活保護や失業給付、そして最低賃金制など、労働者の最低生活を保障する制度的枠組みがある。これは、スミスの言う交渉上の地歩（bargaining position）における労働者側の不利な立場を補正し、労使の交渉の場を α ゾーンの内側に持ち込む役割を果たす。ところが日本の生活保護、失業給付、最低賃金などは脆弱であり、ゆえに労働と福祉の境界に位置する人たちは労働市場で自らの労働力を窮迫販売せざるをえない状況にあることは、専門家の間では広く知られている。

　そうした労働市場を外から支える、もしくは労働市場を下から支える福祉が弱い日本の労働市場で、柔軟性・流動性が強く求められて規制緩和が進められ、労働者の交渉上の地歩の弱さを補正する政策、労働者の生活の安定性を保障する政策を怠っているとどうなるかは、想像に難くない。

　α ゾーンでの市場取引は、それなりに望ましい結果をもたらしてくれることは、多くの経済学者が言うとおりであり、それ自体を否定することは難し

18）　辻村江太郎（1977）で詳細に説明されている。
19）　スミス（2000）121頁。

い。けれども、労働市場というところは、リカードが推奨した、市場にまったく政府介入がない自由放任のもとでは、労働者が β ゾーンに陥ることもあるという特徴を持っている。この時、価値基準を効率のみで評価するわけにはいかない。α ゾーンの外枠に張り付く S_A 点も、職人が利得を得ようとすれば親方が損害を被らざるをえないという意味でパレート最適点なのである。

したがって、アダム・スミスは、労働者を α ゾーン内部での取引に参加できるように、要するに、労使の交渉が「公正」に行われるように労働者にハンディ・キャップを与える政策を積極的に展開することを説いていた。つまり、(若い時から道徳哲学の研究者であり続けた) アダム・スミスは「能動的自由放任主義者」であったのであり、労使間の交渉上の地歩のアンバランスに気づいていなかった (若き日を株式仲買人として過ごした) リカードとその後継者たちの「消極的自由放任主義者」とは180度、政策の方向性が異なっていた。そしてこの政策の方向性の異なりの相当部分は、アダム・スミスとリカードの2人が、若い時に受けた教育の差、若い時に身につけた教養の差にあったのではないかというのが、私の仮説でもある。ゆえに、シュンペーターがリカードを「なんらの哲学も持っていなかった」と評したのには頷けるものがある[20]。

なお、リカードに対するマーシャルの評は、リカードの末裔である現代の新古典派経済学者の性格を的確に表していると思われる。マーシャルが、経済学者に必要な資質として、「冷静な思考力を持ち、しかし温かい心をも兼ね備えた (cool heads but warm hearts)」と、両者を and ではなく but で接続し cool heads と warm hearts の両立の難しさを示す名言を残した、ケンブリッジ大学教授就任演説のなかのリカード評である。

> 今世紀の初期にイングランドの経済思想の基調を定めた人々は、事実の研究を無視した理論化であって、このことは特にイギリスが犯した誤りであったということになっております。そのような非難は、私には、根拠のない非難のように思われます。……かつまた、過度の抽象的な理論に趨るという彼らの傾向については、そのような非難がいやしくも正

---

20) シュンペーター (2000) 994頁。

当なものであるかぎり、それは主として、1人の卓越した天才の影響によるものであって、彼はイギリス人ではなく、イギリスの思想の基調を共有することはほとんどありませんでした。リカードの精神は、その長所も短所も、彼がセム族の出身であることに帰することができます。イギリスの経済学者には、リカードに類似した精神の持ち主はおりません。……19世紀のはじめにイギリスの経済学者が犯した主な誤りは、歴史と統計を無視したことではなく、リカードと彼の追随者たちが、事実のうちの1つの大きな集団を無視し、さらに、今日われわれが最重要であると考えている事実の研究の方法を無視したことであります。

彼らは、人間をいわば不変量と看做し、人間の多様性を研究する労を、ほとんどとろうとしませんでした。彼らが知っていたのは主としてシティメンでありました。他のイギリス人も、彼らがシティで知っていた人々と、極めてよく似た人々であると、暗黙のうちに看做していました。……わが国の法律家がイギリス流の市民法をヒンズー教に強制したのと同じ精神の傾向が、わが国の経済学者をして、世界はすべてシティ地区の住民から構成されるという、暗黙の前提の上に、彼らの理論を構成するように導くことになりました[21]。

歴史上、アダム・スミスの次に、この「労使間の交渉上の地歩のアンバランス」を強く問題視したのはマルクスであり、そしてマルクスの没年に誕生したケインズも、この問題を十分に認識していた。はたして1990年代に規制緩和をリードした日本の経済学者たちは、労使間に交渉上の地歩のアンバランスがあることを意識していたのであろうか。

再び、経済学が限界を持っているのではなく、問題は教育、人なのである

「資本主義の限界、経済学の限界」という特集のなかで一文を書いてほしいという依頼が来た時、私は、「経済学ではなく経済学者が問題なんです。

---

21) マーシャル（2000）。なお、ここで引用したマーシャルのケンブリッジ大学教授就任記念講演「経済学の現状」は1883年に行われたものである。

まともな経済学を唱えてきた人たちは昔からいるわけで、ただその人たちが主流派にならない社会的な構造があるんですよ。そういう話でいいですか?」と回答した。本論の最後に、全6巻からなる「講座　医療経済・政策学」の第1巻『医療経済学の基礎理論と論点』の第1章「医療経済学の潮流」を5年ほど前に依頼された際、私が冒頭、すなわち医療経済学を学ぶ初学者が一番最初に目にする講座全体の冒頭に置いた文章を再び引用させてもらおう。

> 或人云く……抑も義塾の生徒、その年長ずると云うも二十歳前後にして二十五歳以上の者は稀なるべし。概して之を弱冠の年齢と云わざるを得ず。……この少年をして政治経済の書を読ましむるは危険に非ずや。政治経済、固よりその学を非なりと云うに非ざれども、之を読て世の安寧を助くると之を妨るとはその人に存するのみ。余輩の所見にては、弱冠の生徒にして是等の学に就くは尚早しと云わざるを得ず。その危険は小児をして利刀を弄せしむるに異ならざるべし。……この言誠に是なり。事物に就き是非判断の勘弁なくして之を取扱うときは、必ず益なくして害を致すべきや明なり[22]。

　1882年3月23日付けの『時事新報』に、福澤諭吉は「経世の学亦講究すべし」という文章を発表した。これは、20代前半の若者に政治経済を教えようとした福澤に対する社会からの批判を、福澤が、冒頭に引用した文章で紹介する形ではじまる。この文章を本章の冒頭に置いた理由は、政治経済を学ぶことを、「その危険は小児をして利刀を弄せしむるに異ならざるべし」というきわめて健全な感覚が、かつての日本にはしっかりと存在していたことを示したかったからである。ところが今日、こうした健全な感覚はなくなっている。この状況は憂うる状況であると思う。本章のこの医療経済学の導入によって、＜是非判断の勘弁（分別）なくしてこれ（政治経済学）を取り扱うときは、必ず益なくして害を致すべきや明らかなり＞ことを、この国において再び思い起こさせることがで

---

22)　福澤諭吉（2002）104頁。

きればと願う[23]。

　「隠れ」経済学ファンである私の思考は、相当部分、経済学に負っており、経済学の切れ味はなかなか鋭いものがあると思っている。しかしながら、この切れ味鋭い経済学を是非判断の分別ない者が手にするということは、「小児が利刀を弄ぶ」のと同じことになるのである。小児が利刀を弄んで今日の惨状をもたらしたことが、今の反経済学の流れを生んでいる──少なくとも社会保障という分配・再分配の世界ではそうだろうと、私は考えている。

---

23) 権丈（2006）「医療経済学の潮流──新古典派医療経済学と制度派医療経済学」西村周三・田中滋・遠藤久夫編著『医療経済学の基礎理論と論点』1-2頁。

第Ⅱ部
平成26年財政検証の基礎知識

2014年6月3日、平成26年財政検証が発表された。第Ⅱ部では、これを理解するための基礎知識を提供する。

　第4講は、2014年7月2日に開催されたシンポジウム「平成26年財政検証について」での私の講演録、および当日準備していたけれども話せなかったことなどを収めたものである。

　第5講〜第12講は、公的年金を理解するうえで間違えやすいポイントを解説した書き下ろしである。なお、第5講〜第12講、および第Ⅴ部「前途多難な社会保障教育」（第35講〜第38講）を書くことになった経緯については、第5講の前文「建設的な年金制度論、政策論を聞いてもらうための地ならしの必要性」を参考にしてもらいたい。

第4講 | 解説　平成26年財政検証＊

　2014年6月3日、平成26年財政検証が公表された。財政検証という仕組みは、2004年年金改正の際に5年ごとに行うことが設けられた、いわば公約年金の定期的な健康診断のようなものであり、今回は2009年に続いて第2回目となった。そこで、7月2日に「平成26年財政検証について」と題するシンポジウムが開催された。ここでは、当シンポジウムで私が話したことに加え、準備をしていたが話す機会がなかったことを紹介しておく。

＜基調講演＞
講師：厚生労働省年金局長　香取照幸
＜パネルディスカッション＞
モデレータ：元日本経済新聞社論説委員　渡辺俊介
パネリスト：読売新聞編集局社会保障部次長　猪熊律子
　　　　　　厚生労働省年金局長　香取照幸
　　　　　　慶應義塾大学商学部教授　権丈善一
　　　　　　慶應義塾大学経済学部教授　山田篤裕
　　　　　　　　（パネリスト五十音順）

……

渡辺　続きまして、慶應義塾大学商学部教授の権丈善一先生です。権丈さんは、先ほど香取局長からお話があった社会保障制度改革国民会議のメンバーでもあり、そのまとめ役であったということも確かでありますし、今般、安

　＊　年金綜合研究所シンポジウム「平成26年財政検証について」（2014年7月2日）での講演録を本書用に筆削補訂。

倍内閣がつくりました社会保障制度改革推進会議のメンバーにもご就任なさっております。そういったお立場も踏まえて、まず10分程度でご発言いただきたいと思います。よろしくお願いします。

権丈 「お立場を踏まえて」と言われると、なかなか辛いものがあるのですけれども（笑）。

　本日は、昨年（2013年）の社会保障制度改革国民会議のメンバーとしてこの場に呼ばれているということですが、それは私にとっては非常に不本意でして、私は国民会議の話が来た時に——香取さんが私に話を持ち込んできたのですけれども——、「僕は、年金ならやらないよ」というのが1つの条件でした。それで、国民会議で年金が議論される前日の事前レクチャーでは、「明日は話すことはなぁんにもないぞ」と言っていたのですが、どうもいつも会議で人の話を聞いていると途中でスイッチが入ってしまい、「君が今話したことは間違っているよ」とか、いろいろと年金について発言してしまいました。

　先ほど、香取局長から「年金というものは、そう大きな話ではない」という話がありました。一瞬、医療・介護のほうに話が行くのではないかと心配したのですが、ずいぶんと年金の話をされていて、途中「経済前提に関して、私の立場から言うと、どうでもいいことなのです」という発言もあって、「なるほど、今日は本当のことなら何を言ってもいいのだな」と独り合点しましたので、いろいろと発言させていただきたいと思います。

＊　＊　＊

　さて、本日は国民会議のメンバーとして発言するということで、お配りした資料もおとなしめになっております。ただし、年金の現在とこれからを理解してもらうために、国民会議報告書やプログラム法の言葉を確かめてもらいたかったので、その文言を1つ1つ書いています。これらの文言をたどっていくと、実はこれまでの流れや、これから詰めなければいけないところが分かります。そうした大きな流れに沿って、話をしたいと思います。

図表4-1　04年フレームとは？

- 04年フレーム A
    - ①保険料上限固定＋給付自動調整
- 04年フレーム B　（フレーム A ＋②）
    - ②モデル世帯の所得代替率50％
        - cf. ケース F　2040年、ケース G　2038年、ケース H　2036年
- 04年フレーム C　（フレーム B ＋③）
    - ③100年安心　⇔　年金破綻を言いたい者たちのバカバカしい合い言葉
- 04年フレームによるパラダイム転換
    - 給付建て時代の（古い）問題意識「いかにして将来の保険料を下げるか」
        ⇒　拠出建て時代の（今の）問題意識「いかにして将来の給付水準を上げるか」
- 04年フレームの宿命
    - $18.3 \div 20 = 0.915$　$20 \div 18.3 = 1.09$
        - cf. $16,900 \div 17,300 = 0.977$　$17,300 \div 16,900 = 1.024$

04年フレームとは、そして04年フレームの宿命

本日のキーワードは「04年フレーム」ですので、この言葉が何を意味しているのかを明確にしておきたいと思います。図表4-1をご覧ください。

まず、04年フレームはとても多面的であることをご理解ください。人によって「04年フレーム」と言った時に何を指しているのかがずいぶん違いますから、今日は段階ごとにその意味を定義・確認していきたいと思います。

マクロ経済スライドのフル適用で完成するフレーム A

第1に、保険料の上限固定と給付自動調整という側面があります。この特徴のみを捉えて「04年フレーム A」と呼ぶことにします。

04年フレーム A のもとで、日本の公的年金はそれまでの所得代替率60％程度を確保することを目標とした給付建てから、将来の保険料率を18.3％に固定するという拠出建てへと、時にパラダイムシフトとも呼ばれるような大転換を果たしました。パラダイムシフトとは言いえて妙で、給付建てから拠出建てに変わることにより、専門家の間での問いの立て方が、それまでの「いかにして将来の保険料を低くするか」から「いかにして将来の給付を高

図表 4-2 日本の公的年金の財政天秤

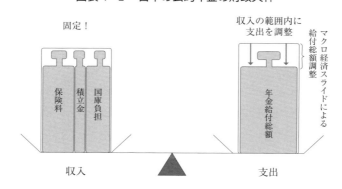

くするか」に180度大転換したんですね。そして専門家のなかでも、そうした考え方の大転換についてくることのできない落ちこぼれが大量に出たという意味でも、パラダイムシフトであったわけです。専門家がみんな理解できるくらいの変化ならば、そんな大げさな呼び方をする必要もないわけでして。

ただ、不確実性に満ちた将来にわたって保険料固定方式を完成させるためには、給付の自動調整を完成させる必要があり、拠出建て年金制度とセットになっているマクロ経済スライドを、たとえばデフレ下でもフルに発揮できるように準備しなければなりません（図表4-2）。その意味で、04年フレームAには、最後の仕事が残っているとも言えます。

さらに言いますと、04年フレームAのもとでは「いかにして将来の給付を高くするか」が年金関係者の最大の関心事になるわけですが、これはつまり、マクロ経済スライドによる調整期間をいかに短縮化するかという問題になります。そうした問題意識からも、今日のマクロ経済スライドの適用に例外があってはいけないわけです[1]。今回の財政検証オプションIで、早めの

---

1) 第12回社会保障制度改革国民会議（2013年5月17日）における宮武剛委員の次の発言中の「友人」とは、私のことである。

　宮武委員　マクロ経済スライドを分解して0.3％だけかけろという案を言おうとしたら、友人からそういうことを言うものではないと、それはすぐに政治に利用され、妥協の口実を与えるだけだと言って友情ある説得を受けました。……

図表4-3　早めのマクロ経済スライド適用は将来世代のため

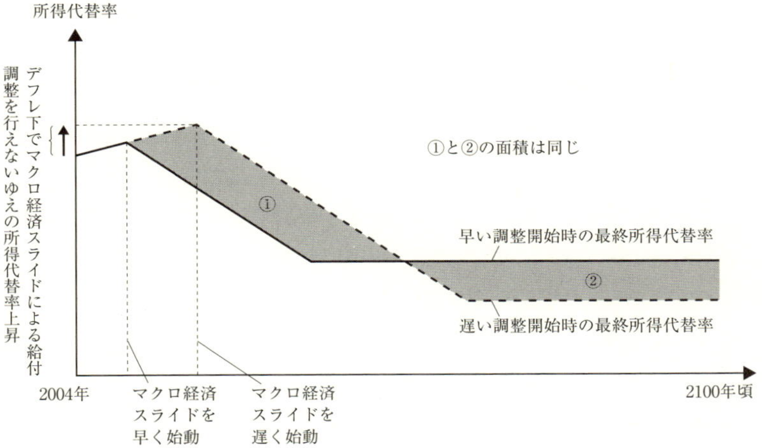

マクロ経済スライド適用は将来世代のためであることがしっかりと可視化された意義は大きかったです（図表4-3）。

フレームB

　第2に、04年フレームには所得代替率50％という決まりごとも附則のなかに組み込まれています。この要件をフレームAに加えたものを「フレームB」と呼ぶことにします。50％という目標は、理屈のうえでは保険料固定方式とは矛盾します。しかしながら、この50％基準があったほうがよかったのか、それともなかったほうがよかったのかという評価について、私は実はこの10年間ずっと揺れ続けてきました。

　その判断に要する説明を少ししておきますと、約25年先とはいえ、50％を切るという試算が6月3日の年金部会で発表されたわけです。もっとも、2009年の試算では9つのケースのうち4つが50％を切っていたのに世の中からスルーされたのですが、今回はプレゼンテーションの仕方に工夫が見られ、おかげで8つのシナリオのうち3つが50％を切ったことも他の50％を超える5つのシナリオと同様に扱われています。この試算は、予測（prediction）

ではなく、無限とも言える未来のn次元空間からいくつかの側面を切り取って、この条件ならばこうなるということを描写した投影（projection）ですから、すべてのシナリオが等価で並べられているのは、むしろ当然です。6月3日の年金部会では、8つの値の単純平均を駒村康平委員が計算して47％ぐらいと発言していましたが、後日そのことを記者から問われた田村大臣が正しく説明していたように、平均を計算したりすることには意味がありません。また6月3日の年金部会では、8つのシナリオについて同じく駒村委員から5対3という言葉もありましたけど、論外ですね。

　そして、将来に対する予測や期待は人それぞれ違うのが当たり前ですから、財政検証に限らず、数十年後の社会やマーケットの予測は、政治家は政治家で、投資家は投資家で各人やってもらえばよし。年金局が問われるべきことは、経済前提専門委員会が決めた前提に基づいた計算が正確であるかどうかということです。そうしたスタンスは、2004年改正法附則の「次の財政検証までに」、つまり5年後までに50％を下回る場合に云々という規定と別に矛盾するものではありません。

　さて、そうした投影（projection）を行って得られた、将来の社会経済状況次第では50％を切るという試算結果をこの1か月間のように社会が比較的冷静に受け止めることができるのならば、給付水準の下限、50％という基準はあってもいいのではないかと思っています。と言いますのも、50％基準というのは百害あって一利なしではないからです。一利ぐらいはあるんですね。そのあたりの話を少し説明します。

　2002年末に出された『年金改革の骨格に関する方向性と論点（通称『方向性と論点』）』が04年フレームに若干形を変えるのは、今から11年近く前の2003年9月の坂口試案によってです。そして、法案作成に向けて最終的な詰めがなされていたのは2003年末でした。その年の11月25日に、将来的には給付水準50％を維持することが自民党と公明党で確認されます。ここは、当時の新聞を読むと分かるのですが、自民党と言っても、当時の新聞はみんな括弧つきで「厚労族」と書いています。「厚労族」が仕組んで50％の下限を決めた、抜本改革をすることもなく勝手なことをやっていると、あたかも悪い

ことをしているように書いています。

　では、2003年11月25日頃、いったいどんなことが起こっていたのか。実は、経団連や、彼らと一心同体の経済財政諮問会議から、将来の保険料を15％まで下げようとする非常に強い圧力がかかっていました。2003年10月3日の経済財政諮問会議では、4人の民間議員から「年金改革の議論に当たってのポイント」という文書が提出されます。そのなかに将来の負担水準15％のケースが明示されていました。そして、その日の経済財政諮問会議では、当時の経団連会長の奥田碩さんが、諮問会議の議員として「保険料につきましては、厚生労働省から出されております20％あるいは18％、また、経済界および労働界から出されている15％というケースでケース分けをして」云々と発言されてもいる。15％を視野に入れてちゃんとした議論をしろということが要請されていたわけです。さらに言いますと、当時の連合は経団連と共同見解を出して保険料率の引上げ反対の意思を表明しています。もう、年金は四面楚歌でした。そうしたなかで、給付水準の下限50％が先決されました。

　先手を打たれた経済界、そして連合もそうかもしれませんが、将来の保険料を低い水準に止めておきたかった人たちが、当時、年金局が試算に用いていた人口とか経済データを基にして、50％水準を実現できるぎりぎりの保険料にまで値切りに値切って、年末の12月16日に18.35％が了承されます。これを仕切ったのも自民党です。その当時の自民党幹事長が現在の総理です。その後、在職老齢年金の支給停止の扱いを変えると18.35％から0.05ポイント下げた18.3％でもいけるということになり、年が明けて法案の段階で18.3％となりました。

　同じ自民党のなかで、一方では厚労族と呼ばれる人たちが50％の給付水準を守るぞと言う。もう一方で保険料がなるべく低くてすむように動く人たちもいる。そうした政治状況のなかで、まさに50％という基準があったがゆえに、将来の保険料率の上限が18.3％で下げ止まりしたと見ることもできるのです。

　ですから、04年フレームBにある給付下限50％という基準は、高齢者の生活水準を何とかして守りたいと考えている人たち、この日本で定年退職をした高齢者の生活水準をディーセント（適正）なものとして守りたいと考え

ている人たちから見れば、まんざら悪いわけではない。将来、この基準に頼らざるをえないことが起こらないともかぎりません。この基準を国民が冷静に受け止めてくれるのであれば、という条件つきにはなるのですが、もしそうしたある程度理性的な社会でいてくれるのであれば、50％を組み込んだ「04年フレームB」を前提にして話をしてもいいかなと思います。

「100年安心バカ」だけが使うフレームC

　もう1つのフレームとして「100年安心」というのがあります。これは2003年11月の総選挙の時に、公明党が「100年安心」という言葉を使ってしまったのですが、政府としては一度も使っていない言葉です。この点については、舛添厚労相の時に、いったい誰が使ったのかと、政府の公文書を徹底的に調査しているようです。ところが、誰も100年安心という言葉を世間で言われるような意味では使っていなかった。

　もっとも、「政府がかつて100年安心と豪語した年金がすでに……」とか「100年安心は本当なのか？」という、彼ら年金批判者たちの「山」、「川」みたいな合い言葉と言いますか、年金批判論の枕として、『日経新聞』や一部の年金経済学者をはじめ、さまざまに使われてきたという面はあります。彼らのように言葉の出所を調べようともしない人たち、つまりは記者、研究者としては難のある人たちの年金破綻論は、いつもながら素人にはとても受けがいいわけです。けれども、年金のことをちゃんと議論したい、将来の高齢者の生活を安定したものにしたいとまともに考えている人々は、この言葉を一度も使っていません。したがって、この100年安心を含めたものを04年フレームCと言うこともできるのですが、こうしたバカバカしい話を含んだ04年フレームCについては、本当は、Cではなく大学の成績評価のようにフレームDと呼びたいところですけどね。

　私は学生に、100年安心という言葉を使う者を見たら、「でたぁ、100年安心バカ！」と笑ってすませておくように言っています[2]。

　2）　本書第7講参照。

図表4−4 プログラム法（2013年12月10日成立）

持続可能な社会保障制度の確立を図るための改革の推進に関する法律（通称プログラム法）
　五　公的年金制度
　2　政府は、公的年金制度を長期的に持続可能な制度とする取組を更に進め、社会経済情勢の変化に対応した保障機能を強化し、並びに世代間及び世代内の公平性を確保する観点から、公的年金制度及びこれに関連する制度について、次に掲げる事項その他必要な事項について検討を加え、その結果に基づいて必要な措置を講ずるものとすること。（第六条第二項関係）
　（一）国民年金法及び厚生年金保険法の調整率に基づく年金の額の改定の仕組みの在り方
　（二）短時間労働者に対する厚生年金保険及び健康保険の適用範囲の拡大
　（三）高齢期における職業生活の多様性に応じ、一人一人の状況を踏まえた年金受給の在り方
　（四）高所得者の年金給付の在り方及び公的年金等控除を含めた年金課税の在り方の見直し

04年フレームの宿命

　さて、このように歴史を振り返ってみますと、「04年フレーム」は、1つの宿命を背負って誕生したことになります。2002年末に厚生労働省が『方向性と論点』のなかで制度設計した保険料率20％が、18.3％に値切られてしまったのです。当然、給付水準も当初設計した水準より、20分の18.3と、およそ1割低くなってしまいます。給付の十分性というものを考えながら年金を考えている人たちから見れば、04年フレームBで運営されている年金の給付水準をいかにして底上げしていくか、すなわちマクロ経済スライドによる調整期間をいかに短縮化するかというのが、この10年間に課されてきた宿題だったわけです。

　04年フレーム以前の給付建て時代の問題意識は「いかにして将来の保険料を下げるか」でした。ところが2004年改正で拠出建ての時代に入り、政策の問題意識は「いかにして将来の給付水準を上げるか」というようにパラダイム転換がなされました。しかし、その新しいパラダイムのなかでも、04年フレームは、スタート時点から給付水準が予定よりは1割ほど低かったという宿命を負っていた。これをいかに底上げするか。われわれはこの10年間、年

金が政争の具とされ、とんでもなくバカげたムダな議論に巻き込まれ、足を引っ張られながら、その宿題について考えてきたわけです。そしてその１つの解答が、国民会議の報告書からプログラム法を経て今回のオプション試算に続く、将来の給付の底上げ策ということになります。

　１か月前の６月３日に今回の試算結果が発表されました（図表４-４）。

　昨年８月の国民会議の報告書を受けて12月に成立したプログラム法には、(一) マクロ経済スライドのフル適用、(二) 厚生年金の適用拡大、そして(三) 年金受給の在り方に関する多角的な検討を進めていくべきだ、進めていかなければいけないと法律に書かれています。したがって、これらは法律に基づいて進んでいくと思います。法治国家ですから。しかし、プログラム法は、所詮は「プログラム」ですので、まだその中身が詰まっていない。この中身を詰めていただくのが年金部会になります。

　前回の平成21年財政検証のために集められた年金部会は、財政検証が発表された２月23日に終了しています。しかしその後、１回だけ例外があって、３か月後の５月26日に急遽、年金部会が招集されます。そこで年金局が、当時、まだ野党にあった民主党から要求された前提に基づいた試算を報告します。その年金部会では「年金以前に国が滅びてしまうような前提で試算をして、いったい何をやっているんだ」との騒ぎになる。経済前提専門委員会で財政検証の前提を議論した人たちは、こんな前提はまったく認めていない。しかも、野党からの要請として、給付負担倍率なども計算していました。

　当時の状況を説明しますと、６月に入ると基礎年金の国庫負担を暫定的にでも２分の１に引き上げておく法律を通す必要があったのですが、当時はねじれ国会。そうしたなかで、おそらく、与野党の間で、野党の要望する計算と法律成立への協力の取引がなされた。野党としては年金が破綻した姿を世に見せつけて、総選挙に持ち込もうという狙いがあったんだと思います。そして実際に、５月26日の年金部会で試算結果が発表された直後から、世の中が一気に年金破綻報道であふれかえることになります。

　私が人生で一度だけテレビに出るのがその５日後なのですが、一緒に出演した当時の民主党幹事長の岡田克也さんに、私は「年金を政争の具とするのも、いい加減にしましょうよ」というようなことを言います。とはいえ、あ

の5月26日の追加的な年金部会はあくまで例外であって、2009年時の年金部会は、財政検証が発表されたその日に終わっていました。

しかし、今回は、ここから仕事が始まります。いや、プログラム法に沿った形で法案まで詰めてもらわなければなりません。医療介護では、各審議会の議論を経て、この6月に総合確保推進法の成立につながったように。

ここで過去の経緯を鑑みてみますと、とくに特定の団体の代表ではない公益委員の方々に頑張っていただかないと、良識のあるバランスのとれた制度はできません。いずれまた年金部会が始まると思うのですが、公益の代表として出席される方々に、パート労働の厚生年金適用などの懸案について、ぜひとも頑張っていただきたいと思うと同時に、今回の年金部会の方々は大変ですねと、労いの言葉で話を終えたいと思います。

どうもありがとうございました。(拍手)

＊　　＊　　＊

渡辺　……このシンポジウムの事前に皆様から質問を提出していただいております。今日は残念ながら質問をいただく時間がございませんので、ディスカッションのなかで、事前にいただいたご質問に対するお答えもなるべく含むように運んでいきたいと思います。それでは権丈さん、厚生年金の適用拡大について、どうぞ。

短時間労働者に対する厚生年金適用拡大

権丈　初めからこの適用拡大の問題は、私が話すことになっていたわけですけれども。先日、今日のシンポジウムでは「香取局長とのかけ合いを楽しみにしています」と連絡が来ていたのですが、かけ合いって、普通、漫才の話だと思うのですが、今日は真面目にいきたいと思います。

今回の財政検証では、オプションⅡで被用者保険のさらなる適用拡大を進めると、基礎年金の給付水準、さらには厚生年金の所得代替率も大幅に上がることが可視化されました。その原因は、適用拡大に伴う第1号被保険者の減少により第1号被保険者1人当たりの国民年金の積立金が増加することになり、それにより基礎年金の給付水準が改善されるためです。このオプショ

図表 4-5　主な収入源別短時間労働者の年収分布

● 主な収入源が自分の収入である者（＝専業主婦ではない者）の年収を見ても、100万円前後に「就業調整の山」がある。

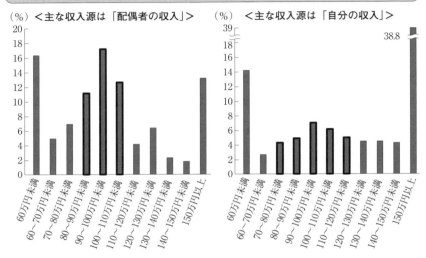

注1：上記の年収は、調査時点の前年（2010年）の1年間にパートとして働いて得た年収。
　2：「60万円未満」には、「昨年のパート収入なし」も含めている。
出所：厚生労働省「パートタイム労働者総合実態調査」(2011年)。

ンⅡの試算は、私が10年近く前から言っている「適用拡大こそが日本の年金の最大の課題」ということを強く後押ししてくれるものであったと受け止めております。適用拡大を進めることにより、2004年改革時に日本の年金が負わされた「給付水準の底上げ」という課題にも大きく貢献することができると示されたのですから。

ところで、短時間労働者に対する被用者保険の適用拡大と関連して、「130万円の目に見える壁」の話は有名なのですが、企業が事業主負担を回避するために生じる「見えない壁」という問題のほうが私は重要だと見ています。それに関して、香取局長の資料の27ページ（図表4-5）を見てほしいのですが、短時間労働者で主な収入源は「自分の収入」と答えている人たちにも100万円のところにピークがあるのがわかります。

図表4-6 パート労働者の厚生年金適用イメージ

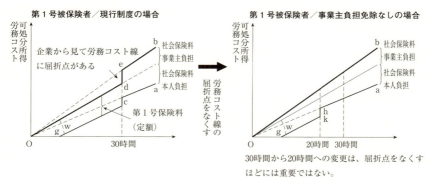

出所：権丈（2007）222-230頁。

 なぜそんなことが起こるのかを、昔考えた時に作ったのが図表4-6です。横軸に労働時間をとり、縦軸に可処分所得とか労務コストをとると、何の制度もなければ、労働時間に比例して、賃金率、つまり時間当たり賃金に応じた形で収入も増えるし、労務コストも増え、可処分所得も増えることになります。

 まず、左側の図を見てください。30時間未満では、第1号被保険者はずっと第1号被保険者として保険料を払っており、仮に30時間を超えて厚生年金の適用になったら、第1号被保険者の保険料が半分近く減っていきます。ただ、事業主から見ると、そこから労務コストの負担が急に増えてしまう。ここに屈折点があるから、雇う側はこの屈折点の内側で雇おうとするわけです。この屈折点は雇う側が意識する壁ですから、図における第1号被保険者には目に見えない壁として立ちはだかることになります。

 たとえば、屈折点の左側に働く時間を調整したいという第3号被保険者と右側で働きたいという第1号被保険者がいるとすると、企業には第3号を選ぶインセンティブがある。すると、本当はもっと長時間働きたいという人も、仕事を得るために不本意ながら短時間労働を受け入れてしまうのではないか。こうした事態を何とかしなければいけないということで考えたのが、右側の図です。この国には基礎年金の第1号被保険者の制度があるので、第1号被保険者の制度を温存しながら、短時間になって本人負担が減っても事業主だ

けは保険料を払いましょうと。

　そうすると、企業が事業主負担分を回避するために屈折点の内（左）側にいる短時間労働者を雇おうとするインセンティブが消えます。むしろ、しっかり働いてスキルを身に付けてくれる人を雇おうと、企業側が合理的・利己的に動いたら、多くの労働者が右側にシフトするのではないか。反対に、そうした制度変更をせず、単に労働時間を基準として適用範囲を広げるだけでは（たとえば、30時間から20時間へ）、労働者はさらなる短時間労働へと追いやられるだけです。つまり、企業側から見て労務コストに屈折点があるかぎり、労働者はその屈折点の内側に落とされてしまう。

　2007年のパート労働に関する厚生年金適用のワーキンググループでは、向かい合ったテーブルのこちら側に年金部会のワーキンググループのメンバーが座り、向こう側に事業主、チェーンストアや外食産業の人がいたのですが、私がこうしたことを視野に入れて考えてもらえないかと発言すると、彼らは午前中「はい、はい」と聞いて、午後には政治家のところに行く。

　この短時間労働者の厚生年金適用拡大問題は、2004年で敗北し、私がかかわった2007年でも敗北します。2012年には、被用者年金一元化のところで、原案の附則には「施行後３年までに適用範囲をさらに拡大する」という文言がありました。しかし、国会で協議するなかで、「施行後３年以内に検討を加え、その結果に基づき必要な措置を講じる」に変えられています。いいですか。原案には「適用範囲をさらに拡大する」とあったんです。それなのに、もう１回ゼロから検討しなければいけない。この条件のもとに、現在の年金部会が置かれており、しかもどのような議論をするかというルールは向こうが作ってくる。

　先ほども言いましたように、年金部会にいらっしゃる方々が、ここで頑張っていただかなければなりません。映画『SiCKO』には医療保険の給付をブロックするためにヒットマンが出てきますが、人の不幸を顧みず、自分を雇っている保険会社が保険金を払わなくていいようにあれこれ小細工をするヒットマンと同じような仕事をする人たちが、適用拡大に反対する企業に雇われているわけです。この壁は非常に高い。

　しかしながら、これは現在の年金制度改革で一番やらなければいけないこ

とです。労務コストの屈折点をなくし、企業が合理的・利己的に考えたら、長時間働いてスキルを習得した人のほうを選好するような制度に組み替えていただきたいと思っています。

　この10年間、年金の抜本改革論議というバカバカしい大騒ぎのなかで、一番喜んでいたのは適用拡大に反対している人たちです。そのおかげで、自分たちに矛先が向けられずにすんだのですから。年金には複数の問題があります。大切なことは、優先順位を決め、順位の高い問題の解決を求めるエネルギーを拡散させない、拡散させられないことだと思います。彼らの陽動作戦にのせられてはいけません。

……

年金受給開始年齢と年金財政の関係

渡辺　今回の財政検証ではオプション試算をしています。そのオプションについて、香取局長の資料（図表4-7）で非常に分かりやすく整理されています。

　オプションⅠは、マクロ経済スライドの仕組みの見直し。つまり、現在は名目下限で、それをマイナスにはしないということで、マクロ経済スライドを発動できませんでした。もちろんデフレ下では発動できない。

　オプションⅡは、いわゆる適用拡大。オプションⅢは、たとえば現在の満額支給要件40年を45年にしようとか、あるいは支給開始年齢の引上げの問題があります。

　時間の都合上、オプションⅡを省いて、オプションⅠのマクロ経済スライドのデフレ下における発動と、オプションⅢの年限の問題について、お三方にご意見を伺いたいんですが……権丈さん、よろしいですか。

受給開始年齢自由選択制

権丈　オプションⅠとオプションⅢについて話をします。次の図表を見てください（図表4-8）。これは、この国の現在の年金制度のもとで、年金受給開始年齢、英語ではPensionable Ageと呼んでいます、その年金受給開始年齢と年金給付水準との関係を描いたもので、横軸に年金受給開始年齢を、縦

図表 4-7　オプション試算の内容

オプション I …マクロ経済スライドの仕組みの見直し
○平成26年財政検証の経済前提を基礎とし、物価・賃金に景気の波（4年周期、変動幅±1.2%）による変動を加えて経済前提を仮定（平成30年度以降変動を織り込み）。
○上記の経済前提において、物価・賃金の伸びが低い場合でもマクロ経済スライドによる調整がフルに発動されるような仕組みとした場合を試算。

オプション II …被用者保険のさらなる適用拡大
○次の2通りの適用拡大を行った場合について、マクロ経済スライドによる調整期間や調整終了後の給付水準を試算するとともに、第3号被保険者の人数や世代別の平均的な第3号被保険者期間への影響も試算。
適用拡大①（220万人ベース）：一定の賃金収入（月5.8万円以上）のある、所定労働時間週20時間以上の短時間労働者へ適用拡大（220万人）
・月収5.8万円未満の被用者、学生、雇用期間1年未満の者、非適用事業所の被用者については対象外
・平成28年10月に社会保障と税の一体改革による適用拡大（25万人）を実施した後、平成36年4月にさらなる適用拡大を実施
適用拡大②（1,200万人ベース）：一定の賃金収入（月5.8万円以上）があるすべての被用者へ適用拡大
・学生、雇用期間1年未満の者、非適用事業所の雇用者についても適用拡大の対象。
（雇用者のなかで月収5.8万円未満の者のみ対象外）
・平成28年10月に社会保障と税の一体改革による適用拡大（25万人）を実施した後、平成36年4月にさらなる適用拡大を実施

オプション III ……保険料拠出期間と受給開始年齢の選択制
○高齢期の就労による保険料拠出がより年金額に反映するよう次の制度改正を行った場合を試算。
（1）基礎年金給付算定の時の納付年数の上限を現在の40年（20～60歳）から45年（20～65歳）に延長し、納付年数が延びた分に合わせて基礎年金が増額する仕組みに変更。
・平成30年度より納付年数の上限を3年ごとに1年延長。
（2）65歳以上の在職老齢年金を廃止。
○上記の制度改正を前提とし、65歳を超えて就労した者が、厚生年金の適用となり、これに伴い受給開始年齢の繰下げを選択した場合、給付水準がどれだけ上昇するかを試算。

軸に所得代替率で表す給付水準をとっています。

　実は、この国には繰上げ受給と繰下げ受給があるので、60歳から繰り上げて受給することができ、70歳まで繰り下げることもできる「受給開始年齢自由選択制」にすでになっています。したがって、政府が年金の支給を開始する年齢を、常識的に支給開始年齢と呼ぶのであれば、この国のそれは60歳で

図表4-8 繰上げ・繰下げ受給制度のもとでの年齢・給付水準線（割引率、割増率の屈折は無視）

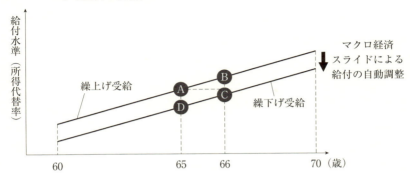

す。厚生年金では、かつてのいわゆる「支給開始年齢」と呼ばれるものが60歳から61歳、62歳と上がっていますが、これは60歳からの繰上げ受給を残した形で上がっています。

先日、『週刊文春』[3]が非常に正確な記事を書いていまして、そこには、この国の制度は60歳から70歳まで受給を選択できると説明されていました。図表4-8では、これを「年齢・給付水準線」と呼んでいます。年齢・給付水準線は、経済状況が悪化したり、少子化が進んだりしてマクロ経済スライドが働くと、下方にシフトします。これが、自動給付調整ということです。世の中で「支給開始年齢引上げ」を言っている人たちは、どうも図の点Aを点Cに持ち込みたいと考えているようで、かつてはそうした話が成立しました。

ところが、もう現在はそうではありません。たとえば、AからCに移したつもりになったとします。しかし、繰上げ受給があるのならば、それは年齢・給付水準線が下方にシフトするのと同じです。だから、「私は65歳で受給しようと思っていたのに、66歳に支給開始年齢が上がったんですか。だけど、雇用環境が全然整備されていないから、65歳で受給します」と言ったら、この人は65歳から受給でき、ただし65歳時点の給付が切り下げられることに

3）「新人記者にも分かった！　絶対損しない貰い方」『週刊文春』2014年6月26日。

なります。

　ヨーロッパやアメリカでの支給開始年齢——日本ではそう訳されていますが英語では Normal Pensionable Age と表記され、満額の年金が受給できる標準年齢を意味します——の引上げというのは、繰上げなどを利用してその年齢以前に受給している人にとっては給付水準の切下げだと受け止められることになります[4]。

　AからCに移るというのは、「マクロ経済スライドが効いてAからDになりました。そこで、年金の給付水準を引き上げようと考えて、年金の受給開始年齢として66歳を選択してCに移行しました。つまり、66歳に受給開始年齢を上げました」というのと、本質的には同じことです。欧米では、日本のマクロ経済スライドという、給付を自動的に引き下げる仕組みを持っていないから、満額の年金を受給できる標準年齢の引上げという原始的な力業を使って、新規裁定年金者を対象とした給付の一律カット、すなわち年齢・給付水準線の下方へのシフトを行っているわけです。

　財政審議会の議事要旨などを読むと、みんなで「支給開始年齢を引き上げろ」と盛り上がっています。年金部会の議事録も見ると、小塩委員や駒村委員が支給開始年齢の引上げを毎回のように発言しています。昔ならそれで正しかったかもしれませんが、拠出建てになり、繰上げ・繰下げ受給が組み込まれたもとで、マクロ経済スライドという給付の自動調整機構がビルトインされたら、昔の話は通用しなくなります。

「支給開始年齢引上げ」の種々の誤り

　「支給開始年齢引上げ」という言葉を使っている人たちの論をよく見てみると、AからBという年齢・給付水準線上の移動も、AからCという年齢・給付水準線の下方へのシフトも混在した形で、支給開始年齢の引上げという言葉[5]が使われています。このうちの年齢・給付水準線上のAからBへの移動は現行制度にある繰下げ受給のことですし、AからCへの移動、その実態は年齢・給付水準線の下方へのシフトについて厳密に言うと「ある世代以降の新規裁定年金の給付水準一律引下げ」という話です。

　前者A→Bの用法での支給開始年齢引上げ——注5）にあるように伝統

4) 図表4-9は、この講演（2014年7月2日）の後に社会保障審議会年金部会で配付された資料（同年10月1日）であるが、参考として紹介しておく。なお、OECD 資料における Normal Pensionable Age を年金局資料では法定支給開始年齢と訳されている。Normal Pensionable Age は、減額（増額）なく満額の年金を受給できる年齢のことである。つまり、Pensionable Age（年金受給開始年齢）は、年齢・給付水準線のように幅を持つ概念であって、これは「線」で示されるべきであり、そこに Nominal（標準）が付されて初めて「点」として規定できるものである。

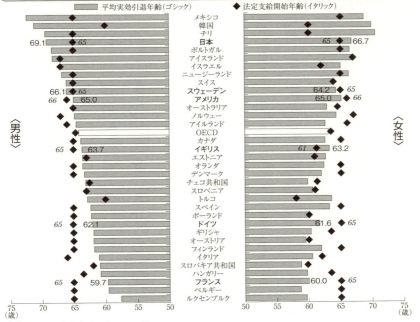

図表4-9 支給開始年齢と平均実効引退年齢の乖離

● ドイツやフランスなど欧州大陸諸国では、減額なく年金を受給できる年齢（法定支給開始年齢）よりも早期に労働市場から引退している。

資料：OECD（2013）*Pensions at a Glance*.

注：平均実効引退年齢：40歳以上の労働者が5年間（2007-2012年）に非労働力化した平均的な年齢。
　　法定支給開始年齢：公的老齢年金を減額なく受給できる年齢（2012年）。

出所：第25回社会保障審議会年金部会配付資料（2014年10月1日）。

追記：2015年5月に出版された OECD（2013）*Pensions at a Glance* の翻訳書『図表でみる世界の年金 OECD インディケータ（2013年版）』では、図表4-9で厚労省が「平均実効引退年齢」と訳している 'Effective' を「実際」と訳し、「法定支給開始年齢」と訳している 'Official' を「制度上」と訳出している。こうした訳語は、制度運用上の実態をよく反映したものであると評価できる。

的な用法としては間違い——は財政ニュートラルです。現在、給付水準50％以上であるかどうかは65歳基準で見ることになっているのですが、この基準年齢を66歳や67歳にすることを支給開始年齢の引上げと表現する人もいるようです。しかし、当人がそう思っていても、言葉と意味が乖離していますし、子ども騙しのような話ですね。ちなみに、本日の報告で私はPensionable Ageを「年金受給開始年齢」と呼んで、図表4-8の年齢・給付水準線のように「線」として幅を持つ年齢区間として表現し、この「線」として表されるPensionable AgeをNominalで形容したNominal Pensionable Ageを満額の年金を受給することのできる「点」としての「標準年金受給開始年齢」、そして現在65歳となっている所得代替率50％を評価する年齢を「基準年齢」というように使い分けています。

　そして後者A→Cの用法で旧来型の正しい意味での支給開始年齢の引上げが実施できたとしても、既裁定年金に影響を与えることはできません。ところがマクロ経済スライドは、既裁定年金にも影響を与えます。年金財政に持続可能性を持たせ、世代間の公平を図るための政策ツールとしては、マクロ経済スライドのほうが旧来型の支給開始年齢引上げよりもはるかに効果的です。旧来型の支給開始年齢引上げができることは、マクロ経済スライドの部分集合でしかありません。日本は、他国よりも高齢化が進むから他国もうらやむ洗練された制度を作ったわけで、うらやましがられている日本が、なぜ、他の国の粗雑な力業をまねしなければならないのでしょうか。何よりも

5）　この国では、1985年の年金改正後の法律、いわゆる「新法」で本則上65歳支給開始とされて以降、暫定的に設けられた特別支給の老齢厚生年金の1歳ごとの給付期限切れを「支給開始年齢の引上げ」と呼んできた。ゆえに、「支給開始年齢の引上げ」という伝統的な言葉は、点Aから点Cへの移動しか意味してこなかった。2013年8月に社会保障制度改革国民会議報告書がまとめられてから2014年にかけて、それまで支給開始年齢の引上げという言葉を使っていた人たちは、受給開始年齢の引上げという言葉に切り替えていくことになる。なぜ言葉を替えたのかの説明もないので、われわれはその意図を測りかねているのであるが、彼らがしばしば使う「受給開始年齢の一律引上げ」という言葉は、日本語として意味が通じない。というのも受給開始年齢というのは、支給開始年齢とは異なり、年金受給者による自発的選択によって決められるものであり、これを一律に引き上げるとはどういう意味なのか？——こういうことに彼らは気づいているのかどうかも不明である。

図表 4 -10　世代間での所得代替率の推移

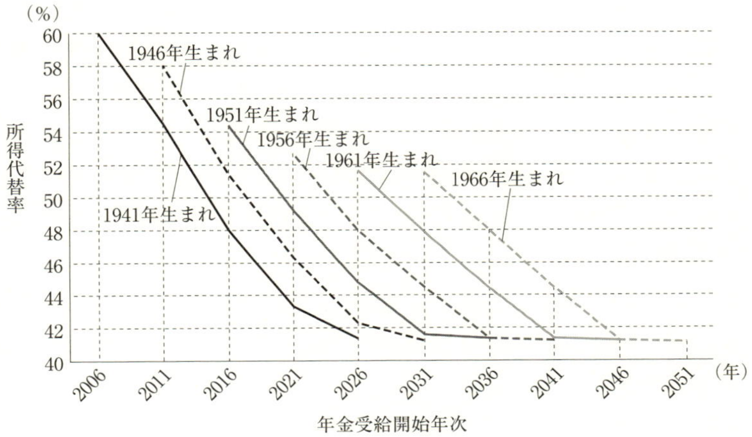
(%)
60
58
56
54
52
50
48
46
44
42
40
所得代替率
1946年生まれ
1951年生まれ
1956年生まれ
1961年生まれ
1966年生まれ
1941年生まれ
2006
2011
2016
2021
2026
2031
2036
2041
2046
2051
(年)
年金受給開始年次

出所：第 4 回社会保障審議会年金部会（2007 年 4 月 26 日）配付資料 4「厚生年金の標準的な年金額（夫婦 2 人の基礎年金を含む）の見通し［生年度別、65 歳時点］より著者作成。

大切なことは、オプションⅠが示唆するマクロ経済スライドのフル適用、いわば持ち腐れになっている宝をどんな状況でも利用できるようにすることです。

先ほどオプションⅠ、オプションⅢという話をしたのは、オプションⅠとオプションⅢは、早めにマクロ経済スライドを効かせていけば給付水準が高くなるのだから、伝統的な支給開始年齢の引上げ A → C という給付水準の切下げをやっていけばいいじゃないかという人たちがけっこういるからです。もちろん、旧来型の支給開始年齢の引上げという給付水準のカットは、既裁定年金には影響がないので、今、受給している人たち、基本的に団塊の世代の人たちは大いに支持すると思います。そのうえ、新規裁定年金は賃金スライドですが、既裁定年金は物価スライドですから、マクロ経済スライドによる給付調整は、既裁定年金のほうが新規裁定年金のそれよりも速いスピードで進みます（図表 4 -10）。給付水準が切り下げられていく将来世代の人たちの財源を使って団塊の世代の人たちの既裁定年金の給付水準カットを穴埋めしていくことが起こりうるわけです。

支給開始年齢引上げという言葉の政治的ハレーションの大きさを考えると、これは相当ばかばかしい話ですし、年金の世代間不公平論者と支給開始年齢引上げ論者はけっこう重なるのですが、彼らがひとしお憎んでいる団塊の世代にとっては実に好都合な話という、ちょっとコミカルなことにもなる。彼らは昨年（2013年）の国民会議の報告書で支給開始年齢が提案されていなかったことを見て、政治家や官僚の陰謀話として批判していたのですが、とにかく彼らは、理解できない話は陰謀論で説明する癖がありますので、ほんっと困ったものです。彼らのいつもの共通点は、制度を正確に理解していないことにあるのですが、ちなみに昨年、国民会議の報告書が出た後の『日経新聞』には大林尚氏が「年金支給開始年齢　引上げ阻む珍説」という記事を書いていましたね。

　他にも、財政的な理由から支給開始年齢を引き上げるべきだと言っている人たちもいますが、彼らは、それが将来の保険料を下げるか、将来の積立金を増やすかという話にたどり着いてしまう、つまり04年フレームを壊してしまうことをどこまで意識しているのでしょうか。現制度で予定されているマクロ経済スライドに加え、ある年齢以降の給付水準を強制的に引き下げるというのであれば、財政的にはそういう話になります。坂口試案で示された有限均衡方式のなかで、積立金は人口の2つのコブに対するバッファーとして位置づけられました。しかし、人口構造がほぼ定常状態に入った、人口論で言う安定人口の世界で、100年後の積立金を現在予定している1年分以上に増やしても意味はありません。

　また、将来の高齢社会で年金給付総額の対GDP比が現在よりは低下するという日本の状況下で、むしろ保険料18.3％では給付が低くなりすぎるのではないかということが問題視されているのに、年金給付水準をさらに下げて保険料を18.3％以下に抑えろという話が支持を得るのは難しいでしょう。もし、04年フレームの保険料水準を変えるという禁じ手が許されるのであれば、そのベクトルは下げる方向ではなく上げる方向に向けなければいけません。

雇用延長問題と年金

　もう1つ、年金の支給開始年齢引上げという言葉をテコにして、労働市場

で雇用延長を図りたいという論があります。財政審の 5 月30日の報告書にあるように「標準的な引退年齢」を引き上げようというものです。しかし、この10年、散々な目に遭ってきた年金は、雇用延長という自分以外の問題を解決してあげるほどの体力は持ち合わせておりません。「支給開始年齢引上げ」と言った瞬間に、年金の話は大混乱に陥ってしまいます。それに、財政審報告書にも正しく「支給開始年齢を引き上げたとしても繰上げ受給制度を活用すれば早期の年金受給も可能」と記されているように、現行の60歳からの受給開始年齢自由選択制のもとでは、制度上は60歳以降での無年金期間はないのだから、かつてのようにこのルートから雇用延長圧力をかけるのは、難しいように思えます。「標準的な引退年齢」の引上げは、もっと自然なルートから行ってほしいところでして、「給付引下げの方法」の 1 つ、いやマクロ経済スライドが導入される以前は、給付引下げの切り札とみなされてきた「支給開始年齢の引上げ」という言葉を使っての「標準的な引退年齢」の引上げを言われるのは、年金としてはなかなか辛いものがあります。たとえば、今の04年フレームの年金制度のもとでは、労働法制のほうで「標準的な引退年齢」は少子高齢化ゆえに今後必要となるという理由で先に引き上げてもらって、それに合わせて所得代替率50％を評価する基準年齢を65歳から引き上げさせてもらうというのであれば、年金サイドからは、大いにありがたい話でもあるんですけどね（笑）[6]。

　現在の年金にあまり大きな、しかも難しい役割を担わせないでいただきたいところです。年金がかわいそうです。

　今回の財政検証のオプション試算Ⅰ、Ⅱ、Ⅲが示唆する、今後やらなければいけない 3 つの改革を進めていくために、年金は体力を温存していなければなりません。そうした年金にとって大切な時期に、すでに04年フレームのもとでは60歳から70歳までの受給開始年齢自由選択制になっていて、そこにマクロ経済スライドという財政の自動安定化装置が組み込まれているのに、いわゆる「支給開始年齢の引上げ」という、みんなが揃って誤解しているためにハレーションばかりが大きくなる話で盛り上がってしまうのは時間と労

6）　本書第 6 講参照。

力の無駄になる怖れがあるということをご理解いただきたいと思います[7]。

*　　*　　*

年金不信を越えて

渡辺　ありがとうございます。……権丈さんから今の年金審議会の公益委員に頑張ってほしいという趣旨のご発言があったのですが、まさにある意味では政治中立というんでしょうか、本当に年金数理のことも重んじながら年金制度改革を進めていくべきと思ったんですが、最後に、香取局長、その辺もまとめて総括していただいて、このシンポジウムを終わりたいと思います。

香取　頑張りますということなんですけれども、この間、年金制度というよりも、記録問題その他、年金の実務、運用も含めて大きな政治的な争点になったことで、先ほど若い人に聞くと、「どうせ潰れるんでしょ」という話がありました。議論の土台を冷静、客観的に作りながら合意形成するのが非常に難しい時代がずいぶん続いたと思うんですが、先ほど権丈先生がおっしゃいましたが、今回の財政検証では、ある意味、堂々「50％を切ることもあります」と申し上げたわけです。もちろん、「それ見たことか」と言う人もいたり、「よくぞ出した」と褒めてくれた人もいたり、わりと冷静に受け止めてもらっているという気はしています。

もちろん、年金記録問題、その他年金制度に対する不信というのはまだあって、なかなか冷静な議論はできないんですが、オプションをお示ししたこともそうですし、幅の広い試算をしたこともそうですが、厳しい内容の改正をする必要があるし、あるいは最後のオプションⅢのように、個々の努力

---

7)　この講演は、平成26年財政検証（6月3日）が公表された1か月後（7月2日）に開かれたシンポジウムである。あれから1年以上が経つ。04年フレーム下では旧来型の「支給開始年齢引上げ」の話が成立しないことも、大方理解されるようになってきた。そして「今回の財政検証のオプション試算Ⅰ、Ⅱ、Ⅲが示唆する、今後やらなければならない3つの改革を進めていくために、年金は体力を温存していなければなりません」と話して1年以上が経ったのだが、結局、3つのオプション試算と関係する改革は、法案さえ出すことができないことも明らかになった。ということで、このシンポジウムの時とは異なり、もう、お好きなようにどうぞ、という心境でもある（笑）。

や選択によって、自分で年金制度を使いながらある程度の水準の年金を獲得するような方法もあるといったことも含めて、少し冷静に議論ができるような感じにはなってきているのではないか。

　オプションⅡの話に関係しますけれども、最近、外食産業その他でパートの職員を正社員に切り替える動きが出ていて、先ほどの権丈先生の話ではないですが、それぞれが合理的な選択をしてよりよい方向性に行くような、合成の誤謬が起こらないようなやり方も見られます。長い不況のなかですと、みな、非正規に逃げていくわけです。女性もそうだし、パートもそうですが、今みたいな働き方で、今みたいな企業経営で、みなさん、年金制度の持続可能性を問題にするんですけれども、企業経営とか日本経済の持続可能性というのをもうちょっと考えたほうがいいのではないかと思うんです。

　ある意味アベノミクスの効果かもしれませんが、中長期的に持続可能なやり方になってきているので、パートの適用拡大というのは政治的に非常に難しい問題が多いんですけれども、そういう意味では、いろんな前向きの改革、現実的に合意形成しながら改革していく流れは少しずつ作れていく感じになっているのではないかと思います。

　年金の話というのは1人1人の生活にかかわるので、非常に議論が大きくなるし、政治的にも大事な問題になっていくわけですけれども、議論を積み重ねるなかでいい方向性を作っていけるのではないかと思っています。これから夏以降、本格的な改革議論が始まりますが、そのなかでできるだけ多くの人に議論に参加していただきながら、よりよい改革をしていきたいと思っております。

渡辺　ぴったり時間どおり、ありがとうございました。10分間延長したにもかかわらず、まだまだ時間が足りないなというのが率直な私の印象でございます。限られた時間でございましたが、本当に素晴らしい4人のパネリストのおかげで……

保険料収入という人的資本からのリターン

権丈　もう一言いいですか。

　香取さんは言えないだろうから言っておきますけれども、財政検証をする

と、いつも積立金の利回りのことでずいぶん盛り上がるわけですが、この国の年金は、基本的に賦課方式ですからね。今回の報告にもありましたように、積立金がなくなると「完全な賦課方式」に移行して、年金そのものは存続します。そして、将来100年ぐらいまでに見込まれている年金財政の総収入のうち、積立金からの収入が占めるのは1割程度で、言うまでもなく保険料がメインです。保険料は人的資本からの収入です。今日は会場に宮武（剛）先生がいらっしゃいますが、2008年の社会保障国民会議の時、宮武先生が国民皆奨学金を提案されました。年金の積立金を1人年間50万円で日本中の高校、短大、大学、専修学校生への奨学金に使っても3〜4兆円ぐらいです[8]。親が保険料を払っていたら、それを子どもの奨学金に使い、その子どもがもしも将来返済しなかったら本人の年金から徴収すればいい。若者にとっても年金制度にとっても、一考の価値のあるすばらしい提案をされていました。ところが、その次の回の会議では、ある委員から「私は、積立金は年金以外には使ってほしくありません」という発言があったりもして、私は驚きましたが。年金積立金を金融資本に使うか人的資本に使うかであって、いずれも年金に使う話なんですけどね。

　とにかく、保険料収入の源となる人的資本をいかに大きくするか。年金というのは保険料収入がメインなので、人的資本の充実こそが最重要な課題となるんです。そうであるのに、財政検証の話になると、最近まで、平成21年財政検証時の4.1％の利回りは高すぎると言っていた人たち、つまり、公的年金財政では名目利回りから賃金伸び率を引いたスプレッド（実質的利回り）こそが重要[9]であることさえ分かってなかった不勉強な者たちが中心となって運用利回りの話ばかりで盛り上がるわけです。利回りのことでそんなに盛り上がらなくても、3つのオプション試算が描く将来の投影像が、今を生きるわれわれに求める年金改革のあり方は十分に見えるだろうに。財政検証の前提を決めるための会議の議事録を読むと、16回で終わる予定だったところが、追加で17回目をやることになっていたようですけど、実にばかげた話です。終わり。

---

　8)　宮武剛（2000）237-254頁。
　9)　本書第6講中「財政検証の積立金運用利回り前提」を参照。

渡辺 ありがとうございました。それでは、時間が来たようです。少しでもみなさんのご参考になることがあれば大変幸いです。これでパネルディスカッションを終えたいと思います。ご清聴ありがとうございました。(拍手)

第4講の補講　シンポジウムで準備していたけれども話せなかったことなど

年金受給開始年齢（Pensionable Age）と雇用について

04年フレームの骨格は、2003年9月5日に発表された坂口試案によって作られた。

坂口試案（2003年9月5日）
3．保険料負担の上限と給付の水準
　○　厚生年金の保険料は、年収の20％を超えない水準を基本。国民年金の保険料は、月額18,000円台（平成11年度価格）までにとどめることを基本。
　○　将来の給付水準は、平均的な片働き世帯の所得代替率（現役世代の平均的なボーナス込みの手取り賃金に対する新規裁定時の年金額の割合）で見て、おおむね50％から50％台半ば程度を確保。
＜100年程度の長期の均衡を考え、積立金水準を抑制する考え方＞
　○　すでに生まれている世代がおおむね年金受給を終えるまでの期間（たとえば95年間＝2100年まで）、給付と負担が均衡するように考える。現在、アメリカはこの考え方をとっている。
　○　積立金水準は、2100年において、給付費の1年分程度となるようにする。
　○　常に一定の将来までの給付と負担の均衡を考えるよう、5年ごとに期間を移動させる。

　この坂口試案は、2002年12月の『年金改革の骨格に関する方向性と論点』のベースとなっていた永久均衡方式を有限均衡方式に切り替えたことに大きな役割があったのだが、この試案のなかに、「将来の給付水準は、平均的な片働き世帯の所得代替率（現役世代の平均的なボーナス込みの手取り賃金に対する新規裁定時の年金額の割合）で見て、おおむね50％から50％台半ば程度を確保」という規定が設けられていた。ここにある「新規裁定時」という言葉が、所得代替率50％を評価する年齢を65歳とする意味を持つことになり、そ

れが2004年改正法附則第2条の規定につながっていく。

　今回の財政検証で行われたオプション試算は、いずれも将来の年金の給付水準を引き上げる努力を可視化したものである。とにかく、これら3つは実行する。そのうえで、私は、50％水準を評価する基準年齢を、将来的には年金受給者が受給を実際に開始する年齢の値——平均値、中位値、最頻値、バルクライン値などのどの値にするかは要検討——で見るようにして、もし、そうした実測値においても次の財政検証までに50％を切るようなことが起こる場合には、50％を切らないように保険料率を上げる規定を設けることができればと考えている。すなわち、2004年年金改正法の附則の規定を次のように書き換えるのである。

　　次の財政の現況及び見通しが作成されるまでの間に所得代替率が50％を下回ると見込まれる場合には、給付水準調整の終了、~~その他保険料引き上げの措置を講ずるとともに、給付及び費用負担の在り方について検討を行い、所要の措置を講ずる~~

　こうなると、企業側は、保険料の引上げか、雇用延長措置あるいは「つなぎ年金」としての企業年金の整備か、という選択の問題に直面する。意思決定を迫られた個々の企業はミクロ的な経営の観点から雇用の延長を図ることに躊躇するであろうが、それをみんなが行うと経済界全体は保険料の上昇に直面してしまう。こうした合成の誤謬の世界では、総体としての経済界——経団連、経済同友会、日商など——が、雇用延長を個々の企業に求めるインセンティブを持つことになる。つまりは、個々の企業の抜け駆けを経団連や同友会が許さんっと立ちはだかる世界を作るのである。

　先の講演録（第4講）のなかで「04年フレームBにある給付下限50％という基準……将来、この基準に頼らざるをえないことが起こらないともかぎりません」と話していたのは、このことを考えていたからである。もしも、あのパネルディスカッションのなかで、給付下限50％を評価する年齢に関して意見を求められれば、「基準年齢を受給開始年齢の実測値に置き換えて、そのうえで50％を切りそうな場合には保険料を上げる」という案を答えるつも

りで準備していたのだが、当日はそういう流れにはならなかったわけである。
　もっとも、現在は04年フレームを厳守している時代であるから、これは現段階では夢である。04年フレームのもとで、やるべきことをやる。そのやるべきことが可視化されたのが、今回の財政検証のオプション試算であった。ちなみに、財政当局が、「支給開始年齢の引上げ」という言葉を用いて50％を評価する基準年齢の引上げを言うのは、将来、所得代替率が50％を下回ると見込まれる時に「国庫負担を投入すべき」という声が上がるのを危惧してのことかもしれない——そうとしか考えられない側面がある。私の言うように、附則を「給付水準調整の終了、保険料引上げの措置を講ずる」と改正しておけば、財政当局の心配も必要なくなる。のみならず、そうした改正後の法律がこの国の社会に与える改革エネルギーのベクトルは、公的年金の受給のあり方と雇用のあり方の双方について望ましい変化をもたらすものとなるし、さまざまな状況への対応力も高い。政策に関連するデータとして、受給開始年齢の分布が国民に強く、しかも経済界からは真剣に意識されるようになるだけでも、前進である。

2004年年金改正法の附則第2条について

　04年フレームについては、もう一度、上記2004年年金改正法の附則第2条の文言を確認してほしい。
　この条文は、04年フレーム下の年金では、次の5年以内に50％を切らないかぎり、制度改正を行う必要がないとも読み取られかねない。前回の平成21年財政検証時には、私が、『年金実務』2000号記念の座談会のなかで、述べているようなことが明らかになっていた。

> 　平成21年に最初の財政検証が行われました。そのとき、デフレ下で給付をカットできないのは制度の致命傷になり得るということと、このままでは、基礎年金にマクロ経済スライドが効きすぎることになるという2つの診断結果が明示されました。そうすると、次にすることは、これを見直すことに全力を尽くすということのはず。ところが、政治は年金制度が抱える現実の問題を直視せず、相変わらず民主党は……[10]。

平成21年財政検証から何もできずに月日が過ぎてしまった。あれだけ前回の財政検証で問題点がしっかりと可視化されたのに制度改革になんらつなげることができなかったために、少なくとも私は平成21年の財政検証は失敗であったと位置づけている。この平成21年財政検証の轍を踏まないように、昨年の社会保障制度改革国民会議が動くことになる。社会保障制度改革国民会議の報告書では、年金部分の最後を次の文で締めている。

> 少なくとも5年に1度実施することとされている年金制度の財政検証については、来年実施されることとなっているが、一体改革関連で行われた制度改正の影響を適切に反映することはもちろん、単に財政の現況と見通しを示すだけでなく、上記に示した課題の検討に資するような検証作業を行い、その結果を踏まえて遅滞なくその後の制度改正につなげていくべきである[11]。

ここで、国民会議報告書が「上記に示した課題」は、『社会保障制度改革国民会議報告書』41-44頁に記されている。

> 長期的な持続可能性を強固にして、セーフティネット機能（防貧機能）を強化する改革に向けて
> （1）マクロ経済スライドの見直し
> ……
> 将来の保険料負担水準を固定した以上、早期に年金水準の調整を進めた方が、将来の受給者の給付水準を相対的に高く維持することができる。このため、マクロ経済スライドについては、仮に将来再びデフレの状況が生じたとしても、年金水準の調整を計画的に進める観点から、検討を行うことが必要である。

---

10) 「年金実務2000号記念座談会　年金制度の過去、現在と未来」『年金実務』第2000号（2012年7月9日号）。
11) 『社会保障制度改革国民会議報告書』46頁。

……
（2）短時間労働者に対する被用者保険の適用拡大
　……国民年金被保険者の中に被用者性を有する被保険者が増加していることが、本来被用者として必要な給付が保障されない、保険料が納められないというゆがみを生じさせている。このような認識に立って、被用者保険の適用拡大を進めていくことは、制度体系の選択の如何にかかわらず必要なことである。
……
（3）高齢期の就労と年金受給の在り方
　世界に目を向けると、高齢化の進行や平均寿命の伸長に伴って、就労期間を伸ばし、より長く保険料を拠出してもらうことを通じて年金水準の確保を図る改革が多くの先進諸国で取り組まれている。
……
（4）高所得者の年金給付の見直し
　マクロ経済スライドの発動による年金水準の調整は、中長期にわたって世代間の給付と負担のバランスを図ることを通じて、年金制度の持続可能性を高めるものといえる。このことを考慮すると、今後は、年金制度における世代内の再分配機能を強化していくことが求められる。
……

　これら『社会保障制度改革国民会議報告書』の文言をプログラム法（2013年12月10日成立）が引き継いでいく（前掲図表4−4）。

平成26年財政検証の意味

　このプログラム法の（一）から（三）を受けて、平成26年財政検証でオプション試算Ⅰ～Ⅲが行われたことになる。こうした一連の流れを要約すると、平成21年財政検証で、このままでは給付水準が下がりすぎることが可視化され、その対策として打つべき手段を可視化したのが平成26年財政検証だったわけである。
　平成26年財政検証のメイン試算は、何もしなければこうなるという絵柄を

示しており、今回行われた3つのオプションは、これを進めるといずれもが給付水準の底上げにプラスに働くことが確認された。

たとえば、被保険者期間を40年から45年に延ばすと、給付は45/40倍、約1割増える（図表4-11）。そして65歳から70歳まで繰下げを行うと、現在の繰下げ割増率を適用すれば65歳給付水準の1.4倍になる。その結果、被保険者期間45年、70歳での繰下げ受給であれば、被保険者期間40年繰下げなしの年金額よりも45/40×1.4＝1.54倍の給付水準になる。

さらにオプションⅢでは、20歳から70歳まで50年間保険料を拠出した場合の、「拠出期間増」と「繰下げ増額」が合わさった試算も行われている（図表4-12）。

それによれば、最も悲観的な試算結果であるケースHでは、何もせず被保険者期間40年のままだと37％に落ちるのであるが、50年間被保険者期間だと所得代替率は拠出期間増と繰下げ増額のために71.7％（1.94倍）になる。同様にケースCの場合、何もしなければ51.0％なのが86.2％（1.72倍）、ケースEでは50.6％が85.4％（1.69倍）、ケースGが42.0％が72.6％（1.73倍）となる。そのうえ、オプションⅠ（マクロ経済スライドのフル適用）、オプションⅡ（厚生年金の適用拡大）を重ね合わせれば、将来の給付水準のいっそうの底上げを実現することができる。年金改革をはじめ社会経済制度改革[12]に注がれる政治エネルギーは、オプション試算が含意する方向に向けられるべきこ

図表4-11　保険料拠出期間延長の効果

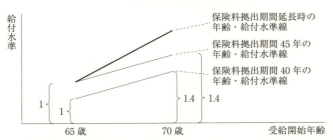

注：保険料拠出期間延長時は、拠出期間終了時すぐに年金受給を開始するものと仮定（すなわち、67歳まで47年間納付した場合は、繰下げ受給を選択することなく、68歳から年金を受給するものと仮定）。

図表 4-12　所得代替率の将来見通し（平成26年財政検証）

経済前提	調整終了後 所得代替率 「資料1-1」11頁	45年拠出70歳受給 （45年／40年 ×1.4＝1.54倍）	47年拠出67歳受給 「資料2-1」13頁	50年拠出70歳受給 「資料2-1」13頁
ケースA	50.9	78.4		
ケースB	50.9	78.4		
ケースC	51.0	78.5	68.7	86.2
ケースD	50.8	78.2		
ケースE	50.6	77.9	68.2	85.4
ケースF	45.7	70.4		
ケースG	42.0	64.7	57.8	72.6
ケースH	35.0〜37.0	53.9〜57.0	57.2	71.7

注1：表では、ケースHの調整終了後所得代替率（表1列目）は、「資料1-1」では35〜37%と見通されているため、上記のように記載している。
　2：オプションⅢの試算では、「65歳以上の在職老齢年金を廃止」（資料2-1：2頁）が仮定されている。
出所：第21回社会保障審議会年金部会（2014年6月3日）配付資料に基づく（http://www.mhlw.go.jp/stf/shingi/0000047414.html）。表2列目の「資料1-1」は「国民年金及び厚生年金に係る財政の現況及び見通し」、「資料2-1」は「国民年金及び厚生年金に係る財政の現況及び見通しの関連試算——オプション試算結果」。

とが明確に示されたのである[13]。

ニコラス・バー教授の「支給開始年齢引上げ」の正確な意味

ところで、2013年8月に『社会保障制度改革国民会議報告書』が出された。

---

12) ここで言う「社会経済制度改革」とは、本書第34講「図表34-2　新年金制度のホメオスタット機構と社会経済制度改革インセンティブ」における「社会経済制度改革」のことである。

13) 2015年4月10日開催の社会保障制度改革推進会議では、「当面の検討課題（案）」として、「社会保障における高齢者の概念の再整理（cf.「年齢別」⇒「負担能力別」）」、「年齢にかかわりなく、働くことができる経済社会システムづくり」などが挙げられていた。こうした場所で、大所高所から今後迎える少子高齢社会に見合ったシステムづくりが進められることは、公的年金にとってはありがたいことである。ちなみに、社会保障制度改革国民会議の報告書（43頁）には、次のような記述がある。

> 支給開始年齢の問題は、年金財政上の観点というよりは、平均寿命が延び、個々人の人生が長期化する中で、ミクロ的には一人一人の人生における就労期間と引退期間のバランスをどう考えるか、マクロ的には社会全体が高齢化する中での就労人口と非就労人口のバランスをどう考えるかという問題として検討されるべきものである。

そこには、「国際的な年金議論の動向」として、次の文章がある。

> 本年〔2013年〕1月にIMFの主催で開催された「世界危機後のアジアにおける財政的に持続可能かつ公平な年金制度の設計」と題した会合において、
> ① 年金制度で鍵になる変数は将来の生産物であり、積立方式と賦課方式は、単に、将来の生産物に対する請求権を制度化するための財政的な仕組みが異なるにすぎず、積立方式は、人口構造の変化の問題を自動的に解決するわけではないこと
> ② 年金財政問題の解決策は、
> 　（ⅰ）平均年金月額の引下げ、
> 　（ⅱ）支給開始年齢の引上げ、
> 　（ⅲ）保険料の引上げ、
> 　（ⅳ）国民総生産の増大政策
> の4つしかなく、これらのアプローチが含まれていない年金財政改善方策はいずれも幻想にすぎないことが明快にプレゼンテーションされている[14]。

　国民会議報告書におけるこの文言は、第12回社会保障制度改革国民会議（2013年5月17日）に年金局が提出した資料を基にしている（図表4-13）。

　ここで注意してもらいたいことは、IMF主催の会合で、報告者のニコラス・バー教授（ロンドン・スクール・オブ・エコノミクス）は、年金財政問題の解決策の2番目に、たしかに支給開始年齢の引上げ（年金引下げの別の手法）を挙げているのであるが（図表4-13）、その英文にはLater retirement at the same monthly pension、つまり「同一年金月額での引退の引上げ」と記されていることである。ところが、図表4-14に描いているように、04年フレームのもとでは、at the same monthly pensionで引退年齢を引き上げることはできず、年金を受給できる期間が短くなると、年金の月額が高く

---

14) 『社会保障制度改革国民会議報告書』44頁。

図表4-13 少子化、経済停滞と年金

2.2 Output is central ・Two and only two way of organizing pensions 　・Store current production 　・Build a claim to future production ・Pensioners are not interested in money, but in consumption (food, clothing, medical services). 　Thus the key variable is future output. ・PAYG and funding are merely different financial mechanisms for organizing claims on future output ・Thes the difference between the two approaches should not be exaggerated	・年金を設計するただ2つだけの方法 　・現在の生産物を蓄える 　・将来の生産物に対する請求権を設定する ・年金受給者は金銭に関心があるのではなく、消費に関心がある（食料、衣類、医療サービス）。このように鍵になる変数は、将来の生産物である。 ・賦課方式と積立方式は、単に、将来の生産物に対する請求権を組織的に設定するための財政上の仕組みが異なるにすぎない。 ・このように、2つのアプローチの違いを誇張すべきではない。
Solutions to problems of pension finance ・If there are problems in paying for pensions there are four and only four solutions ・Lower average monthly pensions ・Later retirement at the same monthly pension (another way of reducing pensions) ・Higher contributions ・policies to increase national output ・Any proposal to improve one or more of these approaches is illusory	年金財政問題の解決策 ・もし年金の支払いに問題がある場合、4つそしてただ4つだけの解決策がある。 　・平均年金月額の引下げ 　・支給開始年齢の引上げ（年金引下げの別の手法） 　・保険料の引上げ 　・国民総生産の増大政策 ・これらのアプローチが含まれていない年金財政改善方策は、いずれも幻想である。

出所：第12回社会保障制度改革国民会議（2013年5月17日）厚生労働省年金局提出資料19頁。IMF主催「世界危機後のアジアにおける財政的に持続可能かつ公平な年金制度の設計（2013年1月9～10日、東京）」におけるニコラス・バー氏の講演資料「適切な年金制度を確保するための公共部門と民間部門の役割――理論的考察」から抜粋。

なる。

　ニコラス・バーのプレゼンテーションは、給付総額の引下げ手段として、新規に裁定される年金受給者の標準年金受給年齢の引上げという、かなり原始的な政策手段しか持っていない国々を対象としたものである。彼のプレゼンは、日本のように、既裁定年金にまで影響が及ぶマクロ経済スライドという効果的な給付総額切下げの手段を持ち、保険料固定方式と繰下げ繰上げ受給制度のもとで運営されている国には当てはまらない。

年金部会における支給開始年齢

　ところで、社会保障国民会議の報告書が総理に手交された2013年8月6日

図表4-14　04年改正前後の年金年齢と年金財政の関係

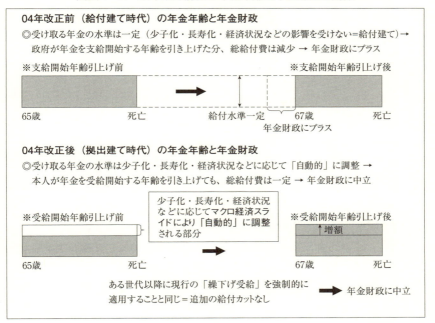

から2か月経った10月7日に、社会保障審議会年金部会（第15回）で国民会議の報告書が説明されている。その際の、年金経済学者として年金部会に属している小塩委員と駒村委員の発言を見ておこう。

　　小塩委員　どうも国民会議の報告書を見ますと、世代間連帯とか、積立方式はだめですよとか、そういう文脈の中でこの議論が紹介されていて、ちょっと違和感をもつのですが、この IMF、OECD の議論は、現行制度にとどまっていても頭に入れておかないといけないことだと思います。保険料を上げるか、それとも給付をカットするか、支給開始年齢を先延ばしするかというぐらいしか選択肢はないという指摘は重要です。
　　その観点から申し上げますと、この〔国民会議〕報告書は、現行の制度についての認識が甘いという気がしないでもないです。それが顕著にあらわれているのが、支給開始年齢を引き上げてもあまり効果はないと

いう議論です。これは、入ってくるお金は一緒だから、支給開始年齢を先延ばししても変わりませんということです。要するに65から70にしたら、70以降の人は年金をたくさんもらえるということを言っているわけです。支給開始年齢の引上げを議論するときは普通、そういうことを言っているのではなくて、お金が足りないから、お年寄りにがまんしてもらいましょうと、そういう発想で議論するわけですね。このような支給開始年齢引上げの効果についての議論が出てくるというのは、現行の仕組みを維持できるのかという点について、認識は甘いからではないかという気が私はいたします。もし問題がなければ、支給開始年齢引上げという議論も出てこないし、高所得者に対する年金のカットという議論も出てこないはずです。

駒村委員 小塩先生のお話があった支給開始年齢の話でございますけれども、これも国民会議で議論している我々としては、支給開始年齢が財政的な選択肢から消えていくという考え方は私は持っていない。議論の中ではそういう前提で話したのではなくて、ここは2012年の現行の財政検証がそのまま成立するならばということですから、今後の検証次第によっては、当然年金財政の歳入部分が怪しくなってくれば、マクロ経済スライドの長期化をするか、支給開始年齢で対応しなければいけないというのは当然選択肢として残っているものだと私は理解しております。

　小塩氏の発言は、支給開始年齢という言葉を、図表4-8におけるA→C、つまりニコラス・バーが支給開始年齢の引上げを「年金引下げの別の方法」と呼んでいるのと同じ用法としてのものであろう。他方、駒村氏の発言は、支給開始年齢という言葉でA→Bを言っているのか、A→Cを言っているのか識別できない[15]。なお、駒村氏の「国民会議で議論している我々としては、支給開始年齢が財政的な選択肢から消えていくという考え方は私は持っていない」との発言があるが、それは彼の見解であり、国民会議の報告書43

---

15) 駒村（2014）『日本の年金』のなかでも、「支給開始年齢の引上げ」を推奨しているのであるが、「支給開始年齢の引上げ」という言葉にどのような意味が込められているのかは判別できない。

頁には、次のように書いてあり、支給開始年齢という言葉に込められた意味は、これ以上でもこれ以下でもない。

> これまで、年金の支給開始年齢については、将来の年金の給付規模の伸びを抑制する観点から、専ら年金財政上の問題として議論されてきた。しかし、2004（平成16）年の制度改革によって、将来の保険料率を固定し、固定された保険料率による資金投入額に年金の給付総額が規定される財政方式に変わったため、支給開始年齢を変えても、長期的な年金給付総額は変わらない。
> 　以上のような状況を踏まえると、今後、支給開始年齢の問題は、年金財政上の観点というよりは、平均寿命が延び、個々人の人生が長期化する中で、ミクロ的には一人一人の人生における就労期間と引退期間のバランスをどう考えるか、マクロ的には社会全体が高齢化する中での就労人口と非就労人口のバランスをどう考えるかという問題として検討されるべきものである。

「就労人口と非就労人口のバランスをどう考えるかという問題」において、高齢者雇用は女性の就労と次元が並ぶ問題である。女性の活躍が年金とかかわりなく論じられるのと同様に、高齢者雇用の促進や引退年齢の引上げも、年金とかかわりなく論じればよい話である。

> **追記**
> 　以上が、2014年7月2日当時に準備していた論である。その後、社会保障制度改革推進会議が開かれ、そこで私が年金について発言もしているので、私が年金において、今、何を問題視しているのかを紹介する意味も兼ねて、推進会議での発言と、それについての解説を以下に紹介しておこうと思う。

社会保障制度改革推進会議における年金の議論

　2014年10月10日、「社会保障制度改革推進会議」に出席した私は、自己紹

介として次の発言をする。

> 昨年の国民会議の時には、年金よりは医療・介護の方がちょっとキズ、へこみが目立つなと思って、医療・介護をやっておりました[16]。
>
> けれども、やはり財源の裏づけがあるというのはすごくて、その後、消費税増税による財源の受け皿となる少子化・医療介護の制度がぐっと動いていったのですね。そこで、今、私が見渡しますと、年金の動きがちょっと遅いかなというのがありまして、今回、この推進会議に参加させていただいたのは、2007年の年金部会とか、2008年の国民会議で、私が参加しながらまったく貢献できなかった被用者年金の適用拡大、私の表現で言いますと、第1号にいる被用者の問題にピンポイントでかかわらせていただければと思っております。よろしくお願いいたします。

そして、当日の会議のなかでは、次の3点を言う。

> **権丈委員** 3点、お時間をいただきたいと思います。1つは、年金年齢です。……先週の日経の高山憲之先生の記事〔2014年10月2日『日経新聞』朝刊〕などでも、こういうふうに「最長寿国の日本だけが受給開始年齢を65歳以上に引き上げなくても、年金財政は持続可能と10年以上にわたって言い続けているけれども、本当にそれでよいのか」というような文章が、新聞などには本当に堂々と出ているのですけれども、「それでよい」のです。
>
> これはフルにマクロ経済スライドが機能するようになれば、ほかの国から見れば圧倒的にすばらしい制度で、みんな、支給開始年齢の引上げという制度とマクロ経済スライドという制度があって、それのどちらのほうがいいですかといったら、それは専門家とか行政の担当者とか政治家はマクロ経済スライドと言うに決まっているんです。
>
> だから、ここはまずしっかりとご理解いただきたい。ほかの国がうらやましがる制度を持っている。それをフルに発揮するためには、オプションⅠの改革をやっていかなくてはいけない。……

---

16) 権丈（2015）、とくに第1講、第30講参照。

2番目に、消費税引上げと物価スライドのことについて、2008年の社会保障国民会議で年金の財政シミュレーションというのを私がお願いして、やってもらいました。その時、租税方式にしていくといくらぐらいの消費税が必要なのかを計算していきました。

　ここで、本当のこの国の制度を反映させるとすると、租税方式にするために消費税を上げるとします。消費税を上げると物価が上がる、ではその物価をどうやって給付にスライドさせていくかということを、この国の制度を純粋にシミュレーションしようとすると、やらなければいけない。けれども、無限級数みたいな話だよなという話になっていって、同時に、消費税の負担を上げた時に、それが全部年金にスライドで上乗せされてしまうというのは、あっていいのだろうかというのもありまして、2008年の年金の財政シミュレーションでは、消費税を引き上げた際の物価上昇分は年金の給付水準に反映しないという、制度としてはちょっとウソの仮定を置いて推計しています。したがって、この国の制度として本当に反映させていくと、あそこで必要となった消費税率よりも上がります。

　この点を神野（直彦）先生〔社会保障制度審議会年金部会長・社会保障制度改革推進会議委員〕にお願いしたいのですが、これから先、消費税が上がっていきます。恐らくこれから先は、今回だけではなく、もっとその先も上がっていくと思うのですが、これに年金の物価スライドはどのように対応させていくのかというのを年金部会で議論していただければと思いますので、よろしくお願いいたします。

　3点目。「短時間労働者の厚生年金適用」とよく表現されるのですが、私のなかでは「第1号被保険者における被用者問題」と言っておりまして、これも神野先生にお願いしたいのですけれども、2008年11月27日の社会保障審議会年金部会における議論の中間的な整理というのがあります。そのなかに「現行の第1号被保険者である被用者を雇用する事業主に、事業主負担分だけの保険料納付を求めることも検討すべきではないか」という文章があります。

　この点について年金部会で御議論いただきたいと思います。……私に

とっては、短時間労働者の適用拡大をもっと拡大しろとか、そういうことを言っているわけではなくて、それはそれでいいので、先ほど言いました点の1点を追加的に議論していただければと思います。

さて、本講のここまでの話で、私が高齢期所得保障政策について、今後、どのようなタイミングでどのようなことを取り上げていこうと考えているのかを示しても、大方理解してもらえると思う。その前に、年金という政策を考えるうえでの前提の話をしておく。

年金制度、政策を考えるうえでの2つの前提

年金政策を考えてもらううえで、私がまず議論の前提として紹介することは、宮島洋先生の「問題点を指摘することは中学生でもできる。しかし、制度設計となると非常に難しい」[17]という言葉である。2004年以降、いかにして将来の年金の給付水準を底上げするか、すなわち04年フレーム下でのマクロ経済スライドによる調整期間の短縮化が年金の課題となっていることは、先に述べた。ここで、「将来の年金の給付水準が下がりすぎることが問題である」という論そのものは、宮島先生流に言えば中学生にでもできる論でしかない。そして残念なことに、年金政策論の世界では、中学生にでもできる、「問題がある」、「課題である」、「解決を期待したい」、「工夫が必要である」などなどを言うにとどまる論が他を席捲してきたわけである。

しかしながら、年金というのは、所詮は所得をある人・ある時点から、他の誰か・他の時点に移転しているだけのことであり、実行可能性を抜きにすれば政策案を考えることは難しい話ではない。患者の視点から医療の問題を指摘して、医師や官僚をはじめとした専門家たちに解決策を考えてもらうという無理もない方法が許される世界と、年金はまったく異質なのである。

たとえば、基礎年金の給付水準が低くなりすぎることを問題視してそう発言する人も、給付水準を底上げするためには財源が必要であることは分かるはずである。ならば、その財源をどこからどのようにしてどのような理由で調達するのかという政策案を提示することとセットにして、年金の給付水準

---

17) 『週刊東洋経済』2009年10月31日号（10月26日発行）、82頁。

の問題を示してもらわなければ、年金政策論の世界が劣化するだけである。そして、仮に、ある現象 A を問題視して、この問題 A を解決するためには、問題 B、問題 C、問題 D が併発してしまうとする。そして、これらの状況を総合して判断すれば、問題 A に対する最善の解決策はぐっと我慢して、次善の策に委ねざるをえなくなるということも起こりうる。この時、現象 A は問題であるというだけの論、いわゆる「代替案なき批判」や財源論なき政策提言、空想的社会保障論[18]は、政策論を混乱させるばかりか、政治家に隙を見せることにもつながる――これまでの日本の年金論の世界のように。

　今1つの重要な前提は、公的年金保険が防貧機能の制度であるということから出てくる。公的年金は、目の前の貧困高齢者を救う公的扶助のような救貧機能を持っていない。同じ防貧機能を果たす短期保険の医療保険とは異なり、長期保険である年金を改革するのは、将来のため、まさに今の改革は、今の若い人たちが、将来、高齢者になった時に貧困に陥ることを防ぐために行われるものであり、年金改革というのは、何年も先を見越した植樹のような意識をもって取り組む必要がある、ということを押さえておいてもらわなければならない。そこに、5年に一度、100年先を見越した「財政検証」の存在意義が生まれるのである。しかしながら、問題が実際に顕在化しない段階から将来のために改革を着実に進めていくというのは、民主主義のなかではきわめて難しいことは言うまでもない。だが、その難しさのなかで、将来のために打つべき手を打っておかなければならないのが、防貧機能を果たす公的年金の改革なのである。

　そうした年金政策を考えるうえでの基礎を理解した人を対象として、以下、今後の高齢期所得保障政策について説明したい。

今後の高齢期所得保障政策について

　今後の高齢期所得保障政策を考えるうえで重要なことは、優先順位づけとタイムスケジュールである。たとえば、基礎年金の給付水準がこのままでは

---

18) 権丈（2015）、第13講参照。

低くなりすぎることを問題視すること、それ自体はそれでよいのかもしれない。しかしながら、基礎年金の水準を考えるにしても、第1号被保険者のなかに被用者が4割弱いる状況と、彼らを被用者年金の適用対象とした後に、基礎年金の水準を考えるのでは、問いの意味が根本的に変わってしまう。第1号被保険者に被用者が相当数いる状況で、基礎年金の給付水準をいくぶん上げることができたとしても、それではほとんど意味がない。今、若い人たちが、将来、高齢者になった時に貧困に陥らないように準備しておくためには、所得が比較的低い層の被用者には、所得再分配機能が組み込まれている厚生年金の適用対象となってもらわなければならないのである。私が、年金が抱える問題に優先順位をつけて、解決の順番にタイムスケジュールを設定しているのも、そうした意識があるからであり、またしばしば「それは重要だが、それを言うのは今ではない」という話をするのも同様の理由による。

　さて、図表4-15について言えば、1.1にある「事業主負担免除の廃止」とは、本講の図表4-6で説明している事業主から見た労務コスト線から屈折点をなくす措置のことである。第3号被保険者の改革については、以前から子育て期・介護期に配慮した第1号被保険者の保険料の負担──表現を変えれば、第2号被保険者以外は全員第1号被保険者とする制度──を言い続けている[19]。

　退職を迎える生活者にとっての公的年金保険の価値は、それが終身で給付されることから得られる安心感にあると思われる。なるべく高い給付水準の年金を終身得られるという安心感を享受してもらうためにも、繰下げ受給を薦めたく、希望する受給開始年齢までのつなぎ年金としての企業年金は準備しておいてもらいたい。

　在職老齢年金と繰下げ受給に関する現在の制度のもとでは、65歳以後に被保険者である場合は、65歳以後に被保険者であった期間に在職老齢年金制度を適用したと仮定した場合に支給される額が、繰下げによる増額の対象とな

---

19) ただし、第2号被保険者の配偶者の場合は、第2号被保険者である夫あるいは妻の給与から源泉徴収する。第3号被保険者については権丈（2006）159-165頁、権丈（2007）220-232頁、さらに権丈（2015）第1講中「図表1-20　ライフサイクルの変化を引き起こす力を持つ変化・イノベーション」参照。

図表 4-15　今後の高齢者所得保障政策

1．年金局の課題
　1.1 できるだけ早く
　　・マクロ経済スライドのフル適用
　　・事業主負担免除の廃止
　　・第3号被保険者制度の改革
　　・消費税増税を原因とした物価上昇のスライドのあり方を検討
　　・希望する受給開始年齢までのつなぎ年金としての私的年金、企業年金の準備
　　・60歳台後半以降の在職老齢年金と繰下げ受給の関係に見られる高所得高齢者の雇用と年金のあり方の総合的な再検討
　1.2 数年先（保険料が上限に到達し、厚生年金の65歳引上げに間に合うまでの間）
　　・50％基準をテコとした受給開始年齢と保険料のリンク
　1.3 消費税増税との関連？
　　・短時間労働者への適用拡大
　　・被保険者期間延長
　1.4 財政ニュートラルゆえ、速やかに
　　・受給開始年齢上限の撤廃
　　・部分繰上げ受給、部分繰下げ受給導入
　　・国民皆奨学金制度
　1.5 めんどうなこと
　　・10年から25年に戻す。あるいは25年以上
　　・年金生活者支援給付金の再検討（5,600億円の相対価値）
2．社会・援護局の課題
　2.1 生活保護における年金控除
　2.2 高齢者向け生活保護の準備（緩やかなテスト付き）

る。65歳以上の在職老齢年金そのものが60歳台前半のそれよりも緩やかであるために[20]、この仕組みの対象者はきわめて限定的であるとはいえ、「年齢にかかわりなく、働くことができる経済社会システムを作っていこう！」、「繰下げを薦めてより充実した終身年金を確保してもらおう！」という、少子高齢社会の政策目標と相容れないところがある。とはいえ、少子高齢社会の政策目標は、他にいくつもある[21]。高所得高齢者の雇用と年金のあり方は、

---

20)　月収と〔基礎年金を除いた〕2階部分である厚生年金の支給額との合計が、現役男子被保険者の平均賃金〔2015年現在47万円〕を超える場合に適用。

必ずしも高所得者が高年金者とは限らないことにも配慮して税制を含めた全般を勘案しながら、繰下げ受給の推奨と矛盾しない方向に進めていく必要がある。

続いて1.2にある「50％基準をテコとした受給開始年齢と保険料とのリンク」とは、先に説明したように、04年年金改正法の附則第2条を次のように改定し、経済界——経団連、経済同友会、日商など——に、雇用延長やつなぎ年金としての企業年金の整備を個々の企業に求めるインセンティブを持ってもらうようにすることである。

改定附則第2条
　次の財政の現況及び見通しが作成されるまでの間に所得代替率が50％を下回ると見込まれる場合には、給付水準調整の終了、~~その他保険料引き上げの措置を講ずるとともに、給付及び費用負担の在り方について検討を行い、所要の措置を講ずる~~

　ここで、1.3にある短時間労働者の適用拡大は、事業主負担免除の廃止と並び最優先の課題なのであるが、次の短時間労働者の適用拡大は2016年10月に約25万人を対象に実行されることになっている。施行前のいったん出来上がった法律に対してこれ以上の拡大を求めることは難しく思えるため、ここでは一応、適用拡大とは別次元として捉えることもできる事業主負担免除の廃止を＜できるだけ早く＞の欄に置き、短時間労働者の適用拡大については被保険者期間延長と同様に＜消費税増税との関連＞に位置づけている。ただし、短時間労働者の厚生年金への適用拡大は、医療保険の側面では国保から被用者保険への適用拡大も自動的に進むことになる[22]。そうなると国保への国庫負担も減る。そうした適用拡大に伴う税負担の増減を総合すると、短時間労働者の適用拡大は＜消費税増税との関連＞ではなく、＜できるだけ早く＞に位置づけてよいのかもしれない。そういう意味も込めて、「今後の高齢期所得保障政策」のなかの「1.3　消費税増税との関連」には「？」を付

---

21)　2004年には、70歳以上に60歳代後半の在職老齢年金を適用することにより、将来の保険料率を0.05ポイント下げる選択をしている。

22)　権丈（2015）、第1講を参照。

けている。

　1.4にある「受給開始年齢上限の撤廃」について、日本の現在の年金制度は、実質的には60歳から70歳までの受給開始年齢自由選択制となっている。上限である70歳を撤廃すれば、60歳以上の受給開始年齢自由選択制になる。ちなみに、日本と同様に保険料固定方式を採用しているスウェーデンの年金制度は、「61歳以降本人が（受給開始年齢を）選択」とされており、どの年齢から受給しても保険数理的には差がないように設計されている。

　「部分繰上げ受給、部分繰下げ受給導入」とは、たとえば60歳で得られる自分の年金権の50％を65歳から受給し、残りの50％を70歳から受給できるようにすること。「国民皆奨学金制度」とは、本講の年綜研シンポジウム末尾「保険料収入という人的資本からのリターン」で触れた話である。

　高齢期所得保障政策として以上に挙げたことは、年金局の仕事である。続いて、「2　社会・援護局の課題」として「生活保護における年金控除」と「高齢者向け所得保障制度の準備（緩やかなテスト付き）」の２つを挙げている。生活保護における年金控除とは、年金受給権のある人には、そのいくぶんかは生活保護の補足性の原理[23]から外すということである。現在の生活保護制度のもとでは、年金収入があればその分は保護費が減らされる。結局、未納者と同じ生活水準となり、過去において保険料を納付したり免除手続きをとったりしてきた意味がなくなってしまう。年金の半分でも保護費に上乗せできるようにすれば、保険料をまじめに払ったり免除手続きをしたりした人のほうが、ただの未納者よりも老後にはよい生活ができるようになる[24]。

　最後に「1.5　めんどうなこと」で挙げている「10年から25年に戻す。あ

---

23)　補足性の原理とは、生活保護の基本原理の１つ。

　　保護は、生活に困窮する者が、その利用し得る資産、能力その他あらゆるものを、その最低限度の生活の維持のために活用することを要件として行われる。

（生活保護法第４条第１項）

24)　「年金騒動の政治経済学―政争の具としての年金論争トピックと真の改善を待つ年金問題との乖離」〔2007年10月14日、於：龍谷大学深草キャンパス〕［特集　社会保障改革の政治経済学　社会政策学会第115回大会共通論題］社会政策学会誌『社会政策』第１巻第２号、45頁。

るいは25年以上」と、「年金生活者支援給付金の再検討」に触れておこう。これは2013年5月9日の社会保障制度改革国民会議（第11回）で、私が「例えば今回消費税を上げました、上げた税収は医療・介護・子育て、そして年金のところに配分されていくのですが、医療・介護のところで不要なところに回っているかというと、なかなかそうとは言えない。年金は取り返したいところがあるのですけれども」と発言した際に、「取り返したいところ」としてイメージしていた消費税の使途である。「25年から10年へ」と「生活者支援給付金」、いずれもいったん決まった法律を施行前に再検討しようというのだから、めんどうな問題を抱えている話ではある。

　前者については、本書第2講中「最低加入期間と受給開始年齢」、「追記」中「年金受給資格期間25年を短くすると、未納者・低年金者は減少するか？」を参照されたい。

　後者の年金生活者支援給付金については、そこに「5,600億円の相対価値」と書いているように、ここで大切なことは予算として使われる額の相対価値である。障害者向けの分などは別にしても、日本の所得捕捉の現状のもとで捕捉された所得を基準にして、資産をみることもなく、低い年金額に上乗せされる給付金の政策効果というのは、はたしてどの程度あると考えられるのか。さらに、年金制度をそのように複雑にしてまで行う価値はあるのか。防貧機能としての社会保険に救貧機能を接ぎ木するような制度は、いかなる側面にどのような影響を与えるのか。この制度には、これまで長らく最低保障年金をはじめいろいろなことを言い続けた人たちを鎮めるために退路を準備してあげるなど、いくつかの政治的効果があるとはいえ、同じ5,600億円——障害者などのための給付金は別としても——を使うのであれば、先に挙げた生活保護における年金控除や、さらには子育て支援策において必要とされながら今も財源を確保できていない3,000億円に使うほうが優先順位は高いと思う。

　以上、高齢期の所得保障というフローの話をしたが、高齢者にとって何よりもストックたる住まいの確保が重要である。『社会保障制度改革国民会議報告書』にもあるように、「中低所得層の高齢者が地域において安心して暮

らせるようにするため、……介護施設等はもとより、空家等の有効活用により、新たな住まいの確保を図ることも重要である」[25]。

年金は保険であることを忘れさせた原因

　ところで、今、「今後の高齢期所得保障政策」を、年金局の仕事と社会・援護局の仕事に分けて説明をした。この分類のベースとなっている考え方である「年金は保険である」ということを、次に書いておこう。

　私が座長をしていた「社会保障の教育推進に関する検討会」で、高校生向けの社会保障教材を作っている。その教材の1つに20分程度で医療保険と年金を説明するための映像教材「社会保障って、なに？～身近な人から学ぶ健康保険や公的年金の話～」を作成した。この教材は、DVDとして全国の高校に配布しており、YouTubeにもアップされているので、まずご覧いただきたい[26]。その教材のなかに、社会保険労務士のお母さん（役）と娘（役）の会話がある（DVD、11分15秒）。

　　母「でも、年金は健康保険とおんなじ、保険なのよ」
　　娘「えっ、どういうこと？」

　この台詞は、私が書いたようなもので、年金を理解してもらうためにはどうしても鍵となる場面であり、この映像教材の1つの山場でもある。

　しかしながら、よく考えてみると、「年金も保険なのよ」と説明しなければならないのは、おかしな話なわけである。どうして今さら「年金も保険なのよ」というような当たり前のことを言わなくてはならなくなったのか。年金も保険であるのに健康保険と違って誰も年金保険とは呼んでこなかったために、大変根深い誤解が横たわってしまったという歴史的な事情があったと、私は考えている。

---

25)　『社会保障制度改革国民会議報告書』29頁。
26)　一部には、「教育推進検討会」による教材作成を「厚労省の陰謀だ！」「厚労省の洗脳教育だ！」と反応する人がいるようだが、そう力まずにご覧いただければと思う。ちなみに、教材DVDに出演していただいたお母さんはきれいで、娘さんはかわいいと評判でもある。

1961年に、日本では国民全員を対象とした医療保険制度（国民皆保険）と年金制度（国民皆年金）が実施されるまで、厚生省のなかでは、保険局が医療も年金も扱っていた。そして、国民皆年金を機に保険局から年金が独立する（国民年金法の成立は1959年であり、同年、国民年金業務に限定された年金局設置。1962年に社会保険庁が設置され、厚生年金保険の業務が保険局から年金局に移る）。年金局が管轄したのは、厚生年金保険法と国民年金法であり、問題はここから生まれる。

　1961年に発足した国民年金は、老齢福祉年金という制度を抱えて誕生していた。老齢福祉年金とは、当時すでに高齢などであったことを理由に国民年金を受け取ることができない人々を救済するために設けられた経過的な制度であった[27]。しかし、制度発足後しばらくは国民年金の主な受給者は福祉年金だったわけで、どうもその時期、立法者たちは、これを国民年金保険法と呼ぶのに躊躇したようなのである——厚生年金は厚生年金保険法だったのである。

　ゆえに、誰かが、一方を国民皆保険、そして一方を国民皆年金と名付けたと思われる。そして今に続く、保険局と年金局という名前、さらには社会保障審議会のなかでも、医療保険を議論する会議を医療保険部会と呼んで、年金を議論する会議は年金部会と呼ばれていて、誰も年金保険部会とは言わない状態が続いている。ここまで状況が揃ってしまったためか、日本人は年金が保険であることをすっかり忘れてしまったように見えるのである。1961年に作られ今日に続くガバナンスのもとで、公的年金が保険であることを連想することのほうが難しい状態であろう。

　年金関連のネーミングを年金保険に変えなかったのは、私は立法と行政の

---

27) 国民年金が発足した1961（昭和36）年当時にすでに高齢などであったことを理由に国民年金を受け取ることができない人々を救済するために設けられた制度。老齢福祉年金は全額国費から支給され、国民年金制度発足当時に50歳以上の者（2014年4月1日現在103歳以上）は、保険料の納付いかんにかかわらず、70歳から支給されている（障害者は65歳から）。また制度発足当時に45歳から50歳までの者（2014年4月1日現在98歳から103歳）は、保険料納付状況により70歳から支給（障害者は65歳から）。なお、財源の全額が国庫負担によって賄われているため、本人・配偶者・扶養義務者などに一定の所得がある時には、一部または全額が支給停止となる。

図表 4-16 年金論、混乱の源——保険であることを忘れさせたネーミング

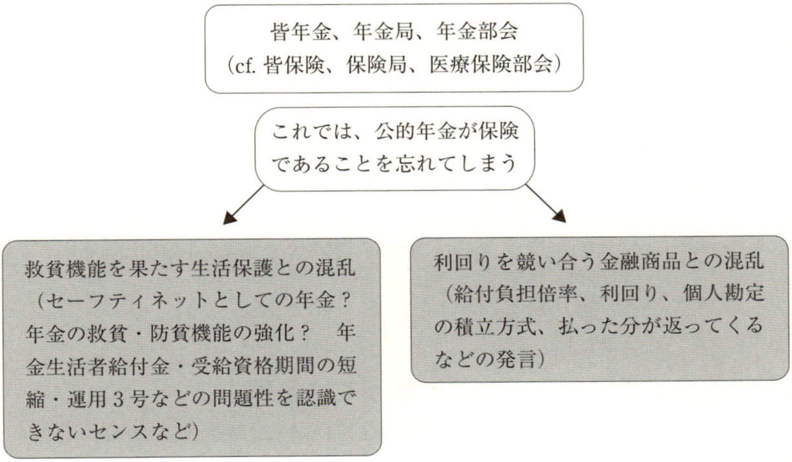

```
        皆年金、年金局、年金部会
       （cf. 皆保険、保険局、医療保険部会）
                  ↓
         これでは、公的年金が保険
         であることを忘れてしまう
           ↙              ↘
```

救貧機能を果たす生活保護との混乱（セーフティネットとしての年金？　年金の救貧・防貧機能の強化？　年金生活者給付金・受給資格期間の短縮・運用3号などの問題性を認識できないセンスなど）

利回りを競い合う金融商品との混乱（給付負担倍率、利回り、個人勘定の積立方式、払った分が返ってくるなどの発言）

怠慢だったのではないかと疑っている。

　公的年金は、これを貧困に陥ることを事前に防ぐ「防貧機能を果たす保険」と正しく理解してもらわないと、建設的な議論はできない。ところが、なかには生活保護と混同して年金に救貧機能を付加したがる者も年金論議に参入している（図表4-16）。

　他方、公的年金は保険なのだから、株などの金融商品と利回りや給付負担倍率などを計算して比較されるようなものでもない。ところが、そうした計算をしても自分でおかしなことをやっていると気づかない者たちまでが、年金研究者だと思っているわけである。

　1961年に、一方の医療を皆保険と呼び、他方の年金を皆年金と呼んで、あたかも年金が保険でないような印象を与え、その慣習が現在に続いているのは実にまずかった。ちなみに、国民年金創設時に、これを保険と呼ぶのを躊躇させた福祉年金の受給者は、2014年現在103歳以上の人たちしかおらず、2015年では104歳……、勘違いから生まれる政治的ロスがあまりにも大きすぎたことを思えば、速やかに、年金局は年金保険局、年金部会は年金保険部会に名前を変えるほうが望ましいと思う。

図表4-17　民主党による年金の将来イメージ

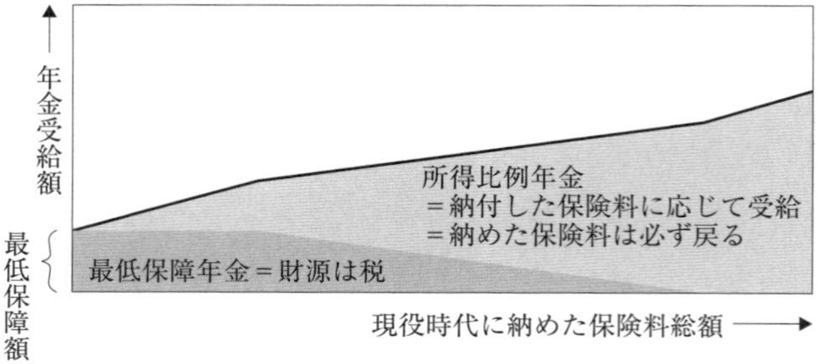

[図：縦軸「年金受給額」「最低保障額」、横軸「現役時代に納めた保険料総額」。「所得比例年金＝納付した保険料に応じて受給＝納めた保険料は必ず戻る」「最低保障年金＝財源は税」]

出所：民主党『次の内閣』（2004年4月7日）提出資料より。

日本の年金を世界がうらやましがっている理由

　ところで、先に紹介した2014年10月の社会保障改革推進会議で、日本の年金は他国からうらやましがられていると発言している。そのあたりを少し詳しく解説しておく。

　公的年金の制度設計で最も重要なポイントは、年金給付水準のスライドのあり方を政策手段として、長期的な賃金、物価、人口という不確実要因に対応させながら、年金財政をバランスさせる仕組みを考えることである。これを公的年金のインデクゼーション（indexation）と言い、年金研究のプロとは、そういうことを考える人を言う。ところが日本の年金論議は、学者も政治家も揃って三角形のポンチ絵（マンガ）を描いては、年金はああだこうだと議論することだったわけである（図表4-17）。

　言うまでもなく、年金で重要なことはああいう絵遊びではない。のみならず、年金お絵描き[28]では、過去の加入期間分の給付をどのように扱うかという、制度改正に伴う移行措置を視野に入れることはできない。この点を指摘し、移行問題の深刻さを可視化したのが、2008年社会保障国民会議における年金財政シミュレーションだったわけであるが[29]、現行の厚生年金保険法を見ても、本則よりも相当長い附則を付さざるをえなかったくらいに過去の制度改正に伴う移行措置の取り扱いには慎重なのである。だが、ポンチ絵年金論という素人論議ではそうした側面を見ることができない。自分の年金論がそのような欠陥を持っていることに気づかない素人が、日本の年金論を

リードしていたことも年金論議が大混乱に陥った原因の1つであった[30]。

　公的年金のインデクゼーションという観点から見れば、新規裁定年金は賃金スライド、既裁定年金は物価スライドという点や、2004年改正時に導入された日本のマクロ経済スライドは、他国がうらやむ制度となっている。なぜ、うらやましがるのか？　それは、他国が真似したくても、いまだ真似できないいくつかの特徴が組み込まれているからである。

　何よりも、マクロ経済スライドには、保険料固定方式のもとで年金財政に入ってくる財源と、給付のバランスがとれるように、「政治プロセスを経ることなく自動的に」給付を引き下げていくメカニズムが組み込まれている。しかも給付の切下げは、年金受給を新しく開始する人たちの新規裁定年金だけではなく、すでに年金を受給しはじめている人たちの既裁定年金にまで及んでいる。これは大変なことで、他国が真似しようにも、なかなかできないであろう。

　他方、外国の年金制度には給付水準を自動的に切り下げていく仕組みは、

---

28)　民主党の年金改革図を評した「幼稚園のお絵かき」という言葉は、2004年年金改正時の厚労大臣であった坂口力さんの衆議院予算委員会（2011年2月8日）における発言による。2004年時、民主党の年金戦略の矛先にされていた当時の大臣が、7年後になされた言葉として、記憶にとどめておいてよいようにも思える。

　　坂口（力）委員　今の〔菅総理の〕御答弁は、最低保障年金をどこまでするかということはやはり決まっていないということをおっしゃっているわけでありまして、前回も一元化はどうするかは決まっていない、そして今回の最低保障年金もこれは決まっていないということをおっしゃっているわけでありまして、この2つが決まっていなかったら、民主党の案というのは、これはもう絵にかいたもちである、その中身が全然決まっていない、三角形のお絵かきをされたということにすぎない、残っているのはこの三角形だけという、幼稚園のお絵かきに近いというふうに私は思います。

29)　『社会保障制度改革国民会議報告書』39頁。社会保障・税一体改革に連なる動きの起点とも言える2008（平成20）年に開催された社会保障国民会議においては、年金制度に関して、社会保険方式で運営されてきた歴史を持つ年金を税方式に転換する際の「移行問題」を可視化する定量的シミュレーションが行われた。具体的には、当時提唱されていた4つの移行方法を対象にシミュレーションが行われ、政策のフィージビリティを考える材料が提供された。

30)　本書第24講参照。

日本と同様に保険料を固定したスウェーデンなどにはあるが、普通はない。したがって、他国では年金財政の収支をバランスさせるために、給付月額を固定した形（ニコラス・バーの言う at the same monthly pension）で支給開始年齢を引き上げるという手段を使ったりするわけである。しかし、こうしたいわゆる「支給開始年齢の引上げ」は自動的に行えるわけではなく、政治過程を経なければならず、何よりも、この方式では新規裁定年金の給付をカットすることしかできず、既裁定年金を抑制することはできない。

したがって、支給開始年齢の引上げという政策手段はマクロ経済スライドと比べると、きわめて原始的な手法ということになるし、いわゆる支給開始年齢の引上げでできることはマクロ経済スライドの部分集合でしかない[31]。

今でも、支給開始年齢の引上げを繰り返し主張する人もいるが、それは現在の制度を理解していないからであろう。もっとも最近は、言葉を支給開始年齢から受給開始年齢に切り替えている人もいるが、言っている内容に以前と違いはない——違いがあるのならば、彼らは、なぜ言葉を支給開始年齢から受給開始年齢に変えたのかを説明する必要があるだろう。ただし、同じ意味であっても違った意味であっても、これまで説明せずに言葉を切り替えていたのは、研究者としては大変無責任な話ではある。

今、この国で大切なことは、どんな経済状況であっても、マクロ経済スライドをフルに適用することである。それが将来世代の年金の給付水準の引上げにもつながるわけである（図表4-3参照）。

保険としての年金の賢い使い方

そして本講最後に、民間保険関係の編集者から、F2層（Female-2：35～49歳の女性）を読者対象とした年金の話を書いてくれとの原稿依頼があった際に書いた文章を紹介しておく[32]。

> 社会保障って難しいですよね。社会保障のなかには、医療保険とか年金、これも保険なので年金保険と呼んでおきますが、こうした制度がいくつもあ

---

31) 本講中「『支給開始年齢引上げ』の種々の誤り」参照。
32) 「保険としての年金の賢い活用法」『保険市場コラム』（2014年11月6日）より転載。

ります。このうち、みなさんご存じの医療保険は、保険証を持って病院に行けば、かかった医療費の3割の自己負担とか、子どもならば、70歳以上ならば云々というあの制度です。付け加えておきますと、医療保険には高額療養費制度というのもあります。高額の医療費の場合には特別に医療保険から支払ってくれるという制度で、ややこしい話を端折ってしまうと、たとえば100万円の医療費がかかった場合の自己負担は約9万円、500万円では13万円くらいですみます——詳しくはWebで……。

　医療保険については、賢い使い方についてそんなに難しい話はありません。でも年金保険となると……。

　最近、新聞や雑誌でよく目にする言葉があります。それは、繰上げ受給と繰下げ受給。繰上げとは65歳よりも年金受給を早めること、繰下げとは遅らせることです。

　でも、そういう面倒な言葉は、ここではすっかり忘れてしまいましょう。この国の年金は、60歳から70歳までの間で、受給開始年齢を自由に選ぶことができる受給開始年齢自由選択制だと覚えておけば十分です（図表4-18）。

　なんだか信じられないような話ですけれど、これは読売新聞で社説を書かれている記者で、社会保険労務士の資格も持つ林真奈美さんが言い始めたことですから、間違いなしの話です！

　今では基礎年金も、それに上乗せされている厚生年金も、実質的には60歳から70歳までの受給開始年齢自由選択制になっています。そこで問われるのは、何歳から年金を受給するのが賢い選択か？

　少しこのあたりの事情を話しておきますと、この国では2009年から2010年にかけて、年金の危機を煽る本が立て続けに出版されました。その内容は、問題の多いトンデモ本の類だったのですが、これらの本の煽りに週刊誌やテレビのワイドショーがのって、どうせ破綻する年金、早くもらっておいたほうが断然お得！　というキャンペーンが張られました。年金事務所には、年金を65歳よりも早く受給する繰上げの問い合わせが殺到する始末。その時、まじめに勉強をしてきた記者たちは新聞や雑誌で、そんなキャンペーンにのってはいけませんよという記事を書いてくれていたのですけど、こうした事情を知らない人たちは、何が何だか分からないですよね。

　だって、考えてもみてください。年金というのは、将来いくらかかるかよく分からない老後の生活費を賄うための保険なんです。1人1人はどれくらい長生きするか分からないし、何十年も先の遠い将来に人並みの生活をするのにいくら必要なのかも、本当のところは誰にも分かりません。こうしたリ

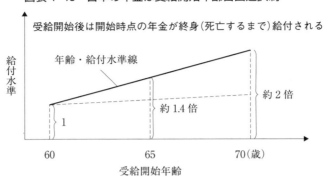

図表4-18 日本の年金は受給開始年齢自由選択制

注：マクロ経済スライドというようなややこしい話があるのですが、それは無視しています。70歳開始の年金は60歳開始の約2倍とおおまかに理解しておけば、65歳基準の繰上げ減額率は0.5％／月、繰下げ増額率は0.7％／月なども、今は覚えなくて大丈夫です。

スクは、長生きリスクと呼ばれることもありまして、長寿社会日本で生きる私たちみんなが抱えている、とても深刻なリスクだと思います。

そうした長生きリスクに対して、日本という1つの長屋（？）に住んでいる人みんなで、困ったときはお互い様ょぉ！　助け合ってやっていこう、というのが国民皆年金という政策なわけです。

そうであるのに、給付として受け取ることができるのは払った保険料の何倍だという話や、年金は破綻するだとかのバカバカしい話を一部の論者たちが流行らせてしまったわけでして、売らんかなの週刊誌や見てもらわんかなのワイドショーが、そうした話に大いにのってしまいました。人って、怖い不幸な話は見たがるんですよね。

でも、そうしたキャンペーンにのせられて、たとえば60歳から受給しはじめた人が長生きしてしまうと、目も当てられないくらいにかわいそうなことになります。もし、余命いくばくと宣告されていない人が、当面の生活費を工面する方法があるのならば、可能なかぎり遅く受け取りはじめることをお勧めします。70歳で受給しはじめる年金は、60歳で受給できる年金額の約2倍になり、それを亡くなるまで受け取ることができるわけです。

そしてもしですよ、もし、70歳での受給開始を決めている時に69歳で亡くなってしまったとしても、別にいいではないですか。少なくともそれまでは、自分は70歳以降も生活に困ることがないという安心感を得られていると思いますし、保険というのはそういう安心を与えるのが大きな役割なわけです。

今52歳の私は、いまだ年金を1円も受け取っていませんけれど、将来、年金があるという事実に基づいたライフプランを立てています。それは当然ですよね。付け加えれば、親が年金を得ていたために、親の生活費をさほど心配しなくてもすんでいました（笑）。親が無年金だったら子どもはちょっと辛いかもしれません。ということは、別の角度から見れば、私の親の扶養を私以外の多くの人たちが協力してくれていたことにもなります。それが公的年金というものなのだろうと思います。おっと、それから、私の両親は数年前に他界しましたけど、今もせっせと年金制度に保険料を払って現在の高齢者の扶養に協力しています。ま、そんなもんでしょう。公的年金は助け合いだし、保険ですし、それに万が一長生きしたら（笑）、協力した分に応じた見返りもあるようですし。

　年金は保険であるということを理解すれば、おのずと賢い活用とはどういうことかが分かるようになります。年金を貯蓄や株のような利回りを競い合う金融商品と同じに考えて、おかしなキャンペーンにのせられてしまった人は、もし長生きした時に大変な後悔をしてしまうでしょう。だからこそ、ちゃんとした記者たちは、年金破綻論に端を発した繰上げ受給キャンペーンを諫める記事を書いてくれていたわけです。

　今年になって「繰下げ受給」という言葉が新聞に多く出るようになりました。それは、6月に当時の田村厚労大臣が、今の70歳までの繰下げ受給を75歳まで延長したいと発言したからです。

　ここで1つ問題。田村さんの発言を一部のメディアでは、やはり年金の財政は危ないのだと報道していましたが、みなさんはどう評価されますか？

人はなぜ保険を買う？

　保険としての年金の話をしたので、ここはせっかくですから、人はどうして保険を購入するのかを考えてみましょう。

　保険は、大数（たいすう）の法則を利用した仕組みです。大数の法則とは、ある事象を繰り返す——たとえばコインを何度も投げる——と、その発生確率が収束する——コインの表が出る確率は2分の1に収束する——という法則です。今、ある事象が起こる確率をpとします。そしてある事故が起こった時に支払われる保険金をL、付加保険料率をaとすると、保険料πは次で求められます。

$$\pi_i = (1+a)p_iL_i.$$

ここで付加保険料とは、ライフネット生命の『生命保険用語辞典』の文章を拝借しますと、

> 　付加保険料とは、予定事業費率によって算出した、保険事業を運営するために必要とされるコストのことです。
> 　保険会社が契約者から受け取る保険料は、保険金・給付金・満期返戻金の支払いなどの財源となる純保険料と、保険会社が保険事業を営むうえで必要な費用に使われる付加保険料の2つによって構成されています。
> 　付加保険料には、新契約の締結・成立に必要な経費（予定新契約費）、保険料集金に要する経費（予定集金費）、保険期間を通じて契約を維持管理するための経費（予定維持費）があります。

　ここでは、保険会社を運営するための経費とでも理解しておきましょうか[33]。保険料というのは純保険料と付加保険料から構成されるということを理解したうえで、注意してもらいたいことは2つあります。

　1つは、事故の発生確率pが既知でないと保険料を計算できないという民間保険の基本、今1つは、保険を運営するためには経費となる付加保険料が必要で、それが存在するために、$\frac{p_i L_i}{\pi_i} = \frac{1}{(1+a)} < 1$、すなわち払った保険料分で期待される保険金という式で表される数値――これを期待値と呼びます――は1よりも小さいということです。

　1つ目について言えば、pが既知でないと、民間保険会社は、保険を作ることができません。すなわち、民間保険会社は発生確率が既知である「リスク」でないことには対応できず、将来の出来事については、発生確率が分からない不確実性には民間保険は対応できないわけです[34]。

　2つ目について言えば、1万円を貯金すると、来年には、1万円に金利が上乗せされた（$1+r$）万円を手に入れることができます。一方、1万円の保険料を支払っても、将来受け取ることができる期待額は1万円を切ってしまいます。先ほど示した$\frac{p_i L_i}{\pi_i} = \frac{1}{(1+a)} < 1$という式は、そういうことを意味し、それでも人は保険を買うわけです。その理由は、所得の安定、すなわち安心のために進んで払ってもよいとするリスクプレミアムがあるからと考えられます。リスクプレミアムについては、少し難しいですけど、おつきあいを。

　図表4-20は、保険リスクの効用曲線を示したものです。

　リスクを考慮しなければ、平均値y_0の所得を期待してしまうのですが、リスクプレミアムを考慮すると、$y_0 - p$の給付で満足できることを表しています。

不確実性の経済学の世界では、p を支払ったうえで確実に手にすることができる確定量 $y_0 - p$ は、変動量 $y_0 \pm h$ の「確実同値量（certainty equivalent）」であると呼ばれています。そして p の大きさは、経済主体が所得増減の危険を避け所得の安定性を得るために、プレミアムとして余分に払ってよいと思う最大可能額を示します。これが、この p を「保険プレミアム」insurance premium または「（マイナスの）リスクプレミアム」(negative) risk premium と呼ぶ理由です[35]。

---

33) 日本の保険業界における近年の興味深い動きは、2008年11月にネット販売専業のライフネット生命が、付加保険料を公開したことでした（http://www.lifenet-seimei.co.jp/ newsrelease/2008/1304.html）。同社の出口治明社長（当時）は「クルマや電化製品などと違い、保険は見たり触れたりできない。また一部の商品を除いて手数料も開示されておらず、比較しづらい。そこで保険会社間で差が大きい付加保険料を開示すれば競争が進むと考えた」とその理由を説明しています。ネット生保とは違う旧来型の対面販売を主とする生保にとっては、苦々しいことをやってくれたというところでしょう。では実際に、ライフネット生命の付加保険料はどの程度なのでしょうか。

公開された資料を見ますと、20歳男性、保険期間10年、保険金1,000万円の生命保険（定期死亡保険（無配当・無解約返戻金型））で保険料の内訳は、純保険料64％、付加保険料36％です。20歳女性では、純保険料49％、付加保険料51％です。死亡保険の場合は、純保険料は全保険会社共通の標準生命表に基づいて算定されますから、その額は変わりありません。あとは、宣伝費、店舗費、人件費などが含まれる付加保険料で、各社の保険料に差が生まれてきます。その意味で、店舗費、人件費を節約しやすいネット生保は、保険の価格設定でアドバンテイジを持っているはずです。

図表 4-19　保険料の内訳（概念図）

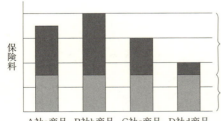

34) 本書第１講中「リスクと不確実性」参照。

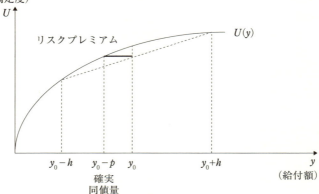

図表4-20　危険回避者の効用曲線の形状とリスクプレミアム

注：$U(y)$ は効用曲線といい、給付額が増えるほど満足度の伸びは小さくなると考えられる（限界効用逓減の法則）。

---

35)　図表4-18、解説、ともに酒井泰弘（1982）40-41頁より。なおこの説明は、社会保障の教育推進に関する検討会が2012年に作成した「社会保障の正確な理解についての1つのケーススタディ～ 社会保障制度の"世代間格差"に関する論点」2頁にもある。

第5講　Output is central という考え方*

建設的な年金制度論、政策論を聞いてもらうための地ならしの必要性

　財政検証の話はもちろん、残念ながら、年金の話というのは、「聞く耳を持たない」という人たちが一定数いたりする。財政検証――それは、現行制度を前提とした話だ！と。しかもそのような人たちが、高校をはじめとした教育に携わる人たちにもいるようなのである。

　そうした人たちは、ひょっとすると学習院大学教授の鈴木亘氏の次のような話を信じているのかもしれない。

> ＜2012年[1)]＞
> 「原子力ムラ」ならぬ「年金ムラ」（厚生労働省とその年金政策にお墨付きを与える学者、有識者、マスコミ、既得権を死守したい官僚OBなどがつくる「業界」）による長年の国民教育の成果なのでしょうか、年金の「積立方式移行」に関しては、曲解や誤解が世間にはびこっているのが現状です。

　自分の先生がこうした文章を書いていることを知った学生の気持ちはどうだろうかとは思うのだが、こうした日本全体の官僚バッシングの流れに沿う文章が、今の日本の国民に受け入れられやすいのはよく分かる。しかしながら、第1講、第2講でも話しているように、積立方式を言う彼らが政策レベルで相手にされないのは、彼らの論が、公的年金の目的と接する点がなく、

---

*　第5講～第12講および第35講～第38講は本書のための書き下ろし。
1)　鈴木亘（2012）6頁。

まったく話にならないからである。

　私たちは長らく、労働市場も家族も、社会経済の高まりゆく不確実性に対応するリスク・ヘッジ機能を弱めていくなか、将来世代に大量の高齢貧困者が発生しないようにするためのいくつかの方策を、しかもできるかぎり生活保護に頼らなくてもすむ方策を、いかに実現していくかに取り組んできた。この問題を考えるうえでは、世代間格差を表す指標は何の役にも立たず、積立方式は解決策にならない。だから、政治もわれわれも、彼らの論を相手にしないだけの話である。

　上述の「年金ムラ」というような文章を一般向けに書いたうえで「賦課方式が諸悪の根源」[2]と言い、さらに「賦課方式のもとで『座して死を待つ』」[3]よりは積立方式に「今からでも果敢に挑戦」[4]をと言う鈴木氏は、「積立方式は、前後の世代とは無関係な財政方式ですから、人口減少、少子高齢化がどれほど進もうがまったく影響を受けない」[5]と純粋に信じきっているのか、信じたふりをしているのかは分からない。しかし、彼の論はスタート地点から間違えており、積立方式も、人口減少、少子高齢化の影響を受ける。

　年金の世界は、古くは、一橋大学（当時）の高山憲之氏などのように、きわめて問題のある「公的年金バランスシート論」などを唱えて、年金論議を不毛な大混乱に陥れていた論者もいた。年金の世界というのは、そういう世界なのである。私は、あるところで「これまで私は、研究者そのものが、問題の解決者というよりは問題の原因である事例を数多く目の当たりにしてきた。むしろ、あなたがいなかった方が世のため人のためであったはずと言いたくなる研究者、特に経済学者や政治学者がいかに多いことか」[6]と書いているが、多くは年金の世界を眺めていた感想であった。

　彼らの話に心酔している、それゆえに本当に議論しなければならない年金の話に「聞く耳を持たない」人たちは、真に意味のある建設的な年金制度論、

2）　鈴木（2014）46頁。
3）　鈴木（2012）150頁。
4）　同上。
5）　鈴木（2010）203頁。
6）　権丈（2011b）「半学半教——考えろ、とにかく考えろ」『塾』2011年、Autumn 号。

政策論になると、入り口の段階で拒絶する。

　そうした年金まわりの世界にあっては、どうしても、建設的な年金制度論、政策論を聞いてもらうための地ならしの必要性が生まれてくる。「年金方面の仕事の大半は、怪しい新興宗教に入信した子どもを取り戻す親のような仕事だよ」と私がしばしば言うのは、そうした事情による。そしてそうした事情があるために、2008年の社会保障国民会議の話が来て、分科会としては雇用年金分科会に入って欲しいと頼まれた時には、「いや、やるのならば医療・介護。年金は間違えている人に間違えていますよと言う仕事ばかりだから嫌です」[7]と言って抵抗したり、2012年の社会保障制度改革国民会議の際には、「期待されている仕事が年金ならば断る。医療介護をやるのならば引き受ける」と返事をすることにもなるのである[8]。

　2005年に堀勝洋先生が書かれた『年金の誤解——無責任な年金批判を斬る』という本がある。この本はぜひとも多くの人に読んでもらいたい本であるとともに、2004年に高山憲之先生が出した『信頼と安心の年金改革』と読み比べてもらいたい本でもある。堀先生の『年金の誤解』は、日本での年金不信と年金への不安がここまで高まったのは、人災に近いものがあることを丁寧に整理された良い本だと思う。

　しかしながら察するに、実のところ堀先生は、そうした本、年金への誤解を解く書をまとめるのではなく、本当は、本書第4講の「今後の高齢期所得保障政策」のような制度論、政策論を展開したかったと思う。それが年金をもっと良いものにしたいと考えている研究者の心情でもあろう。しかしながら、年金の誤解を解いておかないと、本当に必要な論、つまり将来世代の年金をしっかりと守るための制度論、政策論の読者を相当数失ったままになるのも現状である。今は、平成26年財政検証の3つのオプションが示唆する改革を、将来世代の年金給付水準の底上げのためにどうしてもやらなければならない大切な時期なのである。これまでトンデモ論を信じてきた人たちに協力してくれとまでは言わないが、せめて邪魔をしてもらいたくないために、

7）　権丈（2015）第25講中「『あるべき医療、あるべき介護』と2008年社会保障国民会議」参照。

8）　本書第4講参照。

第5講から第12講、および第35講から第38講を書き下ろしておくことにする。なお、いつもとは違う読者層を意識しているため、これらの文章は、読みやすい文体で書いておく。

＊　＊　＊

2013年1月のIMFシンポジウム

　2013年1月にIMF（国際通貨基金）主催で開催されたシンポジウム「世界危機後のアジアにおける財政的に持続可能で公平な年金制度設計」において、これまで年金研究に多大な貢献をしてきた経済学者の1人であるニコラス・バーは、公的年金の機能として、次を挙げていました。

- 個人としては、消費の平準化、保険によるリスク・ヘッジ
- 公共政策上の目的として、貧困救済、再分配

　この日、ニコラス・バーは、僕たち研究者には周知でも通常あまり認識されていない事実を強調していました。すなわち、「年金受給者は金銭に関心があるのではなく、消費に関心がある（食料、衣類、医療サービス）。このように鍵となる変数は、将来の生産物である。賦課方式と積立方式は、単に、将来の生産物に対する請求権を組織的に設定するための財政上の仕組みが異なるにすぎない。2つのアプローチの違いを誇張すべきではない」。
　ニコラス・バーは、年金を設計するただ2つだけの方法として次を挙げます。

- 現在の生産物を蓄える
- 将来の生産物に対する請求権を設定する

　この点を少し説明しておきます。
　将来の消費のために、現在の生産物を蓄えるということは可能かどうかを考えてみましょう。今、ペットボトル500ml入りの水を30年後に飲みたいとします。この水を30年後に飲もうと思い、どこかの穴蔵にボトルを埋めておく、あるいは冷蔵庫に入れておく。あるいは、30年後にパソコンを使いたいから、押し入れにしまっておく。30年後に床屋に行きたいから……さて、ど

うすればいいのでしょうかね？

　やはり、30年後に消費する財・サービスというのは、ほとんどが30年後に生産されなければならないわけです。となれば、将来の消費のために、現在の生産物を蓄える方法というのは現実的ではありません。そこで、将来に生産された財・サービスに対する請求権を事前に公的に約束しておく方法が、どの国でも採用されることになります。そうした公的な取り決めが公的年金です。

　20年後、30年後、40年後に財・サービスを消費するためには、そのほとんどがその年々に生産されなければなりません。そうすると、その財・サービスを生産する人たちは誰なのでしょうか。それは、その時代時代の労働者でしかありえません。その時代時代の労働力が、少子高齢化と人口減少の結果少なくなっていく場合、1人の労働者が生産することができる財・サービスの量で測られる生産性が変わっていないのであれば、合計された生産物は減ってしまいます。その少なくなった生産物をみんなで分け合うことになる（図表5-1）。

　その時、20年前、30年前からお金を蓄えて生産物への請求権、その財・サービスを消費してもよしとする可処分権を確保していたつもりでいても、その請求権の基になる貨幣価値は変化せざるをえなくなります。高齢者が、現役時から積立金を債券や株で蓄えておいたら、高齢期にはそれらの価格が調整されるかもしれないし、高齢者の割合が増えて、高齢者向けの財・サービスに対して超過需要が生じると、今度は物価で調整されるかもしれません。他面、勤労世代から見れば、高齢化が進み高齢者の取り分が増えると、どうしても自分たち勤労世代の取り分が減ります。年金財政のあり方が賦課方式でも積立方式でもそれは同じなわけです。

　「年金受給者は金銭に関心があるのではなく、消費に関心がある」——これは、拠出と給付の間に長い時間が介在する年金を考えるうえできわめて重要なポイントです。将来の年金受給者が消費する食料、衣類や医療サービスのような変数は将来の生産物です。年金では、その財政方式である賦課方式と積立方式の間の選択の議論が長らく行われてきたわけですが、これらは単に将来の生産物に対する請求権、可処分権を組織的に設定するための財政上

図表 5-1　生産される財・サービスに対する少子高齢化の影響

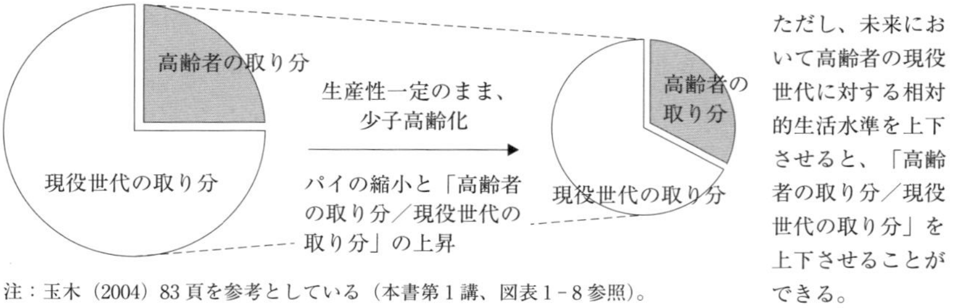

注：玉木（2004）83頁を参考としている（本書第1講、図表1-8参照）。

の仕組みが異なるにすぎません。

Output is central という考え方

　年金をめぐっては、積立方式と賦課方式のどちらが有利かという議論が、たしかにありました。しかし、ニコラス・バーや、2010年にノーベル経済学賞（正式にはスウェーデン国立銀行賞）を受賞したピーター・ダイヤモンドら年金経済学者たちは、そうした議論を眺めながら、賦課方式と積立方式の相違をそう強調するべきではなく、積立方式論者が信じているような人口の少子高齢化とは独立な年金制度などできないと論してきたわけです。つまり、「積立方式は、前後の世代とは無関係な財政方式ですから、人口減少、少子高齢化がどれほど進もうがまったく影響を受けないのです。人口減少、少子高齢化が急速かつ大規模に進むわが国に、まさに『うってつけの財政方式』ということができるのでしょう」[9]という話や「人口減少から受ける影響に中立的な仕組みに移行することだ。つまり、現役世代が老齢世代を支える賦課方式から、老後のために自ら（または世代ごとに）貯蓄する積立方式への移行である」[10]という主張は、公的年金を論じる際のスタート地点から間違えていますと言ってきたわけです。付け加えれば、すでに公的年金制度のなかに発生している世代の間の格差は積立方式にしても別に解消はされません。僕らは、そうした観察される格差は世代間の不公平を表す指標でも何でもな

---

9)　鈴木（2010）203頁。
10)　小黒（2015）24頁。

いので、別に今のままでもよいではないかと思うのですが、かねてからそうした世代間格差は不公平を表していると考えられていて、同時に積立方式のファンであるとも言われている一橋大学教授の小塩隆士さんも、著書のなかで「同等命題」と言って、今ある世代間格差は積立方式にしても解消できないという話をされていますし[11]、年金部会においてもそう発言されています[12]。彼らの積立方式移行論を信じていた人たちは、Output is central という考え方や、積立方式にしても彼らが問題視する世代間格差を解消できないという同等命題――二重の負担問題を多世代に普遍化した命題――を知らないままに[13]、「積立方式は少子高齢化の影響を受けない」「諸悪の根源は賦課方式」と言って積立方式を唱えていた論者たちの論を、評価し直したほうがよいと思います。もし、あなたが学校の先生なのであれば、それくらいはできると思います。

　彼らの論を信じると、忽然と「750兆円程度の年金純債務」[14]が目の前に現れ、日本人は長期間かけてその債務を増税によって支払うことを強いられます。日本人にそうした増税の余地があるのならば、その財源で財政再建を図ればいいのだし、医療・介護、保育・教育などの社会サービスの充実に回せばよいものを。そのうえ、不確実性に満ちた社会において大量の高齢貧困者の発生を抑えるという公的年金の目的は、賦課方式でないと達成できません。だからこそ、各国、公的年金を賦課方式で運営しており、賦課方式から積立方式に切り替えようとしたアルゼンチンなども、経済の不確実性に直面して、再び賦課方式に戻っていたりするわけです[15]。それにそもそも、彼らの言うように公的年金がはじめから積立方式であればよかったということは、制度発足当初は、自分の親を私的に扶養するための負担と自分の将来の年金

---

11) 小塩（2012）188頁。
12) 第12回社会保障審議会年金部会議事録（2012年4月24日）。

　　小塩委員　……私は積立方式のファンではありますが、積立方式に移行しても世代間の格差の是正にはあまり効果がないと言わざるを得ません。なぜかというと、先ほどこれも御説明がありましたけれども、二重の負担を解消するという追加的なコストを考えると、年金数理的に考えた場合、積立方式に移行したときに発生するメリットは追加的な負担でちょうど相殺されるからです。……

の積立金への負担という制度発足時の二重の負担が発生するはずであったことさえも気づいていない[16]。彼らの論を、国を現実に運営していく責任を担う財務省も厚労省も無視するのは当たり前のことです――ただし、内閣府や経産省はその限りではなく、そうした理由を理解するためには、政府という

---

13) 第13回社会保障制度改革国民会議（2013年6月3日）議事録より。

　　西沢委員　これは私が申し上げることなのか分からないですけれども、同等命題というものです。2月に私の会社と積立方式を提唱する先生方とを交えて小さなシンポジウムをやりまして、かなりディスカッションをいたしました。かつて積立方式を提唱されている経済学者の先生も、やはり同等命題というのは合っているだろうとおっしゃいますし、積立方式を今でも提唱されている先生も同等命題というのは認識されている。とことんじっくり話したのですけれども、なぜ積立方式を提唱する先生がこだわるのかということは3つぐらいポイントがあると思うのですが、……

　　権丈委員　（社会保障制度改革国民会議で）年金の議論を2回にわたってやっているわけですけれども、年金は医療と違うということを昔から言っておりまして、何が違うかというと、医療では価値判断、第三者的立場から見た価値判断の問題であるとか、自分が今どこのポジションにいるのかという議論がどうしても入ってきますので、幾ら議論をしても収束しない。年金というのは明白な間違いというのがあるのです。この明白な間違いというところから始まってくると、結構つらい研究者生活を送ることになります。
　　先ほど西沢委員は、我々は積立方式、賦課方式は違いがないと認めているとこの前みんなで議論したということですが、そこに参加していたメンバーの1人は、「積立方式は前後の世代とは無関係な財政方式、人口減少、少子高齢化がどれほど進もうが全く影響を受けない」というのを本の中で書かれていたりするのです。恐らくそこに集まられた方々、私、名前を知っていますけれども、みんなそういうことを書いた経験があると思います。

　　なお、西沢和彦氏が言う2月のシンポジウムとは、「一橋大学経済研究所・日本総研共催記者勉強会　2013年2月19日開催　社会保障における世代間問題を考える」。出席者は、小黒一正氏、小塩隆士氏、鈴木亘氏、西沢和彦氏など。

14) 鈴木（2012）129頁。
15) 本書第23講参照。
16) 本書第35講中「いわゆる『経済学者』が無視する時代背景や歴史」、および「勿凝学問266　二重の負担の二重の意味――世間では未だに年金の世代間格差とかの話をしているようなので」（2009年12月6日脱稿）参照。
17) 権丈（2015）第1講、第6講を参照。

ものを眺め、評価する目を養ってもらわなければなりませんが[17]。ちなみに、この種の積立方式推奨本は、自分たちは政府とは関係がないことをアピールするマーケティング戦略をとっているようですけど、著者たちは内閣府や経産省などとは近い関係にあります。

　　本書は、こうした既存の「年金制度の入門書」とは一線を画す、新しいタイプの入門書です。まず、筆者は厚生労働省とは縁もゆかりもなく、政府や厚生労働省の年金政策をずっと批判してきた研究者なので、その内容に「大本営発表」は一切含まれていません[18]。

　なお、Output is central という考え方——昔は、そうした呼び名はありませんでしたけど——は、年金研究の世界ではかねてより常識になっていたものです。たとえばニコラス・バーなどは1970年代から、今と同じことを言っていました。そして、日本では2013年の社会保障制度改革国民会議に、厚生労働省年金局が、ニコラス・バーの講演用スライドを紹介した次の資料を提出したことにより、ようやく広く認識されるようになったわけです（図表5-2）。

　年金を設計する際には、「Output is central——生産物が中心」という考え方は、第2講で触れている、伊東光晴さんの素材的視点から見た世代間の再分配方法という考え方、玉木伸介さんの「給付が負担」と同じ考え方です。

　生産物という、長期的には蓄えのきかない素材的な視点、物的な視点から見れば、その年々に勤労世代が生産した生産物を高齢者が消費する方法しか存在しないことは当たり前のことです。この事実は、伝統的な家計内での高齢者扶養制度であろうが、高齢者の自助努力に任せようが、老齢年金の財政が積立方式、賦課方式のいずれであっても、変わりはありません。

　ここで考慮しなければならないこととして、積立方式のもとで積み立てられた資金を海外に投資できるような開放経済ではどうなるかがあります。開放経済では将来のために積み立てた資金が直接投資されて云々という議論をすることができそうなのですが、そのあたりは、ニコラス・バーたちは古くから検討していまして、最近の論文のなかではfoolproofという言葉を使って[19]、自明の理、バカでも分かるような話ではなく、やはり、積立金が直接

投資されて云々というストーリーと現実とは相当に違うという話をしています。

このような考え方、すなわち、積立方式でも賦課方式でも、残念ながら少子高齢化の影響を受けてしまうという考え方は、日本では、昔は玉木伸介さ

---

18) 鈴木（2010）6頁。なお、本文で引用した文章にある「こうした既存の年金入門書」というのは、どうも、次のような本のことであるらしい（鈴木（2010）4-6頁）。

> 驚くべきことに、現在、日本で出版されている「年金制度の入門書」の大半は、厚生労働省の官僚、官僚OB、厚生労働省の審議会や研究会の委員を務めた有識者や学者によって書かれています。
> 　こうした人々は、いわば、日本の年金制度の問題を引き起こしてきた張本人たちです。そして、ほとんどの場合、マスコミによる自分たちへの批判を回避したり、国民を情報操作するために、入門書を書いているのです。したがって、その内容はまさに「大本営発表」、自己を正当化するための言い訳や嘘に満ち、一方で都合の悪いことはすべて隠していますから、分かりやすいはずがありません。
> 　また、こうした人々は、そもそも年金制度を複雑に語ることで国民や政治家を煙に巻き、シロウトを年金論議から遠ざけることで、利権を得てきました。長い間、必要以上に複雑に語る習慣が身についているので、その悲しい性ゆえ、分かりやすく説明しようとしてもできないのでしょう。
> 　一方で、民間の「社会保険労務士」や「社会福祉士」が書いた入門書の多くもいただけません。こうした人々は、もともと、厚生労働省の「大本営発表」を鵜呑みにして覚えることで、国家資格を取得してきた人ですから、厚生労働省の関係者が書く入門書と本質的な違いはありません。
> 　また、そもそもこうした人々は、「年金オタク」「年金マニア」なのです。つまり、複雑でマニアックな制度が好きで好きで仕方がないので、こうした商売を選んでいるのですから、重箱の隅を突つくような「年金トリビア」を披露したがる傾向にあります。また、国民が年金制度に詳しくなってしまっては、彼らの商売が成り立ちませんから、そもそも、本当に分かりやすく書くはずがないのです。

この文章に、本文での引用箇所が続きます——いやはや。
　まぁ、表現の自由はあるのでしょうし、こういう文章を支持する一定の層があることは分かりますけど、やはり不思議なのは、こういう文章を好んで読んでは本の内容を信じている中学校、高校の先生がいるらしいということですね。そのあたりは本書第35講などを参照してください。

19) たとえば、Nicholas Barr, The role of the public and private sectors in ensuring adequate pensions – theoretical considerations, Conference on Designing Equitable Pension Systems in the Post Crisis World, 10-11 January 2013, Tokyo.

図表 5-2　年金局による社会保障制度改革国民会議での配付資料（図表 2-6 再掲）

> **2.2 Output is central**
> ・Two and only two ways of organizing pensions
>   ・Store current production
>   ・Build a claim to future production
> ・Pensioners are not interested in money, but in consumption (food, clothing, medical services).
> Thus the key variable is future output.
> ・PAYG and funding are merely different financial mechanisms for organizing claims on future output
> ・Thus the difference between the two approaches should not be exaggerated

> **2.2　生産物が中心**
> ・年金を設計するただ 2 つだけの方法
>   ・現在の生産物を蓄える。
>   ・将来の生産物に対する請求権を設定する。
> ・年金受給者は金銭に関心があるのではなく、消費に関心がある（食料、衣類、医療サービス）。このように鍵になる変数は、将来の生産物である。
> ・賦課方式と積立方式は、単に、将来の生産物に対する請求権を組織的に設定するための財政上の仕組みが異なるにすぎない。
> ・このように、2 つのアプローチの違いを誇張すべきではない。

出所：厚生労働省「年金関連4法による改革の内容と残された課題」（http://www.kantei.go.jp/jp/singi/kokuminkaigi/dai12/siryou2.pdf）。IMF主催「世界危機後のアジアにおける財政的に持続可能かつ公平な年金制度の設計（2013年1月9～10日、東京）」におけるニコラス・バー氏の講演資料「適切な年金制度を確保するための公共部門と民間部門の役割——理論的考察」から抜粋。

んや僕ら数人しか言っていなかったのですが、今では政策当局にも浸透していまして、厚生労働省年金局は、次のような資料も作るようになっています（図表 5-3）。

また、平成26年財政検証が行われるのに合わせて、「図解・マンガ　公的年金のこと、どのくらい知っていますか？」という資料が作られていまして、そのなかに次のような資料があります（図表 5-4）。

この資料には、「少子高齢化で生産力が低下した影響はいずれ（積立方式も賦課方式）も受ける」と記されています[20]。こういう、人間の直感ではなかなか理解しづらいところが、世の中にはあるんですね。でも、直感に基づく第一印象とは異なる見方ができるようになるところこそが、学問のおもしろさでもあるわけです。

細野真宏さんが年金の世界に入ってこられた時に、年金には、一見した印象と、よく考えてみた場合の認識の間にギャップがあるということを、年金には「引っかけ問題」があると、実にうまく表現されていました。そして僕

図表5-3　年金局作成の積立方式と賦課方式

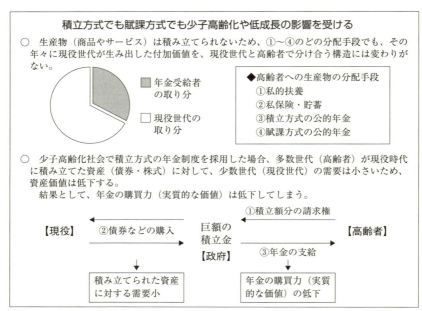

出所：厚生労働省年金局作成。

---

20) 総人口一定のもとで現役世代と年金受給世代の人口比率が変わる時、労働生産性が一定であれば、現役世代と受給世代で分け合うパイ（生産力）も小さくなるため（図表5-1参照）、積立方式であれ賦課方式であれ、その影響を受けることになります。したがって、図表5-4の賦課方式の欄に書いてある「現役世代と年金受給世代の比率が変わると、保険料負担の増加や年金の削減が必要となる」というデメリットを積立方式の欄にも記載するか、あるいは賦課方式におけるこの項目を外して、最下欄の「少子高齢化で生産力が低下した影響」のなかに「現役世代の年金受給世代の比率変化による影響」も組み込んでおく必要があります。つまり、図表5-4では、積立方式にも当てはまるデメリットを賦課方式の欄のみに記しているため、積立方式と賦課方式の比較を正確に行うことができず、誤解を生みかねないのです。

　なお、僕であれば、賦課方式のデメリットとして、財政バランスをとるために給付の引下げが必要となった場合に民主主義的調整が難しいことを挙げますが——積立方式では民意にかかわらず市場が引き下げてくれる——、この政治的問題を克服することができるのであれば、高齢者の生活保障機能としては、賦課方式のほうが優れているというようにまとめます。

図表5-4　マンガ　公的年金における積立方式と賦課方式の説明

積立方式の特徴	賦課方式の特徴
○民間保険と同様に現役時代に積み立てた積立金を原資とすることにより運用収入を活用できる ○インフレによる価値の目減りや運用環境の悪化があると、積立金と運用収入の範囲内でしか給付できないため年金の削減が必要となる	○社会的扶養の仕組みであり、その時の現役世代の（給与からの）保険料を原資とするため、インフレや給与水準の変化に対応しやすい（価値が目減りしにくい） ○現役世代と年金受給世代の比率が変わると、保険料負担の増加や年金の削減が必要となる

[少子高齢化で生産力が低下した影響はいずれも受けるが、積立方式は運用悪化など市場を通して、賦課方式は保険料収入の減少などを通して受ける。]

　らは、一見した印象で論じられる年金論を年金の天動説と呼び、よく考えるとたどり着く年金論を年金の地動説と呼んできました。年金の天動説には、細野さんが強く指摘した「未納が増えると年金が破綻する」という話とかがあるのですが、「積立方式は少子高齢化の影響を受けない」も天動説の1つで、この天動説を唱えては世を騒がせてきた日本の年金経済学者たちは、直感に基づく第一印象とは異なる見方ができるようになるという学問のおもしろさ、楽しさを味わうことなく生きているようで、ちょっとかわいそうなところもあります。

第6講　年金、社会保障と少子高齢化

　年金の本として僕が学生にお勧めしている本に、太田啓之さんの『いま知らないと絶対損する年金50問、50答』があります。この本についておもしろいのは、Amazon のレビューで、「当書は実質的な財政破綻リスクを完全無視しているのである」として★2つがつけられていることですかね。でも、国が破綻したら、当然年金も破綻しますよね[1]——と言っても、僕が以前書いた次のような話は記憶しておいてよいと思います。

> 社会保険方式の年金制度は保険料の拠出履歴が残るため、その生命力には想像を絶するものがあります。ビスマルク時代に始まった年金は、二つの大戦で大敗した後に東西ドイツに分割され、その後統一された現在でも、なお存続しています[2]。

　また、ビスマルクに始まる公的年金保険をイギリスに導入するのは、ロイド・ジョージです。ロイド・ジョージが亡くなった時のチャーチルによるイギリス国会での追悼演説も記憶の隅に置いていてください。

---

[1] 　ライフネット生命の CEO である出口治明さんがダイヤモンドオンラインに書かれているように、国が破綻するということは、国債を発行することができなくなって、すでに発行している国債の暴落も意味しますから、大量の国債を保有している日本の銀行や生命保険などの金融機関は、国が破綻してしまう前に破綻してしまいます（http://diamond.jp/articles/-/67331）。
　　国が破綻すると、年金や社会保障以前に日本全体が元も子もなくなるから、国が破綻しないように僕らは日本の財政問題でがんばっているわけです。
[2] 　権丈（2009）113頁。

あなたが成し遂げた仕事の多くは存続し、
そのいくつかは、大きく育ち、
われわれに続く未来の人々は、
あなたの成した仕事というものが、
頑強で、堂々としていて、
そして壊しがたいものであることに気づくであろう
　　　　　　　　　　（1945年3月29日、イギリス庶民院にて）

　公的年金というのはなかなかタフな存在で、壊そうと思ってもなかなかそうはいかないもののようです。少なくとも、ビスマルク以降に歴史上に登場してきたどんなに偉大な政治家たちも、国民1人1人が年金保険料として拠出してきた履歴を無視しうるほどの大きな政治力を持つことはできなかったようです。そして、これからもそうでしょうから、公的年金保険はタフな制度として存続するでしょう。
　さて、第5講で説明したように、公的年金をはじめとした社会保障の財政方式が、積立方式でも賦課方式でも、残念ながら少子高齢化の影響を受けてしまうと言うと、多くの人は、財務省が作成している図表6−1を連想して、やり場のない不安、はたまた恐怖を感じるようです。支えている人たちが、かわいく笑っていてもダメですよね。

就業者1人当たり人口の安定性と努力目標

　実際に、2012年1月24日の国会での施政方針演説で、当時の首相野田さんは「多くの現役世代で1人の高齢者を支えていた『胴上げ型』の人口構成は、今や3人で1人を支える『騎馬戦型』となり、いずれ1人が1人を支える『肩車型』に確実に変化していきます。今のままでは、将来の世代は、その負担に耐えられません」と言っていたりもしました。こういう話を聞いたら、日本はもう終わったなと感じますよね。
　似たような話は、1990年代にも流行りました。当時の大蔵省とか厚生省は、国民に負担増を求めるために、かつては胴上げ型だったのがこれからは云々、したがって増税は不可避だと言い始めたわけです。そしてその頃、政府のそ

図表6-1　財務省作成の少子高齢化の図

出所：財務省作成資料。

図表6-2　高校教科書にある少子高齢化の図

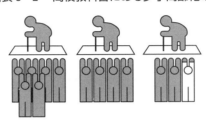

1990年5.8人　2000年4.0人　2040年2.1人

出所：東京書籍（1999）高校『現代社会』教科書、133頁。

うしたキャンペーンが、またたく間に政府不信、社会保障不信につながっていった様子をリアルタイムで眺めていた僕は、1本の論文を書いていました。そこにはあえて高校の教科書から引用した次の図表6-2を示したうえで、「扶養負担を表す指標――所得というパイを何人で生産しそこで生産されたパイを何人に分配するのかを表す指標――として最も適切なものは中高校生の教科書に図示されているような65歳以上の高齢者に対する65歳未満人口の比率ではなく、就業者1人当たりの人口であるということは『論理的、学問的にはすでに決着がついている』」[3]と書いています[4]。

こうした僕の論を読んでくれていた新聞記者が、2012年に総理が胴上げ型から肩車型にという話を再び流行らせようとした時、僕の話を特集記事にし

3）　川上則道（1994）24頁。
4）　権丈（2005〔初版2001〕）159頁。

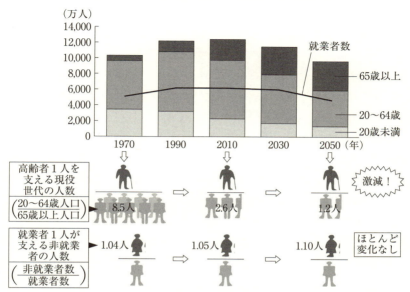

図表6-3　人口構成の変化と就業者数の推移

注：人口は国立社会保障・人口問題研究所資料より。2010年まで実績値、その後は推計値。就業者数・就業率は労働力調査（実績値）、2030年は労働政策研究・研修機構の推計値、2050年は2030年推計値を基に権丈教授試算。

出所：「少子高齢化への対策　就業者増やし支え手確保　女性・高齢者に働きやすい環境を」『読売新聞』2012年4月23日朝刊。

て世の中に広く知らしめてくれました（図表6-3）⁵⁾。

　記事のなかのインタビューでは、「視点を変えて、社会全体で就業者1人が何人の非就業者を支えるかを見ると、1人程度でこの数十年間ほぼ安定しており、将来もあまり変わらない。実態としては、若い世代の将来の負担が何倍にもなるわけではない」と答えています。さらには、「女性や高齢者が働きやすい環境を整え、支え手に回る人を増やすことで、少子高齢社会の荒波も何とか乗り切れることがわかる。少子高齢化に耐えうる仕組みに転換するには、雇用の見直しこそが最重要課題」とも。

---

5)　この記事は、第12回社会保障制度改革国民会議（2013年5月17日）に「権丈委員提出資料」として配付している。同会議のホームページ http://www.kantei.go.jp/jp/singi/kokuminkaigi/kaisai.html からダウンロード可能。

「サザエさん」の波平さんはいくつ？

　時の総理が、「胴上げ型から肩車型に変わる日本では、今のままではその負担に耐えられません」と言っていた2012年の年始頃から、総理の論に対抗して（笑）僕が流行らせていた話は、「『サザエさん』の波平さんは、いくつだと思う？」でした。波平さんは、54歳でして、55歳定年制のもと、定年を1年後に控えた設定なわけです。舟さんは52歳説や48歳説など諸説あるのですけど、波平さん54歳は定説となっています。

　「波平さんはいくつだと思う？」の話に続けて、僕は「では、最近3度目の結婚をした郷ひろみは？　中島みゆきは？」と言っていまして、2012年の頃は、郷ひろみさんは56歳、中島みゆきさんは60歳の還暦だったわけです。

　支えられる人を年齢で区切った指標なんてのはバカバカしいです。この「波平さんはいくつだと思う？」の話を至るところでしておりましたら、これがかなり普及しまして、2012年4月8日の『毎日新聞』に「高齢者の雇用　働き続ける波平さんに」という社説が出たり、それから1年ほど経った2013年4月22日の国会の参議院予算委員会では、「『サザエさん』という漫画は知っていますよね。もう何十年もやっていて、私たちも小さいころからずっと見ている漫画ですが。あの『サザエさん』に出てくる波平さんというお父さんがいるんですね。いくつか、総理、御存じですか」という質問が出されたりしています。

　働きたい人には、高齢者も女性も働いてもらう。公共政策としては、彼らが働きやすい社会を作っていく。そうすれば、これから超高齢社会を迎える日本も、なんとか乗り切っていくことができるわけです。これはもう、やるしかないですね。

　ここでクイズ。定年を迎えた65歳の男性はこの後、何年生きることになると思いますか？

　2010年発表の『第21回生命表（完全生命表）』に基づけば、2010年の男性の平均寿命は79.55歳ですから、この年齢から65歳を引いた15.55年……ぶ〜、期待どおりに間違えていただいてありがとうございます。

　「平均寿命」というのは、0歳児の人たちが平均してこれから何年生きる

かを示す指標です。ところが、65歳までに亡くなる人もいます。具体的には、0歳児に100人いた人たちのうち65歳までに12人程度が亡くなることが生命表を見れば分かります。そして、65歳まで生きることができた88人は、実は平均83.74歳まで生きることが予測されていまして、65歳の男性はこれから平均18.74年の定年後の人生が待っていることになります。この18.74年が65歳時点での平均余命（よみょう）ということになります。すなわち、0歳児の人たちの平均余命が「平均寿命」、0歳以降は、それぞれの年齢時点での「平均余命」という数字があるわけです。

　ちなみに、福岡の地方紙『夕刊フクニチ』で「サザエさん」の連載が始まったのは1946年です。先ほど紹介したように、当時の標準的な定年年齢は55歳でした。そして当時の55歳男性の平均余命は15.97年でした（昭和22年「第8回生命表（完全生命表）」より）。

　実は、今の時代に65歳定年が実現できれば、定年後の余生の長さは、「サザエさん」が始まった戦後すぐの日本とそれほど変わっていないとも言えます（1947年55歳の平均余命15.97年から2010年65歳の平均余命18.74年へと、わずか2.77年延びただけ）。人が長生きを愉しめるようになれば、これまでのように標準的な引退年齢を引き上げていく。そうした地道な努力を続けていけば、人類史上未曾有と言われる超高齢社会も乗り切れるというものです。そして今この国は、標準的な定年年齢65歳をめざして環境の整備が進められています。その先も、働きたい人はみんなが働くことのできる社会を目指して、みんなで前向きにやっていきましょう。このあたりは、2015年4月10日に開催された第4回社会保障制度改革推進会議というところで、当面の検討課題として、「年齢にかかわりなく、働くことができる経済社会システムづくり」が挙げられていました。その取組みに大いに期待したいところでして、私は当日の推進会議で、「そういう社会をみんなでつくっていきましょうということを、ここで御議論いただけるというのは非常にありがたいと思っております。私が年金にかわってお礼を言う必要はないと思うのですけれども、よろしくお願いします <(_ _)> ペコッ」[6]と発言して参りました。

6）　第4回社会保障制度改革国民会議（2015年4月10日）議事録。

第7講　100年安心バカ

　この国の年金について、「100年安心」という言葉を聞いたことがない人はいないと思います。でもですね、「日本の年金は100年安心です！」と、政府が年金を肯定したり擁護したりしている言葉を聞いたことがある人もいないと思います。この違いは分かりますか？
　100年安心という言葉は、年金を批判する言葉としてしか使われていないんですね。それもそのはず、政府[1]は100年安心という言葉を使っていないからです。2004年の年金制度改革で導入されたのは、5年に一回の財政検証の際に、毎回その時点から100年先を見通して年金財政の均衡を図るというものです。そうした作業を5年に一回行うわけで、2004年から100年後までという意味ではないことは、制度の大枠を学ぶだけで理解できるはずです。
　実は「100年安心」という言葉は、2003年11月の総選挙の最中、当時の厚生労働大臣を出していた公明党が我慢できずに使ってしまったものです。しかしその後、「これはまずい、しまった」と思ったのか、彼らはその言葉をすぐに使わなくなりましたし、もとより政府としては一言も使っていない言葉です。この点については、舛添厚労大臣が、国会で野党の長妻昭さんや山井和則さんの「100年安心」という言葉に関する執拗な質問を受けた時に、いったい誰が使ったのかと、公文書を徹底的に調査させているようです。ところが誰も、100年安心という言葉を世間で言われるような意味では使っていなかった。こうした調査に基づいて2009年当時の舛添厚労大臣は、3月31

---

[1]　厳密に言えば、2004年年金改革時の自公政権政府。民主党政権になって、（かつて2004年改革をあれだけ批判していた民主党の）閣僚が「100年安心」「100年以上安心」と発言したことはある。

日の衆議院本会議で次の答弁をしています――「長妻議員から、まず、年金制度は100年安心なのかとお尋ねがございました。政府といたしましては、100年安心とうたったことはありません」。

　もっとも、「政府がかつて100年安心と豪語した年金がすでに……」とか「100年安心は本当なのか？」という、彼ら年金批判者たちの合い言葉と言いますか、年金批判論の枕として、『日経新聞』や一部の年金論者をはじめ、いろいろ使われてきたというのはあります。そうした、言葉の出所を調べようともしない人たち、つまりは記者、研究者としては難のある人たちの年金破綻論は、かつては素人にはとても受けがよかったわけです。けれども、さすがに最近は、100年安心という言葉を使う論者は、まったく信頼に値しないということを多くの人が分かってくれるようになってきたようです。より良い年金制度を設計していくうえで、100年安心という言葉は必要ないですから。

　100年安心という言葉が、これからも希に登場するかもしれませんが、その文章が学者や研究者のものでしたら、彼らは二流どころか、三流、四流と考えていいです。その言葉で彼らは何を言いたいのやら。専門家が使う言葉では、絶対にありません。ですから僕は、学生に、100年安心という言葉を使う者を見たら、「でたぁ、100年安心バカ！」と笑っておくように言っています。最近では、たとえば次のような文章を見たら、「でたぁ……」と。

　　04年改正で100年安心をうたってから、たかだか10年での法改正は、それがウソであったと自ら認めることになる[2]。

2）　西沢和彦『週刊ダイヤモンド』2014年12月27日-2015年1月3日新年合併号。なお、権丈（2015）第31講、注2も参照。

第8講 財政検証の積立金運用利回り前提

　年金は、5年に一度、定期的な健康診断を行っていて、それは財政検証と呼ばれています。財政検証を行うためには、人口や経済に前提を置く必要がありまして、平成21年財政検証では、積立金の運用利回りに4.1％という前提が置かれていました。この利回りについて、学習院大学の鈴木亘さんは、「運用利回り4.1％という前提は粉飾決算」[1]と激しく非難していました。鈴木さん以外にも、運用利回りの前提が高すぎるという批判はとてもポピュラーなものでした。こうした論に対する朝日新聞の太田啓之記者の批判は、きわめて重要ですので、ここで紹介しておきます。

> 　鈴木氏は、厚労省の前提条件のうち、運用利回りだけを取り出して非難する。だが、専門家の間では、「年金財政にとっては個別の経済指標よりも、運用利回りと賃金上昇率の差の方が重要」とされている。
> 　おおざっぱに言えば、年金財政には「現役世代の賃金が増えて保険料収入が増えるほど、支出である年金額も増え、賃金が伸び悩めば年金も増えない」という自動安定の仕組みがある。個別の指標が想定よりも低かったからといって、単純に財政が悪化するわけではない。一方、年金を支えるのは保険料だけではなく、積立金の運用利回りも重要な収入源だ。賃金が上がるペースよりも積立金が運用で増えるペースの方が想定より早いほど、積立金にゆとりができ、年金の財政は改善する。年金財政を左右する「キモ」となるこの「運用利回りと賃金上昇率の差」でみると、過去10年の実績値は平均2.6ポイント。厚労省の前提条件では1.6

1） 鈴木（2010）71頁他、鈴木（2012）83頁他、鈴木（2014）265頁他。

ポイントだ。一方、鈴木氏の前提条件では0.6ポイントしかない。鈴木氏の前提条件は現実と比べても厳しすぎ、「積立金が枯渇する」という結果が出るのも当然だろう[2]。

僕らは、年金積立金の運用利回りのことを考えるメルクマールとしては、名目金利から賃金の伸びを差し引いた値として、「スプレッド」という言葉を使います。このあたりは、平成26年財政検証を説明した『週刊東洋経済』でうまく説明してくれているので見てみましょう。

まずは次の図をみてほしい〔図表8-1〕。

GPIF[3]の運用収益で第一に求められるのは、実は名目賃金上昇率に勝つ（上回る）ことである。実際、厚生労働省がGPIFに与える運用目標は「賃金上昇率を何％上回るか」であり、国の「実質的な運用利回り（スプレッド）」が該当する。

厚労省が設定した、このスプレッドの目標値は15～19年度で1.7％。

図表8-1　GPIFの運用目標設定の仕組み

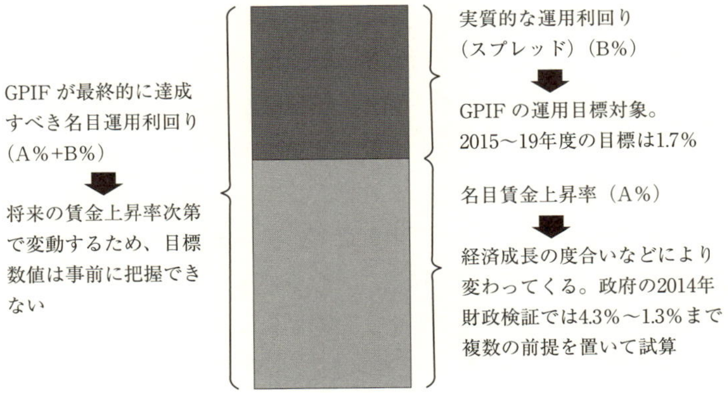

GPIFが最終的に達成すべき名目運用利回り（A％+B％）
　　将来の賃金上昇率次第で変動するため、目標数値は事前に把握できない

実質的な運用利回り（スプレッド）（B％）
　↓
GPIFの運用目標対象。2015～19年度の目標は1.7％

名目賃金上昇率（A％）
　↓
経済成長の度合いなどにより変わってくる。政府の2014年財政検証では4.3％～1.3％まで複数の前提を置いて試算

出所：『週刊東洋経済』2014年11月22日号、68頁。

2）太田（2012b）「年金破綻論のまやかし」『AERA』4月9日号、54頁。
3）GPIF（Government Pension Investment Fund）とは、公的年金の積立金を運用している機関である年金積立金管理運用独立行政法人のこと。

もし同時期の名目賃金上昇率が3％なら合計4.7％の名目リターンがGPIFに求められることになる。

なぜ突然、賃金上昇率なる数値が運用の世界に入ってくるのか。それは公的年金が賦課方式であるからだ。現役世代が賃金比例の保険料（厚生年金の場合）を払い、その保険料がそのときの高齢世代の年金給付に使われる賦課方式では、将来の給付額は賃金上昇率に左右される。つまり賃金上昇が大きければ給付は増え、賃金上昇が小さければ給付はさほど増えない。

こうした給付構造において、積立金運用はいかに貢献すべきか。給付が増える（＝賃金上昇大）なら運用収益は多いほうがいいし、給付が増えない（＝賃金上昇小）なら運用収益はその分少なくてもいいということになる。そのことがつまり、GPIFの運用目標値が、賃金上昇率とスプレッドという形で設定される理由なのだ[4]。

驚くほど正確に説明していますね。それでは、日本中がこぞって批判していた平成21年財政検証時の金利の仮定は、実際には年金財政にどのような影響を与えたのでしょうか。2013年8月5日に社会保障制度改革国民会議が報告書をまとめた翌朝、『日経新聞』は社説「この報告で医療・年金の立て直しは可能か」で「年金分野は現行制度に大きな問題がないという虚構に立つ。これからの100年間、年4.1％の『高利』で積立金運用をつづけるのを前提にした失策は、どう挽回するのか」と批判していました。社会保障制度改革国民会議の委員であった僕から言いますと、あの報告書は「年金分野は現行制度に大きな問題がない」という認識には立っていませんでした。そのことは、国民会議の報告書に基づいて、目下、かなり難しい年金改革が進められようとしていることから分かるのですが、この話は別に譲るとして、日経社説の「これからの100年間、年4.1％の『高利』で積立金運用をつづけるのを前提にした失策は、どう挽回するのか」に焦点を当ててみましょう。この社説を起草したとみられる大林尚記者は、明らかに、賦課方式のもとでの積立金運用の意味を理解していないですね。

4）『週刊東洋経済』2014年11月22日号、68頁。

第 8 講 財政検証の積立金運用利回り前提　225

はたして、日経が批判している点は、実際にはどうだったのか。それも、『週刊東洋経済』の記事から見てみましょう。

> 1つの疑問は、これまでGPIFの運用成績は給付の足を引っ張ってきたのかということだ。09年の年金財政検証時、GPIFの運用目標が4.1％と報道されたため、低金利にもかかわらず楽観的すぎると批判された。ただ実際のGPIFの運用目標はこの数値ではない。GPIFの運用目標となるのは「実質的利回り（スプレッド）」だ。これと名目賃金上昇率を足したものが、先の4.1％に該当する名目運用利回りとなる。09年の検証時、名目賃金上昇率想定は2.5％だったので、GPIFの目標値であるスプレッド1.6％と合計して4.1％という数値が独り歩きした。
>
> しかし実際の過去の8年間の名目賃金上昇率は▲0.46％、GPIFの名目運用利回り実績は2.32％だったが、スプレッド2.78％は目標を上回っている。GPIFは給付の足を引っ張っていなかったのだ[5]。

運用実績というのは、良い時もあれば悪い時もあります。今回はうまくいったけど、次はそうではないかもしれません。ですから、今回うまくいったからと言って、うまくいかないと予測していた人たちを批判することはできません。しかしながら、年金積立金の運用で大切なことはスプレッドであることを知らないままに、平成21年財政検証時の名目運用利回りを批判していた人たちは、研究者、記者として失格です。

ここで僕たちが立てるべき問いは、どうして鈴木さんをはじめとした年金経済学者や日経新聞の当時の論説委員である大林尚氏は、すでに多くの記者たちが理解していることを見向きもせずに、間違えた年金論を堂々と論じていたのかということだと思います。それは、僕たちにも本当に分からないところです。ただ、少なくとも言えることは、彼らは、はじめから、なぜだか年金を憎んでいる、厚生労働省を憎んでいる、そしてひいては政府を憎んでいるということです。そのあたりの話は、本書第2講で、映画『ゴッドファーザー』のなかの台詞「敵を憎むな、判断が鈍る——Never hate your

---

5）『週刊東洋経済』2014年9月6日号、40-41頁。

enemies, it affects your judgment」を引用して説明しているあたりをご参照あれ[6]。

　年金積立金の運用で大切なことは「スプレッド」であるというのは当たり前のことですけど、スプレッドだけが重要であることを意味しているわけではありません。このあたりは、以前から名目運用利回りが高いと批判し続けてきた一橋大学教授・世代間問題研究機構長の小塩隆士さんの年金部会での質問に、年金数理課長が答える場面が参考になります——小塩さんは2014年6月3日の第21回年金部会で財政検証が発表された夜の「報道ステーション」に出演され、運用利回りが高い、「信じがたい」と批判されていました。それから3週間以上経って開かれた第22回年金部会（6月27日）で、小塩さんは同じスプレッド1.2％の場合でも、将来の所得代替率が50.3％（ケースE）[7]と50.9％（ケースB）[8]のように0.6ポイントほどの差があるではないかと、年金局に問うシーンです。

　小塩委員　……きょう出していただいた資料が私の疑問に答えていただいているか考えてみたのですが、例えばケースEで見ますと、左にスプレッドを1.2％にしたものがございますね。そのときの所得代替率は、50.3％です。……そこで、スプレッドが1.2％になるケースがほかにあるかと思って、……ケースBというのがあって、そのスプレッドが1.2％となっています。ですから、スプレッドを同じ1.2％にしたときに、所得代替率がどう違うかという比較が、非常に荒っぽい形ですができるわけです。……やはりほかの想定が物を言うのではという気がしてならないのです。……

　山崎数理課長　今、御質問がございまして、スプレッド1.2％という同じスプレッドでも、ケースEの今回のバリエーションケースと財政検証のケースBがたまたまスプレッド1.2％で同じだけれども、最終の所

---

[6]　本書第2講中「未納が増えると年金が破綻するって誰が言った？」参照。
[7]　第22回社会保障審議会年金部会（2014年6月27日）資料、5頁。
[8]　第21回社会保障審議会年金部会（2014年6月3日）資料1-1、11頁。本書第4講中「図表4-12」も参照。

得代替率は50.9％と50.3％で違いがあるということで、スプレッドだけで全てが決まるわけではないのではないかと、まさにおっしゃるとおりでございます。

　要因といたしまして、1つは、実質賃金上昇率が高いと、今回御説明申し上げましたように既裁定は物価スライドでございますので、同じ代替率であっても、既裁定の方が賃金スライドの場合と比べて物価スライドのみでありますと賃金との差が開いていきますので、より実質賃金上昇率が高いほうが年金財政的には楽になるという要素はもちろんございます。

　もう1点、名目という意味で申しますと、これはマクロ経済スライドが名目額下限になっているということがございますので、名目値が低いと、そのマクロ経済スライドが十分に働かないということで、それは給付水準調整が先送りになることによって将来の所得代替率が下がるという要素がございますので、最終的な所得代替率が幾つになるかはもちろん運用のスプレッドだけでは決まらないということはそのとおりでございます。

　ただ、運用がどのぐらい年金財政に寄与しているのかというのを見るメルクマールとしては、スプレッドという見方が有効だということでございまして、基本的に将来の年金の給付も、あるいは保険料収入のほうも賃金に連動して大きくなっていくので、それに対して運用がどれだけ寄与するかというのを見る上では、スプレッドという概念が有効だと申し上げているところでございます。

その後も、小塩さんは、「やはり、スプレッド以外の変数が年金財政に大きな影響を与えることは無視できない」（『週刊社会保障』2014年8月11-18日）、「やはり名目の利回りの数値も大切に考えたい」（『日本経済新聞』2014年9月7日）と論じ続けていかれます。まぁ、いいですけどね。

第9講　微妙に積立金を持つ賦課方式のワナ

　日本の年金は、基本、賦課方式です。しかし、第2講でも話したように、他国と比べて変動の大きい人口構成に対応するバッファーとして、おおよそ4年分の給付を賄うことができる積立金を持っています。これに比べて、フランスは積立金をほとんど持っておらず、ドイツは2か月分くらい、イギリスは4か月程度、アメリカで約3年という状況です。つまり、英米独仏などの国と比べれば、うらやましいくらいに大きな規模の積立金を持っているわけです。これが、次の2つのトンデモ論とかかわっています。

・未納が増えると年金が破綻する。
・積立金金利4.1％という前提は高すぎる。

　前者の未納で破綻のロジックは、完全賦課方式であることを想定しているところから生まれてきます。完全賦課方式のもとでは、今年未納者が増えると受給者の給付水準を下げるか保険料を上げざるをえなくなります。そして未納者が増えていくと……。
　しかし実際は、日本の年金にはかなりの積立金があるので、未納者が増えても、未納分の保険料は、積立金で立て替えておくことができます（図表9-1）。そして、公的年金は保険方式で運営されているわけですから、未納者には、将来、給付が行われません。つまり、積立金による立て替え分を、将来取り戻すことができるわけです[1]。このメカニズムが基本にあるうえに、実際のところ、現在の未納者というのは、被保険者全体の4％程度しかいないという現実が重なって[2]、未納で年金が破綻するということはありえなくなるわけです。よく、国民年金納付率60％と言われているのですけど、厚生

第 9 講　微妙に積立金を持つ賦課方式のワナ　229

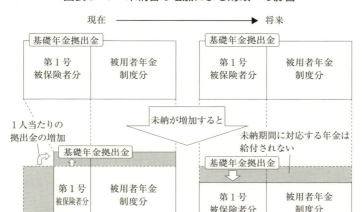

図表 9-1　未納者の増加による財政への影響

注：2007 年 11 月 6 日社会保障審議会年金部会配付資料を基に著者が修正を加えた。
　　たとえば原図では第 1 号被保険者の箇所が、国民年金となっている。ちなみに、国民年金被保険者は、第 1 号、第 2 号、第 3 号被保険者からなる。
出所：権丈（2009〔初版 2004〕）121 頁。

年金保険の納付率はほぼ100％なので、被保険者全体で見ると未納者というのは 4 ％にすぎないんですね。
次に、「平成21年財政検証における年金積立金の運用利回りの仮定4.1％は

1）　駒村（2014）中の「基礎年金拠出金への影響」における、「だが、少なくとも『現在の』被用者年金加入者は未納率の上昇により、多めの負担をすることになる仕組みになっている」（121頁）という箇所は、第 1 号被保険者と被用者年金加入者が頭割りで同額の負担をしていることを読み取りづらく、かつ積立金の存在が捨象されているため、誤解を受けやすい説明となっています。山口修横浜国立大学教授の発言「最近、駒村先生が出された本にも書かれているのですが……未納や免除があれば、その分だけ被用者年金側からの負担が行われていると理解できます」（日本年金学会（2015）『日本年金学会誌』（第34号）98頁）も、その説明を読まれてなされたものです。図表 9-1 を見て、彼らの論を評価してみてください。
2）　本書第12講中「国民皆年金というロマンを追った日本」参照。

高い」という批判は、年金が完全積立方式だったら成立します。しかし、日本の制度は、微妙に積立金を持つ賦課方式です。賦課方式の年金では、賃金の伸びが高いと給付水準も高くなり、賃金の伸びが低いと給付水準も低くなるという自動調整メカニズムを持っています。そのなかでの積立金の貢献は、第8講で説明したように名目運用利回りから名目賃金の伸びを引いた「スプレッド」が果たすことになります。

　日本の公的年金が微妙に積立金を持つ賦課方式であるという事実は、明白な間違いを公言してしまったかわいそうな論者を数多く輩出してきた主役であったりするわけです。と言っても、同情している場合ではありません。「未納で年金が破綻する」とか、スプレッドという考え方を知らずに「運用利回り4.1％は高すぎる」と言う人がいたら、一事が万事、そういうことを言う人が浅はかなことは確かですから、他のことも信用しないでおくことが無難です。

　そう言えば、先日、厚生労働省社会保障審議会年金部会の議事録を読んでいると、おもしろい発言を見つけました。平成26年財政検証が発表された6月3日から3か月以上経った9月18日の年金部会での一橋大学教授の小塩隆士委員の発言です。

> 　2つ目の質問は、特にオプション試算のうちの1,200万人ベースです。これの効果はかなり大きいのですが、適用範囲を拡大すると、恐らく、所得の低い層が入ってくると思うのです。そうすると、保険料も低いはずです。そういう人が入ると、保険料を定額でもらう状況よりもむしろ入ってくるお金が少なくなるのではないかという気がするのです。にもかかわらず、所得代替率は大きく改善するということなので、これは一体なぜなのか。その理由をお聞きしたいです。説明によると、国民年金あるいは基礎年金の財政が非常に改善するということです。収納率の関係かとも思うのですが……。

　小塩さんが、いまだに収納率が影響しているという勘違いを続けていることも驚きですが[3]、平成26年財政検証の最重要ポイントとも言える短時間労働者の適用拡大と所得代替率の関係を、財政検証が発表されて3か月以上

経っても分かっていないのも驚嘆ものです。適用拡大を進めると所得代替率が上がることも「微妙に積立金を持っている賦課方式」であることと関係する話です。つまりその原因は、適用拡大に伴う第1号被保険者の減少により第1号被保険者1人当たりの国民年金の積立金が増加することになり、それにより基礎年金の給付水準が改善されるためです。

　小塩さんは、平成26年財政検証が発表された6月3日その日の夜から、この財政検証を批判する論者としてテレビや新聞に引っ張りだこでした。話している内容は、「支給開始年齢」「運用利回り」をはじめとして現行制度に対して誤解しているのではないかと思える批判を繰り返されており、日本の公的年金が、少しかわいそうでした。

3）　たとえば、本書第2講中「未納が増えると年金が破綻するって誰が言った？」、および細野（2009）参照。

第10講 公的年金、公的扶助、そして保険と税

救貧機能と防貧機能

　社会保障という所得の再分配制度は、貧困層を事後的に救済するという「救貧機能」を果たしていることは確かです。しかし、社会保障のなかでもそうした「救貧機能」を担う公的扶助というのは、今日の日本では社会保障給付費の3％台しか占めていません（図表10-1）。社会保障給付費の9割近くは、「救貧機能」とは異なる「防貧機能」を担う社会保険が占めています。

　この社会保険は所得の高い人から低い人への垂直的再分配に加えて、個人の力だけでは備えることに限界がある生活上のリスクに対してみんなで助け

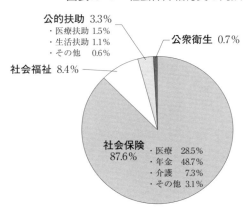

図表10-1　社会保障給付費の内訳

出所：国立社会保障・人口問題研究所（2013）『平成23年度社会保障費用統計』を基に作成。社会保障の教育推進に関する検討会作成「社会保障を教える際に重点とすべき学習項目の具体的内容」より転載。

合う形としての保険的再分配、さらには個人あるいは家計のライフサイクルにおける時間的な再分配を行うことにより個々の家計の消費の平準化を果たしています。そうした総合的な再分配政策である社会保険によって、支出の膨張と収入の途絶という生活リスクによる貧困化を未然に防ぐという「防貧機能」を果たしているわけです。もしあなたが、一生涯、貧困に陥らない人生を享受できるのであれば、そのいくぶんかは、貧困に陥るのを未然に防ぐ機能を持っている社会保険のおかげかもしれません。

社会保険と税

社会保障給付費の9割近くが、貧困に陥るのを未然に防ぐ「防貧機能」を果たす社会保険制度から給付されているわけですが、この社会保険というものが、どうも理解しづらいんですよね。どうして、政府が使うお金が税ではなく、社会保険料なのかという疑問が出ると思います。しかし、ここを考えることはきわめて重要ですので、がんばってみましょう。

社会保険とはいったい何なのか、税とはどこが違うのかということを理解するためには、社会保障政策がどのような歴史を経てきたのか、そしてそうした歴史的経験がどのような形で現在の制度の理念に組み込まれているのかということを知るのが、遠回りのようで近道であるように思います。

社会保険が生まれるのは1880年代のドイツ帝国においてです[1]。その後この社会保険制度は、当時のドイツと同様の社会問題を抱えていた国々に、一気に普及してくことになります。ドイツ帝国で医療保険 (1883)、労災保険 (1884)、年金・障害保険 (1889) が生まれ、イギリスで失業保険 (1911) が誕生して、ドイツで介護保険 (1994) が成立。どうしてこれらの国々は、税という財源調達手段とは異なる社会保険制度を利用したのでしょうか。

19世紀末に社会保険が生まれる以前から、もちろん普通に生活している人

---

[1] 1880年代にプロシアで生まれた医療、労働者災害、年金という3つの社会保険はビスマルク社会保険と呼ばれていますが、ビスマルクはこれら3つの社会保険を作る直前の1878年に社会主義者鎮圧法も作っています。有名な「飴と鞭」の政策ですね。革命を狙ったり労働争議を企んだりと不穏な動きをしていた労働者に対して、飴である社会保険と鞭の社会主義者鎮圧法を用いて体制を安定させていたわけです。

が貧困に陥るリスクはありましたし、広範囲にわたる貧困問題はありました。そして社会保険が誕生する以前は、貧困問題に対処する方法として、広く税が用いられていました。しかし税で貧困問題に対処しようとする時、為政者たちは、どうしても納税者感情を慮るために、貧困に陥ってしまった人たちに対する一方的・事後的な救済になり、本当にその人が救済を必要とするのかを判別するために、所得のみならず資産や能力などをも調査対象としたミーンズテスト（資力調査）が厳しく行われることになります[2]——税による貧困問題への対処に付随するこうした性質を「扶助原理」と呼びます。

　ここで、ミーンズテストはインカムテスト（所得調査）とは異なることを理解してください。所得はフロー、ミーンズテストに含まれる資産はストックという性格を持っていますが、フローを調査しただけで、その人が扶助原理に基づいて生活の支援を行うべき対象なのかを判断するのには無理があります。なぜならば、所得が低くても資産の多い人はいるからです。現在の制度のもとでは、公的年金というフローの水準を見るだけでも同じ問題が出てきます。年金が低くても多くの資産を持つ人はいるからです。そして現在の制度のもとでは、生活保護ではミーンズテストが行われています。一方、社会保険では、ミーンズテストは行われていません[3]。このあたりは、同じ現金給付でも、年金と生活保護の給付水準を比較したりする際にはきわめて重要なポイントとなりますので、しっかりと押さえておいてください。

　さて、ミーンズテストというのは役所の人から、所得や資産のみならず、家族・親族との関係を含めどんな人生を送ってきたかといった生育歴をすべて聞き取ってケース記録として保存され、いわば身ぐるみすべて剝がされて調査されるようなものですから、テストを受ける人たちの自尊心が相当に傷つけられるでしょうし、税による貧困救済を受けている人には世間から否定的な評価、汚名の刻印が押されることにもなってしまいます。それは決して

2）　ミーンズテストおよび生活保護の「補足性の原理」などを知ることは生活保護を理解するうえで必須ですので、すばらしい参考文献を紹介しておきます。大山典宏 (2008)『生活保護 vs ワーキングプア——若者に広がる貧困』PHP新書。

3）　一部、所得の相違により給付水準に差を設ける社会保険が出てきていますが、これは別途に検討する必要があります。

良いことではないと思いますが、それが歴史の教訓なのです。そうした汚名の刻印を、かつて奴隷や犯罪者の身体に刻印された徴(しるし)を意味するギリシャ語の「スティグマ」と呼ぶわけですけど、税による救済にはそうした不名誉や屈辱を引き起こすスティグマが付随することになります。さらに、税による扶助では、財源の性質上、保障水準も、自立した生活をしながら税を負担している人たちよりも生活水準が良くなってはいけないという「劣等処遇原則」が先立って、せいぜいミニマムの保障しか行うことができませんでした。そうしますと、普通に生活をしていた中間層の人たちが、いったん貧困に陥ってしまった場合に救済されると言っても、最低限の生活しか保障されないのかと、貧困に陥ることへの不安や恐怖を緩和することができませんでした。そして、そうした国民の生活不安や貧困への恐怖は、ビスマルクではないですが、為政者たちの地位を脅かすことにつながります[4]。

　税による貧困救済が、自助を基本とする市民社会にあってはどうしても扶助原理から抜け出せないできた状態のなかで、税財源の救貧政策とは根本的に異なる性質を持つ政策技術として社会保険が誕生することになります（図表10-2）。社会保険という制度のもと、自立して生活している人たちの所得の一部を自立して生活している間に拠出してもらう「自助の強制」という発想は、市民社会の倫理観の基礎をなす自助の思想になじみやすいものでしたから、給付水準が最低保障水準に縛られることもなく、スティグマを伴う厳しい審査や劣等処遇原則から解放された給付を行うことができるようになったわけです。年金の受給開始年齢になれば、ミーンズテストもなく年金保険から年金を受け取ることができる、また失業しても扶助原理を適用されることなく、雇用保険から失業給付を受けられるという世界には、スティグマはありません。これは、事前に保険料を義務として拠出しているからこそ発生する権利と受け止められているからです。そうした社会保険制度が各所に準備されているからこそ、人生において収入の途絶と支出の膨張を伴う生活リスクに遭遇した人も、市民社会のなかで自信と誇りを持って生きていくことができるわけです。さらに、拠出した者が権利として給付を受けるという発想や、当時の財政当局の管轄の外で新しい制度を発足させることができたという事情は、その導入にあたっては政治的な摩擦も少なくしました。

図表10-2　社会保障の歴史展開概念図（スティグマからの解放の歴史）

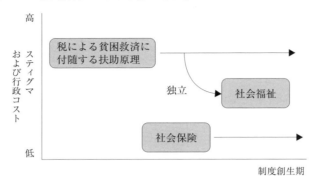

とは言っても、社会保険は民間保険とは違います[5]。

4）　本書ではしばしば「為政者」という言葉が出てきますが、社会保障政策を考えるうえでは、為政者たちが、わが身、わが地位を守ろうとする際の意思決定のあり方を視野に入れておく必要があると思っています。マキャベリは『君主論』のなかで、大衆を味方につけよと繰り返し言っているのですが、ビスマルクはまさに大衆を相手としたマキャベリズムを飴と鞭の政策でもって実行し、そのなかで社会保険が誕生していたわけです。

　各国の社会保障制度の創設期を見ると分かるのですが、大方はビスマルクのような視点で社会保障政策が導入されています。社会主義と帝国主義を融合した社会帝国主義者として知られるイギリスの政治家、ジョセフ・チェンバレンの「（裕福な者は）財産がその安全を保障される代償として身代金を支払うべき」（1885年演説）という、いわば富裕層への脅しの言葉も、ビスマルクとは立場こそ違え、同じ視点から出たものだと思われます。

　僕は、こうした広く社会政策の形成過程で重要な役割を果たす要因を「為政者の保身」と表現していて、為政者たちが、わが身、および自分たちが支配者である体制を守る、いわゆる保身のために大衆に妥協を示す際に社会保障政策の多くは生まれるようです。そして、為政者にわが身の危険を敏感に感じ取るセンスが欠けている場合には、為政者そのものが、革命や選挙で大衆から取り替えられることになります。と同時に、社会保障政策のような、所得の分配面で大きな変革を伴う政策は、為政者に身と地位の危険を感じさせるくらいの動きが起こらないと、なかなか先には進まないようです。

　なお、「為政者の保身」という言葉を公の会議、第4回社会保障国民会議（2008年5月19日）」の場で使った様子は、権丈（2009）152-154頁を参照してください。

5）　本書第1講中「リスクと不確実性」参照。

図表10-3　社会保険と生活保護、民間保険

	扶助原理（生活保護）	社会保険	民間保険
私保険の原則（給付反対給付均等原則）	—	給付反対給付均等原則は、社会政策目的に従属させ、個々人の事故発生率の大小を操作することにより、生活事故へのリスクヘッジを行う目的と共に、再分配にも目的を置く。	確率を媒介項として個人単位で給付反対給付均等原則が厳守される。
受給の権利性	薄い、もしくはなし	高い	あり
財源調達の安定性と給付の安定性	不安定	税財源とするよりも財源調達は安定的であり、したがって給付も安定性が高い。	—

出所：社会保障制度の教育推進に関する検討会「社会保障の正確な理解についての１つのケーススタディ～社会保障制度の"世代間格差"に関する論点」11頁。

　社会保険では、国が保険料を拠出させるという「自助の強制」の形式をとりながら、民間保険の原則（給付反対給付均等原則）に「負担は能力に応じて、給付は必要に応じて」という社会政策的な目的による変容を加えることができます。その結果、社会保険のなかでは、高所得者から低所得者へ、生活事故発生確率の低い者から高い者への所得の再分配が行われることになります。それにもかかわらず、給付に権利性を付与するために、拠出を義務づけているのが社会保険制度であるわけです（図表10-3）。

　しばしば、年金保険と生活保護の給付水準を比較する人がいますが、両者にはミーンズテストの有無、スティグマの有無という圧倒的な性質の違いがありますから（図表10-2）、僕たちは両制度の給付水準を比較するのにためらってしまいます。いや本当は、両制度の給付水準を直接比較するのは間違いだと思っています。また、「基礎年金」は「字義どおり」基礎的な生活を保障するための年金だから、基礎年金だけで生活ができるようにするべき

であると言う人もいますが、僕たちは、昔、制度設計に携わった人たちが「基礎年金」という誤解を受けるネーミングにしてしまったから、基礎年金で「基礎的な生活」ができなければならないと考える人が出てきてしまったわけで、困ったものだとも思っています[6]。

　と言いますのも、仮に基礎年金が、生活保護が謳う最低生活の保障も担うのであれば、生活保護と同様に、本当に最低生活が保障されていないのかどうかを審査しなければなりません。しかし先ほども言いましたように、年金所得はフローであって、フローでは生活水準を測ることができません。また、持ち家の人とそうでない人の間では、同額の年金を得ていても生活水準には相当の違いがあるはずなのですが、日本はヨーロッパのいくつかの国々と異なり、持ち家政策をとってきたという歴史を持っているために、福祉の一環として公的な責任で住宅確保策をとってきた欧州の国々とは異なります。日本のような国では、年金というフローのみで生活水準を推測するのがきわめて困難になります。この点、生活保護では、大きな家であれば、それを処分してそこで得たお金を生活費に回すことが求められ、もし預貯金があるのならば、月額の最低生活費の半分程度の保有は認められますが、それ以上は生活費に回すことが求められます。そうした資金が尽きた後に、生活保護の給付が行われるわけです。自家用車の所有も原則として認められません。

　さらに生活保護では、家計人員が2人であれば1人に必要な生活費の2倍よりも低くなるはずだと計算されますし、住んでいる地域が違えば物価も違うわけですから、それも考慮されて生活保護が保障する最低生活費は地方のほうが東京などの都市部よりも低く設定されています。これらの措置は厳しく煩わしくもあると言えばそうとも言えますが、最低生活の保障を行う制度が、目的を達成するために論理的・客観的に求められる措置であるとも言え

---

[6] 2004年改革以前は、厚生年金の給付水準は所得代替率60％程度が目標とされる「給付建て」でした。しかし2004年改革で「給付建て」から保険料の上限を18.3％と先に決める「拠出建て」に切り替えられています。ところが、基礎年金については、1985年の制度創設時、つまり厚生年金も給付建てであった時代の話——無業単身高齢者であれ全世帯であれ、高齢者の基礎的消費支出を勘案して給付水準が決められるという話——が、今でも持ち出されています。この点、違和感があります。

ます。

　ところが公的年金は、給付段階で生活水準に関する審査は行っていませんし、行う必要性もないわけです。それゆえに、スティグマからの解放、行政コストの引下げなど多くの長所も持つことになります（図表10-2）。そうした年金であるはずなのに、年金に「基礎年金」というネーミングをして、年金も生活保護と同様に、最低の生活を保障する制度というふうに多くの人に思わせるようになったり、基礎年金の給付水準が生活保護よりも低いとか、高くするべきだとかの議論を引き起こすきっかけを作ったのは、問題があると思います。

　なお、今回の平成26年財政検証では、オプションⅡとして「短時間労働者に対する厚生年金適用拡大」の財政効果が試算されました。現在、第1号被保険者に占める被用者の割合は36％、約650万人です。これが日本の年金の最大の問題であることは、第2講、第4講で繰り返し論じました。

　いま、（第1号における被用者問題が解決した後の）純粋1号というものを定義できるとすると、純粋1号被保険者の生活水準と年金水準の関係を見る指標として、分母を賃金とする基礎年金の所得代替率を用いる意味が、僕にはどうも釈然としないわけです。さらに言えば、厚生年金の所得代替率を見る時に、基礎年金部分と報酬比例年金部分を分離して、基礎年金が占める割合が低下したとかどうかという巷間で盛り上がっている論にも、ついていけないところがあったりもします。別に、基礎年金分しか基礎的な生活費に使ってはならないわけではありませんから。

　何よりも問題になるのは基礎年金だけに頼ることになる被用者の退職者です。平成26年財政検証のオプションⅡでは、厚生年金の適用拡大を図れば、そういう人はぐっと減るうえ、基礎年金の水準も上がるということが示されました。こうしたオプションⅡの試算からも、社会保障制度改革国民会議の報告書の「被用者保険本来の姿」に戻すことが最優先されるべきことが示されているわけです。

　グローバル化等による雇用の不安定が、格差・貧困問題の深刻化につながらないよう、働き方の違いにかかわらず、安定した生活を

> 営むことができる環境を整備することが重要である。このためには、まずは、非正規雇用の労働者の雇用の安定や処遇の改善を図ることが必要であり、また、非正規雇用の労働者に対して社会保障が十分機能するように、こうした労働者にも被用者保険本来の姿に戻し、制度を適用されるようにしていくこと（被用者保険の適用拡大）が重要である[7]。

　そういう背景もあって、2014年10月10日の社会保障制度改革推進会議（第2回）で僕が発言したように、「第1号にいる被用者の問題にピンポイントでかかわらせていただければと思っております」[8] ということになるわけです。この被用者年金の適用拡大には、基礎年金の給付水準を引き上げる策という意味も含まれています。

　なお、図表10-3には最下欄に、「財源調達の安定性と給付の安定性」という項目があり、扶助原理（生活保護）は不安定で、社会保険は税財源とするよりも財源調達が安定的であり、したがって給付も安定性が高いとあります。それは、歴史的には各国で観察されることなのですが、日本ではとくに次のような歴史的事実に基づいてもいる記述です。

　日本の社会保険料収入は、1998年に国税収入を追い抜きました。今日では、社会保険料収入は国税収入の1.5倍になっています。そして、100兆円を超える社会保障給付の7割近くは社会保険料で賄われているわけで、これほどの規模を持つ社会保険という制度が、まったくと言っていいほど、世の中で理解されてこなかったのは少し不幸だったと思います[9]。給付は財源がなければ安定的ではありえません。社会保険料というのは一種の目的税と見ることもでき、目的税は給付の硬直性を招くという批判が財政学における伝統的な評価ですが、給付が硬直的であるからこそ、権利性のある給付を守ることが

---

7) 『社会保障制度改革国民会議報告書』10頁。
8) 第2回社会保障制度改革推進会議（2014年10月10日）議事録、および本書第4講中「追記」の「社会保障制度改革推進会議における年金の議論」参照。
9) 権丈（2015）第8講中「トレード・オフの関係にある制度の『普遍性』と『安定性』の価値」参照。

できるわけです。そして社会保障給付を守るためには、社会保険料の財源調達力の高さに頼らざるをえない状況でもあります。

こうしたことは、消費税を引き上げるのに、何十年間も政治が七転八倒している姿を見ることができる一方で、リーマン・ショックの時も東日本大震災の年も、年金保険料、医療保険料、介護保険料が上がっている様子を見れば想像できると思います。

> ### 追記——生活保護法と国民年金法を比べてみよう
>
> **生活保護法**
> この法律の目的
> 第1条　この法律は、日本国憲法第25条に規定する理念に基づき、国が生活に困窮するすべての国民に対し、その困窮の程度に応じ、必要な保護を行い、その最低限度の生活を保障するとともに、その自立を助長することを目的とする。
>
> **国民年金法**
> 国民年金制度の目的
> 第1条　国民年金制度は、日本国憲法第25条第2項に規定する理念に基づき、老齢、障害又は死亡によつて国民生活の安定がそこなわれることを国民の共同連帯によつて防止し、もつて健全な国民生活の維持及び向上に寄与することを目的とする。
>
> このように、生活保護法は憲法25条に基づき、国民年金法は憲法第25条第2項に基づいています。
> そして、**日本国憲法**は、
>
> > 第25条
> > すべて国民は、健康で文化的な最低限度の生活を営む権利を有する。
> > ②　国は、すべての生活部面について、社会福祉、社会保障および公衆衛生上の向上及び増進に努めなければならない。
>
> ちなみに、国民年金法第1条に「国民生活の安定がそこなわれることを……防止し」とあるように、今日の国民年金制度は防貧のためにあると記されています。

第11講　公的年金保険は何のため？

長生きがどうしてリスクなのか？

　くどいことは承知のうえで繰り返しますけど、公的年金って、保険なんです。では、年金はどんなリスクをヘッジしている保険なのでしょうか？

　最近は、「長生きリスク」という言葉が一般化してきました。この言葉を初めて聞く人は、どうして長生きというおめでたいことが、リスクという望ましくないこととくっついた日本語があるのかと不思議がるようです。年金を理解することの難しさは、このあたりにもありまして、他の社会保険は、医療であれ、介護であれ、失業であれ、労災（労働災害）であれ、見るからに望ましくない事態からの不利益をヘッジすることが保険であると、直感的に理解できるわけです。ところが、長生き、長寿というと普通はおめでたいことのはず。なのに、それをリスクと呼ぶのは何ごと？

　公的年金保険の特徴は、ある年齢で決まった年金の給付水準を終身で給付する、つまり死ぬまで給付することにあります。2014年6月の『週刊文春』に、次のような記事が載っていました[1]。

> 「そもそも平均寿命や平均余命は一定の参考にはなりますが、当然のことながら、自分が何歳で死ぬかなど誰にもわかりません。むしろ恐ろしいのは、経済的な困窮のなかで長生きをすることなのです。考えてみて下さい。生涯未婚率が著しく伸び、いまや男性の5人に1人、女性の10人に1人が"おひとりさまの老後"を迎える公算となっています。子

---

[1] 『週刊文春』（2014年6月26日号）の記事「新人記者にも分かった！　絶対損しない貰い方」については、本書第38講も参照。

どもからの援助を当てにすることもできず、自分ひとりの力で90歳まで生きていく覚悟が必要な時代とも言える。リタイヤ後にはそれ相応のカネがかかることを考えなければなりません」。

本当に考えなければならないのは、年金受給額だけを取り出した"損得勘定"ではなく、老後にいくらかかるのか、つまり、「長生きリスク」のためにいくらお金を用意しなければいけないか、ということなのだ。

この記事を、僕は2つの意味で驚きをもって読んでしまいました。1つは、これまで年金破綻論を唱えて年金不信感を煽りに煽ってきた、いわゆる週刊誌のなかの1冊が、実に真っ当なことを書いてくれていたことです。この『週刊文春』の記事には、次のような『週刊ポスト』批判もあり、びっくり仰天です。

「自分が何歳まで生きるかを想定する場合、平均寿命だけでは足りません。ある年齢の人が、あと何年生きるかの平均を示した『平均余命』は、平均寿命よりも3〜4年長いのです。12年の厚労省『簡易生命表』から試算すると、現在60歳の男性は82.9歳、女性は88.3歳。現在75歳の男性は86.6歳、女性は90.3歳まで生きる計算になる。いまや『人生90年』と捉えて生きる時代なのです」。

先の田村大臣の発言を受けて、「週刊ポスト」（5月30日号）では、〈騙されてはいけない。平均寿命（男80歳、女86歳）から考えると、75歳受給では男性はわずか5年あまりしか年金を受け取ることができず損するのは明らか〉と書いているが、「これこそ表層的な分析だ」と言うのは、前出の年金担当記者だ。

いやはや、平均寿命と平均余命に関する注意点も正確に紹介されておりまして、ただただ驚きです[2]。

この『週刊文春』の年金記事を読んで驚いてしまった今1つは、公的年金

---

2) 本書第6講中「『サザエさん』の波平さんはいくつ？」参照。

が対象とする「長生きリスク」について、過不足なく的確に説明されていることです。

ああ言えばこう言う人たちへの「ただし書き」

ただし、「長生きリスク」という言葉が独り歩きするあまりに、公的年金が長生きリスクのみに対応したものであるかのような誤解を受けることがあることにも注意しなければなりません。長生きリスクを言うと、ならば平均寿命までは自助努力で行うべきだと言う人が出てきたりするわけですが、高齢期に入って、その時の現役世代と比べて見劣りしない生活水準を平均寿命まで享受するのにいくら必要なのかを、その人が現役の頃に予測するのはかなり困難なわけです。このあたりは、第1講における「公的年金が実質価値を保障しようとしていることの説明の難しさ」で触れた、床屋さんに月1回行く支出を賄ってくれる「床屋保険」は、保険期間が長くなればなるほど設計の難易度が高くなっていくという話や、同じく第1講中の「リスクと不確実性」で次のようなことを話していることを思い出してください。

> 大学の講義では公的年金の話をする際に不確実性を強調しますけど、そうは言っても、年金受給開始年齢に近い人に繰下げ受給を薦める時には、長生きリスクという言葉を使います。若い人にとっての公的年金の役割と年金受給世代にとっての公的年金の役割は、似ているようで完全に同じではなく、それぞれにとっての公的年金の必要性は不確実性からリスクへと、年をとるにつれてグラデーションを持って変わっていくものだと思います。

そしてこうした、せっかく長生きリスクということを説明しているのに、そこに「ただし書き」を入れざるをえないことを思うと、世の中に生まれ、存在し続けてきた制度に対して、人知というものはなかなか力不足であることを実感します。なぜ、目の前にそうした制度があるのか？　この問いに対して、ドンピシャとあてはまる説明の仕方はなかなか見つからないものです。

今ここで、若い人には不確実性、年金受給が近い人には長生きリスクという話をすると言いましたが、実は、40歳代、50歳代の人には、僕は親への仕

送りをさほど必要なくしている公的年金の働きの話をします。公的年金をはじめとした社会保障制度というのは、1人1人が生まれ育ち、亡くなるまでのものすごく長い期間にかかわる制度ですから、自分のため、親のため、そして人のために、支え支えられることがあるという、場面場面でその人、その状況に適したさまざまな姿を見せるカメレオンのようなもののようです。また最近では、ネットの検索サイトで「結婚　無年金」と入力すると、「結婚を考えている相手の親が無年金だが、結婚はとどまるべきでしょうか」というような相談ごとが数多くヒットします。どうも、目の前に存在する制度というのは「この制度はこういう理由で存在する」と、一言で言い切れないんですよね。

　長生きリスクというのも、年金受給を目の前にした人たちに繰下げ受給を薦める際には、けっこういい線いくのですけど、そうした説明の仕方にも誤解を生む隙があるために他で補完する必要が出てきます。しかし、それでもなお不十分で……と、そうしたことの繰り返しです。そういう意味で、経済学的に見れば云々と、所詮は誰かが過去に作り、絶えず見直しや変化の途上にある経済理論、とくに規範経済学（normative economics）のタームを用いて分かったつもりになっている性格の人がうらやましくもありますけど、まぁ、みなさんにはあまり彼らのマネをしてほしくはないところです。

では、年金は何のため？

　そうは言っても、「年金は〇〇のためにあるのですよっ」というようなことを、授業などで説明しなければならなくなるのも事実です。「年金って、いろんな顔を持っているんだよね」と言っても、学期末テストに出すことはできません。それでは非常に困るわけでして、そういう立場にいる人たちのために、本書にこれまで何度も登場してきたニコラス・バーによる説明の仕方を紹介しておきたいと思います。

　図表11-1の左側は、彼が2013年1月にIMF主催で開催された会合[3]で講演をした際に用いたスライドです。ニコラス・バーは、年金の主要な役割

3）　本書第1講中「追記」、第2講中「年金は将来の生産物への請求権」「積立方式は人口構造の変動に強いのか？」参照。

図表11-1　ニコラス・バーによる年金の目的

1.1 Objectives of pension
・For the individual
　・Consumption Smoothing
　・Insurance
・Additional objectives of public policy
　・Poverty relief
　・Redistribution

1.1　年金制度の目的

年金は複数の目的（multiple objectives）を持っている。
・個人あるいは家族にとっての主要な目的は、
　・消費の平準化：年金により、生産性が高い現役期（productive middle years）から引退期へと消費を移転することができるようになる。
　・保険：人はどれだけ長く生きるのかは分からないし、障害を負うこともあれば、配偶者や幼い子どもを遺して死ぬ場合もある。年金は、長生き・障害・死亡などのリスクに保険をかけることができる。
・公共政策上の追加的な目的も持っている。
　・貧困救済
　・再分配

出所：右側は、次の論文を参照しつつ、筆者が訳出。Barr, Nicolas（2013）"The role of the public and private sectors in ensuring adequate pensions: Theoretical considerations," IMF Regional Office for Asia and Pacific and Fiscal Affairs Department Conference on Designing Equitable Pension Systems in the Post Crisis World, Tokyo, 10-11 January 2013. 左側は同会合でバー教授が使用した資料より抜粋。

を「消費の平準化」と「保険」で説明するのが常ですので、これらについては彼が当日の会合のために準備していた論文を参考にして、このスライドを訳しておきます（図表11-1右側）。

　ニコラス・バーの報告では、次のスライドなども講義で説明するには役立つと思います（図表11-2）。ちなみに、「Key principle of analysis」については、バーが論文で明示しているように、2010年のノーベル経済学者ピーター・ダイヤモンドとの共著[4]に書かれています。

初等経済学を政策に当てはめることの危険性

　さまざまな強い仮定が置かれたファースト・ベストの世界の窓から現実の

---

4) Barr and Diamond（2008）*Reforming Pensions: Principles and Policy Choices*, Oxford University Press.

図表11-2　年金の分析のカギとなる原則

1.2　Key principle of analysis

Analysis should be framed in a second-best context
・What economists call first-best analysis (rational economic man/woman) assumes
　・Perfect competition
　・Perfect information
　・Rational behaviour
　・Complete markets
　・No distortionary taxation
・First-best analysis is useful as an analytical benchmark but a bad guide to policy

1.2　分析のカギとなる原則

分析はセカンド・ベストの文脈で行われるべき
・経済学者がファースト・ベストと呼ぶ世界（合理的経済人の世界）は次の仮定に基づいている。
　・完全競争
　・完全情報
　・合理的行動
　・完備市場
　・歪みをもたらす税が存在しない
・ファースト・ベストは分析のベンチマークとしては役に立つが、政策に対しては誤った指針を与える。

出所：図表11-1と同じ。

世界でしかありえない政策の世界を眺めて、安易に「経済学的には……」と提言するのを諫める、彼らの熟練した経済学者らしいアドバイスは素晴らしいですね。まったくもって同感です。ニコラス・バーたちは、ファースト・ベストの仮定を緩めた、まさに経済学のフロンティアにあるセカンド・ベストの経済学に立って年金の議論を展開しているわけですが（図表11-3）、日本での多くの、いわゆる、すぐに「経済学的には」と口にする人たちは、ファースト・ベストの世界と現実の世界との間にかなり長い距離があることをあまり意識していないのではないかと疑いたくなることが多々あります。しばしば僕が講義などで「経済学は、強い仮定が置かれたままの初等レベルしかやらないのならば、学ばないほうがましかなっ」と言うのは、そうした事情があるからです。とにかく、現実に人と制度が存在する政策論の世界にあって、子どもっぽい、いわゆる「経済学的」政策提言（？）をする人たちが多すぎまして。

考えてみると、僕は昔から似たようなことを書いているようです。次は、10年ほど前に、年金方面の論文を読んでいる時の感想――どうしてこの人た

図表11-3　ファースト・ベストの仮定の失敗

Failure of the first-best assumptions	ファーストベストの仮定の失敗
・Imperfect information, addressed by the economics of information (for which the 2001 Nobel prize was awarded) ・Non-rational behaviour, addressed by behavioural economics (2002 Nobel prize) ・Incomplete markets and incomplete contracts (for which Peter Diamond's work was cited in the 2010 Nobel Prize) ・Distortionary taxation, which is inherent in any system which includes poverty relief, addressed by optimal taxation (1996 Nobel prize)	・不完全情報（2001年　ノーベル賞） ・非合理的行動（2002年　ノーベル賞） ・不完備市場と不完備契約 　（2010年　ノーベル賞） ・歪みある税（1996年　ノーベル賞）

出所：図表11-1と同じIMF会合におけるニコラス・バー教授の資料より抜粋。

ちは、経済学の授業のなかでやる練習問題の延長線上に政策論があると信じられるんだろうか、という思いを書いた文章です。

　　経済理論というのは、フロンティアでは常に現存する理論の限界を認識しながら、限界の突破を求めて進化をつづけているものであり、そうであるから、彼ら経済理論のパイオニアたちは、自分たちの理論を現実に当てはめることには、少なくとも、理論のユーザーたちよりも慎重である。経済理論のユーザーたちは、そうした経済理論のフロンティアでの苦悩にまで目を配りながら、教科書レベルにまで普及してきたツールやアプリケーションの使い方の練習には、もう少し注意深くある方がよいように思える。学問上の画期的な進歩は、それ以前の理論を否定することから生まれるという性格は避けようがない宿命なのであるが、不確実性を組み込まないモデルにもとづいて積立方式の絶対優位を信奉し、その後、不確実性を組み込んだモデルを用いて賦課方式にも利点があることに気づいて報告するというのは、少々おさなすぎる[5]。

　たとえば最適課税という研究領域はジェームズ・マーリーズが1970年代初

---

[5]　権丈（2009〔初版2004〕）32-33頁。

めに創った計算フレームで、僕がケンブリッジにいた96年にマーリーズさんはノーベル経済学賞を受賞していました。食事をしている時に彼は話していたけど、最適課税論に基づけばすぐに政策提言できるようになるなんて考えてなかったそうです[6]。あの研究は、不確実性の経済学に発展する可能性があったから評価されたわけでね。ところが、どうして日本の経済学者と称する人には、そうした慎重さに欠ける人たちが大勢いるのか[7]。

本書の姉妹書（？）権丈（2015）に収めている、「第20講 研究と政策の間にある長い距離」などもご笑覧ください。僕らも学生の頃、経済学の授業で最適課税であるとか最適公害量であるとか、IS-LM分析の練習問題を解かされたものです。しかしながら、そうした授業のなかでのエクササイズと政策との間の距離は、もう無限大、否、つながることが永遠にないかもしれないくらいの話なわけです。学問をするということは、自分の投下時間がサンクコスト[8]化しても耐えられる胆力を鍛えることでもあるんですけどね。

---

6) 最適課税論は、目的関数としての社会的厚生関数の設定に価値判断が含まれるために、これを政策論につなげるには、どうしても慎重さが求められることになる。権丈（2005〔初版2001〕）171-172頁の次の文章も参照。

> 公平という概念の社会的役割を考えるのに便利なフィールドの1つに、最適課税理論の世界がある。この世界では、公平観を社会的厚生関数で表現して、この社会的厚生関数を極大化させる租税体系を、最適な課税と呼ぶ。この分析フレームを考案したマーリーズは、まず、功利主義型の社会的厚生関数を用いて最適な課税構造を導き出した（1971）。次にアトキンソンは、ロールズ型の社会的厚生関数を用いて、いま1つの最適な課税構造を導き出した（1973）。それでは、マーリーズが用いた功利主義型の公平観とアトキンソンが用いたロールズ型の公平観とでは、いずれのほうがより望ましい規範――判断・評価または行為などの拠るべき基準――なのであろうか。これを決めるためには、何をもって真の規範とするのが望ましいのかを再び考えざるをえなくなる。しかしながら、当然予想されることではあるが、そのような真の望ましさを決める方法などは、存在するはずがない。

7) 本書第1講、脚注39における、フュックスの言う「スマートに学ぶ」も参照を。
8) サンクコスト（埋没費用）とは、事業に投下した資金のうち、事業の撤退または縮小によって、回収することができない費用のこと。

第12講 日本の年金の負担と給付の構造

　社会保険は、「負担は能力に応じて、給付はニーズに応じて」という考え方に基づいて設計されています。公的年金保険で会社員などが加入する厚生年金保険もそうした仕組みになっています——年金保険料は所得に比例して徴収し、給付は定額の基礎年金（国民年金による給付）と所得比例の厚生年金という2階建ての仕組みにすることにより、年金額全体については、多くの保険料を支払った人の年金給付水準が高くなるという関係を保ちながらも、単純に保険料に比例するのではなく、現役時代の所得が低かった人には手厚くなるように設計されています。つまり、年金に加入することは高所得者よりも低所得者のほうが有利になっているわけです（図表12-1）[1]。そうは言っても、「現役時代に保険料拠出という自助努力をした人は、老後もそれなりに報われる」という制度設計となっていて、保険料拠出が多かった人が少なかった人よりも給付が低くなることはなく、現役時の労働や保険料納付のインセンティブを損なわない仕組み、かつ所得が高い人が年金制度に対して、奪われるばかりだという強い敵意を抱かせないような工夫がなされています（図表12-1）[2]。

　年金の負担と給付の構造を理解するためには、図表12-2の横軸「世帯

---

[1]　本書第11講中「図表11-1」における Redistribution（再分配）参照。
[2]　公的年金に報酬比例部分があることや、医療保険が軽傷でも3割負担で済むことなどは、再分配制度を社会に定着させる工夫の1つだと思っています。公的年金で比例拠出・定額給付の設計、医療保険で軽傷では全額負担というような制度にしておくと、前者では高所得者が公的年金を憎み、後者では健康な人・現役世代の人たちが医療保険の存在に批判的となるからです。

図表12-1　公的年金の負担と給付の構造

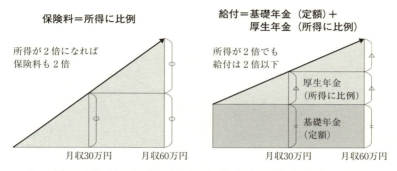

現役時代の所得が高いほど、所得代替率（＝年金／現役時所得）は下がる。

出所：平成21年財政検証関連資料。

（夫婦）の手取り賃金水準」という言葉の意味を誤解なく把握する必要があります――あまりにも誤解が多いんですよね[3]。

年金は、夫婦世帯の給与収入が同じであれば、世帯の保険料負担も給付も同額になるように設定されています。これはつまり、夫が月給60万円を稼ぐ専業主婦世帯と、夫40万円、妻20万円の共働き世帯の保険料と年金額はまったく同じになるということです。

はたしてこのままでよいのか？　というのが、第3号被保険者問題なわけです。この問題については、次のようなことを考えてみましょう。

今、年収200万円の女性がいるとします。この時、彼女は、次の3つの選択肢からどれを選ぶでしょうか。

1. 年収400万円の男性と結婚して共稼ぎをしながら、年収600万円の生活を営む。
2. 年収600万円の男性と結婚して専業主婦となる。
3. 年収600万円の男性と結婚して共稼ぎをしながら、年収800万円の生活を営む。

---

[3]　本書第2講中「第3号被保険者と世帯類型別給付水準」参照。

図表12-2　2014年の賃金水準別の年金月額と所得代替率

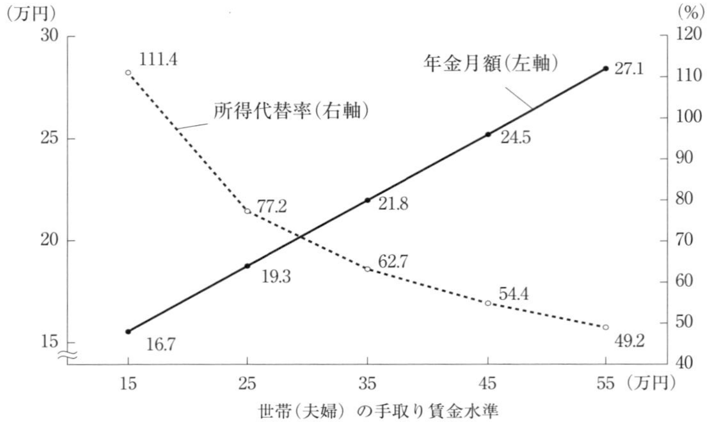

（万円）縦軸（左軸：年金月額）
- 15万円：16.7万円（所得代替率 111.4%）
- 25万円：19.3万円（77.2%）
- 35万円：21.8万円（62.7%）
- 45万円：24.5万円（54.4%）
- 55万円：27.1万円（49.2%）

横軸：世帯（夫婦）の手取り賃金水準

出所：平成26年財政検証、25頁＜経済：ケースC、人口：中位＞より作成。

あなたならば、どの選択肢を選びますか？　それはなぜですか？

そのあたりを考えることのなかに、第3号被保険者問題解決の糸口があるかもしれません[4]。

ちなみに、未婚女性が抱く理想のライフコースとして専業主婦願望を挙げる人はここ10年ほど20％程度で安定しているようです。一方、未婚男性がパートナーに望むライフコースとして専業主婦を考えている人は、約20年前は40％近くあったのが、10年前には20％に半減し、さらに2010年では10％程度に落ちているようです[5]。このことは、昔は、妻は家庭に入ってほしいと考えていた男性が多かったのに、今は、女性が働くことを望んでいる男性が、むしろ女性よりも多くなっているということで、世の中はずいぶんと変わってきていると言えます。

---

4)　権丈（2006）159-165頁参照。
5)　国立社会保障・人口問題研究所「第14回出生動向調査（独身者調査）」。調査対象は、18〜34歳の未婚者。

図表12-3　公的年金加入者の状況（2013年度末）

公的年金加入者 (6,718万人＝100％)		
第1号被保険者 27％	第2号被保険者 59％	第3号被保険者 14％

第1号被保険者の内訳：未納税者 4％／免除者 6％・学特・猶予者 3％／保険料納付者 14％

注：未納者とは2年以上の保険料未納付者。2年というのは、追納が許された期限であったが、2012年10月1日に追納期間を10年とする年金確保支援法が施行された。

国民皆年金というロマンを追った日本

　ところで、少し話がややこしいのですが[6]、厚生年金の加入者は、自動的に1階部分の国民年金の加入者にもなります。そして国民年金の加入者には、図表12-3の右側から、会社員の配偶者の第3号被保険者（被保険者の14％）、会社員本人などの第2号被保険者（59％）、それに第1号被保険者（27％）があります。

　このうち、第2号被保険者と第3号被保険者は、図表12-1で説明した基礎年金を給付する国民年金＋報酬比例の給付を行う厚生年金に加入していますが、第1号被保険者は、図表12-1の1階部分の国民年金にしか加入して

---

6) どうして話がややこしくなったかということを説明しようとすれば、これまたややこしい話をしなければなりません。
　1961年に開始された「国民年金」という名前の制度は、1985年に基礎年金が創設される制度改革が行われるまでは、現在の第1号被保険者のみを対象とする制度でしかありませんでした。その「国民年金」が、1985年の制度改正時に、基礎年金を給付する制度に改編され、厚生年金などの被用者年金の被保険者も加入するように拡張されて、それまでの被用者年金の被保険者本人は第2号被保険者、その配偶者は第3号被保険者と名付けられました。この1985年改革に基づいて、国民年金は、学生を除く（学生の強制加入は1991年4月から）20歳以上60歳未満の日本に住むすべての人を強制加入とし、共通の基礎年金（1階部分）を支給する制度になり、また、厚生年金などの被用者年金は、基礎年金の上乗せの2階部分として、報酬比例年金を支給する制度へと再編されたわけです。

いません。そして第1号被保険者の年金は「定額拠出、定額給付」です。どうして、「負担は能力に応じて、給付はニーズに応じて」という社会保険の考え方に基づいた形になっていないのでしょうか？

実は、基礎年金には、租税を財源とした国庫負担が給付費の2分の1入っていますので、その税の部分を通して、所得の高い人から所得の低い人に再分配が行われています。つまり、基礎年金も、納税額の多い高所得者よりは低所得者のほうが有利な制度に設計されてはいます。そうではあっても、厚生年金のように、所得に比例して保険料を払ってもらう仕組みにしてよさそうなのに、なぜそうなっていないのでしょうか？

それは、第1号被保険者の加入者である自営業者、農業者、無業者（ふだん収入を得ることを目的とした定職を持っていない者）などの所得の捕捉率——税務署が所得を把握している割合——が実はあまり正確ではなく[7]、そのうえ、保険料を賦課するベースを給与所得者である会社員などと統一するのが難しいからです。そうした事情はどの国にもあり、したがって、国民全員を対象とした「国民皆年金」という政策を掲げている日本という国は珍しい国であるとも言えます。自営業者を対象とした報酬比例の年金（多くは一定所得以上の自営業者を対象）までは世界にはありますが、無業者までも対象とした国民皆年金に日本は踏み切ったわけです。

国民皆年金政策を採用するかどうかが模索されていた頃、米、英、仏、西独各国に公的年金の視察が行われています。視察団は帰国後、国会議員に報告し、これらの国は本気で自営業者の年金には取り組んでいないことや、英や西独の年金局長からは費用ばかりかかるのでよしたほうがいいというアドバイスをもらったと伝えると、それを聞いた政治家が、「欧米ができぬと思い込んでいることでも、日本に成就できることがある」と答えられたという話もあります。国民皆年金というロマンですね。国民年金ができた当時の年金局長・小山進次郎さんは「国民の強い要望が政治の断固たる決意を促し、我々役人の小ざかしい思慮や分別を乗り越えて生まれた制度」[8]であるという言葉を残しています。国民皆年金という政策が、運営上、きわめて難しい

7） 本書第30講参照。

8） 小山（1959）「序」1頁。

ものであることがにじみ出た言葉だと思います。ここに、野党や研究者から見れば攻めるにやさしい年金行政のアキレス腱が生まれることになるわけです。

　制度設計上は、苦肉の策として農業者、自営業者、そして無業者などが入る第1号被保険者は定額拠出、定額給付とし、所得が低い人やない人には、保険料納付の免除を認める制度を準備しました。そして制度の運営面では、第1号被保険者の人と被用者年金の人との間で所得捕捉率や保険料の賦課ベースが異なることを原因として生じる不公平さが生まれないように極力注意を払い、言わば年金を多元的に取り扱うことにしたわけです。さらに言えば、国民皆年金という特異な政策をとった日本は、自営業者をはじめとした第1号被保険者に、任意加入の国民年金基金[9]を2階部分に乗せることにより、報酬比例年金を準備してきたと理解できるかと思います。

　ちなみに、国民皆年金を掲げるかぎり、仮に自営業者のみを対象として報酬比例年金を導入したとしても、今の定額保険料の対象は残ることになります——専業主婦や学生をどう扱うかという問題も、さらには免除制度の創設[10]も、「国民皆年金」ゆえに生まれたものです。

　こうした背景のもと、年金制度論のなかで論じられてきた1つの練習問題に年金一元化というものがありました——ここで練習問題と言うのは、これについて答案を書かせると、どれだけ年金制度のことを知っているかが分かるからです[11]。社会保障制度改革国民会議で、年金一元化の話を2段階方式の2段階目に棚上げして終わらせようと思っていた僕を[12]、山崎泰彦先生が戒めると言いますか、叱るシーンがあるので紹介しておきます。一方には被用者のみを対象とした所得比例年金、他方は均一拠出・均一給付という形で、二元的に運営してきた制度を一元化する際には、保険料の賦課ベースをどう

---

9) 国民年金基金は、自営業者など国民年金（基礎的年金）だけに加入する者に対し、その上乗せ部分を支給する目的で1991（平成3）年に設けられた制度。公的年金制度と同様に社会保険料控除、公的年金等控除などの対象となります。

10) 本書第2講中「年金加入期間25年を短くすると、未納者は減り低年金者は減少するのだろうか」参照。

11) この問題については、本書第2講、および第26講を参照。

12) 本書第2講中「2011年、年金制度改革2段階論？」参照。

するかという難しい話も入ってきますけど、大切なことは、いつも大方難しいんです。しかも、正確に表現するにはどうしても長くもなります。だから引用も長くなりますが、少し我慢して読み通してください[13]。

山崎委員 少し前の年金に関する議論で国民会議〔2013年5月17日第12回社会保障制度改革国民会議〕での議論の受けとめ方ですが、すぐにか将来かは別にして、いずれにしても所得比例年金に一元化するという方向で集約されたような報道がありましたが、少なくとも私は賛成したつもりはございません。……

　抽象的には所得比例年金というのはよく分かるのでございますが、少なくとも民主党が言っている所得比例年金というのは、給与所得者は給与収入、今と同じでございます。事業所得者は経費を除き、さらに基礎控除もする。つまり、今の国保では旧ただし書きの所得で捉えるということでございます。異なる賦課ベースでなぜ一元化できるのか。これは民主党の責任ある方に直接申し上げたことがあります。例外なき一元化とおっしゃっているけれども、賦課ベースに大きな違いを残したまま、なぜ一つになるのですかということを申し上げたことがあります。

　もしそういうことが可能であるのであれば、今、国民健康保険には給与所得者がたくさんいますけれども、国保の給与所得者については給与収入のみで保険料をかけ、そして、その他の方については経費を除き基礎控除を除いて保険料をかけるということになりますが、そういうことは国保の世界ではあり得ないのです。ですから、賦課ベースを一つにしないといけないのです。そうすると、サラリーマンについても給与所得控除、基礎控除をするということでないとそろわないのです。そうしたときに低所得者で、したがって保険料を民主党案では免除されて、その方には全額最低保障年金が税で出るわけですけれども、賦課ベースが非常に狭くなって、税で最低保障される方が膨大になるということであります。あえて言いますと、民主党案ですと、サラリーマンの妻というのは所得がないのではなくて、夫の収入の半分は妻に帰属することになり

---

13) 以下、第15回社会保障制度改革国民会議（2013年6月13日）より。

ますから、無収入の妻というのは全員いなくなって途端に所得のある方になります。したがって、最低保障年金が出るにしても全額は出ないということでございまして、結局どういう形になるかすぐ絵を描いてみれば分かるのでございます。

　つまり、給与収入と経費を除いたいわゆる課税ベースで捉えた所得という違いを残したままでもって同じ基盤で年金制度を所得比例年金として構築するということは、この国では難易度の非常に高い難題だと思っております。

　権丈委員が遠い将来においてはという随分マイルドな言い方をされて、今もそんなことをおっしゃっているのですが、これはあり得ないという意味でおっしゃっているのではないかと思いますが、もし私の理解が誤解であるとすると……。

　権丈委員　いや、同じ考えです。

ここで僕は、笑いながら返事をしていたので、記事録に「(笑)」と付けていたのですが、「官邸での会議の議事録に『(笑)』は過去ありません」と言われて、消されてしまった次第。

＊　　＊　　＊

　ちなみに、民主党に最低保障年金と一元化を薦めてきた人たちは、こうした一元化を実現する際の難題には気づいていなかったと思います。さすがに気づかされ、触れざるをえなくなった今、僕らは、彼らの「それでもできる」という弁明を聞かされていくことになります。これはちょうど、かつてOutput is central の考え方を知らずに「積立方式は少子高齢化の影響を受けない」と言っていた人たちが、今では「それでも積立方式のほうが政治的には優れている」と言い換えたり、二重の負担、そしてこの問題を多世代に普遍化した同等命題があるから積立方式への移行は難しいし意味がなく、しかも彼らが不公平だと批判する世代間格差——僕らから見れば不公平には見えない格差——も解消できないと指摘された人たちが「それでも云々……」という論を延々と続けたりしているのと同じです。研究者というのは過去に

言ってきたこととの整合性をとろうとしますから大変です。

「あらゆる状況において人や組織の意思決定は、(過去の状況と現在の状況は現段階ではまったく無関係であったとしても) 過去にその人や組織が選択した決断によって拘束(ロックイン)される」ことを「経路依存性(path dependence)」と言うのですが、年金界の議論は、昔から経路依存性のオンパレードの感があります。そしていつの間にか世の中の年金論が、過去に間違えていた人たちの自己弁護の論でいっぱいになり、肝心要の議論が閉め出される——最近の具体例を挙げれば、平成26年財政検証のオプション試算で示された改革論議がまったく行われなくなっている。そういうことが、年金まわりの民主主義過程では、どうも繰り返し起こってきたわけです。

第Ⅲ部
混迷のなかで

第Ⅲ部には、民主党政権下（2009年8月30日から2012年12月16日）で書いたり話したりしたことを収めている。なお、第17講「運用3号とは何だったのか？」は書き下ろしであるが、その他は今となれば過ぎてしまった話ゆえ、歴史から学ぶ気がない人は読まなくてもよし。
　なお、2006年に出版した『医療年金問題の考え方——再分配政策の政治経済学Ⅲ』序章に書いた文章を、第Ⅲ部のイントロに代えて、ここに引用しておく。

　　『医療年金問題の考え方——再分配政策の政治経済学』ができるまでの経緯を説明しよう。
　　2004年年金改革時、この国で政府案に対する激しい反対論が展開されたのは、いまだ記憶に新しい人もいるであろう。世論調査では、国民の7割から8割が廃案を求めた。そのとき、おそらく在野にあってわたくしひとりが、この2004年年金改革法案は、みんなが言うほど悪くはないという論陣を張りはじめた。それから先は、詰め将棋をして遊んでいるようなものであった。
　　……
　　2004年2月10日、年金改革関連法案（法律案460頁、理由1頁）が政府により国会に提出される。同4月7日、民主党が年金改革法案（法律案11頁、理由1頁）を提出。4月24日、翌25日の衆院統一補欠選挙を前にして、菅元民主党代表は未納3兄弟キャンペーンを開始。25日、民主党のキャンペーンもむなしく、衆院補欠選挙で無風のなか自民全勝。3日後の28日、さほどの混乱もなく、年金改革関連法案は衆議院厚生労働委員会で可決。この時点で、2004年年金改革に携わってきた人たちは、任務完了との思いをいだき、ゴールデンウィークを久しぶりにゆっくりと家族と過ごすつもりの人もいた。ところがその直後から、年金改革関連法案について真摯な議論がなされた形跡もないのに、この法案への国民からの採点は急変し、最悪の評価を受けるようになる。そして、7月11日の参議院選挙に向けて、「2004年年金騒動」が最高潮に達していった。年金のような重要法案の中身について国会でまともな議論がなされることもなく、すんなりと通過していくことも異常であれば、そのまま議論が行われることもないなかで、突如として天下の悪法へと評価が急変するのも異常。今日的な民主主義的政策形成の危うさを縮図のように表しているようにみえた奇妙な時勢のなかで、時勢の孤児とならばなれと、世の流れに反して書いては公開しつづけた文章は、本書にまとめるにあたって筆を入れなかった。……脱稿の日付を重視しているのはそのためでもある。

第13講 民主主義とは「最大多数の最大幸福」か、それとも「多数の専制」か？──ベンサムとJ. S. ミルが見たそれぞれの世界*

　この第Ⅲ部「混迷のなかで」は、2009年8月30日の政権交代選挙の後、初めて書いた「勿凝学問」から始めることにしよう。

　　　　　　　　　　＊　　＊　　＊

　ノルウェーに留学している学生が、ゼミの掲示板に。

> 仕事のページは毎日かかさずチェックしております。
> 友人から本日の授業で
> 「自分が死んでからすぐにJ. S. ミルと結婚したハリエットの旦那はいったいなんだったのかという先生の疑問に一同大爆笑。」というのを耳にしました。ハイルブローナーもさらっと書いているところが面白いです（笑）。
> 誰か授業の講義録（？）のようなものをパソコンでとってる人がいたら教えてください。

　講義は、なにも、ハリエット・テイラーの話がメインではなかったぞ──ちゃんとまじめな話もしたような気がするんだけどねぇ。

　「最大多数の最大幸福」を唱えたのはベンサムであり、「多数の専制」を言ったのはジョン・スチュアート・ミル（J. S. ミル）。どちらのほうが、民主主義というものの実態を描写していると君らは考える？　と問うたのが9月25日、すなわち8月30日で政権交代を果たし、鳩山内閣が9月16日に発足

＊　「勿凝学問251」（2009年9月28日脱稿）を筆削補訂。

した直後、2009年秋学期における社会保障論の第1回授業——なぜに、社会保障論でそんな話が？　などは言わないこと[1]。

　ジョン・スチュアート・ミルの父親のジェイムズ・ミルは、ベンサムを囲む「哲学的急進派」の1人であり、息子J. S. ミルがベンサム思想に基づく政治改革のリーダーとなるよう英才教育を施す。その教育はすさまじく、J. S. ミル3歳の時からギリシャ語を学ばせ、ソクラテス、クセノフォンなどの書を原書で読ませる。8歳になると学習にラテン語も加えられ、J. S. ミルは13歳でリカードの『経済学および課税の原理』、アダム・スミスの『国富論』を読み終えている。

　そういう教育を受けたJ. S. ミルが、父親ジェイムズ・ミルの意図に反して、ベンサムの「最大多数の最大幸福」と対立するともとれる「多数の専制」を言うことになる。それは、なぜ？

　これが、政権交代で大人たちが大いに賑わっているなかでの学生への問いかけだったわけである。

　ヒントは、ベンサムが『道徳および立法の諸原理序説』を出したのは1789年であり、J. S. ミルが『代議制統治論』を書いたのは1861年というように、彼らが生きて観察した世界が異なること。

　すなわち、『道徳および立法の諸原理序説』が出版された1789年はフランス革命勃発の年であり、イギリスでも少数が支配していた時代だった。「最大多数の最大幸福」はこの時代に唱えられ、封建的諸制度を打破しようとする自由主義的改革の理論的武器として広く世の中で活用された。しかしなが

---

[1]　2001年に出した『再分配政策の政治経済学Ⅰ』の序章にある、次の文章をご参照あれ。

　　多くの人は、わたくしが社会保障を考えると言いながら、なにゆえに、ほぼすべての章にわたって＜権力の話＞を登場させるのかと、奇妙に受け止められるかもしれない。また、ヴェブレン、ミュルダール、ガルブレイスの考え方が分析の基礎になっていることや、マキャベリの話などが出てくることとのつながりを疑われるかもしれない。しかし、わたくしにとっては、これらはすべて、十分に、社会保障論なのである。

ら、J. S. ミルが生きた時代は、トックヴィルによって『アメリカの民主主義』で衆愚政治に陥っているアメリカの状況が報告されたり（とくに1835年に発刊された下巻）、1840年代には労働者が選挙権を求めるチャーチスト運動がピークを迎え、1848年には『共産党宣言』が出されており、1864年にロンドンで第1インターナショナルが開催される前夜だったのである。

『代議制統治論』（岩波文庫、白116-9）のなかで、ミルは次のように言う（J. S. ミルは日本語が得意ではないようです……）。

> 代議制民主政治に付随する危険に、2つの種類があることは、すでにみてきた。すなわち、代議機関およびそれを統御する民衆世論における治世の度が低いことの危険と、数的な多数者側での、これがすべて同一階級から構成されているための階級立法という危険である。
> ……
> 代議制統治の自然的傾向は、近代文明のそれと同じく、集団的凡庸さに向かっていて、この傾向は、選挙権のあらゆる引下げと拡張によって増大させられる。なぜならば、その結果は、共同社会における最高水準の教育をますます下回る諸階級の手中に、主要な権力を与えることになるからである。しかし、すぐれた知性や性格は、数では劣ることにならざるを得ないけれども、彼らが傾聴されるかどうかによって、大変な相違が生じる。偽の民主政治においては、すべてに代表選出を許す代わりに、地方的な諸多数派だけにそれを許すのであり、教育ある少数者の声は、代議機関でまったく発表機会をもたないかもしれない。この誤った方式に基づいて構成されたアメリカの民主政治においては、その共同社会の高い教養のある人びとは、彼らのうちで自分たち自身の意見と判断の仕方を犠牲にして、自分たちより知識の劣った人びととの卑屈な代弁者に喜んでなろうとしている人びとのほかには、連邦議会もしくは州議会に立候補することさえせず、かれらが選出される見込みのないことは、それほどたしかなのだということは認められた事実である。

では、J. S. ミルが期待する議会の本来の役割とは？

　　　　代議合議体の本来の任務は、それが根本的に適していない統治という機能ではなく、政府を監視し統御することである。すなわち、その諸行為に公開性の光をあて、だれかが疑問に思うすべての行為について、十分な説明と弁明をさせ、断罪されるべきことがあれば非難し、また政府を構成している人びとが、その信託を悪用したり、国民の熟慮された意向と矛盾するやり方でその信託に対応するならば、彼らを免職し、明示的または実質的その後任者を任命することである。

　そしてJ. S. ミルの言う、偽の民主政治に対する真の民主政治とは？

　　　　いまスケッチした代議制民主政治、すなわち多数派だけではなくすべてのものを代表する代議制民主政治においては数的に劣勢な人びとの利害関心、意見、知的水準がそれにもかかわらず傾聴されるだろうし、数の力には属さない影響力を、人格の重みと議論の力によって獲得する機会をもつだろう。この民主政治だけが平等であり、これだけが不偏であり、これだけがすべての人によるすべての人の統治であり、唯一の真のタイプの民主政治なのであって、これは現在流行中のまちがって民主政治と呼ばれ、現行の民主政治という観念がもっぱらそれからひきだされているものの最大の諸害悪とは無縁である。

　J. S. ミルの言う「多数の専制」に抑圧される「少数」とは、J. S. ミルをはじめとした「教育のある人びとの少数派」のことなのである。J. S. ミルが、どのような改革案を提示したのか——そういうことは自分で本を読みなっということで、講義は、いきなりケインズ型消費関数における限界消費性向と縁付きエッジワースボックスの関係について——というのが、先日の授業。

　でっ、授業のなかで雑談として話した——先日の話すべてが雑談とも言えるのだけど——ハリエット・テイラーとJ. S. ミル、そしてジョン・テイラー氏の話を簡潔に紹介。

　　1830年　J. S. ミル25歳。テイラー氏の紹介でテイラー氏の奥方、ハリエットと会う。

第13講　民主主義とは「最大多数の最大幸福」か、それとも「多数の専制」か？　265

　　　　　テイラー氏公認のもと、J. S. ミルはテイラー氏と交際を続ける。
　　　　　2人でフランスやイタリアに旅行にも出かける。
　1849年　ジョン・テイラー氏、ハリエットの手厚い看護に感謝しつつ、彼
　　　　　女に莫大な財産を残して死亡。
　1851年　J. S. ミル43歳。ハリエットと結婚。

　僕はついつい、講義のなかで、「ハリエットの旦那の人生というのは、いったい何だったんだろうね」とつぶやいてしまったわけだ──ちなみに、Ⅰ巻（権丈2005〔初版2001〕）の「あとがき」に記している義父はベンサムに詳しい法学者で、はじめて挨拶に行く電車のなか、あの時ほど集中して本を読んだことはないような気がしないでもない……あの日は、ベンサムのべの字も登場しなかったけど、いやはや。。。

　　　　　　　　　　　　　　　　　　通信教育はこれかぎり（笑）

第14講　「市場」に挑む「社会」の勝算は？*

　国民の最低生活を守るために、政府が家計の稼得所得と最低生活費との差額を自動的に補塡する方法は、昔から多くの人が思いつくものであった。1960年代にフリードマンが唱えた負の所得税もそうだし、昨年（2009年）5月に前与党（自民・公明）が検討を始め、現与党（民主）も引き継いだ給付付き税額控除、それに農家への個別所得保障制度も発想は同じである。これと同じ発想をさかのぼれば、18世紀末にイギリスで制定されたスピーナムランド制度の顚末に触れざるをえなくなる。

　1790年代、革命後のフランスとの戦争の最中、凶作とインフレが農村の窮乏と社会不安を高めていた。そこで1795年、バークシャー州の治安判事たちはスピーナムランドにあるペリカン・インという宿屋で総会を開き、貧困と低賃金への斬新な対策を全会一致で採択した。その対策とは、パンの価格と世帯の規模に反応するスライド規定を用意して、働いていても最低所得を下回る家庭には、教区（キリスト教会を通じた行政単位）が最低生活費の不足分を支給する制度の準備であった。この制度は、人々の大きな期待を受けて翌年には各地に拡がっていく。

　ところが、この制度の現実の機能を見ると、善意と誠意に発した立案者たちの狙いから大きく外れ、いたずらに救貧地方税の負担を膨張させてしまった。さらに企業側からは単なる賃金補助と受け止められて低賃金が温存され、労使間にあった細々とした紐帯をも断ち切ってしまう。賃金がどれほど生存費水準を割り込んでも、経営者は差額給付をあてにできるので労務費削減を

＊「経済を見る眼　"市場"に挑む"社会"の勝算は？」『週刊東洋経済』2010年3月6日号（3月1日発行）より転載。

図り、不要となれば躊躇なく労働者を放り出す始末。当時の貧民の実感を込めた言葉をもってすれば「貯蔵穴のじゃがいものように要るときだけ取り出す」不安定な雇用慣行すら広がらせたのである。他面、労働者も、稼得の少ないほど扶助が多くなるので、働く意欲を失い、人々の自尊心と自立心をも蝕んでいったのは自然であった。

　さて、善意が裏切られた時の、納税者たちの反応はどうであったか。「補助金によって増大する人口」を攻撃したマルサスの『人口論』が初版(1798年)以来、広範囲に支持されていく。そしてスピーナムランド制度が誕生して39年後の1834年、この制度は廃止され、新救貧法——保護される者は自立して生きる労働者の最下層の生活よりも劣るべきとする「劣等処遇原則」と、労役場のなかだけでしか貧民に対処しないとする「院外非救済原則」を徹底させた制度——が誕生する。これはスピーナムランド制度以前の救貧法より貧困者に厳しいものであった。その後、イギリスで、貧民への劣等処遇、強制労働の状況が大きく改善されるのは、20世紀に入っての「自助の強制化」を図った社会保険の導入を待たねばならなかった。

　新救貧法の時代に生きたエンゲルスは、「プロレタリアートに対するブルジョワジーのもっとも公然たる宣戦布告は、マルサスの『人口論』と、それからうまれた新救貧法である」と論じて悔しがり、1世紀以上後に、ポラニーは『大転換』(1944年)のなかで、「市場」に対する「社会」の最後の防衛が挫折する、時代を画した大きな出来事としてスピーナムランド制度を取り上げた。

　さて、最近流行りの諸々の制度——心して制度設計してもらわねば、半世紀ほど先の評価がどうなるのか、私にはなかなか読めないところである。

第15講 政治的関心層の合理的無知がもたらした政治的帰結＊

　先日、あるところで、「しっかりした政治的関心層が、得票率極大化行動をとる政治家を牽制し、合理的無知な国民を啓蒙して、はじめて民主主義はどうにかぎりぎり機能するわけで、日本は、政治的関心層の質が悪いから、こんなことになるんだよ……ということを、9月に呼ばれた計画行政学会で話をしてきた」という話をした（図表15-1）。

　ということで、計画行政学会に提出した報告要旨（2011年9月11日稿）を、1つの文章として、ここにアップしておきます。なお、当日のセッションは、計画行政学会と公共選択学会の共同セッション「政権交代と政策決定」であり、私は、公共選択学会の知人から登壇を求められて参加。他の登壇者である政治学者らは政権交代の意義を論じているなか、私は次のような報告を行う。

　　　　　　　　　　＊　　＊　　＊

政治的関心層の合理的無知がもたらした政治的帰結[1]

　後知恵と呼ばれるのは不本意なので、過去に書いた文章を引用しながら、報告要旨をまとめてみようと思う。2009年8月30日、政権交代が実現した総選挙の夜、私は自身のホームページに「辞表を出すときがようやくきたな」[2]と書き、翌日、政府の仕事に辞表を出す。

＊　「勿凝学問374」（2011年11月27日）を筆削補訂。
1）　計画行政学会・公共選択学会連携セッション報告要旨「政治的関心層の合理的無知がもたらした政治的帰結（The Political Consequences of Rational Ignorance of Attentive Public）」2011年9月11日。

図表15-1 民主主義における政治的関心層の役割

なぜ、政府の仕事に辞表を出したのか。理由は簡単である——政権交代後、私には次のような未来が見えていたからである。

> 今後起こることは、政治センス（？）に充ち満ちた政治家たちのリーダーシップのもとで、万が一巧く展開するとなれば、冬の時代を生きる官僚をはじめとした人たちを血祭りに上げて国民の溜飲を下げてあげたり、血祭りをみて歓喜する国民をだまし討ちにして、マニフェストをうやむやにすることくらいかな。でも、血祭りやだまし討ちに協力することは僕の仕事ではないというだけの話である[3]。

政権交代と同時に、その後の展開を的確に予測する雑誌記事「メッキはすぐ剥げる！　民主党のむだをなくせ」[4]が出ていることからも理解できるように、民主党のマニフェストがどれほどデタラメかということは、少し考えれば分かる話であった。ところが、学者、評論家、メディアという日本の政治的関心層は、ほんのわずかな知的努力をすることもなく、国家運営の根幹にかかわる財政や、高齢者所得の7割を占める巨大な生活インフラたる年金について、信じがたいほどに無知なままであり、民主党の故意的な公約違反

2）「勿凝学問249　さて、ようやく終わったから、もういいだろう」（2009年8月30日脱稿）参照。

3）「勿凝学問253　血祭りやだまし討ちにかかわるのは僕の仕事ではないんだよ——それが僕と政治学者の違いかな」（2009年10月22日脱稿）参照。

4）『週刊東洋経済』2009年9月5日号、62-65頁。

の片棒を担ぎ、国運を傾ける行為にも荷担してしまった。

　公共選択論で使える概念に、政治家は次の選挙での当選を目標として、なりふり構わずに得票率極大化行動をとるという考えと、投票者が合理的に行動すれば公共政策に関して無知になるという合理的無知というものがある。政治的関心層が、投票者の合理的無知につけ込んだ政治家の得票率極大化行動を牽制してはじめて、民主主義はまともに機能するのであろうが、残念ながら、この国では政治的関心層その人たちが合理的無知に陥っていた。

　この国の財政・社会保障政策を正常な軌道に乗せるには、民主党が故意に公約違反を犯した罪を認めなければならないが、そうした豹変への国民や野党からの批判を抑え込むことができるほどの強い権力を彼らは持ってはいまい。選挙は、神聖な儀式であるがゆえに勝利した政党が統治の正当性を得るという民主主義のもとで、そうした豹変が許されるはずもなく、その厚顔を許すこと自体が、選挙の神聖さへの冒瀆であるように思える。あってはならない政治手法での政権交代を経験した日本は、今、その後遺症に苦しんでいる。

　当日使ったパワーポイントの記述を一部列挙してみると、次のようになる。

■2009年政権交代から得られたもの
・バカな野党がいなくなったこと[5]
・「ウソはついた者勝ち」という、民主主義版「勝てば官軍」を、子どもから政治家までを相手に、広く国民に示してくれたこと
・ついでに言えば、「日本の政治的関心層のレベルは低いから簡単にダマせる、まして普通の国民は……」「ウソをついても政治家は偽証罪を問われないどころか、社会から何ら罰せられることもない」ということを、子どもたちをはじめとした国民に教えてくれたことかな

5）「勿凝学問273　2008年新春に予測した三つ巴の論戦。その後――天皇誕生日の講演での『選挙権を国に返上する権利を認めてもらいたい』の意味」（2009年12月25日脱稿）参照。

■政策論と政治論[6]
・「政策論というのは細部への知識と洞察が生命線なのであり、制度への細部の知識と洞察が、思考の碇となって思想のブレを抑える働きもするわけである」
・正確な政策論は政治論の必要条件。もし必要条件を満たさぬ政治論が展開されれば……

■正確な政策論は政治論の必要条件[7]
・僕の仕事と重なる政治学者ってのは、おもしろいほどに制度の細部を知らないね。僕の考え方は、年金にしろ医療・介護にしろ、税・財政にしろ、あるべき社会保障制度の細部、各論を詰めて、その制度を実現するための政治はいかにあるべきかという、いわば細部を積み上げて政治を語るという論法。このとき、あるべき制度の設計ができない人たちの論ってのは、だいたいいつも邪魔。
・君ら政治学科の学生は、しっかりと制度設計、政策評価ができるような訓練をしておいておくれ。年金の保険方式、租税方式の根本的な相違点や高齢者医療制度をめぐる本質的な問題点も分からないままに——とくに制度も理解しないままに——社会保障をめぐる政局を論じる政治学者や政治部の記者になどならないようによろしく頼むよ。迷惑なだけだ、知名度の高い大衆ってのは。

　　　　　＊　　＊　　＊

北大シンポ「今ひとたび、政治の可能性を問う」

　なお、2009年8月30日の政権交代選挙から1年少し経った2010年10月17日、当時北海道大学の山口二郎氏、宮本太郎氏主催のシンポジウム「今ひとたび、政治の可能性を問う」に、濱口桂一郎氏（現労働政策研究・研修機構　主席統括研究員）とともに呼ばれた。濱口氏はご自身のブログで、「まあ、（昨日の

---

6)　権丈「政策技術学としての経済学を求めて——分配、再分配問題を扱う研究者が見てきた世界」『atプラス』01号（2009年8月号）。本書第3講所載。
7)　「勿凝学問253　血祭りやだまし討ちにかかわるのは僕の仕事ではないんだよ——それが僕と政治学者の違いかな」（2009年10月22日脱稿）参照。

シンポジウムは）『痛快』と言いますか、政治学者お２人を目の前にして、『一部の政治学者と、多くの政治評論家と、大部分の政治部記者が諸悪の根源』と言ってのけるのですからね（笑）」と綴られる。濱口氏は当日、この発言に続けて、「彼らは各論や細部を知らない、そして知らないことを分かっていない」と発言される。

濱口氏がそうしたことを話されている頃まで私はおとなしくしていたのであるが、シンポジウム中の山口二郎氏の「政権交代はやってみなければ分からなかった」という言葉を受けて、「そういう言葉は素人にしか許されない話。それではこれより、政治学者への批判を始めさせてもらいます」とお断りを入れて、最後には「2009年の政権交代時にかかわっていた政治学者たちを眺めながら思っていたことは、政策の細部を知らない政治学者たちの存在は有害だということ[8]。実際のところ、政治学というのは要らないのではないかと思う」と発言する。

当シンポジウムは、参加者の募集を始めると、すぐに定員を超える申込みがあったほどに好評であったようである。シンポジウムの翌日に参加者から届いた連絡には、「北大シンポが終わった時、私は近くにいた知人に『いやー、これはどんなに高い入場料を払っても絶対見たいシンポでしたね』と口走ってしまいました」とあったのだが、シンポジウムの記録は公開しないことが、主催者により決められたようである。

---

[8] 権丈（2015）第３講における21世紀臨調への批判なども参照。

第16講　政争の具にされてきた年金の現状*

　原発被災地で、東京電力からの補償金が「収入」とみなされ、生活保護が打ち切られたという話が（2011年）6月にあった。生活保護は、本人の資産、能力、その他あらゆるものを活用したうえで、なお最低限度の生活が維持できない場合に給付される。この「補足性の原則」ゆえに、補償金は収入に入れられて、残念ながら給付が打ち切られることになる。

　生活保護を受給するには所得のみならず資産や能力などをも対象としたミーンズテスト（資力調査）が義務づけられ、それは概してスティグマ（恥辱）を伴う。このスティグマからの解放を意図した貧困対策として普及したのが社会保険であり、受給要件は保険料を払ってきたかどうかである。したがって、社会保険である年金は事前に貧困を防ぐという「防貧機能」にその本旨があり、事後的な「救貧」を目的とする生活保護とは本質的に異なる。年金をこれ以上ないほどに政争の具としてきた民主党は、そのあたりさえ分かっていないようである。

　民主党政権は昨年の有識者検討会議から、年金の「救貧機能の強化」という言葉を公式に記すようになった。この党が掲げ、一部の学者がお墨付きを与えてきた最低保障年金の新解釈のようだが、社会保険としての年金は、救貧機能は持っていない。

　認識の欠如により失態を招いたのが、主婦の年金をめぐる「運用3号」[1]だった。保険料を納付しなかった人を「救済」しようとするあまりに、まじ

---

*　「経済を見る眼　政争の具にされてきた年金の現状」『週刊東洋経済』2011年10月22日号（10月17日発行）より転載。

1）　本書第17講参照。

めに払ってきた人がバカを見る取り扱いは、社会保険の原則を損なうものだったため、撤回に追い込まれた。そして今、社会保障・税一体改革の成案からは、再び同じ間違いの芽を見ることができる。

　成案には、年金の最低保障機能の強化と称して、「年収65万円未満（単身の場合）の者等に対して、月額1.6万円（7万円と老齢基礎年金5.4万円との差）を加算」とある。7万円は、民主党がマニフェストに掲げた最低保障年金の額であり、このマニフェストとの整合性を無理やり持たせるために、年金の「救貧機能の強化」を図るというのであろう。しかし、社会保険のなかでそれを行うことには無理がある。

　一方、「防貧機能強化」への必須の策に短時間労働者に対する厚生年金の適用拡大があり、政府はその取り組みをアピールしている。だが、この方向に第一歩を踏み出す法案は2007年4月に自公政権が提出しており、これを廃案に追い込んだのは民主党である。成立していれば、被用者年金一元化は2010年4月1日から、パート労働者への厚年適用拡大は今年（2011年）9月1日から施行されていた。

　なお、一体改革の成案には2009年マニフェストの目玉だった所得比例年金（社会保険）と最低保障年金（税財源）からなる「新しい年金」は「国民的な合意に向けた議論や環境整備を進め、実現に取り組む」と記されているにすぎない。これは彼らのマニフェストの「新しい年金」は実現できないことを見通せる人たちが、民主党の面目を保つために、改革を2段階に分けて、「新しい年金の創設」を第2段階、すなわち永遠の課題に位置づけただけの話である。

　彼らが存分に弄んできた年金はこういう状況にある。政府が成案で示した改革の第1段階「現行制度の改善」を行うために社会保障審議会の年金部会が始まった。絵空事を唱道してきた人たちのメンツを守るための制度の改悪などは御免被りたい。

第17講 　運用3号とは何だったのか？*

　2011年に、運用3号という制度がいったんは実施されたものの、そのあまりの不公平さが政治マターになり、最後は廃止されるということが起こりました。そのことの顛末を紹介しておきたいと思います。

　民主党政権下の長妻昭厚労大臣のもとで決定された運用3号を問題視して大々的に扱った最初の報道は、『朝日新聞』の社説でした[1]。

> **主婦の年金　この不公平は許されない**
> 　サラリーマンの妻を主な対象にした年金の「3号被保険者」の扱いで、正直者が損をする状況が生まれている。行政がつくったこの不公平を放置することはできない。
> 　3号は自分で保険料を払わなくても年金に加入できる。しかし、夫が脱サラしたり、本人の収入が多くなって扶養を外れたりすれば、妻は届け出をして3号から1号被保険者になり、保険料を払うことが法律で義務づけられている。夫がリストラで職を失った場合も同様だ。
> 　ところが、本人が届け出をしなかったため、3号のままの記録になっている人が数十万人から100万人もいることが分かった。
> 　そこで厚生労働省は今年1月から、こうした人たちに最近2年分の保険料を請求するが、それ以前は、夫がサラリーマンをやめるなど3号に該当しない期間でも3号と認めることにした。
> 　届け出をして1号に切り替え、保険料を納めてきた人に比べて不公平だ。
> 　従来は届け漏れが見つかれば「未納」とされ、将来受け取る年金を減額されてきた。

＊　本書のための書き下ろし。
1）『朝日新聞』2011年2月2日。

「従来の扱いだと、低年金や無年金になる人がたくさん出る」「苦情が殺到し、対応しきれない」と、厚労省は「救済」の必要を強調する。

だが、すでに記録を訂正して、低年金や無年金になった人は救済されない。日本年金機構の現場職員からは、「今後も切り替えない方が得だという人が出てきかねない」といった心配の声が出ている。

より公平な方法も、現場の職員や社会保険労務士から提案されている。保険料を払えるだけ払ってもらい、払えない分は加入期間としては認めるが、年金の受給額には反映させない、というやり方だ。これなら、公平感が保たれ、無年金の人を増やさないで済む。

今回の処理方法が議論され、固まったのは長妻昭厚労相時代である。「ミスター年金」と呼ばれた長妻さんにふさわしい判断とは思えない。

幸い、年金業務については、総務省に外部の有識者を集めた監視委員会が設置されている。厚労省とは別の立場から、くわしい経緯を調べ、点検して是正を促してもらいたい。

今からでも遅くない。このような不公平な措置は、やめるべきだ。

私はこの社説を読んだ時、さすがにそんなバカなことはやっていないだろうと思って、自分のホームページに、次のような書き込みをしていました。

2011年2月2日
「主婦の年金——この不公平は許されない」asahi.com
ふ〜ん、これ、本当なのかね？ もしそうならば、保険方式と税方式の違いも分かってなさそうな「ミスター年金」のご判断と言えばご判断らしいと言えるかな。

すると、世界のどこかにいるらしい僕の知らない人から次のメールが飛び込んできました。

Subject: 2/2 HP拝読後の感想（超絶的に超法規的な3号記録の特殊取扱は、ただいま実施中の筈です）

権丈 善一 先生　侍史
拝啓、時下ますますご健勝にお過ごしのこととお慶び申し上げます。先生の

著作やHPは常々拝読・拝見致しております。本日は、恐縮ながら、蛮勇をふるってメールを差し上げたく存じます。

先生が、HPに2月2日付で掲載されている「国民年金第3号被保険者記録」の実務『運用』取扱に関しましては、色々な意味で問題を含んでいると、外野から見ていても思います。この取扱い方針は、長妻前大臣直轄（肝いり）で大臣の顧問の駒村先生もいらっしゃいます『年金記録回復委員会』の発案（指示？）を受けて行われる対応のようです。今月中旬からは実施が始まっていると承知しております。

現行法体系とは明らかに矛盾する事案に対しても何らの法改正なく、厚生労働省年金局から年金機構への実施通知で行われる、「凡そ法律に基づく行政という概念・（年金法規に限らない）既存の法体系」を"全くと申しますか、超絶的に"超越した措置であることは間違いないでしょう。（嘆息）

過去に真面目に法令上の届出義務を果たしてきた者、今まで法令に従って記録を訂正して無年金・低年金となった者、こうした人々は何ら報われることの無いまま、「故意、過失、無関心又は不作為によって、届出義務を果たさなかった者だけが、（事後に見ると、明らかに事実に反する場合であっても）救われる」状況にあります。

現場の反応は「今まで法令に従って対応した結果、無年金・低年金となった者からの苦情の殺到が予想され、そうなれば対応できないし訴訟沙汰になる可能性もある。そうした者からの苦情は正論であり、機構側の今回の措置の法的な正当性に疑義があるが故に、対応に困るし今回の処置は納得できない。せめて法改正か新規立法をして欲しい」というものが多くあるようです。しかし厚生労働省や機構本部からは「苦情対応は全て現場の事務所で、訴訟対応は発生してから考える」という指示もあるようです。（嗚呼）

なんと申しますか、正直者が馬鹿を見るというか、年金制度や業務執行への不信感を高めて、制度の安定性を（数理ではなく）実効性や執行面の観点から、完膚無きまでに破壊しかねない策だと思っています。（法制度を無視しても最後は救われるとなれば、好んで法制度を遵守しようとする者は少数派でしょう。）

如何にも、長妻先生クオリティな施策だと思いますが、「信頼回復のためと前大臣が仰る施策が、爾後の信頼を失墜・消滅させる方向に働く可能性、超法規的措置を大規模に行う事による本来業務の適正執行に対する執行負荷の増加可能性」について、どこまでお考えになっているのか。。。私のような素人目線からは、この施策について副作用や後遺症が大きすぎるように思いま

すけど。。。
末筆ながら、先生のご健勝とご発展をお祈り申し上げます。

敬具

　その後、この問題は世の中で大きく取り扱われるようになり、国会でも野党が与党民主党を追及し、運用3号は廃止されるに至ります。その責任の取り方が、担当課長の更迭のみ。

　運用3号を決めた、当時の長妻前厚生労働大臣も、これを議論した年金記録回復委員会の学者も無罪放免。どうしてそういう決着の付け方になるのか、どうしてこの問題にかかわった人たちは、担当課長の更迭という決着に後ろめたさを感じることがないのか、私にはなかなか理解できなかった出来事として記憶に残っています。

> **追記**
>
> 　課長の更迭が決まったのは、2011年3月10日であった。その日の夜、私は、ホームページに次のように書いていた——そして翌日午後2時過ぎ、東日本大震災が起こる。私は1か月ほどホームページを触らなかったために、次の状態が一月続く。
>
> 　　運用3号の問題で、どうして、細川現厚労大臣から「昨年3月には、この救済策が一番いいと判断された。当時の長妻昭厚労相がお決めになったこと」[2)]と言われている前大臣が無罪放免で、政治家が決めたことに従うしか術がない課長が更迭なんだ？
>
> 　　政治家が判断ミスの責任を問われた時に、現場の官僚を生け贄に差し出す力を持つことを政治主導っていうのか？
>
> 　　この処分の正当性を説明したい人がいれば、連絡くれ。
>
> 　　先日も、仕事依頼の連絡が来て、僕が現政権に批判的なことを言うと、「そういうことを大臣たちの前で言ってもかまわない」と言われ、「僕は、彼らを大臣だとは認めていないんですよ。総理をはじめね」と答えて仕事の依頼を断ったけど、これまで何度か来た仕事をすべて断っておいてよかったと思う。今回の件があれば、万が一、僕が何かの仕事を引き受けていたとしても、やはり奴らにはどうしても協力したくないと言って辞めていたな。昨日書いた「勿凝学問366」で、本当は「社会保障を利用

2）『東京新聞朝刊』2011年3月5日6面。
　　具体的には、2011年3月4日参議院予算委員会より。

> **国務大臣（細川律夫君）**　当時、その3月、昨年の3月には、この運用3号でいくというのが、これが一番いいというふうに判断をされたんだと思います。
> **世耕弘成君**　当時の3月に判断したということは、じゃ、この年金記録回復委員会が3月29日に方針を示していますが、年金記録回復委員会が判断したということでよろしいんですか。
> **国務大臣（細川律夫君）**　これは、年金記録回復委員会は、これは大臣に対する助言をする機関でございます。したがって、当時の大臣が運用3号のこれを回復委員会の方に提示をいたしまして、御意見を聞いて助言をいただいたと、こういうことでございます。
> **世耕弘成君**　当時の大臣の名前を言ってください。
> **国務大臣（細川律夫君）**　当時は長妻昭大臣でございます。
> **世耕弘成君**　じゃ、これは、長妻大臣が立法しなくていいと、議会制民主主義を冒瀆するような方針をお決めになったということでよろしいですね。もう1回確認させてください。
> **国務大臣（細川律夫君）**　当時の大臣がお決めになったことでございます。

他にも、2011年3月9日衆議院厚生労働委員会にて。

> **田村（憲）委員**　今まで厚生労働省ってこんないいかげんなことをやってきた省かなと。いや、いいかげんなところもあるんですが。しかし、事こういう部分に関しては、かた過ぎるぐらいかたかった省だったんですよ。
> 　何を言いたいかというと、国民の権利義務に非常にかかわるところ、しかも、お金がたくさん動く可能性があるところ、こういう問題を法律改正なしに運用だけでやっちゃうというようなことを安易にやるような省じゃなかったんです。ところが、これを運用でやっちゃった。
> 　これを決めたのが去年の3月であったという話なんですけれども、そもそもだれが、改めて聞きますけれども、だれが運用で今回の制度の改正をやろうというふうにお決めになられたんですか。だれが決めたんですか。
> 　大臣、経過がわかればお願いします。
> **細川国務大臣**　……当時の大臣の年金回復委員会、この実務で中心的になっていた人たちとそれから年金局の方とでいろいろと実務的に検討をして、大臣の方にその話をされて、そして大臣が年金記録回復委員会というところにそれを提起いたしまして、そこで異議なし、こういうふうになったようであります。そこで、その経過を見ますと、やはり当時の大臣のもとで決めた、こういうことになると思います。

しようとしている奴ら」と書きたかったところを遠慮して「利用しようとしている『例の政党』」にしたけど、もう、そういう遠慮も必要ないだろう。とくに、前厚労大臣は、人の上に立つ職業人たる政治家としてという以前に、人として難がありすぎる——今回のことに限らず。僕に出会った学生たちは、絶対にこうあってはならない。
……

参考資料

「勿凝学問296　官僚を萎縮させる方法——江戸の敵（かたき）は長崎で討つ、という脅しは効果覿面だろうな」（2010年4月4日）より。

　一昨日の朝、電話がかかってきた。寝ぼけていたので正確には覚えていないけど、なんだか、厚労省に出かけて高齢者医療制度について有識者として報告をするという仕事を丁重にお断りさせていただいた模様。理由は山ほどにある。その1つを書き留めておこうと思う。
　僕に見えているのは、氷山の一角なのだろうけど、いま、50代半ばで、突然クビになって失業者になるという人が霞が関に出てきている。その様子が、僕には、江戸の敵を長崎で討つという話に見えてしまう。

> **プロファイルⅠ　江戸は社会保険庁運営部長**
> 「独法、38ポストは民間から選出　長妻厚労相、社保庁OB拒否」[3]
> 　　……
> 　●選考委決定に2度反対……厚労省枠「返上」
> 　30日決定の独立行政法人の役員人事で、厚生労働省所管の理事ポストが削減された。有識者による選考委員会が2度にわたって同じ官僚OBに決めたが、長妻昭厚労相が覆した。不透明な天下り人事の排除を狙った公募だが、長妻氏による「人事介入」への疑問も出ている。
> 　長妻氏が覆したのは、福祉医療機構の理事ポスト。学者4人をメンバーとする選考委は昨年12月、元社会保険庁幹部（56）を候補として決めたが、長妻氏が認めずに再公募となった。選考委は再検討の結果、今月になって同じ人物を提案したのに対し、長妻氏は異例の面接に踏み

3）『朝日新聞』2010年3月31朝刊。

切ったうえで、起用を見送った。
　任命権者は理事長で、理事ポストの削減理由は「任命権者と大臣が協議の上、適任者なしで空席」とされた。ただ、この元幹部は、長妻氏が野党時代に年金記録問題を追及した国会で答弁していたことから、「個人的な逆恨み」(関係者)との指摘もある。選考委の１人は「官僚OBがダメなら最初から明確にすべきだ。ルール変更はおかしい」と不満を漏らしている。

プロファイルⅡ　江戸は年金局長
グローブ33号＜舞台裏を読み解く＞
「長妻厚労相は何を目指すのか、官僚との消耗戦を超えて」[4]
　昨年12月31日、１人の官僚が長年務めた厚生労働省から去っていった。社会保険庁長官・渡辺芳樹 (56)。定年まで４年を残しての退職だった。
　退職に追い込まれたのは、渡辺が懲戒処分を受けた経験があるためだ。１月１日付で社会保険庁は解体され、日本年金機構となった。渡辺は、機構の初代の副理事長に就任すると目されていた。阻止したのは、厚生労働相の長妻昭 (49) だった。
　処分歴のある社保庁職員を年金機構に採用しないことは2008年７月、自民党の福田政権当時に決まっていた。ただ、この時点で想定されたのは、社保庁で年金記録をのぞき見したり、無許可で組合活動をしたりして処分を受けた職員。渡辺の処分歴は14年前、当時の厚生事務次官・岡光序治の汚職事件に絡む接待問題で受けた減給で、社保庁の不祥事と関係ない。
　省内だけでなく、与野党の議員の中にも同情論は少なくなかった。だが、長妻の意思は固かった。

　ちなみに、渡辺氏は、2004年から2009年まで年金局長であり、その５年間、長妻氏たちの年金政局作りに対峙していた。
　政治家が言うこと・なすことをたしなめていたのでは、将来、狙い打ちをされて長崎で敵(かたき)を討たれる。50代半ばで霞が関をただ放り出されるだけの先輩たちの姿を見せつけられる現役の官僚で、萎縮しない者がいるとすれば、

---
４)　『朝日新聞』2010年２月１日朝刊。

そっちのほうがおかしいと思う。そういう空気がきっとあるだろう建物にはあんまり行きたくないんだよね。昔はあれだけ出入りしていたんだけど、その建物のトップが替われば少しは考えてみるかな（笑）。

　なお、この話、官僚の首を切って路頭に迷わせるとは、さすが長妻大臣！と絶賛の声をあげる人のほうが、この国では多数派であることは承知のうえで書いている。

第18講 合成の誤謬考——企業の利潤極大化と社会の付加価値極大化は大いに異なる*

　イノベーションを唱えたシュンペーターの偉大さは、これが経済発展にとって重要であることを指摘しても、その起こし方を指南するのは控えたことにあろう。彼は、イノベーションを起こす企業家を描写しているが、その内容は、それを読む人たちに「よし、自分にもできる！」と決して思わせるものではない。イノベーションなるキーワード付きの成長戦略を売る経営コンサルや経営学者、はたまた政治家や官庁が雨後の筍のように出てくるのは後世のことであり、シュンペーターは草葉の陰で失笑しているはずである。

　成長論のパイオニアであるソローは、経済成長の主因たる全要素生産性（TFP）を「無知の計量化」と呼んだ。彼は、TFPを左右する原因を論じようとすると、「素人社会学の炎上」に陥ってしまうのがオチと評しているのであるが、TFPに対する不可知論は、クルーグマンをはじめとした多くの経済学者も継承している。そして彼らは（私も含めて）、成長戦略論議、とくに産業政策はためにする議論の典型だと本当のところは思っている。

　そうは言っても、国富の計量単位たる付加価値の定義に基づけば、「少なくとも言えること」はある。たとえば、付加価値は、生産面から眺めると生産額から中間投入（額）を控除した額であり、分配面から眺めると営業余剰と雇用者所得、それに固定資本減耗等からなる。ここで、企業が利潤極大化の視点から労働コストを限りなく低く抑え雇用者所得の伸びを落とせば、い

---

　* 「合成の誤謬考——企業の利潤極大化と社会の付加価値極大化は大いに異なる」『生産性新聞』（2011年10月25日）より転載。
　　本講の内容を詳しく書いた文章として、権丈（2015）第17講「合成の誤謬の経済学と福祉国家——そのなかでの医療団体の政治経済学的位置」参照。

ずれは付加価値の総額たる GDP は縮小する。なぜならば、付加価値を支出面から眺めると、雇用者所得の低下は消費の縮小、在庫投資の増加で調整され、ゆえに、早晩、固定資本形成が減少していくからである。各企業のミクロ的な成長論としては労務費の抑制は合理的なのであろうが、マクロには合成の誤謬に陥る。労働力の非正規化を進めた民間の経営者たちに、一国の経済政策を習うほど滑稽な話はないのである。

こうした短期的な調整、すなわち固定資本形成の手控えが累積した今日の資本量と、現存する労働力をフル（あるいは平均）稼働した生産力が、「計測された」潜在生産力である。つまり、計測された潜在生産力は短期的な景気変動の影響を受けている。このあたりに考えが及ばず、短期と長期は独立で、長期総供給曲線に影響を与えるサプライサイドへの政策のみを成長戦略と捉えている論者は多く見受けられるが、ただの想像力不足とみなしてよい。

ここで、昨年（2010年）ヒットした「ゲゲゲの女房」の話を紹介して、経済成長の意味を感覚的に理解してもらおう。彼らが結婚したのは1961年、まさに高度経済成長スタート時期。その時、彼らの家には、家財道具は悲しいほどに何もなかった。ところがその後、カラーテレビ、クーラー、自動車などなど三種の神器が揃っていった。一方、新興国には、この生活水準に到達していない人が数多くいる。ゆえに、成長の余地は大いにあると見込むことができる。

支出面から見た付加価値総額を、人口減のなかで維持・拡大していくためには、1人当たりの消費や投資を増やしていくしかない。投資を増やしていくと生産力が高まるので、そこでの生産物をさばくためには、結局、消費を増やさざるをえない。ところが、より高い消費水準の達成は、付加価値の構成要素たる雇用者所得の抑制と、普通は両立しない。

さて日本では、いかにして1人当たりの消費を増やしていくのか。そのために、いかにして消費者に購買力を分配するのか。今、のみならず実は以前からも、考えるべきはそういう問いだったのであり、大陸ヨーロッパは再分配政策を重視し、アメリカはバブルの連発でしのぎ、日本は合成の誤謬に気づかずに経営者に政策形成を委ねていた。そして、皆、アメリカ戦略の破綻に巻き込まれた。

第19講　大切なことは考え抜いた制度を作ること*

　また、年金報道が賑やかになってきた。公的年金をめぐる動きを慶應義塾大学の権丈善一教授に聞いた。

　　　　　　　　　＊　　＊　　＊

年金論議の天動説と地動説
――本誌（『年金時代』）2003年11月号で権丈教授にインタビューをお受けいただいています。メディアが制度不信を煽るような報道をすることを危惧されていました（囲い込み参照）。

> インタビュー「メディアクラシーの日本的特徴と年金不信」
> ――最近の年金改正論議をどのようにみられていますか。
> 　メディアが政治を規定する状況を表現する言葉としてメディアクラシーが使われますが、メディアクラシーの日本的特徴が、年金論議によく現れているのではないかという気がします。たとえば、2003年9月初めの社会保障審議会年金部会の意見書への新聞報道では記事や識者の見解に、「世代間格差は依然大きく若者たちの制度への不信・不満は残るだろう云々」と、中高年層に属するはずの記者や識者が、若者の心の動きを予想してあげる形式をとりながら若者の感情に影響を与える文章が記されています。また最近の中吊り広告や新聞に載っている雑誌広告をみると、だいたい毎週、いずれかの週刊誌で年金崩壊が予測されています。
> 　……

＊　『年金時代』2012年1月号でのインタビュー記事「大切なことは考え抜いた制度を作ること」を筆削補訂。

> 　ところで、日本の新聞には発行部数の面においてきわめて大きな特徴があります。世界で発行部数の多い上位5番目までが、読売、朝日、毎日、日経、中日と日本の新聞で占められています（『日本国勢図会2002-03』）。世界で6、7番目に発行部数の多い新聞はイギリスの『デイリー・メイル』、『デイリー・ミラー』でして、8番目に中国の『人民日報』が登場します。世界一の発行部数を誇る『読売新聞』と比較すると、イギリスの『タイムズ』紙は7％、フランスの『ル・モンド』紙が4％の発行部数にすぎません。日本の新聞界は、欧米のようにいわゆる読者のすみ分けがなされておらず、勧誘の仕方次第、紙面の内容次第で新聞を乗り換えてしまう読者を獲得するために大変激しい競争が展開されているのではないかと想像されます。
> 　よもやこうした状況が、年金制度への不安を煽るという安易な販売戦略を展開させたりしていないことを祈りたいのですけど、日本の年金論議をみるかぎり、先にあげた作業仮説——年金に関するマスコミの取り扱い方にある種のバイアスがあるために、日本の年金論議は混乱しつづけているのではないかという仮説——を棄却できるだけの証拠がどうにもみあたらないのです。

　あの記事を読み直すと、照れますね。青かった（笑）。あれから8年、いくつか見えてきました。1つは、新聞・経済誌などのメディア人は勉強するということ、メディア人のほうが年金研究者や年金批判で名を上げた政治家よりも地頭が良いということが明らかになりました。2つ目は、考え抜かれた制度は強いということです。そして3つ目は、年金批判論者は絶えず経済界にサポートされ、結果、年金批判論は永続するということ。

　政争の具とされた年金が、2009年政権交代の大きな原因になったことは確かです。しかし、年金は何も変わらない。民主党が個性を出そうとして初めてやった「運用3号」[1]）は、即座に潰されました。あの制度に集中砲火を浴びせたメディアの見識は大したものでした。

　どうも年金論には、天動説と地動説の2種類があるようなんですね。頭を使わずに、ただ眺めただけでは、年金は、未納が増えると破綻し、莫大な超過債務があって、積立方式にすれば高齢化に耐えられ、財政が破綻しているから支給開始年齢引上げが言われている、みたいに見える。でも、少し考え

1）　本書第17講参照。

れば、これは全部大ウソだと分かる。僕の言う、年金論の天動説と地動説の違いです。

「話せば分かる」と言っている相手を前にして、「天動説を認めぬか！」「問答無用！」と絶叫すれば、選挙くらいはできる。でも、法律を作るということは、ロケットを宇宙まで飛ばすような緻密な作業ですから、法案作成過程で天動説のウソが表面化してくる。中吊り広告レベルでの年金騒動は、もう十年以上も続いていて、今よりも派手な時期もありましたけど、大切なことは、考え抜いたタフな制度を作っていくことです。

ただ、研究者の1人として残念なことはある。かつて天動説に立っては年金論議に火を付けていた学者も、よく勉強はしていた。高山先生たちは国際的な年金研究の動向も把握されていて、だからこそ、天動説に基づく自分のトンデモ年金論を自己修正されることが多々あったし、少なくとも彼らの参考文献は、僕らにも役に立った。でも、最近のお騒がせ学者の参考文献は、お仲間内のものばかり。だから、天動説を言い続けることができるんでしょう。学者の1人としては寂しいことだけど、年金経済学者が記者たちの見識に完敗している。防貧機能[2]と救貧機能を混乱させて、「運用3号」担当課長の更迭の原因を作ったりと、もう、散々な状況。年金業界では有名な話で、僕も、学説史的な「研究と人物・時代背景」の事例として授業なんかで紹介しているけど、Amazonで細野真宏さんの本なんかに、ハンドルネームで星1つを付けて悪口を書いているような人が、日本の年金批判論を支えているわけでね。根暗すぎるよ（笑）。

年金をめぐる大きな枠組み

――さて、はじめに見えてきたことの3つ目の「年金批判論は永続する」を少し詳しく説明を。

小さな枠組みの話で言えば、経済界にとって社会保険の年金制度は外形標準課税[3]みたいなもので邪魔で仕方がない。だから、彼らは社会保険料から逃れる改革を、勝算は抜きにして永遠に言い続けます。しかし、大きな枠

2） 本書第29講参照。

組みで言えば、福祉国家や混合経済を解体しようと考える議論の矢面に年金制度が立たされているということと関係します。

——日本の年金制度論議を超えたお話のようにも聞こえますが……。

新自由主義者の総帥フリードマンの書『資本主義と自由』に、年金の廃止が書いてある。彼流の考えをすればそうなる。フリードマンの理想と利害が一致するために彼を支えた経済界も、もちろん同じ考えでいる。僕が初めて年金の論文を書いたのは2003年春でして、その時の論文の冒頭は、「シカゴでミルトン・フリードマンから直に薫陶を受けたシカゴ・ボーイズたちが、祖国チリの民営積立方式の年金をデザインしたとされている。この年金は、1990年代に一世を風靡し、2階部分の民営積立方式を推奨するWorld Bank (1994)からは年金改革のお手本のように引きたてられていた」[4]です。当時の世銀による民営積立方式の推奨は、フリードマンと強いつながりがあった世銀、IMF、アメリカ政府の間でのワシントン・コンセンサスの一環でしたね。世銀はその後、副総裁にスティグリッツを迎え、年金地動説の視点から1994年報告書が徹底的に批判されて[5]、2005年に新しい報告書[6]を出す。内容は、94年からの大転換です。でも、経済界をはじめとした天動説の人たちは、そうした経緯を無視する。ひょっとすると、こうした流れを知らないのかもしれない。

それと困ったことに、記者たちの話によると、地動説の側に立つ人にインタビューを依頼しても「あそこに書いているから」と言ってけっこう断っているみたいですけど、天動説を言う人たちは、出たがりさんなんですね。おそらく、出たがり屋という要因とトンデモ論を言える才能、それと僕が学生

---

3) 外形標準課税とは、「所得の多寡を基準にするのではなく、事業所得の規模、従業員数、経済活動量など外見的にあきらかなものを課税標準に選んで課税すること」（『現代経済学事典』岩波書店）。たとえば、現行の法人事業税では所得に対して課税するため、たとえ大企業でも赤字であれば納税を免れることになる。

4) 本書第1講中「積極的賦課方式論」参照。

5) Holzmann and Stiglitz eds. (2001) *New Ideas about Old Age Security*, World Bank.

6) Holzmann and Hintz eds. (2005) *Old-Age Income Support in the Twenty-first Century: An International Perspective on Pension Systems and Reform*, World Bank.

に小さなウソの陰謀論と話している、何でも厚労省のせいにする厚労省陰謀論を信じる資質は密接な関係があるのではないかという仮説を立てているのですけど、どう思いますか？

年金を政争の具とした政治家は、選挙で責任をとってもらおう
――最後に、一体改革について一言お願いできますか。

　与謝野さんをはじめ、自公政権時の社会保障国民会議・安心社会実現会議の座長や部会長、そして当時の事務局のみなさんが民主党を助けて作り上げた一体改革成案、あの動きに目立って抵抗していたのは、古川元久さんですね。その彼が、与謝野さんの後の大臣になっている。首相の任命責任に属する話です。古川さんは、これまで長く民主党の年金戦略を担当していたわけですが、彼らから見れば、与謝野さんが社会保障の専門誌で、「民主党がマニフェストに掲げた案は使いものにならない。成案では看板だけは残しているが、あれは墓碑銘です」と言ったことは、聞き捨てならないはず。

　民主党は、年金を政争の具として政権交代を果たし、結果、日本の政治をぼろぼろにしてしまった。この責任を誰がとるのでしょうね。

　民主党は今、2013年に年金の改革法案を出すと言っています。彼らは2004年に、スローガンを掲げただけの、わずか11頁の法案を出したことはありますが、あれは普天間で「最低でも県外」と言ったのと同じレベルの話。年金をどこに移設するのか？　僕らは、彼らが出す改革の具体案を7年以上も待っている。実は、昨年（2011年）5月に民主党は密かに年金改革に要する財政試算を行っています。しかし、その結果があまりに非現実的だったので、彼らは試算を封印しました。でも、そうしたやり方に憤った誰かがメディアにリークして、われわれもその話を知ることができたわけです。2013年では、解散総選挙に間に合わないかもしれないので、早く出してもらいたい。今や年金での民主党の卑怯なやり方を強く蔑んでいる新聞・経済誌の記者の前に彼らの具体案を示して初めて、民主党議員の責任の大きさが明らかになり、有権者は選挙に臨むことができるんじゃないでしょうかね。

第20講 　公的年金論議のパラドックス＊

　民主党政調会長が2009年マニフェストに掲げた年金改革の法案を2013年に国会提出すると語って以来[1]、また年金周りが騒々しい。2004年時に自公政権が出した460ページの年金改革案に対抗して、民主党は年金一元化と月7万円の最低保障年金を書いた、わずか11ページの法案を提出したことはある。
　あれから7年以上が過ぎたが、民主党案は、いまだスローガン程度でしかない。実は、今年（2012年）5月に民主党は非公開の場で、年金改革に要する財政試算を検討している。しかしその結果があまりにも非現実的だったので、彼らは試算を封印した。この与党との改革協議に応じる野党があるとすれば、相当のお人好しとも言えよう。
　「民主党の年金改革案が存在する」というのと同じくらい罪深い誤解や勘違いが、いくつも世に存在する。
　最近、大学生が書いたいくつかの論文を読む機会があった。「厚生労働省・政府の100年安心プラン」、「公的年金の債務超過」「賦課方式だから高齢化に弱い」「支給開始年齢引上げによる財政安定化」などの明確な間違いを

＊ 「経済を見る眼　公的年金論議のパラドックス」『週刊東洋経済』2012年1月7日号（1月4日発行）より転載。
1 ）「一体改革案『公約違う』　社会保障と税　民主総会で不満」『朝日新聞』2011年11月23日。

　　……前原誠司政調会長は20日のテレビ番組で年金改革を取り上げ、「13年に我々がめざしていた年金一元化、最低保障年金の法案を出すべく作業する」と強調した。18日の打ち合わせで、長妻昭元厚労相らに「マニフェストは守るべきだ」と迫られたためだ。……

はじめ、「若者の払い損」、「09、10年の実績値を経済前提に置き換えれば年金積立金は約20年で枯渇」など、再考の必要が大いにある言葉が並ぶ。

　まず、「政府の100年安心プラン」など存在しない。この国にあるのは、100年先を見通した試算を5年に一度行い、将来の不都合が見込まれる場合には制度を調整していく年金のみ。

　国勢調査が5年に一度行われる。その結果に基づいて人口の長期推計がなされ、それを用いて年金の「財政検証」を実施する。2003年11月総選挙の際に、公明党がマニフェストに「年金100年安心プラン」と書いているが、政府や厚生労働省が2004年年金改革を「100年安心」と言ったことは一度もない。2009年3月、当時の厚労相が、国会で「政府といたしましては100年安心と謳ったことはありません」と答えたとおりである。

　社会保障を考えるうえで邪魔になるのが「予測可能幻想」だ。人は、経済学が進化すれば、データさえ揃えば、コンピュータの機能が向上すれば、将来の予測ができるという幻想を抱いてきた。しかし20世紀の終わり頃になり、多くの者がその願望への諦めを受け入れるに至る。

　以前、私は、公的年金は将来予測に人知の限界があるから存在する制度であるのに、公的年金を設計するためには、将来の話をしなければならないことを「公的年金論議のパラドックス」と呼んだ。不確実な将来にも対応できる制度を作るために、5年に一度、100年先までの未来を「投影（projection）」する財政検証という、定期的な診断が準備されているのである。その試算結果は、決して予測（prediction）として読むべきものではなく、投影の結果に応じて、打つべき社会政策や経済政策、そして年金改革の方向性を考える材料とすべきものである。

　とはいえ、財政検証においていかなる前提を置くかについては、ある程度の専門的知見が必要となる。とくにリーマン・ショックを含む、現時点から「直近数年の実績値を経済前提に置く」前提の置き方などは、年金財政の定期診断で妥当なのか。試算に入る前には、そういうことをこそ深く議論すべきであろう。

　次の財政検証に向けて、専門家による経済前提の検討が始まった。この検討作業を担当する専門委員会は、メディアが途中経過にはまったく関心を示

さず、結論を出した途端に、会議の経緯に興味を示さなかった人たちが一斉に批判し始める不思議な会だ。今回は、彼らの議論の経過を観察・評価しながら、少しは建設的な年金論議を行ってみてはどうだろうか。

第21講 歴史の共有と人間の感情——礼儀と歴史*

　障害者福祉関係の人たち1,600人あまりが大津プリンスホテルに2泊3日で集まるアメニティーフォーラム——参加は、今年で3回目。

礼儀と歴史の関係
　1年目に30分ほど時間を使って自己紹介を兼ねた報告をと言われて「日本の社会保障・財政の概略」を話し、2年目は「障害者福祉問題の日本的特徴」を話した。そこで今年は基調講演ということで、時間も十分にあり、また過去2回との重複を避ける意味もあって、本題に入る前に、人間の本性というべきか、公共政策に対する人間の感情というものがどのようにして形成されるのか、そうした人としての感情の形成に歴史認識がいかに作用するのかというような、僕の話を聞いた人たちが、このフォーラムが終わって家に帰った後も、心の片隅のどこかに沈殿するような話をしようと思っていた。そこで、一月くらい前から意識していたテーマが「礼儀と歴史」であった。
　礼儀というのは、そうした礼儀作法を知らない者同士の間では、作法から外れようがどうしようが、互いに怒りの感情は生まれてこない。しかし、いったん一方が礼儀作法を知ってしまえば、礼儀をわきまえない相手の言動にかなり激しい憤りを覚えることがある。そして共通の礼儀を知る者同士の、互いに礼儀をわきまえた言動には、かなり心地よい感覚を共有することもできる。礼儀というのは、人間の感情に、どうもそのように働く。
　この、「礼儀」という制度（institution）が人間の感情に作用する仕方が、

＊　アメニティーフォーラムでの講演「歴史の共有と人間の感情」（2012年2月3日）の講演メモを筆削補訂。

実は、「歴史」という知識とかなり似ているということが、僕が話そうと思っていた「礼儀と歴史」の話であった。僕が社会保障や財政の専門家でない人たちを相手に話をする時には、まずは状況がここに至るまでの歴史的経緯を説明する。歴史的経緯を知ってもらわないと、的確な現状評価、そして今後の展開への確からしい予測が、できそうにないからである。そして、ここに言う「現状評価」というのは、良し悪しという価値判断を含む人間の感情の表れであり、この人間の感情の表れには、歴史的経緯への理解というものが強く影響してしまうものなのである。僕が昔から、「歴史観と価値観は表裏の関係」と表現していたことである。

　つまりは、政治現象に対する立場の違いは、過去の出来事に対する歴史認識の相違によって異なっており、これはちょうど、礼儀作法をよく知るものと知らない者との間での人間社会のセグメントと似たような関係にあるわけで……などということを話そうと思っていたちょうどその頃、アメニティーフォーラムの1週間前あたりに、おもしろい教材が世に出回ってきた。それは、YouTubeの映像であるが、何も知らない人でもこれを見れば瞬時にして、僕に近い歴史的体験ができるという代物であった。

YouTubeの映像による歴史の共有

　そこで、アメニティーフォーラムでは、「礼儀と歴史」の話をしばしした後、その延長線上の話として、リンクを貼っていたYouTube「野田総理マニフェスト　書いてあることは命懸けで実行」のボタンをクリックした。

　3分6秒間、この映像を見てもらい、次は、時間を5分間与えるので、感想文を書いてくださいとお願いする。

　みんな、懸命に感想を書いてくれた。

　　　　　　　　…5分経過後…

さて、みなさんはどういう感想を書きましたか？
ここで、映像の前半部分の言葉を紹介しておきますと、

> マニフェスト、イギリスで始まりました。
> ルールがあるんです。
> 書いてあることは命懸けで実行する。
> 書いてないことはやらないんです。
> それがルールです。
>
> 書いてないことを平気でやる。
> これっておかしいと思いませんか。
> 書いてあったことは4年間何にもやらないで、
> 書いてないことは平気でやる。
> それはマニフェストを語る資格がないと、
> いうふうにぜひみなさん思っていただきたいと思います。
>
> その1丁目1番地、税金の無駄遣いは許さないということです。
> 天下りを許さない、渡りは許さない。
> それを、徹底していきたいと思います。
>
> 消費税1％分は、2兆5,000億円です。
> 12兆6,000億円ということは、消費税5％ということです。
> 消費税5％分のみなさんの税金に、天下り法人がぶら下がってる。
> シロアリがたかってるんです。
> それなのに、シロアリ退治しないで、今度は消費税引き上げるんですか？
> 消費税の税収が20兆円になるなら、またシロアリがたかるかもしれません。
> 鳩山さんが4年間消費税を引き上げないといったのは、そこなんです。
> シロアリを退治して、天下り法人をなくして、天下りをなくす。
> そこから始めなければ、消費税を引き上げる話はおかしいんです。
> 徹底して税金の無駄遣いをなくしていく。
> それが民主党の考え方です。

　この映像を見て、政権交代前の彼と政権交代後の彼は、まったく違うことを言っているのは分かる。そして、彼が、政権交代前と政権交代後で180度変わってしまったという歴史を知ったみなさんは、彼の変化になんらかの憤りを感じたと思います。政治家というのは、言葉で未来を約束する仕事とも言えますから、今や、社会保障・税一体改革についても、TPPについても、

図表21-1　感想文の2つの構造

	政権交代前 財源はいっぱいある	政権交代後 増税の必要がある
パターンⅠ	本当	大ウソ
パターンⅡ	大ウソ	本当

滔々と流れるようにウソをついているだけで、その言葉をまったく信用できないことが明らかとなった彼は、政治家と呼べる存在ではないことだけは確かです。少なくとも、それだけは全員が共有できる。しかしながら、この映像を見た人全員が、他に解釈のしようがないたった1つの歴史を共有できたかというと、そういうわけではない。そこが、このYouTubeの映像のおもしろさだと思います。

みなさんの感想文には、次のスライドに要約できるような、2つのパターンがあるはずです（図表21-1）。

つまり、政権交代前に、財源はいくらでもあると言った言葉が、本当なのか大ウソなのか。政権交代後に、増税しなければ財源はないという言葉が、大ウソなのか本当なのか。

先ほどの映像はこの1週間、とても盛り上がっていましたので、テレビで放送している報道番組をいくつか見たことがあります。しかし、私が見たコメンテーターの感想の100％がパターンⅠの感想でした。アメニティーフォーラムは、過去2年間、私の話を聞いたことのある人がけっこういるので、その人たちはパターンⅡの感想。だがそれでも、フロアーの人たちのほとんどが、パターンⅠの感想。となれば、世間ではどういうふうに受け止められているのかは、想像に難くない。

正しい歴史的事実への誤解と問題の根の深さ

そこで、先ほどの映像に登場した彼が、政権交代前にどのようなことを言っていたのかを確かめるために、次の映像を見てもらう。

この街頭演説では、次のようなことが発言されている。

第21講　歴史の共有と人間の感情　297

> 私どもは、マニフェスト、みなさまにお配りをしております。
> 魂を込めて今回はマニフェスト作りました。
> 私たちの、このマニフェストの1丁目の1番地は、
> 税金の無駄遣いは許さないということであります。
> 徹底して天下りをなくす、そして渡りは認めない。
>
> こうした税金の無駄遣いを徹底することによって、
> お金を生み出していき、16兆8,000億円、
> 民主党のマニフェストを実現するには新たな予算が必要になります。
> 私たちは、財源は見つけることができるんです。
>
> 一般会計は80兆円ほど、特別会計合わせると207兆円
> この特別会計には無駄がいっぱいあります。
> 私はこの特別会計改革の責任者をやってまいりました。
>
> 一般会計は黒い皮の財布です。
> 1万円やカードが入っている。
> そのほかに21の特別な財布が、
> お尻のポケットや靴裏にいっぱい入っているんです。
> でも、21の特別会計、21の離れでは、
> 私たちが調べたかぎりでは、すき焼き食べ放題、
> 焼肉食べ放題、ビール飲み放題、焼酎飲み放題
> 無駄遣いはいっぱいやってます。
>
> ここから16兆8,000億円財源を作ることは十分可能であります。
> 無駄な事業をやめて、本当に必要なところにお金を回していく
> これが政権交代です。
> 政策の優先順位を決めて、本当に必要なところにお金を流していく、
> 予算をつけていく、これが民主党の考え方であります。
>
> 財源はいっぱいあります。
> 天下り法人に12兆円もお金を使ってる国です。
> シロアリを退治して働きアリの政治をたまには実現しようではありませんか。

　さて、この街頭演説で重要な言葉は、「私たちが調べたかぎりでは」です。当時、メディアは、彼らが調べた調査報告書を取り寄せて、調査内容を精査

する必要がありました。ところが、メディアはそれを完全に怠った[1]。そして、国民の多くは、彼が街頭演説で得意の口調で語る「消費税5％分の天下り法人」という話を記憶の底に刻み込まれた[2]。ここで、彼ら民主党のそうした発言へのチェック機能を果たしたのは、当時与党の自民党だけでした。

自民党は、上記のことと同じ内容の話をする当時の鳩山代表に公開質問状を出します。

公開質問状（重要箇所抜粋）

……

わが党は、貴殿の発言があまりにも常軌を逸しているため、さっそく貴党が衆議院の調査局に作成を依頼した資料を取り寄せ、検証しましたが、その結果、貴殿の発言は、一面の事実のみを持ってそもそもの政策目的や必要性など、すべてを切り捨て、葬り去る暴言であり、国民を誤解させ、欺き、プロパガンダで民主主義を破壊する暴挙であって、看過すべきではないとの結論に至りました。

貴党は、来るべき総選挙で政権交代を主張しておられます。当然、その代表の発言は重く、国民に大きな責任を伴わなければなりません。わが党は、貴殿の発言は、もし民主党が政権を獲得した後には、この12兆1000億円の国家予算は廃止し、関係団体への天下りはすべて廃止することを国民に公約したものであると受け止めます。

……

質問事項
1．……
2．貴殿の発言は、事情を知らない国民が聞けば、天下り団体に天下っている官庁OBの人件費として国から12兆1,000億円が流れているかとの誤解を与えかねません。しかし、現実的に試算すれば、平均給与を年収700万円とした場合、1万4,665人の給与総額は1,026億円、12兆1,000億円の0.8％にすぎません。しかも、これは人件費がすべて国費で賄われていると仮定した場合の数字で

1） 本書第15講参照。
2） 「勿凝学問247　えっ、天下りをなくせば12兆円が浮くと、本当に信じてるの？　済生会病院長会議にて、本当に信じている人がいてびっくり仰天」（2009年8月29日）参照。

> す。つまり、残る12兆円は政策目的をもった支出であるという事実が、今回、貴党作成依頼の資料によって明らかになったわけですが、この事実について、見解をお示しください。

先日、当時の自民党幹事長の細田博之さんが国会で話していましたが、この公開質問状に対する民主党の回答は、「常軌を逸したプロパガンダだと驚いている」だったそうです。

さて、先ほどの話に戻ります。
自民党が公開質問状で訴えていることは、自民党嫌いの人には残念でしょうけど、ことごとく正しい。となれば、正しい歴史的事実に基づくべき、さきほどの感想文の構造は、パターンⅠは棄却され、パターンⅡしか残らないことになります（図表21-2）。
ところが、YouTubeの映像「マニフェスト　書いてあることは命懸けで実行」を見た世の中の圧倒的多数、いや、ほとんどすべての人の感想がパターンⅠの構造をしているわけです。これは、永田町や霞が関にいる人たちには信じ難い話かもしれないけど、世間というのは、YouTubeの映像に出てくる政権交代前の彼は正しいことを言っていたのに、権力の座につくと、シロアリたち、とくに財務官僚に籠絡されてダメになってしまったと見ている。これが現実であり、そこが、この国が抱える問題の根の深さを物語っているとも言えます。

図表21-2　感想文の2つの構造（図表21-1再掲）

	政権交代前 財源はいっぱいある	政権交代後 増税の必要がある
パターンⅠ	本当	大ウソ
パターンⅡ	大ウソ	本当

民主主義とB層

　なぜ、日本人の多くが、歴史的事実とは異なるパターンⅠの感想を抱くのか？

　その問題を考えるヒントが、『ゲーテの警告』という本にありました。この本の「はじめに」は、次の文章で始まります。

　　　今、日本を動かしているのは誰だと思いますか？
　　　内閣総理大臣ですか？
　　　財務官僚ですか？
　　　アメリカですか？
　　　いいえ、違います。
　　　B層です。

　　B層とはマスコミ報道に流されやすい「比較的IQの低い人たち」です。
　　2005年9月、いわゆる郵政選挙が行われ、小泉純一郎率いる自民党が圧勝しました。「郵政民営化に賛成か反対か」「改革派か抵抗勢力か」と問題を極度に単純化することで、普段モノを考えていない主婦や老人、低学歴の若者の票を集めたわけです。
　　この勝利の背景には、内閣府が広告会社「スリード」に発注した「郵政民営化を進めるための企画書」の存在がありました[3]。

　ここに記されている「郵政民営化を進めるための企画書」[4]には、次の図があります（図表21-3）。

　『ゲーテの警告』は、続けて、「小泉純一郎は"IQの低い人たち"の圧倒的な支持を得たわけです。後年、同じ手法を使ったのが民主党でした」と述べます[5]。

　続けて、『ゲーテの警告』は、「こうして議会は地に墜ちました。B層の、

---

3) 適菜収（2011）3頁。
4) 「郵政民営化を進めるための企画書」1頁。なお、この企画書を http://kenjoh.com/Bsou.pdf にアップしている。

図表21-3　郵政民営化を進めるためのターゲット戦略

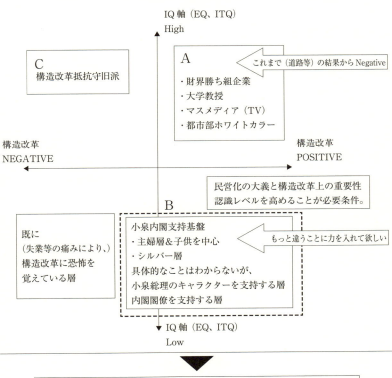

B層にフォーカスした、徹底したラーニングプロモーションが必要と考える。

B層による、B層のための政治が今や現実のものになろうとしております」（5頁）と述べ、「民主党は、職業的詐欺集団とみなされても仕方がないでしょう」（116頁）とも書いています。

さて、本日ご出席のみなさんは、今日、目の前で展開されている現実の政

5）　適菜（2011）4頁。このあたりのところは、小泉さんが引退表明をした日に、わたくしが次の文章を書いていることと関係があるかもしれません。「勿凝学問178　度を超えた官僚叩きという小泉路線の一番の後継者は小沢民主党だろう──小泉氏引退表明の日」。権丈（2010）第8話所収。

治を、どのように評価されますか？

再び礼儀と歴史と人間の感情の動き

　今日のわたくしの講演の前、すなわち、わたくしと歴史認識を共有する2段階前、つまり、彼らは流暢に大ウソをつく「職業的詐欺集団」ともみなされうる集団であるという第1段階目の歴史認識と、今なお次々とウソをつき続けなければならなくなる原因が、政権交代後ではなく政権交代の前にあったという第2段階目の歴史認識を共有する以前と、それらを共有した今とでは、現在の政治への評価がずいぶんと変わってきたかと思われます。彼らは、マニフェスト全般の財源問題にしろ、年金にしろ、高齢者医療にしろ、障害者自立支援法にしろ、そして普天間の問題にしろ、デマゴーグと呼ばれてよいほどの信じがたいウソを連ねており[6]、そして今日も、昨日も、年金試算をめぐる話をはじめとしてウソの上塗りを続けています[7]。今やみなさんは、彼らの言動への評価や、彼らを眺める際の感情の動きというものが、かなり私に近づいてきているはずです。

　2009年8月30日の総選挙の頃、私がどのようなことを考えていたかと言いますと、

　　　まぁ、今や消費税を含めた税制改革が必要なことは高い知性などを持ち合わせずとも分かりきっていることだから、今後起こることは、政治センス（？）に充ち満ちた政治家たちのリーダーシップのもとで、万が一巧く展開するとなれば、冬の時代を生きる官僚をはじめとした人たちを血祭りに上げて国民の溜飲を下げてあげたり、血祭りをみて歓喜する国民をだまし討ちにして、マニフェストをうやむやにすることくらいかな——巧くいけばそういうことになるだろう。でも、血祭りやだまし討ちに協力することは僕の仕事ではないというだけの話である。僕と違っ

---

6) 「勿凝学問293　それは禁じ手なんだが、残念なことにそれが民主党の常套手段——代替案なき批判は、政治の世界でも研究の世界でも百害あって一利なし」（2010年3月27日脱稿）参照。
7) 本書第22講参照。

て、政治学者ってのは、そういう血祭りやだまし討ちを嬉々として議論しては盛り上がっているように見えるのは昔からのことだけど、いいんじゃないかな、政治学者、そしてメディアのなかの政治部ってのは、そういうのも仕事みたいだから。僕の仕事は、政策技術学として使える学問をできるかぎり総動員して、あるべき社会保障、あるべき税・財政の制度設計、あるべき社会経済制度の設計を行うことであり、政策技術屋としての僕は彼らとは根本的に仕事の質が違う。

　こうした僕の仕事の性質と、政治が血祭りやだまし討ちの道に入ってしまった今、一昨日も、昨日も、そして今日も、原稿やインタビューの依頼を断ったこととは無関係ではない。お断りの連絡を受けた方々、つれない返事で申し訳ありませんでした[8]。

　政権交代後、はじめて私がインタビューを受けたのは、総選挙からおよそ2年経った昨年（2011年）7月12日の『朝日新聞』です。6月30日に、与謝野さんが社会保障・税一体改革成案をまとめ、7月1日に閣議報告されましたので、こればかりは仕方がないと思ってインタビューを引き受けました。そのインタビューの最後は、次の言葉で終わっています。

　……もっとも、「増税しなくてもやっていける」と主張する政治家はまだいる。彼らにもう一度、国政を握らせ、それが失敗して初めて、国民は現実を直視できるのかもしれない。かつて福沢諭吉が言ったように、「この人民ありてこの政治あるなり」なのだろう[9]。

　政権交代後、この政権にかかわった人のなかには、当然ながら今、後悔している人もいます。今日から振り返れば、当時の私は、政権交代後の新政権への評価はかなり見誤ることなく、そして、その後の展開もかなり的確に予測できていたと思います。それも、2009年の政権交代が起こるまでの歴史的

---

8) 「勿凝学問253　血祭りやだまし討ちにかかわるのは僕の仕事ではないんだよ——それが僕と政治学者の違いかな」（2009年10月22日脱稿）参照。
9) 「耕論　どうする社会保障と税」『朝日新聞』2011年7月12日。あわせて、「『この人民ありてこの政治あるなり』の今日的な意味合い」『三色旗』749号（2010年8月）も参照。

事実を、他の人よりも正確に把握していたからだと思われます。そういう私から、みなさんに1つアドバイスできるとすれば、次でしょうか。

　このフロアーに、2005年に小泉郵政選挙に盛り上がり、2009年に民主党に大いに期待した人がいるとしますと、そういう人は、民主主義が苦手な人たちですから、少しは自覚されたほうがいいかもしれません。

　静まりかえった会場で、その後、講演は、本題に入る。
　……

第22講　年金政局の歴史と一体改革＊

　国会では野党が、民主党の「新しい年金」に集中的に質問をぶつけている。野党も、民主党議員の多くも、民主党が掲げる年金の抜本改革など、無意味で無理だと分かり切っているのに、である。だが、閣僚はそうとは言えず、答弁では聞くに堪えない詭弁を繰り返している。

　2004年4月に民主党が11ページの法案を出して、年金一元化と7万円の最低保障年金という、普天間で言えば「最低でも県外」レベルのスローガンを掲げたまま8年近くが過ぎた。具体的な改革案を示さずとも、現行制度を批判しておけば票になる年金。民主党が勝利した2004年と2007年参院選、2009年総選挙は、明らかに年金選挙であった。民主党にとって、年金は手放せない政争の具であった。

　そうであるのに、昨年（2011年）6月の社会保障・税一体改革「成案」で、年金抜本改革は棚上げされた。「成案」は、自公政権時代の「社会保障国民会議」の親会議座長、分科会座長、事務局などが、菅内閣のもとでの検討会議に再結集してまとめあげたものであり、自公政権末期の案と変わりはない。この「成案」作成段階の昨年春、民主党の要人たちは非公開の場で、年金改革の財政試算を検討し、厳しい現実を数字で突きつけた試算を封印した。「成案」をとりまとめた与謝野馨氏は、昨年末の『週刊社会保障』で、民主党の年金制度改革は「嘘」であり「使いものにならない」、「成案では、一応看板だけ残しているが、あれは墓碑銘」とも評していた。

　ところが、菅内閣から野田内閣に替わり、与謝野氏が一体改革の最高責任

＊　「経済を見る眼　年金政局の歴史と一体改革」『週刊東洋経済』2012年3月17日号（3月12日発行）より転載。

者から外れた後、民主党はマニフェスト総崩れの批判を恐れ、そのうえ次回も年金選挙をという姑息な夢を見たのか、2009年マニフェストへの回帰を図り始めた[1]。今年2月17日の閣議決定「大綱」では、「成案」で葬られていた新しい年金制度、後期高齢者医療制度の廃止という絵空事が復活。「成案」と「大綱」は似ても似つかぬものになる。

　この過程で、年金に詳しくない党幹部が「与野党協議をするなら、年金試算の詳細を明らかにしてほしい」という野党の誘い水に乗る。その後、二転三転の茶番の挙げ句に、試算は公表され、野党の格好の攻撃材料となって現在に至る。

　基礎年金を租税財源化すれば、大幅増税が必要となり、大半の国民は損をしてもっぱら企業が得をする。無年金者・低年金者は消費税の増税だけを負わされて、制度移行に40年はかかる。そうしたことは、2008年5月の「社会保障国民会議」による年金試算で明らかになっていた。だが当時の民主党は、「自分たちの案とは違う試算」と強弁して逃げ切った。そして、2009年総選挙の際にも、「すべての人が7万円以上の年金」をすぐに受け取ることができるかのごとく振る舞った。

　与野党が結束して年金改革を進めるべきは、負担増と給付減の痛みを国民に求めた2004年改革の時だったのである。だが、当時の野党民主党が「年金政局」を仕掛けたために、日本の政治はそのタイミングを逸してしまった。その後、年金を原因として政治は地に向かって墜ちていくばかりであった。

　与党の国民新党政調会長は「年金試算を公開した段階で、社会保障と税が一体になっていないことがばれてしまったので、このまま押し切るのは無理」と発言。いったん葬られていた「新しい年金」の復活を主導した者たちの罪はどう問われるのか。

1）　本書第20講、注1を参照。

第23講　少子高齢化と社会保障[*]

　5年に一度『国勢調査』が実施され、そのデータに基づいて人口の将来推計は更新される。直近の将来人口推計は、今年（2012年）1月に出された。そこでは合計特殊出生率の見通しが、最近の上昇傾向を反映して5年前の1.26から1.35に上方修正された。

　前回推計より出生率が高くなったのは、1970年代後半から少子化傾向が現れて以来初めてのこと。将来的にどこまで進むか見えなかった少子高齢化という巨人が、ようやくわれわれの前にその全貌を現したことを意味する。65歳以上は4割程度で推移するという、将来の安定した姿が見通せたのだ。

　政府の要人は、65歳以上人口1人に対する20歳〜64歳人口の値が、70年頃は約9人で支える胴上げ型、現在は3人で支える騎馬戦型、2050年には1人程度となるのをとらえて、これを「肩車型」と評し「将来の世代は、その負担に耐えられません」というキャンペーンを展開している。これを聞く国民はさぞかし不安を募らせていることであろう。

　しかしながら、彼らの表現は社会保障を取り巻く実情とは大きく乖離している。制度の安定性に重要なのは就業者1人が何人の非就業者を支えているかであり、それを見れば1970年に1.04人だったのが、現在も1.05人と安定している。この先も女性や高齢者が働きやすい環境を整えて就業参加してもらえば、1.10程度を保つことができる。

　今回の人口推計で前回よりも出生率が高まったことは年金制度の安定要因となるため、悲観的なことを喧伝してこそ社の内外で評価されると勘違いす

---

[*]「経済を見る眼　少子高齢化と社会保障」『週刊東洋経済』2012年6月2日号（5月28日発行）より転載。

るメディアの興味をそそらなかったようである。だが一部の論者は、そもそも少子高齢化のもとでは、現役から年金受給者に仕送りをする賦課方式は維持できず、積立方式に抜本改革を行うべきだと主張する。

　そしてその改革は、年金の世代間格差の問題も解決するという。この問題は古くから経済学のなかで検討されてきたことである。

　公的年金は子が親を支える私的扶養を社会化して、さまざまな生活リスクをヘッジしたもの。制度が成熟していく段階では、前世代は負担以上に給付を受けているように見える一方、後世代による私的扶養の役割はしだいに減る。ここで公的な側面のみを見て「年金の世代間不公平」とする意見が出てくるのだが、私的と公的の扶養を足した総額は制度があってもなくても同じであり、一面だけをとらえ不公平と言うのは難しい。

　もっとも公私の扶養総額を支える就業者が減れば、後世代ほど支え手１人当たりの負担は重くなる。少子高齢化がもたらすそうした後世代の負担増加は、はたして積立方式によってなくすことができるのか。

　積立方式であったとしても、「パイ」が一定のもとで高齢者の数が増えれば、生産物市場で超過需要が生じて物価が上昇するし、巨額な積立金は、予定した金利よりも実質金利を引き下げてしまう。総じて賦課方式の場合と同じ状況に近づいていき、積立方式も少子高齢化の影響を受ける。そのうえ、積立方式は金融市場の不安定さのなかで脆すぎる。

　たしかに、日本は人類未踏の少子高齢社会を生き抜かねばならない。しかし、決して不可能ではない。大切なことは、愚説に惑わされて不必要に動揺し、社会保障全般にわたる重要な諸施策を先送りしないことである。

第24講　年金制度の過去、現在と未来＊

　2009年の政権交代以降、一切のインタビュー、対談、座談会、原稿の依頼はお断りしていた。しかし、政権交代から2年以上も過ぎ、この座談会の依頼があった2012年の初め頃には、社会保障をめぐってすでに次の動きが起こっていた。

- ・2011年1月14日　菅第2次改造内閣で与謝野馨社会保障・税一体改革担当相就任
- ・2011年5月24日　民主党の隠蔽されていた年金試算がリークされ、彼らが言ってきた新しい年金のフィージビリティ（実行可能性）がないことが広く知られることになる
- ・2011年6月30日　「社会保障・税一体改革成案」が政府・与党社会保障改革検討本部で承認され、翌7月1日に閣議報告
- ・2012年2月17日　「社会保障・税一体改革大綱について」閣議決定

　すなわち、民主党は、菅内閣のもとで消費税の増税路線に切り替え、与謝野さんがまとめた「成案」において、民主党が言っていた「新しい年金」は、棚上げされてもいた——野田内閣のもとで「新しい年金」は復活させられていたが[1]、それがフィージビリティに欠けることはすでに公然の事実となっていた。
　したがって、私は、政権交代後、初めて人前に出る仕事を引き受けることになる。座談会は2012年4月25日であった。

＊　「『週刊年金実務』第2000号記念座談会　年金制度の過去、現在と未来」『年金実務』第2000号（2012年7月9日）より抜粋のうえ筆削補訂。
1）　本書第20講、注1を参照。

山崎泰彦氏（神奈川県立保健福祉大学名誉教授（2004年年金改正時年金部会委員）
江口隆裕氏（筑波大学大学院教授（現、神奈川大学法学部教授））
坂本純一氏（野村総研主席研究員（2004年年金改正時年金局数理課長）
権丈善一氏（慶應義塾大学商学部教授）

2009年政権交代後、初めての復帰

司会 初めに一言、権丈先生は、どうですか？

権丈 あっ、僕はいいです。2年半前の政権交代後、初めてこういう場に参加したので、しばらくリハビリということで……。
……

2004年改正について

江口 2004年改正時に年金局が言っていたのは、今回の改正は、年金制度に関するファイナルアンサーだということです。ただ、現実には、ファイナルアンサーではなく、その後も、デフレがこんなに長く続くなど、いろいろと問題が起きて、また改正ということになる。そういう意味では、人間の知恵には限界があるということを感じますね。

権丈 法律に何年何月何日から保険料率は何％にするということを書き込んだうえで、定期的に給付のあり方を見直す制度を作ったという意味では、2004年改正はファイナルアンサーと言ってよいと思いますよ。もうルールはできたということです。坂本さんがおっしゃるように、変化する経済社会環境に応じて年金は変化せざるをえません。この状況で、制度設計について人間ができる最大限のことは、見直しのルールを確定するところまでです。

　2004年改正の後、2009年に最初の財政検証が行われました。その時、デフレ下で給付をカットできないのは制度の致命傷になりうるということと、このままでは基礎年金にマクロ経済スライドが効きすぎることになるという2つの診断結果が明示されました。そうすると、次にすべきことは、これを見直すことに全力を尽くすということのはず。

　ところが、政治は年金制度が抱える現実の問題を直視せず、民主党は相変

わらず実に効き目がある政争の具たる年金を絶対に手放さない姿勢でいる。年金の周りで起っていることは、そういう話でして、制度設計を担当する人たちから見れば、政治のこのあり様については、いかんともしがたいわけです。民主党が新年金制度を掲げて年金を政争の具としてきたこの8年間、解決しなければならない年金の問題はもとより、この国で解決しなければならない他の重要案件がすべてクラウディング・アウトされてきました。だから、政治は地に墜ちて今日のような国になってしまった。

　日本の年金に関しては、財源調達のスケジュールが先決され、不確実な将来に対応するための定期的な見直しのルールもできているんです。これは、年金に関しては以前では考えられないことですし、他の公共政策から見ればうらやましいかぎりだと思います。

年金制度の財政方式論の本質

江口　今、世代間格差是正策として積立方式論などが、「社会保障の教育推進に関する検討会」や「年金部会」で議論され、厚労省が反論しているという構図ですね。

権丈　まず確認しておきたいことは、公的年金で観察される世代間格差というのは、これから積立方式に変えてみてもなくならないことです。まさに一昨日の年金部会で、「積立方式のファン」と前置きをされた一橋大学の小塩隆志先生も、「積立方式は世代間格差是正にはあまり効果はない」と発言されています[2]。二重の負担問題や、それを多世代に普遍化した同等命題などを考えれば、そういう話になります。小塩先生が1998年に書かれた『年金民営化への構想』を読めば、積立方式のファンであることがよく分かりますね。年金というのは何が難しいのかよく分からないですが、年金にとりかかったばかりの研究者やメディアの人たちは、ほぼ確実に間違えるみたいなんですね。年金を研究しはじめると、まず、年金が抱える最大の問題は世代間不公平だとか、民営化したほうがいいとか、積立方式がいいと、私には天動説に見えるような世迷い言を唱えはじめます。しかし、そういう人たちも、しば

2）　第12回社会保障審議会年金部会（2012年4月24日）議事録。

らくすると地動説に変わっていく。昔から、年金研究者やメディア関係の人たちの様子を見ていると、こうしたプロセスが見えてくる。

　私が初めて年金の論文を書いたのは2003年で、当時40歳を超えていたわけですけど、その時すでに20年間ほど年金研究界のバカバカしい動きを眺めていたので、その論文では「年金経済学者のライフ・サイクル」[3]という言葉を使っています。年金経済学者というのは、デビュー時にはだいたい間違えて、それからライフ・サイクルを順調にたどって、自分の前言を撤回するか、あるいは年金の世界から去っていくというプロセスをたどる。今流行りの論者たちも、そのとおりに動いているだけでしょう。

　こういうライフ・サイクルをたどる人たちの特徴は、思考回路が歴史から遮断されているということでしょうね。歴史から遮断された人というのは、まあ、いろいろな面で間違えます。これは仕方がない。経済学教育のなかでは、歴史センスの養成などはおもしろいほどに軽視されているし、そのうえ最近では、若手の研究者は毎日が相当に忙しいようで、制度の勉強も既存研究の渉猟もしていないから、これからも数年周期で毎回新しい人が年金研究に参入してきてトンチンカンな天動説を唱えては時代の寵児になり、いずれ論を変えるか、年金研究から去っていくということが繰り返されると思います。

　また、メディアなんてものは、ある日突然、年金担当の記者となり、自転車操業のなかで記事を書き続けなければならないわけで、数年後には、大方みんな、過去の自分を反省することになる。私が知っているかぎり、メディア界でこの法則の例外に位置するのは、『日本経済新聞』の大林尚論説委員だけじゃないですかね。まあ、彼には彼のお家の事情というのがあるのでしょうが、それは年金制度論とは関係のない話です。

　……

　とにかく、周期的に、年金破綻論や年金の抜本改革を唱える人が登場し、その人たちを経済界や日経新聞は絶えず応援するのだから、この様子を素人

3）　権丈（2003）「年金改革論議の政治経済学――厚生労働省『年金改革の骨格に関する方向性と論点』を読んで」『三田商学研究』第46巻1号。権丈（2009〔初版2004〕）第1章として所収。

さんたちが端から見ると、年金というのは抜本改革が必要なほどに大きな問題を、いつも抱えているように見えてしまう。

江口 賦課方式か、積立方式かというのは、今さらということなのでしょうか。

坂本 積立方式か、賦課方式かという議論の時、今リーマン・ショックを経て、本当に、賦課方式の年金制度が安定していたということが明らかになった感じがします。

　一方、東ヨーロッパのいくつかの国や、アルゼンチンがそうだったのですが、リーマン・ショック後、それまで積立方式に変えていたものを再び賦課方式に戻した。それは、別の意図もあるので純粋とは言えませんが、総じて世の中がそれを受け入れたというのは、やはり賦課方式の年金制度が、金融変動に対しても安定的であるというのを示しているのではないでしょうか。

権丈 この前、NHK の番組で AIJ 問題を取り扱い、その後で話題が公的年金に移ったら「積立方式にすべきだ」という論調になっていましたから、たぶん、AIJ 問題が積立方式の年金の限界を示唆しているという基本的な問題の構造を理解しないままに番組が作られているんでしょうね。

……賦課方式でも、いま積立度合いで4年分以上の積立金があります。これは他の国に比べれば圧倒的に大きいのですが、それは人口構造における団塊の世代というコブを乗り切るためのバッファーの役割を果たしています。規模にしてGDPをはるかに超える積立金を持つ必要なんかまったくありません。

　今年（2012年）1月に新しく平成24年1月人口推計が出ました。その前の平成18（2006）年12月人口推計での合計特殊出生率の見通しは1.26で、その見通しに基づいて2009（平成21）年財政検証は行われていました。新人口推計では、その合計特殊出生率の見通しが最近の上昇傾向を反映して1.35に上方修正されています。前回の推計よりも出生率が高くなったのは、1970年代後半から少子化傾向が現れて以来初めてのことですね[4]。今までは、いつまで高齢化が進むんだという見えない敵におびえる側面があったのですが、これが今回、はっきりとわれわれの前にその全貌を現したとも言えます。ここ

4）　本書第11講も参照。

から50年程度経つと、65歳以上人口はおよそ4割で、人口論で言う「安定人口」状態に入ります。安定人口に入るまでを、何とか乗り切りたい。

　人口高齢化が年金にどのような影響を与えるかということについては、経済学でサミュエルソン・アーロン・パラドックスというトピックのもとに何十年も前から議論されています。同じ給付水準を仮定した場合、積立方式と賦課方式では、どちらのほうが保険料が安くなるかを突き詰めていくと、結局、運用利回り r と、人口変化率 n と賃金伸び率 g の和 $n + g$ との相対関係に議論は還元され、運用利回り r のほうが $n + g$ よりも高い時は積立方式のほうが有利だけれども、$n + g$ のほうが r よりも高い時には、積立金を持たない賦課方式のほうが保険料率が安くなるという不思議なことが起こるとして、パラドックスと呼ばれたわけです。このモデルに基づけば、日本をはじめとした先進国は、r に比べて $n + g$ が小さくなっていくから、賦課方式よりも積立方式のほうがよいというような議論が、先進国で出てきたりもする。

　しかし、皆が積立金を持ってしまい莫大な額が積み立てられて、仮に社会の総貯蓄が増加したら、当然、実質金利は下がるでしょうから、当初予定していた r が予定どおりいかなくなる。1人で見れば合理的でも、みんなでやると不都合なことが起こるということを経済学の世界では「合成の誤謬」と言い、これが年金財政の面でも起こるのですが、そうした面はサミュエルソンのモデルでは考慮されていません。

　しかも、積立方式と賦課方式で「同じ給付水準を仮定したモデル」を彼らは考えているのですが、そこで想定されている給付水準は勤労世代の所得に対する一定率、すなわち所得代替率で設定されています。そして制度設計時の予測値が、不幸にも年金の所得代替率を下げる方向に外れた場合に、給付水準を守るために保険料率を調整する手段を積立方式は持っていません。退職者に目標とする生活水準を達成できる可能性があるのは、次の世代の保険料率で調整することができる途を残す賦課方式でしかなかった。僕はこのことを、初めて書いた年金の論文のなかで、年金の財政方式と給付水準の目標達成可能性という視点から論じて、「保険料率調整のタイミングの問題」[5]

5）　権丈（2009〔初版2004〕）29頁。

と呼んで指摘していました。

　サミュエルソンのモデルは、制度設計における運用利回り、成長率、人口変化率などに関する予測可能性が前提とされているんですけど、公的年金というのは、30年、40年、50年も先のそうしたものの予測は人知の限界を超えた不確実なものだから存在する制度なんですね。

　そのうえ、パイが一定のところに高齢者が増える形で高齢化が進むと、生産物市場では超過需要が起こって物価が上昇する。経済学は、就業者と非就業者との間で分け合うべき「パイ」、生産物の大きさがカギと考えるので、現役世代と高齢世代の間でのパイの分け方を積立方式にしても賦課方式にしても、パイの大きさが同じなら実質的には同じになる。積立方式のもとでも、賦課方式とは違った形で高齢化の影響を受けるので、「積立方式にすれば高齢化の影響を受けない」というのは年金神話の1つでしかないことも、かなり前から年金研究の世界では落ち着いている話です。

　それに、積立方式では、みなさんが指摘されているように、本質的に不安定なものである金融市場に、年金制度がさらされることにもなります。賦課方式の年金制度を積立方式にするためには、二重の負担、同等命題という問題があるわけでして、もし、二重の負担のような艱難辛苦を乗り越えて、何十年、何百年後に積立方式にたどり着いても、賦課方式と比べて何もよいことがない。いや、むしろ制度の不安定性が増してしまうだけ。私の言う「積極的賦課方式論」の骨子というのはそういうことなのですけど、金融市場の不安定性が高まっている今日的な資本主義のなかでは、現在の方法でやっていくほうがベターだというところに、議論は落ち着いているわけです。今さら、そんな議論をする必要はさらさらない。

江口　ただ、世間では年金についていろいろと言われていますね。

権丈　それこそ、思考回路が、既存研究を含めて歴史から遮断された研究者やメディア界の新人たちが天動説を唱えているだけで、いずれ勉強していけば地動説に落ち着く話です。

　大切なことは、「年金経済学者のライフ・サイクル」という、「法則」と言っていいくらいに繰り返し起こっている年金界の現象を、せめてメディアの人たちくらいは理解することです。付け加えれば、経済界は、勝算はどう

あれ、永遠に社会保険料の負担軽減につながる年金改革を求め続けます。最近は、少し巧妙になって、世代間格差を声高に言って国民に年金を憎ませることで、以前と同じ目的を達成しようとしていますね。未納で年金が破綻すると言っていた頃と、狙いは同じです。未納で破綻のキャンペーンは、2008年の社会保障国民会議での年金シミュレーションで潰されましたけどね。

年金論議を理解するためのここ10年の歴史

江口 これまでいろいろと苦労して財政規律といったことを模索し、保険料固定までもってきたのですが、政権が代わって民主党の新年金制度案が出され、ドラスティックに制度を変えますと言われると、そもそも財政規律の前提が狂ってしまうわけです。……自民党政権の時は18.3％というのが保険料の上限とされましたが、民主党の案では、保険料率を固定するとは言ってるものの、18.3％でもつのかどうか分からない。

権丈 民主党の言うことに優しいですね（笑）。彼らの年金案がまがいものだということを、さすがに世の中も分かってきたようだから今日の座談会に参加したのに、またぶり返して無意味な時間を費やさなければならないのでしたら、帰りますよ（笑）。

　軽くこれまでの経緯を説明します。昨年（2011年）6月2日、菅内閣不信任案が否決された夕方の「社会保障改革に関する集中検討会議」で「社会保障改革案」がまとめられます。なぜ記憶しているかというと、あの日の内閣不信任案の成り行き次第では、その日6時から予定されていた集中検討会議で報告書をまとめることはできないだろうし、そうなると、それまで集中検討会議で苦労していた人たちの努力は水の泡になるのかと思いながら、あの日の午前中の民主党代議員会などから永田町の動きを横目に一日を過ごしていたからです。

　そして6月2日夕刻にとりまとめられた「社会保障改革案」は、6月30日に政府・与党社会保障改革検討本部で社会保障・税一体改革「成案」と呼ばれるものになり、翌日7月1日に閣議報告されます。あの「成案」のなかで、民主党の言う「新しい年金制度の創設」は＜今後の行程＞の欄に「国民的な合意に向けた議論や環境整備を進め、実現に取り組む」と記されるに留まり、

所要額は一切計上されないままとされて、事実上棚上げされました。「成案」をとりまとめる時の担当大臣であった与謝野さんが、『週刊社会保障』で民主党の年金制度改革は「嘘」であり「使いものにならない」、「成案では、一応看板だけ残しているが、あれは墓碑銘」と評していたことは、われわれの世界ではあまりにも有名な話です[6]。

　ところが、社会保障・税改革の面で自公に歩み寄っていった菅内閣は民主党内ではそっぽを向かれ、党内融和をスローガンに掲げた野田内閣に替わります。当然、一体改革の最高責任者であった与謝野さんは替えられるわけで、古川元久さんが後任に就きます[7]。そして長妻氏が社会保障改革の重要なポジションに就くと、民主党は2009年マニフェストへの先祖返りを図りました。与謝野さんの民主党の新年金制度に関する「墓碑銘」発言は、そうした民主党の先祖返りの動きを見ていた2011年末のことで[8]、民主党の動きを牽制する意味も込もった、与謝野さんのいても立ってもいられないがゆえの発言だと思います。しかし、今年2月17日の閣議決定「大綱」では、「成案」で葬られていた新しい年金制度、後期高齢者医療制度の廃止という2009年マニフェストの金看板が再び掲げられます。社会保障・税一体改革に関して、菅内閣のもとでの閣議報告「成案」と野田内閣のもとでの閣議決定「大綱」は僕らから見ると別物になったわけです。

　とにかく、民主党にとって、年金というのは手放せない政争の具。(2012年)4月7日の『朝日新聞』朝刊で、鳩山さんが「年金がこのままではボロボロになって、年を取ってももらえなくなるという語りかけは、非常に政権交代に貢献してくれた」と明け透けに答えたことが載っていました。2004年4月に民主党がたった11ページしかない年金法案を出し、年金一元化と7万円の最低保障年金というスローガンを掲げて以降、彼らは8年近くも具体案を示さずに逃げ切ってきました。2004年に民主党案が出た時、実は、世の中は「これのどこが年金改革法案なんだ？」と呆れて、みんなで無視をしてい

---

6) このあたりの詳細は、「経済を見る眼　年金政局の歴史と一体改革」『週刊東洋経済』（2012年3月17日号）参照（本書第22講所載）。

7) 本書第19講参照。

8) 本書第20講、注1を参照。

ました。それを大きく取り上げて、自公政権が2月に出していた460ページの2004年改正法案を「いま国会に出されている政府案は、制度そのものにはまったく手をつけていない」と批判して、民主党案を「与党も抜本策を示し、民主案と練り合わせながら、将来とも安心できる年金づくりに知恵を絞ってほしい」と評価したのが、当時の『朝日新聞』の社説ですね。あのあたりで流れが大きく変わり、民主党が勢いづいて、2004年7月の参院選での年金選挙へと、この国は突き進んでいきます。

ちなみに、あの社説を書いた論説委員の名誉のために付け加えておきますと、彼は2004年時の自分の論説を反省し、2008年に朝日新聞の社論を反民主党案に統一する時の立役者になります[9]。自分の間違いを認めた勇気のある真摯な姿勢だと思いますし、まじめに勉強すれば、民主党は、ただ単に年金を政争の具にしていることは分かるようになるんです。

とにかく、民主党は、その後8年間も具体的な案を示そうとしなかった。具体的な改革案なんか示さないままに現行制度を批判したほうが票になるので、次の選挙でも利用しようとしているわけです。最近は、「成案」で葬り去られていた新年金制度を「大綱」で復活させたため、それが結果的に、野党との取引材料として利用されようともしています。無から有を生むことができる年金というカードを政治で利用することはやめられませんよね。民主党を「職業的詐欺集団」[10]と呼んでいる人もいましたけど、実際のところ、そんな感じなんじゃないですか。彼らは、まさか大の大人がそこまでウソはつかないだろうという、普通の人たちの感覚を逆手にとって人を騙してきたわけです。江口先生も、「まさか、最低保障年金にいくらかかるかの検証もなく、最低保障年金を唱えていたとは考えられなかった」と言われていましたけど、彼らは、実に流暢にウソをつくわけで、そのくらいのことは簡単にやります。政治家が、年金で政局を作ると決め込んで、「年金がこのままではボロボロになって、年を取ってももらえなくなる」と言い続けられたら、誰も敵(かな)いませんよ。ああいう野党が登場すれば、政権交代は時間の問題でした。

---

9) 本書第2講中「2008年年金改革騒動の顚末」参照。
10) 適菜（2011）116頁。

民主党が勝利した2004年と2007年参院選、2009年総選挙は、明らかに年金選挙でしたから、民主党にとって、過去も今も、年金は手放せない政争の具。それに、年金を叩いて名をあげた政治家たちが、野田政権では揃って党や政府の要職に復活しましたから、これからも政治的には実にやっかいです。とにかく、前回の総選挙で、あのマニフェストに命が吹き込まれたわけですから、彼らが政治家でいるかぎり、この国はその後遺症に苦しむしかないでしょう。

　年金については、理論面では、とうの昔に決着がついているわけですけどね。私は、この国の政治の諸悪の根源は、民主党の年金戦略だと書いてきましたけど、そのとおりになっただけでしょう。民主党の年金戦略が、年金のみならずこの国をここまで壊してしまったようなものです。

坂本　民主党も、保険料を決め、一応、スウェーデン方式で概念上の拠出建て制度にする以上は、必ず自動均衡措置を入れないといけないことになる。そうすると、積立金をどうするかというのも、俎上にのぼってくるわけですね。スウェーデンでは、それまでの積立金の一部を引き継いでファンドで経過的に残しましたが、あのやり方では、日本の高齢化のスピードにはついていけない。どうするんですかね。

　また、民主党案のような形に移行する場合、今の制度とは接続できませんから、どこかで断絶しないといけない。最低保障年金にしても、2分2乗してという形ですが、この前の民主党案の試算を見ると、1つのパターンでは、1,000万円の夫も2分2乗で半分の500万円になるので最低保障年金にかかる案になっている。それで最低保障年金と言うんでしょうか。

権丈　2004年4月に「年金一元化」「最低保障年金」というスローガン程度の案を出して以来、民主党、そして民主党を応援してきた研究者はポンチ絵[11]しか見せなかったですからね。彼らが改革案を具体化する姿勢のかけらも見せなかったためでしょうが、民主党の新年金案については、昔から、あれを提唱する人たちよりも、批判する人たちのほうがはるかに詳しいという状況が続いています。

---

11)　本書第4講の補講中「日本の年金を世界がうらやましがっている理由」参照。

受給資格要件の10年への短縮について

権丈 それだけではなく、受給資格を得るための被保険者期間を25年から10年に短縮して低所得者に加算するというのは、制度の破壊でしょう。

かつて私は、年金部会で、ここはいったん、年金制度の過去の広報が積極的になされていなかったということを認めて反省し、一度は被保険者期間を10年に短縮し、その後毎年1年ずつ延ばして25年に戻す、もしくは30年、40年まで延ばしていくことを提案したことはあります。しかし、10年を永続させることはよくない。皆年金でもない国の年金の受給要件は日本のものとはまったく別物ですから、両者を比較して日本の25年は長いというのは、英語の慣用句にある "apple to orange"、それって比べて意味あるの？　という話です[12]。

現在の制度では被保険者期間25年のところで、被保険者期間の屈折点がある。年金を受給できる25年間は保険料を払おうという人がいるわけですが、今回の措置で10年に短縮すると、そこに屈折点が生まれる恐れがあります。この場合、年金額が満額の4分の1にしかならず、年金としての意味をなさなくなるはずなのですが、低年金者には加算するということになれば、納付インセンティブはなくなってしまう。これも冗談のような話ですね。さらに言えば、60歳までずっと払っていなくても、60歳の時点で任意加入をして10年加入できますので、「どうも長生きできそうなので、年金にでも入るか」ということもできる。年金に詳しい記者が書いていましたが、「民主党は年金に指一本触れるな」[13] という感じでしょうか。

民主党政権下で2010年に「社会保障改革に関する有識者検討会」が作られて、そこで有識者さんたちがまとめた報告書には、「年金改革の論点」のところに、「防貧・救貧機能の強化をすすめなければならない」と書いてある。実は、この言葉の意味が、私たちには理解できないわけです。社会保険としての年金は、事前に保険料を払わずに貧困に陥ってしまった人を救済する「救貧機能」は備えておらず、「防貧機能」に特化した制度です[14]。制度が成

---

12) 本書第2講中「年金加入期間25年を短くすると、未納者は減り低年金者は減少するのだろうか？」参照。

13) 太田啓之（2012a）「民主党は年金に指一本触れるな」『新潮45』3月号。

熟化していく過程で、給付の早期化という手段を用いて、制度発足時の高齢者たちを一斉に貧困から救済するということはいろんな国でも行われてきましたが、ある世代のなかで保険料を納付せずに貧困に陥った人を年金保険で救うことはできません。

　民主党の年金戦略を応援してきた研究者たちは、年金に救貧機能があると考えているようなんですね。彼らは、年金研究者として生きていく道を最低保障年金に求めたグループですが、スウェーデンのように、旧来の年金給付水準の最低水準がかなり高めで、それをただ単に税財源による「最低保証年金（guarantee pension）」と呼び直せばよかった状況と、日本のように年金の給付水準が相当低い人がかなりいるために、無年金・低年金者にずいぶんと上乗せ給付をしなければ彼らが言い換えた最低保障年金を実現することができない状況の差違に考えが及んでいなかった（図表24-1）。日本で最低保障年金をやろうとすれば、制度の移行問題が起こり、最低保障年金を即座にやるとすれば、どうしても租税財源が追加的に相当額必要となるうえに、保険料を払っていない人に給付を行うことを容認せざるをえなくなり、正直者がバカを見る側面に目をつむらなければならなくなります。スウェーデンの年金改革について、"Old Wine in New Bottles"[15]という論文を書いて、「違うのはパッケージだけである。しかし、政治的にはそれは重要なことなのである」と喝破している研究者が外国にいましたが、スウェーデンの年金改革は、新しい皮袋に古い酒を入れただけです。研究者のポジション取りで最低保障年金にかけ、民主党の年金戦略、とくに長妻元厚労大臣あたりを応援してきた人たちは、こうした側面に考えが及ばなかったのでしょう。

　この研究者グループは、運用3号の制度設計の時にもかかわるのですが、事前に保険料を払わなかった人たちを事後的に救うことができると考えているのか、運用3号にも矛盾を感じなくなっていた[16]。運用3号問題では、担当課長が更迭されましたが、一番責任が重いのは、あの制度設計にかかわっ

---

14)　本書第5講参照。
15)　Cichon（1999）"National Defined-Contribution Schemes: Old Wine in New Bottles?" *International Social Security Review*, No. 52, pp.87-105.
16)　本書第6講参照。

図表24-1　スウェーデンにおける1999年年金制度改革の主な内容

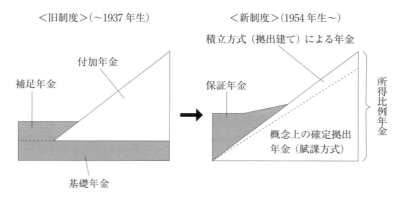

注：保証年金（guarantee pension）に課税するとともに、課税後の水準が旧制度における基礎年金と補足年金を足したものと同様になるように水準を設定。
出所：第3回社会保障審議会年金部会（2002年4月19日）配付資料「諸外国の年金改革の要点」。

た学者だと思います。社会保険の性質を根本から曲解しているから、次から次にやってはいけないことにお墨付きを与える形になっている。

　次に責任があるのは年金局長あたりでしょうけど、年金局では、政権交代直後の厚労大臣が先輩たちの首を容赦なく切っていったから[17]、彼らが恐怖政治のもとにあるという仮説を立てれば、現在あのあたりで起こっていることを説明できるかもしれません。2011年末に民主党が新年金制度を復活させる時に、官僚を前にして「みなさんは、本当に民主党の言う年金案が実現できないと思いますか？」と尋ねても官僚は何も言わなかったということらしいですが、ああいう性格の元大臣がやることに異論を唱えるわけがない。現年金局長のもとで行われていることには、いくつもおかしいことやだらしないことがあって、「どうして、目の前の選挙対策や政治的駆け引きに年金を使おうとする政治から制度を守ろうとしないのか」と言いたくもなりますが、恐怖政治のもとでは、ある面、仕方がないのかもしれません[18]。これも、国民が望んだ「政治主導」というものなのでしょうけどね。

---

17)　本書第17講中「参考資料　勿凝学問296」参照。
18)　2012年9月10日、年金局長が替わる。

歳入庁の創設検討

江口 もう1つ、年金の運営問題があります。日本では、年金記録問題が制度問題にもつながって、揺るがせにできない問題になっています。日本年金機構が発足しましたが、民主党は歳入庁を作ると言っており、保険料と税を一体徴収しようという方向で検討されています。

権丈 去年（2011年）の『年金実務』の新春鼎談では、歳入庁になって「税務署という強面の人が来れば、それなりの迫力がある」という発言がありましたけど、私の周りの人たちは「さすが、厚労相の顧問！ おっしゃることが違う」と、おもしろがっていましたね。

　保険料と税の一体徴収をする歳入庁を作るとすると、よほど人員を増やさないことには、1万5,000円という少額の単位の徴収に人員を回してくれないのではないでしょうか。国税庁は、社会保険料徴収のデータもノウハウも持っていません。新たに創設される歳入庁が、徴収した総額で仕事効率が評価されるような場合には、1万5,000円の年金保険料の徴収という、歳入庁にとって労多く益少なき業務がないがしろにされる恐れがあります。

山崎 国税庁でできるのは、所得税の納税者を把握することです。現在の国民年金は非課税世帯が多いですから、歳入庁を作って税と保険料を一体徴収するということは、所得税の課税世帯だけを相手にして、非課税世帯はゼロ所得・ゼロ保険料にするという割り切りにならざるをえないのではないか。その場合、大量の最低保障年金の対象者が出てくる。

　そうではなくて、現在の国民年金の保険料徴収をそのまま引き継ぐとすれば、問題は変わらない。

社会保険の考え方

江口 ……ますます社会保険方式と税方式と、どこが違うんだということになるかもしれない。

権丈 「社会保障の教育推進に関する検討会」の資料で、「公的年金でも所得再分配が行われているとはいえ、『現役時代に保険料拠出という自助努力をした人は、老後もそれなりに報われる』という制度設計となっており、保険料拠出が多かった人が少なかった人よりも給付が低くなることはなく、現役

時の労働や保険料納付のインセンティブを損なわれない仕組みになっている」という文書があります。この文章は、「この一点は守りたい」という厚労省の若い人たちの意地の一文だと思います。

現政権のもとで、その辺が危うくなってきているのですが、これは守らないと、正直者がバカを見る制度になってしまう。

さっきも話しましたが、現政権下の社会保障改革に関する有識者検討会[19]の報告書に、年金保険の救貧機能の強化と読める文章があるのですが……。

---

19) 社会保障改革に関する有識者検討会については、元財務副大臣の峰崎直樹氏のメルマガ「チャランケ通信」第54号（2014年3月10日）に次の文章がある。

「シリーズ消費税論議の顛末（その9）」
　前号で、社会保障改革に関する有識者検討会が内閣官房の下に設置され、宮本座長、駒村副座長、井伊雅子委員、土居丈朗委員、大沢真理臨時構成員の5名でスタートすることになったところまでであったが、その確定は順調には決まらなかったことを指摘しておいた。座長の宮本太郎北大教授と副座長の駒村康平慶應義塾大学教授までは決まっていたようだ。ようだ、というのはこの検討会は古川元久内閣官房副長官の下で企画されていたもので、最初に主要なメンバーが集まった際には、すでに座長と副座長は内定していたのだ。10月21日の午後、古川副長官室に古川副長官、宮本太郎教授、駒村康平教授と中村秀一事務局長、佐々木官房副長官補、香取厚生労働審議官、それに小生が集まり委員の人選を協議したのだ。

一度決まった人選が変えられたりして、すっきりしないスタートへ
　そこで、あまり人数は多くしないで5名ぐらいにして、若手の研究者を中心にしよう、ということで人選に入ったのだが、……民主党政権に対して厳しい批判を展開しておられた慶應義塾大学の権丈教授も、一度はメンバーに選定で合意されたはずなのだが、一応選定し終えて自分が席を離れた直後に色々とあったようで（このあたりの詳細にはタッチしていないので不明）、電話で変えて欲しいとの連絡が入ってきた……

　このあたりを私サイドから説明すれば、有識者検討会のメンバーに私が入ることを民主党の官房副長官あたりが（嫌々ながらも）承諾した時、すぐに峰崎氏から依頼の電話があった。しかし私が引き受けるはずもなく、ただ笑っただけの返事をしていた。ところがその頃、私をこの会議のメンバーにすることを民主党の政治家が拒まなかったことに慌てて動き出す者がいたようで、私はそうした動きをリアルタイムで知っていたのであるが、さすがにこの展開には、当時、政治家も官僚も驚き呆れていた。

山崎　それは、普通だったら誤植ですね。

権丈　そうです。社会保険としての年金に救貧機能はない。そんな機能を持たせたら、保険料を正直に納付することがバカらしくなってしまう。それでも、「強権力を用いて徴収するから大丈夫」と言う人もいますが、制度というのは、国民に嫌われれば、次の段階で多数決によって変えられてしまう運命にあるわけで、国民にその制度の存在をなるべく憎ませてはいけないんです。嫌だという国民の頭を足で踏みつけて、強権的に言うことをきかせる制度は長続きしない。だから、国民が意識する公平感を慮りながら、国民にも納得してもらえるかなという範囲で制度を作らなければならないのに、現在の動きは社会保険から逸脱したことをやろうとしていて、「それでは、国民が納得しない、納付インセンティブが落ちる」と言うと、「強制的に徴収するようにするから大丈夫だ」と言う。彼らのやることなすこと、ことごとく私の趣味に合わない（笑）。

世代間格差論に対する「社会保障の教育推進に関する検討会」の見方

江口　今、年金制度を考える時に、こういう論点は押さえておくべきといったことがありましたら、お話しいただきたいと思います。権丈先生は教育検討会の座長もやっておられますが。

権丈　「社会保障の教育推進に関する検討会」というのは、政策統括官の私的な検討会で、政治とは関係がないということなので引き受けました。そして最初に、日本の中学、高校の教科書やスウェーデンの教科書を読み比べてみたのですが、びっくりですね。日本の教科書には、「年金には莫大な積立不足がある」とか、「日本の高齢化は深刻だから、積立方式にすることも検討されている」ということが書いてある。おそらく、どこぞのトンデモ年金学者が新書版あたりで世間受けする不勉強なことを書くと、それがしばらくして教科書執筆者の手元に置かれるようになり、そして教科書に反映され、子供たちが間違ったことを学校で学ぶという経路があるんでしょうね。そうしたルートから制度への誤解が植え付けられていくとなれば、考え抜いてしっかりとした制度を作ろうとしている人たち[20]の努力は水の泡。昔から

少なからずいる年金のお騒がせ論者たちに敵うわけがない。そうしたこともあり、「社会保障の教育」に関する検討会なのだから、社会保障の正確な理解というものを示すとしましょうか、ということになったわけです。そうしないと、教育現場にいる人たちは、訳が分からないだろうということです。

そこで、1つのケーススタディとして、内閣府が（2012年）1月に出した世代間格差の試算をきっかけに、いくつかのメディアが煽りに煽っていた世代間不公平の問題を扱ったわけです[21]。内閣府と厚労省が対立することを言っていたのでは、矛と盾のようなことになってしまう。それでは、政府の本当の見解はどっちなのだろうという話になり、教育現場の先生たちは困りますよね。政府内部での論理的な矛盾は、理論的に解決するしかない。内閣府のレポートには、執筆の責任は執筆した研究者たちにあり、内閣府は関与しないとは書いてありますが、メディアは内閣府が試算したと報告し、執筆した研究者も内閣府が発表したと論じて、内閣府のお墨付きを得たように表現していましたから、「社会保障の教育推進に関する検討会」では、あの報告書を内閣府ペーパーと呼びました[22]。

1980年代、当時は武蔵大学にいた高山憲之先生たちが、年金の世代間不公平を言う第一世代として華々しくデビューされます。年金というのは、制度のなかだけで負担と給付を計算すれば、世代間で差があるのは当然のことです。公的年金は子が親を支える私的扶養を社会化して、さまざまな生活リスクをヘッジしたものです。制度が成熟化していく段階では、前世代は負担以上に給付を受けているように見える一方、後世代による私的扶養の役割は次第に減っていくんですね。ここで、公的な側面のみを見て「年金の世代間不公平」と言う人が出てくるのですが、私的と公的の扶養を足した総額は制度があってもなくてもそんなに変わらない。総額が同じなのに、私的扶養を社

---

20) 権丈善一「大切なことは考え抜いた制度を作ること」『年金時代』2012年1月号（本書第19講所載）も参照。

21) 「社会保障の正確な理解についての1つのケーススタディ〜社会保障制度の"世代間格差"に関する論点〜（2012年3月23日「第4回社会保障の教育推進に関する検討会」配付資料）」参照。「社会保障の教育推進に関する検討会」報告資料として再掲された　http://www.mhlw.go.jp/stf/seisakunitsuite/bunya/0000053851.html

22) 本書第35講参照。

会的扶養にすれば、生活リスクに対する保険機能が付加されるわけです。保険機能が付加されること、それ自体が価値のあることですよね。ところが、社会保険が持つこうしたリスクヘッジ機能を無視して、あたかも金融商品であるかのような計算をするのが、昔から経済学者がやってきたことです。ばかばかしい話です。

　もちろん、私的な扶養を社会化した制度には弱点はあります。私的な扶養だったら、「お父さん、お爺ちゃん、自分は今少しばかり生活が苦しいから、仕送りを少し減らさせてもらうよ」と言えるのですが、これが民主主義のシステムに乗ってしまっているため、そう簡単に言えなくなる。しかし、この問題を何とかして乗り越えることができれば、私的な扶養を社会化することにより保険化してリスクをヘッジした制度を持っているほうがいい。そうしたメリットを享受し続けるためには、民主主義的な意思決定の難しさを、なんとか克服しなければならないわけです。

　もっとも、公私の扶養総額を支える就業者が減れば、後世代ほど支え手1人あたりの負担は重くなります。そして、ちゃんとした経済学者が到達している共通の認識は、年金の財政方式が賦課方式だろうが積立方式だろうが、人口の少子高齢化の影響を受けるということです。先にも紹介しましたが、積立方式にすれば、どんなに高齢化が進んでも大丈夫などと言う人がいますが、あれは大ウソ。

　それと、今回の「教育検討会」の資料の特徴は、過去の厚労省による試算も否定したことでしょうかね。検討会資料は、社会保険は保険なのであるから、金融商品に見立てて割引現在価値を計算すること自体がおかしいというトーンになっています。これまでは、経済学者は運用利回りで割り引き、厚労省は賃金率で割り引いていたのですが、社会保険は保険なのですから、どっちで割り引いてもピントがずれる[23]。それから、社会保険料の事業主負担について、これまで、経済学者は労働者に100％転嫁されることを仮定し、厚労省はまったく転嫁されないことを仮定して計算していたのですが、転嫁に関する研究に素直に従えば、本当のところはよく分からないんですね。だ

23）　本書第38講参照。

から今回の資料では、「確定的なことは言えない」となっています。

　過去において、厚労省は何度か、年金の割引現在価値を計算してはいますが、あれは何も、やりたくてやったわけではなく、世間からの「世代間格差を厚労省は隠す気か！」という、そういうふうに信じ込んでしまっている人たちからの批判に耐えられなくなって試算しただけだと、私は思っています。だから、現在の厚労省が、先輩たちの試算を肯定的に継承しないという姿勢をとっても、先輩たちは怒らないだろうと思っているのですが、そのあたり、いかがですか（笑）。

坂本　山口新一郎元年金局長（昭和60年改正当時）が、当時、「横綱は幕下と相撲はとらない」と言われましたが、こういう損得論の計算はやらないと宣言された時期もありました。

権丈　事業主の負担を入れるとか入れないとか、割引率を何にするかというのは、実は、保険と金融商品をごちゃまぜにした議論なんです。議論の一番最初に、社会保険は保険なんだという本位を定めれば、金融商品に見立てて割引現在価値を計算すること自体がトンチンカンな話で、リスクヘッジによる効用の増加を無視した計算をして、損得を論じるのはおかしいということになる。スウェーデンの年金バランスシートのように、債務として過去の給付確定部分を計上し、対応すべき資産として将来の保険料収入の割引現在価値を計算することはあります。でも、それは、財政計画を立てるうえで必要だから作成するのでして、スウェーデンの年金は、他の国と同じように賃金の伸びに応じて給付が伸びる設計になっていますから、スウェーデンが使っている割引率は賃金なんですよね。そうでなければ、年金の財政計画には役に立ちませんから。

　こうした社会保険制度が存在することからの損得を本当に計算するのであれば、年金だったら長寿リスクや障害リスクがヘッジされたことによる効用の増加とか、医療であれば潜在需要が顕在化して健康が増したことによる社会の厚生増加、介護であれば老親の介護から解放された家族の効用増なども視野に入れる必要があるでしょうね。実際、アメリカではメディケアの存在意義を問う研究で、所得変動リスクが減ることによる厚生の増加や死亡率の低下などを視野に入れて、メディケア導入の損得が論じられている。そのく

らいやらなければ、ちゃんとした損得の議論にはならないし、経済学的には不十分な研究ということになる。当たり前の話です。ところが、そうしただらしのない研究をしている者に限って、「経済学的には」という言葉を多用する。隠れ経済学ファンとしては、経済学がかわいそうになってくる。

　それと、先ほどから話題となっている社会保険というものの教育が、まったくなっていないですね。政府の財源調達手段には、税と社会保険があるのですが、社会保険料収入は国税収入の規模を1998年に追い抜き、今では国税収入の1.5倍になっています。そして100兆円にのぼる社会保障給付の7割近くは社会保険料で賄われています。これほどの規模を持つ社会保険という制度が、まったくと言っていいほど、世の中で理解されていないのは不幸[24]。検討会では、なぜ、社会保険制度というものが存在するのか、というあたりを意識した議論も行われています。これは教育の問題でしょうからね。

坂本　私は、いま行われている議論のなかで1つ気になるのは、所得再分配機能ということです。年金制度のなかで、何か趣味的に、社会保険のなかで再分配するのはおかしいという。所得再分配というのはあくまで税の機能だと言われる人がいるのですが、これは、何の根拠があるのか。お互いの助け合いということであれば、社会保険に所得再分配の機能を持たせることは十分ありうるし、また、この機能がなければ医療保険は成り立たないと思います。年金制度のなかで、厚生年金あるいはアメリカのOASDIのように所得再分配機能があるのは、別に不思議ではない。それを「所得再分配は税の仕事だ」と整理したがるエコノミストの意見というのがあるのですが、これに根拠はないと私は思います。その意味で、現在の厚生年金が持っているせっかくの再分配機能は、本当に大事にしてほしいと思います。

権丈　「再分配は税で行うべきで、社会保険で行うべきではない」という珍説の論者には2種類あります。1つは、社会保障の役割を極力小さくしておくことが望ましいと考える、いわゆる経済界が大好きな経済学者たち。今1つは、先ほども話した、最低保障年金を言うグループですね。これら2つの起点から自分の主張を繰り返していくと、共に、社会保険が再分配をやって

---

24) 本書第10講中「社会保険と税」参照。

いる事実が、自分にとって実に不都合に見えてくる。そこで、「所得再分配は税でやるべきで、社会保険では行うべきでない」という論を言うように、自然となっていくんですね。

　でも、社会保険は彼らが生まれる前から社会保険であって、被保険者１人１人に給付反対給付均等の原則を厳守しなければ倒産してしまう私保険ではない。その辺について、教育検討会の資料には「生活問題の救済に際して、税による一方的な扶助では、劣等処遇原則が先立って、厳しいミーンズ・テストによるスティグマ（汚名の刻印）が避けられない[25]。さらに、税による扶助では、財源の性質上、ミニマムの保障に傾きがちで、それでは貧困問題をはじめとした生活問題を軽減することができず、国民の不安を緩和することができなかった。この状況に鑑み、社会保険は、生活者の所得の一部を拠出させることによって、市民社会の倫理観になじみやすい『自助の強制』の形式をとりつつ、私保険の原則（給付反対給付均等原則）に社会政策目的による変容を加えながら、高所得者から低所得者へ、生活事故発生確率の低い者から高い者への再分配を行いつつも、給付に権利性を付与することをねらった制度である」と記されています。要は、生活上のさまざまなリスクに対処する仕組みとして、税による方式と社会保険による方式があって、社会保険には給付に権利性が付与され、スティグマを避けられ、給付も一定水準を確保できる、というメリットがあるわけです。税財源による所得保障の難しさをよく分かっている私たちから見れば、当たり前のことです。

　坂本さんがおっしゃったように、２階建てにして、低所得者に有利な形で制度を仕組んでいった日本の社会保険制度、年金制度は、維持していくべきだと、私も言い続けてきました。最低保障年金論者たちも、被用者と他の所得捕捉の問題と課税ベースの問題が解決されないと最低保障年金は実行できないということを認めて、2011年２月の一体改革集中検討会議では、現行制度のいくつかの問題点をまず解決し、そして所得捕捉の問題を解決したうえで最低保障年金を行うという２段階改革論者に変化して、自分たちが言ってきたことを遠回しに撤回していました[26]。集中検討会議に呼ばれた連合や毎

25）　本書第10講中「社会保険と税」参照。

日新聞など、過去に最低保障年金論者たちに惑わされてきた人たちも、2段階改革論者になっていましたね。2段階改革論というのは、最低保障年金を唱えてきた論者たちが面目をつぶさない形で振り上げた拳を下ろす論法です。この2段階改革論というのは別に彼らが考えたわけではなく、彼らの言う最低保障年金と年金の一元化は実現できないことを見通せる人たちが、彼らの面目を保つために、改革を2段階に分けて、最低保障年金と年金の一元化を第2段階、すなわち永遠の課題に位置づけただけの話なんです。

　社会保険が生まれてきた歴史的経緯に興味も示さない者や、自らの研究者のポジションを最低保障年金に求めた者たちの言うことは、相手にしなくてもいいでしょう。せっかくの良い制度が壊されます。数週間前の『年金実務』（2012年4月9日号）の随筆「ズームアップ」にもありましたように、「社会保障がテーマであるはずの先生が、実はマスメディアへの露出がテーマであったり、審議会の委員になることがテーマであったりする。心得違いも甚だしい。……我が国の民主政治が衆愚政治に陥らないために、学者の質をあげなければならない」。

　ここで危惧されている者たちが言うことを、いちいち聞いていたら、日本の年金ばかりでなく、日本の政治そのものが壊れますよ。政権交代から2年半経った今では、時すでに遅しの感もありますけどね。

26）　本書第2講中「2008年年金改革騒動の顛末」「2011年、年金制度改革2段階論？」参照。

第25講　年金債務超過話の震源*

　社会保障と税の一体改革に関する3党合意が成立した（2012年）6月15日の直前の12日、衆院社会保障特別委員会の公聴会が開かれ、出席した公述人が「日本はなぜ、公的年金という社会インフラを財産と考えられないのか」と、訴えていた。

　アクチュアリー（保険数理人）であるその公述人は、公聴会でスウェーデンに導入されている年金のバランスシートを紹介し、「資産」に、年金会計に将来入ってくる保険料の見込額が計上されていることを説明する。そしてこのことは、かの国では、賦課方式の公的年金が永続する重要な社会インフラとして認識されている証左であると言うのである。そして返す刀で、しかし日本では、「積立方式の発想で積立金のみを用いた貸借対照表で債務超過を訴える議論」が横行していると批判する。至極もっともな議論であった。

　実は日本では、2004年の年金改革前後に「スウェーデンの公的年金バランスシートを参考にすべし」という議論が行われていた。ところが、そこでの議論はきわめて残念な展開になってしまったという経緯がある。

　1人の年金経済学者が、スウェーデンの公的年金バランスシートの持つ意味をよく理解せぬままに、日本にも公的年金バランスシートの考えを導入すべきと主張。そして、彼は厚生年金のバランスシートを独自に作成したのであるが、そのバランスシートは、スウェーデンのものとは似ても似つかぬものだったのである。

　彼のバランスシートには450兆円の債務超過があると記されていた（2000

---

* 「経済を見る眼　年金債務超過話の震源」『週刊東洋経済』（2012年8月11-18日号）より転載。

年次)。しかし、450兆円という数字は、当時の厚生省が、仮に厚生年金を現行の賦課方式から積立方式に変えたら「二重の負担」がいくらになるかを計算した値であった。1990年代の後半、ドイツでも積立方式への移行論が出てきたので、政府が移行に要する二重の負担の金額を示すと、国民は移行不可能と理解して積立議論は下火になる。ところが日本では、同様の試算がまったく異なる利用をされたのである。

賦課方式の公的年金のもとでは、スウェーデンの公的年金バランスシートが示すように、将来の保険料収入の見込額は資産に勘定されることになる。だが日本では、公的年金を積立方式と混同して、「二重の負担」額を「債務超過」と読み間違えた議論が登場した。のみならず、企業会計を知る人たちの間に、これで年金問題の本質が分かったと思わせたのか、年金債務超過論は燎原の火のごとく広まった。

もっとも研究者の世界では、その混同と誤解はすぐに修正された。そしてその年、2004年暮れの「アクチュアリー(保険数理人)資格試験」には、年金の「事前積立方式による財政評価と賦課方式による財政評価の相違点を明らかにせよ」という問題が出題されるほどに、専門家の間では「常識」と化していたのである。

とはいえ、「世間」はそうはいかない。高校教科書に、年金には「多額の積立金不足が生じている」との記述があるかと思えば、財務副大臣が昨年(2011年)末、消費税を上げる理由として日本の年金に450兆円の債務超過があるからと不勉強ぶりを示し、政治団体のなかには年金の過去債務の整理を行うと公約するところまで出てくる始末。専門家と世間の間にギャップがあるのは常であるが、この問題の震源が、いわゆる「専門家」であったことがその罪深さを際立たせている[1]。

---

1) 本書第35講参照。

第IV部
大混乱期が過ぎて

第Ⅳ部には、自公政権下（2012年12月以降）で書いたことを収めている。なお、第1講「年金、民主主義、経済学Ⅰ」（2012年12月10日講演）、第2講「年金、民主主義、経済学Ⅱ」（2013年5月29日講演）、および第4講「平成26年財政検証」（2014年7月2日講演）は、この時期の講演録である。

　この時期で特記すべきことは、2012年11月30日〜2013年8月5日に20回にわたり社会保障制度改革国民会議が開催されていることである。権丈（2015）『医療介護の一体改革と財政──再分配政策の政治経済学Ⅵ』で論じているように、この国民会議の第1の論題は医療・介護にあった。したがって、年金関係の議論は、国民会議で2回行われたのみであった（第2講は、1度目の会議5月17日、2度目の会議6月3日の間の5月29日の講演）。しかしながら、国民会議での2回の議論は、その後の年金改革論に大きな影響を与えることになり、2013年12月10日のプログラム法、それを基にした2014年6月3日の平成26年財政検証につながっていくことになる。

第26講　社会保険一元化はタケコプター*

　「空を自由に飛びたいなあ」、「はい、タケコプター」というフレーズはあまりにも有名。されど、タケコプターは存在しえない。それが存在しえないことは周知であるために、タケコプターを公約に掲げても政治的に得るものはない。
　では、医療や年金における、被用者とそれ以外の人たち向けの社会保険の一元化が公約に掲げられたらどうなるであろうか。複数に分立しているよりも一元化されたほうが分かりやすく、自営業者・農業者にも被用者同等の保障があれば、ないよりは望ましいであろうから、一元化を否定する人は、それほどいないはずだ。しかし現実の政治では、社会保険の一元化を掲げる人たちと、それを言わない人たちが対立してしまうことになる。
　日本では、社会保険を一元化することが「抜本改革」という名でもてはやされてきたために、一元化を唱えた人たちが、悲願の政権交代を達成できたという歴史もある。もっとも、その後に彼らがやったのは、自公政権が2007年に国会に提出し、当時は野党であった民主党が反対して廃案にした被用者年金一元化法案を可決したことだけである。
　この動きを、財源という壁があったために、被用者年金の一元化を先行実施したと見る人もあろうが、実はもっと根本的な問題が横たわっている[1]。日本の税制を取り巻く環境と、皆保険・皆年金政策をとっていることを考慮

　＊　「経済を見る眼　社会保険一元化はタケコプター」『週刊東洋経済』2013年6月1日号（5月27日発行）より転載。なお、このタケコプターについては本書第16講も参照。

　1）　本書第12講中「国民皆年金というロマンを追った日本」参照。

すれば、仮に納税者番号を導入し歳入庁を創設しても、社会保険一元化にはきわめて高い技術的な障壁が存在することが予測されるのである。

　年金の抜本改革を唱えていた政治家のなかには、収入と所得の違いも分からない者がいたようであるから確認しておく。収入から経費、非課税所得、諸控除を引いた額が所得、すなわち課税所得である。この課税所得は、被用者とそれ以外の自営業者や農業者との間では、同等に取り扱うことができないほどに異質である。税務署が所得を捕捉している割合、すなわち所得の捕捉率には、被用者、自営業者、農業者の間に、俗にクロヨン（9割・6割・4割）と呼ばれる問題がある。

　それゆえに、日本の社会保険は、次善策として被用者とそれ以外の人たちとの間で所得の垂直的再分配が極力行われないように制度を分けてきた。これを一元化するためには、公平性に疑義が抱かれないような、正直者がバカを見ることがないような税・社会保険料の賦課基準たる課税所得を準備しなければならない。だが、それはこの国では百年河清を俟つ話であって、今回のマイ・ナンバーで達成できるような話ではなく、まして歳入庁を作ってどうなるものでもない。

　このあたりを理解したうえで民主党政権がまとめた案が2011年6月の一体改革成案であった。そこでは、彼らが長年掲げてきた新年金制度は第2段階の改革として棚上げされており、それをまとめた与謝野馨担当相は、後に「成案では一応看板だけ残しているが、あれは墓碑銘」とも評していた。

　社会保険一元化への政治姿勢は、理念の相違などではなく、政策技術への理解度の違いにすぎない。それを理念の違いだと装って、この10年近く社会保険の体系論が野党にとって実に好都合な政争の具とされてきたのである。参院選を前に、またタケコプターの話が出てきている[2]。

　2）　本書第2講中「公的年金財政の破綻⁉」参照。

第27講　年金改革2段階アプローチ——歴史的経緯を知ろう*

　この第27講は、『毎日新聞』のコラム「暮らしの明日：私の社会保障論」連載の第1回目の文章である。月1回のペースで書いていて、第2回、第3回、第4回は第28講〜第30講に収めている。第5回目のコラム用に原稿を書いたのであるが、担当デスクがその内容を拒み、デスクが自分で書き直した原稿を入稿したので、私はその原稿にストップをかけ、コラムの連載を途中で辞めることになる[1]。

　なお、第26講の最後に、2013年7月21日の「参院選を前に、またタケコプターの話が出てきている」と書いていた。参院選の後も、民主党と彼らの年金論にお墨付きを与えていた人たちは、翌8月にまとめられた『社会保障制度改革国民会議報告書』のなかの「2段階のアプローチを採ることが妥当であろう」という言葉を最大限に利用しようとしていた。実のところ、国民会議の報告書について、2011年6月30日に与謝野さんたちがまとめた「社会保障・税一体改革成案」と同じように2段階アプローチでまとめる方針を示したのは、私であった[2]。2段階目に棚上げしておけば、政治エネルギーをよほど集中させないことには実現できそうにない固い岩盤が立ちはだかる1段階目の改革に、彼らも協力してくれないだろうかと願ってのことであった。しかし、そうではなかった。国民会議報告書における2段階アプローチが政治利用され、1段階目の改革に必要なエネルギーが拡散され、政策リソースが非効率な使われ方をされていく様子を眺めていた私は、責任を感じながら、

---

*　「年金改革2段階アプローチ——歴史的経緯を知ろう」『毎日新聞』（2013年10月23日）より転載。

1)　本書第31講参照。

2)　第12回社会保障制度改革国民会議（2013年5月17日）。なお、本書第2講中「2011年、年金制度改革2段階論？」、および第12講中「国民皆年金というロマンを追った日本」参照。

10月に始まった『毎日新聞』のコラムで、この「年金改革2段階アプローチ」を取り上げることにした。

*　*　*

（2013年）8月6日、社会保障制度改革国民会議の報告書が首相に手交された。報告書に「年金制度については、どのような制度体系を目指そうとも必要となる課題の解決を進め、将来の制度体系については引き続き議論するという2段階のアプローチを採ることが必要」とある。

この10年近く、年金論議は政治の中心にあった。2004年4月、民主党がわずか11ページの法案を出して（当時の政府案は460ページ）、年金一元化と7万円の最低保障年金という、沖縄基地問題で言えば「最低でも県外」レベルのスローガンを掲げたことに始まる年金騒動のせいで、日本の政治はずいぶんとすさんでしまった。民主党が勝利した2004年と2007年の参院選、政権交代が実現した2009年の総選挙は、明らかに「年金選挙」であった。

彼らは、現行の年金制度を廃止して、新しい制度を作ると言い続けた。そして、新制度のもとでは、年金が抱える財政問題も夢のように解決するかのごとき希望を、見たくないものには目をつむりたがる人々に抱かせてもきた。

2010年10月17日のNHK「日曜討論」。ゲストの経済学者が当時の海江田万里経済財政担当相（同党代表（当時））に「基礎年金の国庫負担の財源をどうするのか」と問うと、海江田氏は「その話は今の年金のことでして、われわれはまったく新しい年金を作るわけですから」と回答。

新しい年金制度のもとでは、基礎年金の国庫負担の問題――2004年の年金改正の際に、基礎年金の国庫負担を3分の1から2分の1に引き上げることが決まり、それに要する2.3兆円の財源（当時）を確保するために、消費税率の引上げが現実味をもって始められることになる重要な問題――が雲散霧消するかのように、テレビのなかで話していたのだ。

彼らが語った「年金の抜本改革」は、国民会議では「将来の制度体系の話」として、2段階目の改革に位置づけられた。

ところで、この「年金の2段階アプローチ論」には、実は『毎日新聞』が深くかかわっている[3]。そこで、本紙でコラム執筆を始めるにあたり、まず、

2段階アプローチ論が国民会議の報告書に書かれるまでの歴史的経緯などを語るところから始めてみたい。
　5年前の2008年にさかのぼる話であり、しかも込み入っているので、この話題はしばらく続けさせてもらわなければならないようだ。それでも取り上げようと考えるのは、2段階アプローチにたどり着くまでの流れを知ることは、ここ10年ほどの年金、のみならず政治、いや、広く民主主義というものを理解するために少しは意味のあることだと思えるからである。

3）　本書第2講中「2011年、年金制度改革2段階論？」参照。

第28講　年金と政治家のレベル──政争の具とした愚行＊

　前回に続き、社会保障制度改革国民会議の報告書が「年金改革２段階アプローチ」に至る歴史を概観する。民主党は今でも年金の新制度の創設を唱えているが、その彼らがかつてどのような発言をしていたのかを見てみよう。
　「年金がこのままではボロボロになって、年を取ってももらえなくなるという語りかけは、非常に政権交代に貢献してくれた」。昨年（2012年）４月７日『朝日新聞』朝刊にある鳩山由紀夫元首相の言葉である。この種の発言はいくつもある。「（現行制度は）間違いなく破綻して、５年以内にまた替えなければならない」（枝野幸男元官房長官、2004年４月）、「国民年金制度は壊れている」（岡田克也元副総理、2005年４月）。
　年金を政争の具としてはいけない──。多くの論者が繰り返し訴えてきた。民主党のなかでも、今井澄氏は、「年金は『国家百年の計』。対立を煽り、不信感を煽って、制度を崩壊に追いやるような愚は避けたい」。山本孝史氏も、党内の動きを憂えて私に連絡をし、年金の正確な理解を若手議員に教えてほしいと、2005年７月の党の勉強会に呼ばれた。しかし今井氏は2002年、山本氏は2007年、共にがんで亡くなられる。主導権は彼ら良心的な理論派から、私が武闘派と呼ぶ面々に移っていった。そして、日本は「年金が政争の具となった国」として、世界の歴史に名を刻む道を進んでいく。
　もっとも、民主党が政権をとって３年近く経った昨年５月には、国会で民主党の幹部は野党時代の発言を詫びている。たとえば、当時の野田佳彦首相は「（現行の）制度が破綻をすることはない」との姿勢を示し、当時の岡田

　＊　「暮らしの明日　年金と政治家のレベル──政争の具とした愚行」『毎日新聞』
　　（2013年11月20日）より転載。

克也一体改革担当相は「年金制度破綻というのは、私もそれに近いことをかつて申し上げたことがあり、それは大変申し訳ない」と発言するに至る。

　今回の国民会議でおかしなシーンがある。8月2日に議論された報告書の年金についての起草文には次があった。「基本的に制度の長期的な持続可能性は確保されている。この認識は、一体改革関連法案の審議の過程で、当時の総理大臣をはじめ関係閣僚が答弁で明らかにしている」。これに対して、西沢和彦委員は「『当時の総理大臣はじめ関係閣僚が答弁で明らかにしている』……とっておいたほうがいいのかなという気がします」[1]と要求。曲折を経て最終報告書では「現行の制度が破綻していないという認識を……当時の総理大臣も答弁している」と「関係閣僚」の文言が外される。歴史的事実とは若干異なる文言となったが、ともかく年金に関しても、彼らが過去の発言を訂正したことは、報告書に記されることになった。

◇社会保障制度改革国民会議
　税と社会保障の一体改革をめぐる自民、民主、公明3党の合意に基づいて昨年11月発足。メンバーは当時の野田佳彦首相が任命した15人の有識者。少子化、医療・介護、年金分野を20回の議論を重ねて報告書にまとめ、今年8月6日、安倍晋三首相に提出した。

---

[1]　第19回社会保障制度改革国民会議（2013年8月2日）議事録。
　　なお、ここで「関係閣僚」とは本文中の岡田一体改革相（当時）のことであるが、その点については本書第31講参照。

第29講 「防貧」と「救貧」は異質
―― 政策の実行可能性を考える[*]

　年金論議が1つ目の峠を迎える2008年の話に入る前に、基礎概念の整理をしておこう。

　歳をとって初めて、その概念の持つ重要性がしみじみと分かるものがある。私にとってのその1つは「社会保険は防貧機能、公的扶助は救貧機能」。社会保険は事前に保険料を拠出していた人たちが相互に助け合いながら、貧困に陥ることを未然に防ぐ制度であり、生活保護は貧困に陥った人を事後的に税財源で救う制度であって、まったく異質なものであるという意味だ。

　学生の頃、講義でそういう話を聞きながら「うちの先生は、『貧』なんて言葉を使って、古くさいことを言っているなあ」と思ったが、その時に覚えたことが、後に重要となる。

　2007年10月の日本財政学会でのこと[1]。私は年金財政試算の報告について、コメントを頼まれていた。その日の2つの報告は公的年金を保険方式から税方式にするような年金改革の試算の研究であり、質疑応答も、試算の技術的な話で大いに盛り上がっていた。そのなか、私の番となり、報告者に次の質問をした。

　同じような研究をしている皆さんの間で、改革の際、1人1人の年金保険料の拠出履歴の扱いに関してどのような議論をしているのか？　他の制度、たとえば年金受給年齢以前の生活保護制度との整合性について、どのような議論をしているのか？

---

　[*]　「暮らしの明日　「防貧」と「救貧」は異質――政策の実行可能性を考える」『毎日新聞』（2013年12月18日）より転載。
　1)　本書第3講中「経済学が問題なのではなく経済学教育、人の問題」参照。

会場はシーンとする。報告者が弁明をした後、司会者が来場者に意見を問うても、水を打ったような静けさ。そして終了。

この場に限らず、当時流行りの抜本改革論者さんたちは、基礎年金財源を100％租税にすれば、すぐに全員に満額の年金が給付されると考えていた。続けて、未納問題が解消され、ひいては無年金・低年金問題も解決すると言ってもいた。

不思議なことに、無年金・低年金者が目の前に存在する事実そのものが、実は、彼らの言う制度への移行の大きな障壁として立ちはだかることを、彼らは全然考えていなかったのである。

仮に来年から基礎年金の財源を全額消費税に切り替えたとしても、たとえば過去の未納ゆえに無・低年金である人たちに、保険料全納の人と同額を給付できるはずがない。そこで、無・低年金者の給付を増やせないまま財源をすべて消費税にすれば、彼らにとって消費税の負担増だけが課されることになる。抜本改革論者は、制度移行に伴って生じるそうした種々の政策細部の問題に気づいていなかった。

年金の「制度移行問題」を言い始めたのは私だと思うが、政策のフィージビリティ（実行可能性）という多くの年金論者が無視してきた側面を私に考えさせたのは、あの時の講義で聞いた話であったような気がする。

◇基礎年金の財源構成
　国民年金、厚生年金などに共通の基礎年金の財源は、半分は加入者が支払う保険料、残り半分は税金で賄われている。老齢基礎年金の給付額は、原則、保険料を拠出した期間に比例して決まる。保険料の拠出履歴がなければ、年金の税金部分も含め受給できない。

第30講　保険方式と税──実行可能性を問う次のステップ*

　年金の基礎概念の整理として保険方式について説明しよう。

　日本の社会保険制度の多くには税が投入されている。その様子を見て、防貧機能としての社会保険の性格を疑う論がしばしば出てくる。しかし、その制度が社会保険であるかどうかは、財源における保険料と租税の構成比率で決まるわけではない。

　民主党が掲げてきた最低保障年金は、所得がゼロの人にも税財源100％で7万円を支給するとしていた。これは税方式の年金だろうか？

　同党の小宮山洋子衆院議員（後の厚生労働相）は2005年7月、年金を議論する両院合同会議で「（保険料を）払っていない人に最低保障年金を（支給する）という考え方はとっていない。所得がなければ『0円』の保険料を納付する」と発言。政権交代後の2012年6月には、当時の岡田克也副総理が「所得比例年金（の制度）に加入していなければ最低保障年金は受け取れない」と述べた。

　つまり、民主党の最低保障年金は、財源が税であっても、所得ゼロの人にも0円の保険料の納付履歴を求める点で、現行の国民年金の免除制度と同じだ。実際、2011年1月には国家戦略相兼党政調会長だった玄葉光一郎氏が「民主党の考え方は『社会保険料方式』と呼んだほうが正しい」とも言っている。ならば当然、未納問題も生じるし、最低額であるはずの年金を満額受給できない低年金者や無年金者も生じる。

　現行制度と民主党案の違いは、現行制度が自営業者らの所得を正確に捕捉

---

*　「暮らしの明日　保険方式と税──実行可能性を問う次のステップ」『毎日新聞』（2014年1月22日）より転載。

できないことを前提に設計されているのに対し、民主党案は、それができると想定していることにある。前出の2005年の両院合同会議で小宮山氏は「自営業者の多くは納税をしていない。これは所得がないと考えられるので、0円を納付する」との考えも示した。これに対し、自民党の伊吹文明衆院議員は、こう疑問を呈した。

「ゼロという保険料を払ったというバーチャルな世界を作ると、確かに理屈のうえでは非常にきれいに説明できる。形式上は（所得は）ゼロだが、果たして実際にゼロかどうかということが大きな社会公正上の問題なんですね」。

伊吹氏は「納税者番号をつければ、金融所得や不動産所得は把握できる。ただ事業所得は、番号があっても申告制と調査が前提になる。（所得把握のため）徴税費用をどの程度かけるのか、中小企業にどの程度調査を入れるのか。その前提はフィージブル、実現可能性があるのか」と述べ、議論を求めた。

民主党の最低保障年金は保険方式だということを正しく理解することで初めて、彼らの案のフィージビリティを問う次のステップに進むことができるのである。

◇所得捕捉率
収入から経費等を引いた額が所得。所得捕捉率は税務署が所得を把握している割合であり、サラリーマン、自営業者、農業者の間に、クロヨン（9割・6割・4割）、トウゴウサン（10割・5割・3割）と呼ばれる格差があると言われ、この問題は納税者番号の導入では解決できない。

参考資料

図表30-1は、2008年11月12日に社会保障審議会年金部会に配付された資料です。平成19年度に免除・猶予なしの人は70％です。ところが、『所得実態調査』による所得状況に基づく場合は、免除・猶予なしの人は20％になる。この70％と20％の差50ポイントの人たちは、所得が低いのに爪に火をともしながら国民年金の保険料を収めているのか？ それとも所得の捕捉がしっかりと行われていないのか？

図表30-1　平成19年度における国民年金第1号被保険者の内訳（粗い推計）

（万人）

		H19実績（実際に当該免除を受けている者）	所得状況によって分類した場合	現行の免除基準　所得（収入）	
				単身世帯	4人世帯
第1号被保険者（任意含む）		2,035（100％）	2,035（100％）		
第1号強制加入被保険者計		2,001（98％）	2,001（98％）		
	全額免除	202（10％）	521（26％）	～57万円（122万円）	～162万円（257万円）
	4分の3免除	27（1％）	284（14％）	～93万円（158万円）	～230万円（354万円）
	半額免除	19（1％）	196（8％）	～141万円（227万円）	～282万円（420万円）
	4分の1免除	8（0％）	153（8％）	～189万円（269万円）	～335万円（486万円）
	若年者納付猶予	37（2％）	103（5％）	～57万円（122万円）	
	学生納付特例	166（8％）	251（12％）	～141万円（227万円）	
	法定免除	113（6％）	113（6％）		
	免除、猶予なし	1,430（70％）	410（20％）		
第1号任意加入被保険者		34（2％）	34（2％）		

注1：（　）内の％は、第1号被保険者の総数に対する割合である。
　2：現行の免除基準は、申請者が世帯全員を扶養している世帯主である場合における申請者本人の所得（収入）の目安。なお、申請免除は申請者本人、配偶者および世帯主のそれぞれの前年の所得が、扶養状況に応じた免除基準に該当することが必要。
　3：若年者猶予制度は、本人および配偶者の前年の所得が、それぞれ全額免除基準に該当することが必要であり、学生納付特例制度は、本人の前年の所得が半額免除基準に該当することが条件。
　4：所得分布は、平成17年国民年金被保険者実態調査「所得特別調査」に基づく推計（平成16年所得）。調査対象者から、所得不詳、調査で学生と回答した者、16年度末に学生納付特例者であった者を除いて推計した。
　5：任意加入被保険者および法定免除者は、平成19年度末実績。
　6：学生納付特例該当者は、平成17年国民年金被保険者実態調査および平成19年度末時点の年齢別被保険者割合からの推計である。
出所：第12回社会保障審議会年金部会（2008年11月12日）配付資料。

　この資料に関する目白大学教授宮武剛委員の指摘は知っておいていいかと思います。

　　宮武委員　……23ページで1号の被保険者の内訳が書いてあって、現実に何とかお払いになってはいるんですけれども、所得状況で見ればまともに保険料を払うべき人は2割しかないわけです。……クロヨン問題というものはやはり大変な問題で、実際に制度設計をするときには極めて難しい問題が出てくるだろうということが素人でもわかります。

第31講　2度目の好機、生かせるか
──民主党の年金案ゼロベース見直し*

　今朝の『毎日新聞』に下記の記事を載せるわけにはいかないというデスクの判断らしい。別に、下記の記事だけではなく、永遠に載せなくていいんじゃないかいと、再び毎日新聞と縁が切れる[1]。いずれはこういう日が来るのかもしれないとは、お互いに思っていたりしてな。間に立っていた人は、毎回、お疲れ様でした。

＊　＊　＊

2度目の好機、生かせるか──民主党の年金案ゼロベース見直し
　このコラムは、昨年（2013年）8月の『社会保障制度改革国民会議報告書』にある「年金制度については、どのような制度体系を目指そうとも必要となる課題の解決を進め、将来の制度体系については引き続き議論するという2段階アプローチを採ることが必要」の真意を、歴史的経緯をたどりながら理解してもらうことを目的としてきた。ここにきて、事態に変化が生じてきているので、そのあたりに触れるために、少し迂回した話をしてみよう。
　去る（2014年）1月21日、民主党は次の内閣（NC: Next Cabinet）を開いている。その日の党社会保障総合調査会の長妻昭会長の中間取りまとめには、最低保障年金や年金一元化などが盛り込まれていた。そこで前原誠司元代表が財政再建の観点から「そろそろ見直すべき時だ」と主張[2]。これを受けた

＊　「勿凝学問386　2度目の好機、生かせるか──民主党の年金案ゼロベース見直し」（2014年2月19日脱稿）より転載。
1)　1度目の毎日新聞との絶縁は2008年。そのあたりの話については、本書第2講中「2008年年金改革騒動の顚末」を参照。
2)　本書第20講、注1を参照。

桜井充政調会長は、今月（2月）4日のNCで、後期高齢者医療制度の廃止などとともに「ゼロベース」で見直すことを決めた。

　実は、民主党のなかで、年金一元化などの新年金制度の創設が見直されるのは2度目になる。最初は2011年6月、菅内閣の与謝野馨一体改革担当相のもとでまとめられた「社会保障・税一体改革成案」でのことである。この「成案」では、2009年マニフェストの目玉「新しい年金」は「国民的な合意に向けた議論や環境整備を進め、実現に取り組む」と記されるにとどまっていた。これは民主党の年金抜本改革は実現できないことを見通した人たちが、民主党の面目を保つために改革を2段階に分けて、「新しい年金の創設」を第2段階、すなわち永遠の課題に位置づけてあげていたのである。

　だがその後、民主党はマニフェスト総崩れの批判を恐れ、原点回帰を図った。翌2012年2月の閣議決定「社会保障・税一体改革大綱」では新年金制度が復活し、「成案」とは似ても似つかぬものになる。そうした動きの中心が、世間がミスター年金と呼ぶ、常人よりも年金を知るわれわれから見ると不思議な呼び方をされていた長妻氏であった。ちなみに野田内閣になってすでに閣外にあった与謝野馨氏は、2011年末の民主党の動きを眺めながらインタビューで、民主党の年金制度改革は「嘘」であり「使いものにならない」、「成案では、一応看板だけ残しているが、あれは墓碑銘」とも評していた。

　民主党の年金抜本改革論は、長妻氏と彼の顧問とも言える駒村康平慶應義塾大学教授、岡田克也元副総理と彼が強く推す西沢和彦日本総合研究所研究員などのさまざまな動きがミックスされた政治的産物。はたして民主党は2度目の見直しという好機を生かせるのか。われわれは彼らの動きにはあまり期待せず、このコラムを通じて、正確な歴史を皆で共有し、世の動きを見抜く眼力を磨いていくことを続けよう。

◇社会保障・税一体改革と年金

　菅内閣時に与謝野馨担当相のもとで2011年6月にまとめられた政府・与党案が「成案」。翌2012年2月の野田内閣閣議決定が「大綱」。民主党年金改革案は「成案」では名前だけを残して実質的には棚上げされていた。だが、「大綱」で復活し、「平成25年の国会に法案を提出する」と明記される。

追記

　峰崎直樹（民主党政権下での元財務副大臣）氏から毎週送られてくる「チャランケ通信」の第51号（2014年2月10日）で、私とは違った角度から同じようなことを記されていたので、その文章を紹介。

09年マニフェストの目玉政策、民主党ゼロベースの見直しへ
漸くここまで来たが、その無責任さを誰に問うべきなのか

　民主党の看板政策と言われた09年のマニフェストの目玉商品が、どうやらゼロベースで見直されることになりそうだ。もっとも、福島県郡山市で党大会があったようで、どうなったのか確かめていないのだが、次の内閣という政策を論議する場で決まったようだ。遅すぎる転換なのだろうが、もともと16.8兆円という財源を、無駄を省いたり総予算の組み替えなどで生み出せるはずがないわけで、このような夢のような政策を打ち出してきた責任者は誰なのか、どのように責任を取ろうとしているのか、明確にしてほしいものだ。菅政権から消費税の引き上げへ大転換せざるを得なかったのは、まさにこのような甘い政策によってどうしようもなくなったことがあったからに他ならないのだ。

　さらに、年金問題についてこれほど長い間言い続けてきたにもかかわらず、その実現可能性が無いことは誰の目にも明らかになっていたわけで、長妻昭元厚生労働大臣らの責任はまことに重いものがある。次の内閣のやり取りについては良くわからないのだが、前原誠司元代表が財政再建の観点から「そろそろ見直すべき時だ」（『朝日新聞』2月4日朝刊）と問題提起し、桜井政策調査会長が引き取ったようだ。

第32講　「将来のことを論ずるにあたっての考え方」と年金＊

　2014年は、2009年の第１回年金財政検証に続く第２回財政検証の年であった。財政検証を迎えるにあたり、各紙、各局の記者たちが勉強しているなか、私が彼らのために書いた文章が、この第32講と第34講である。

　自分でもおもしろいのであるが、結局、私が財政検証の意味を理解してもらうために彼らに最も伝えたかったことは、年金制度の中身ではなく、「人間が自分たち人間社会の将来のことを考えるとはどのような意味を持つ知的行為なのか、その有効性と限界はどの辺にあるのか」をしっかりと考えてもらいたいということだったのである。

　平成26年財政検証は、2014年６月３日の年金部会の場で発表された。その後の年金報道は、第１講でも触れているように、前回の平成21年財政検証時とは比べようもないほどに、冷静なものであった。

＊　＊　＊

2014年２月14日

　先日の勉強会で少しコメントしたことを、出席していた人たちにメールで連絡しようかと思ったのですが、どういう形にまとめようかと考えているうちに「メールで簡潔に伝えることは無理だなっ」と諦めましたので、まとまった文章にしておきます。

将来のことを論ずるにあたっての考え方とは

　僕はどうも、将来の考え方という点で、昔から大きな特徴があるようで、

＊　「勿凝学問385　『将来のことを論ずるにあたっての考え方』と年金」（2014年２月14日脱稿）より転載。

第32講 「将来のことを論ずるにあたっての考え方」と年金

僕のさまざまな論の源は、そのあたりにあるような気もします。特徴と言っても、先日も言ったように、これも仕事の一環と自分で自分に言い訳をしながら、何十年も何百年も前に死んでしまっているおじさんたちの書いた本を眺めて遊んだり、国の治乱興亡、いろいろな人や集団の栄枯盛衰を、暇さえあれば眺めたりという生活をしてきた僕にとっては、自然と身についた感覚というか何というか、そういう特徴にすぎません。たとえば、2001年に出版した『再分配政策の政治経済学――日本の医療と社会保障』（Ⅰ巻）[1]の「序章」には次のような文章があります。

> ところでわたくしは、人物に少しでも関心をもつと、その人物の足跡を調べ、人を一生の長さでながめてしまう癖をもっている。経済学者もご多分にもれず、多くの経済学者の伝記や書簡集などにも目をとおす。そこでおぼろげながらに思うことがある。それは、経済理論というのは、ようするに、価値判断が一つの体系にまとめられたものであって、その価値判断の根差すところは、つきつめていくと、強い個性をもつ偉大な研究者ひとりひとりの好き嫌いに帰着するのではなかろうかということである。そして彼らの気質が陰に陽に映しだされた経済学書を読む側のわたくしにとっても、読んでいて好きになる経済学書と、そうはなれないものがある。どちらかと言えば、わたくしは、G. タロックの好悪の感覚よりも、A. B. アトキンソンの好き嫌いの趣味のほうに惹かれるし、J. ブキャナンやG. ベッカーの本は理論的にはエキサイティングなのだが、A. センの本を読むほうが心地よい。経済学というのは、どうにもそういう性格――そしてわたくしにとっての魅力――をもっている[2]。

一事が万事、こんな感じ。

そして、この文章をまとめるにあたって、昔書いたものを眺めていたら、

---

1) この本を出した時点では、まだ書名に「Ⅰ」というタイトルは付していませんでした。『再分配政策の政治経済学Ⅰ』としたのは、『年金問題と積極的社会保障政策――再分配政策の政治経済学Ⅱ』を2004年に出版し、翌2005年に2001年刊の本を第2版として出版した時でした。
2) 権丈（2005〔初版2001〕）4頁。

上記の本のなかに「将来のことを論ずるにあたっての考え方」という言葉がありましたので、その言葉をこの文章のタイトルに使うことにしました。

さて、この『再分配政策の政治経済学Ⅰ』の「序章」には、次のような文章もあります。

> このなかで、わたくしが最も早くてがけた8章、3章の概要は、この「問題意識の形成」につづく「各章の概要」にゆずるとしよう。そして、先にも論じたように、わたくしが政治経済学を明確に意識するようになる7章の「看護婦不足」以降について、その研究の特徴を、まとめてみる[3]。

ここで、自分の考え方の特徴を13個挙げているなかに、次があります。

- 経済学者や人口学者が定量的な長期予測をしているからといって、彼らが長期的な視野で予測をする能力を特別にもっていると考えるのは愚かだということを議論の前提として、将来のことを論ずる（4章）[4]。

予測と投影

また、その「序章」には、先日の勉強会で紹介した次の文章もある。

> なお、この研究の背後には、次のような思いがあることも記しておこう。予測を生業とする職業は、人類史上、2番目に早く成立した職業と冗談めかして言われるほどに、たしかに予測に対する需要は強いようである。そして根強い需要に支えられた予測者というものは、古来、素人には理解できない方法で予測してみせては素人を驚かすのを常としてきたのであり、今日の研究者も、データの数や方程式の数を競い合って素人目には理解することが難しい方法で多くの予測をしてみせている。しかしながら、社会現象に関して定量的な長期予測をするということは、どだい無理なように思える。過去になされた多くの予測の成り行きを比

---

3) 権丈（2005〔初版2001〕）7頁。
4) 同上。

較検討したW. A. シャーデンが結論づけるまでもなく、いま、実際に行われている複雑な方法による予測の精度は、定規を使って過去のトレンドを未来に延長する方法などの単純な手法による予測精度と変わらず、そのほとんどが外れてしまっている。

それゆえに、分からないことは分からないと言い、分かることはここまでであると明言することは、いたって大切な研究姿勢であるのであって、今日の研究者には、古来の予測者の真似をしないことをおすすめする。ただし、将棋に上手・下手があるように、政治経済現象、すなわち人間の動きに対する定性的な読みの能力は、学問をすること——経験と思索を重ねること——によって鍛えられるものであるというのは、わたくしの口癖であることも、ここに記しておこう[5]。

そして、この文章のタイトルにした「将来のことを論ずるにあたっての考え方」の段になると、

> 人口学者のキーフィッツが指摘するように、「人口学者は『投影』を行い、利用者はそれを『予測』として使うのである」。
> ……もっとも、推計人口データの適当さは、推計者たちの推計能力や推計姿勢に帰せられるものではなく、人口を予測（もしくは推計）するという作業そのものが、本質的にかかえている問題に帰すべきことである。その問題を理解してもらうために、過去の人口予測を調査したシャーデンがまとめた、人口予測に関する結論を引用しておこう。
> ・専門家に予測「能力」はない。専門家の予測精度は、単純な手法（定規を使って過去のトレンドを未来に延長する方法など）による予測精度と変わりがない。
> ・人口要素の転換点を予測できない（たとえば、1947-61年のベビー・ブームや1980年代の低出生率を予測できなかった）。
> ・専門家の予測は先入観の影響を受けやすく、予測を行った時点のトレンドを反映しているにすぎない。

5） 権丈（2005〔初版2001〕）14-15頁。

・予測の記録がとられるようになってから60年間、予測精度は向上していない。

　人口学者が推計したデータを用いて、もしわれわれが、将来を読み間違えることがあるのならば、それは、推計人口を鵜呑みにして将来像を描いたユーザーの方が悪いとしか言いようがないだろう。
……

　しかしながら、2025年という将来の話をするさいに、与件として取り扱ってもよさそうな要因は人口構造くらいしかない。日本の政府は社会保障に対してどのような政策スタンスをとり、女性や高齢者の就業率をどのように誘導するのか。そして、その時の出生率は、はたして1.61――97年推計で2029年に到達すると仮定された定常値――とどのくらい違いがあるのか。さらに、為替はどのように変動するのか、金利がどの程度になるのか、経済成長はどのくらい見込めるのかなどは、すべて未知であり、正直なところ誰も分からないのであって、〈不確実〉なのである。

　不確実性研究の古典であるKnight（1921）のなかでは、結果についての確率分布関数が既知であるばあいは〈リスク〉と呼ばれ、そのような確率分布関数についての知識がまったくないばあいは〈不確実性〉と呼ばれたことはひろく知られている。ここでの不確実性という言葉も、ナイトの意味における不確実と同義である[6]。

　この論文の初出は2000年です[7]。その論文を、2001年の『再分配政策の政治経済学』に収めたわけです。そして、将来の考え方について、根っから「将来は不確実である」、あるいは「将来は不確実なものとして近似したほうが妥当である」と考えている僕が、2003年に年金を取り扱った論文を書くことになるわけです。思考の順番で言えば、そういうこと、つまり、「将来のことを論ずるにあたっての考え方」がほぼ出来上がった後に、年金を取り扱

---

6) 権丈（2005〔初版2001〕）167-169頁。
7) 権丈（2000）「社会保障研究の問題設定と少子・高齢化」『三田商学研究』第43巻第1号。

うという順番になります[8)]。

　ちなみに、2005年に、僕は初めて新聞紙面に出ることになります。その言葉が次でした[9)]。

　　……
　　こう書くと、暗い将来しか待っていないように思える。しかし、慶応大商学部の権丈善一教授（社会保障・経済政策論）は「何十年も先の将来は、『自然にそうなる』のではなく、自分たちで作り上げていくもの。出生率1.39も、ベースアップ1.1％も、予測と言うより努力目標と考えるのが妥当」と話す。
　　少子化対策に本格的に取り組む、安定した雇用につながる政策を行う、医療や介護の無駄を省きつつ必要なサービスは維持する。そんな社会に転換できれば、年金の給付水準を上げつつ、現役世代が使えるお金を増やすことも可能だ。「私たちの取り組み次第で、社会保障の将来は変えられる」と権丈教授は強調する。
　　「どうせ年金はもらえない」。そんなあきらめの空気が広がっている。「選択のとき」では、「どうせ」ではなく「どうしたら」安心できる暮らしになるかを、みなさんと考えていきたい。

　「選択のとき」が2005年4月3日に始まる直前の3月29日、僕は朝日の3人の記者に会います――なぜだか、3人一緒にやって来て、あの時、僕は新聞に出るのは嫌だと言っていて、彼らは当初、僕の名前を出さずに上記の記事を書いたようです。しかし、デスクから「こんな、誰も言わないようなことを書く際には、誰の言葉なのかをはっきりと示すように」と言われたそうで、結局、この記事に僕が出てくることになります[10)]。
　先日の勉強会で、外国人受入れを題材とした人口投影の報告がなされた後に、僕が周りの人に、投影と予測の違いを理解することはきわめて重要なことで、「なにも、天体の観測をやっているわけじゃないからな」と話したこ

---

8) 僕が年金の論文を書くことになった経緯については、本書第1講中「年金とのかかわりのきっかけ」参照。
9) 「シリーズ社会保障　選択のとき」『朝日新聞』2005年4月3日朝刊。

とには、いろいろな意味が込められているわけです。

　映画『アルマゲドン』（マイケル・ベイ監督、1998年）では、ある小惑星が地球に衝突すると予測されたため、ブルース・ウィルスが小惑星まで飛んでいって惑星を爆破して地球を救う任務を遂行したわけですが、天文学の世界での予測がそういう使われ方をされるのは希な話。しかし、社会現象の世界、政策論の世界では、過去の傾向に基づいて投影された将来に良からぬことが起こると目されたら、それを避けるために事前に手を打つことができる。そういう意味で、将来の投影は、政策論のなかでは重要な役割を果たすことができます。「投影は将来を可視化してくれる」わけでして、最近は、そうした近未来の人口構成の可視化により、医療や介護の提供体制における改革の必要性が、社会全体で認識されはじめてきました。そして、投影の結果に基づいて政策的になんらかの手が打たれ、将来の像が変わった場合には、当初の投影は、いわゆる「予測が外れた」状態となる。しかし、投影された将来の像を変えようとして政策を行ったわけですから、これは必ずしも悪いことではない。投影とは、本質的に「当たり外れ」という話ではないのです。こうした考え方が、2003年に僕が年金の論文を初めて書く時に、随所に登場することになります。

　その後、平成21年財政検証の時に、僕は試算の前提を議論するための「経済前提専門員会」（2007年3月2日～2008年11月11日、合計6回）に委員として参加する、と言いますか、参加させられることになります。この話が来た時、僕は「経済前提の専門家じゃないし、シミュレーションは趣味じゃないから、その話は断りますね」と言ったのですが、当時の首席年金数理官が「経済前提専門の委員会ではなく、経済前提の専門委員会です」と言うから、「だったら、経済前提と専門委員会の間に黒ポチ（・）をつけてくださいよ」と口答えして、しぶしぶ参加することになります。そして、その専門委員会

10）　その時の様子は太田啓之（2011）の「あとがき」に描かれている。また、この「選択のとき」第1回の僕の言葉は、太田氏がまとめた「公的年金とメディア」というメモにも登場する。このメモは、2004年年金改革前夜から年金問題に取り組んできた新聞記者が、学び経験を積んでいく過程が実によく分かるもので、第35講に「参考資料」として紹介しているので参考とされたい。

で発言したことが、今も残っているようです。今回の平成26年財政検証のために「年金財政における経済前提と積立金運用のあり方に関する専門委員会」(2011年10月14日～2014年3月10日、合計17回。以下、「経済前提・積立金運用専門委員会」)が立ち上げられた第1回会議で配付された「平成21年財政検証における経済前提の範囲について（検討結果の報告）」の、次の文章です。

> 財政検証における諸前提は、その検証を行う時点において使用可能なデータを用い、最善の努力を払って長期的に妥当なものとして設定する必要があるが、時間が経つにつれて新たなデータが蓄積され実績との乖離も生じてくる。このため、少なくとも5年ごとに最新のデータを用いて諸前提を設定し直した上で、現実の軌道を出発点として新たな財政検証を行うこととされている。
>
> この意味で、財政検証における年金財政の将来見通しは、人口や経済を含めた将来の状況の予測（forecast）というよりも、人口や経済等に関して現時点で得られるデータの将来の年金財政への投影（projection）という性格のものであることに留意すべきである[11]。

とにもかくにも、財政検証における年金試算は、公的年金制度の内外で今打つべき手段を可視化するための投影（projection）であるというポイントを押さえておかないと、財政検証の役割を理解することはできないし、そのポイントを理解していない人が年金の議論に参入してくると、これまでの年金論議のように話がおかしくなってしまうんですよね。

動学――歴史のなかで考える

2002年12月、厚生労働省は、2004年年金改革に向けた『年金改革の骨格に関する方向性と論点』をまとめます。ここから、僕は年金論議に巻き込まれていきます[12]。

---

11) この文章は、「経済前提・積立金運用専門委員会」が2014年3月10日にまとめた「年金財政における経済前提と積立金運用のあり方について（検討結果の報告案）」にもあり、この「検討結果の報告案」は3月12日の年金部会で検討結果として報告されている。

2002年末に『方向性と論点』を読んだ僕は、2003年4月に論文を書き上げ[13]、その論文を収めた『年金改革と積極的社会保障政策——再分配政策の政治経済学Ⅱ』（Ⅱ巻）を2004年3月に出版しています。その本は次から始まる。

はじめに

　どうにも人間が好きなようである。この生き物がいったい何をしてきたのか、そして何をしようとしているのか。どこまで自分たちがやっていることを自覚しているのか。たとえ人間が自覚する意識的な世界があったとしても、そこには絶えず偶然が襲いかかって彼らを翻弄する。こうした様子を観察しながら、人間や社会の動きに有りや無しやの意味を考えてみたり、わずかな兆しや綻びに着眼してはその後の動きを予測していたりすると、時がたつのを忘れるほどに面白くて仕方がない。こうしたわたくしの生業は、学生とともに社会保障や経済学の文献を読みながら、ああでもないこうでもないと議論しつつ人間や社会の動く仕組みやあり方を考えることである。この職業に就くわたくしが、今日の日本における年金改革論議と、この国のなかに社会保障政策をいかに位置づけるべきか、その財源調達問題をどのように解いていくべきかという課題を題材として、1つの考えをまとめたものが本書になる[14]。

こうした考え方は、おもしろいほどに首尾一貫しているわけで、その次の著書『医療年金問題の考え方——再分配政策の政治経済学Ⅲ』（Ⅲ巻）の序章では、次のような文章を書いている。

---

12) 本書第1講参照。
13) 権丈（2003）「年金改革論議の政治経済学——厚生労働省『年金改革の骨格に関する方向性と論点』を読んで」『三田商学研究』第46巻第1号。権丈（2009〔初版2004〕）第1章に所収。
14) 権丈（2009〔初版2004〕）xi頁。

第32講 「将来のことを論ずるにあたっての考え方」と年金　361

序　章
浅はかな静学的社会保障論と動学

　みるからに不幸のどん底にいるような学生が訪ねてくることがある。わたくしはにやにやと笑いながら、「辛かろう。でもな、僕のような人間からみると、辛いめにあっている君らがおもしろく、うらやましくさえ思えるものだ。その辛い状況にあったからこそ、後になって、今の自分があるのだと、自分の人生を肯定する状況が訪れる確率のほうがはるかに高かったりする。そんなことは、今の君らにはわからない。だけど、世の中、そういうものなんだよ」と、あたかも目の前にいる学生が、「挫折」という刺激を受けて、その後いかに変化を遂げていくのかを予測して楽しんでいるかのような、不謹慎なことを口にしてしまう。逆の場合もしかり。彼女ができましたとの話をきくと、ついつい、「いつまで？」と問うてしまう。

　この種の考え方、すなわち、時間の推移とともに対象は変化するという視点で物事をながめてしまうことが、わたくしの考え方の一大特徴であるかのようで、仕事の面でのこの傾向は、さらに顕著に現れる。その姿勢を、前著『年金改革と積極的社会保障政策——再分配政策の政治経済学Ⅱ』「はじめに」からの引用で紹介しておこう。

　　ここ最近、わたくしは、ジョーン・ロビンソン女史がケインズ理論を評した「ケインズ革命の本質は、分析を歴史時間のなかに置き、不確実性のもつ決定的な影響を強調したこと」という視角や、ミュルダールが強調した、社会は循環的・累積的な因果関係のもとにあるために不均衡は拡大する傾向にあるのが常態であり、安定した均衡へと向かわせる諸力が働く場合の方がむしろ稀であるという指摘や、さらにはシュンペーターの言う「経済学の対象は、本質的に歴史時間におけるユニークな過程である。現在を含めていかなる時代の経済現象を理解しようと望むならば、なんぴとも、歴史的事実を十分に把握し、歴史的感覚あるいは歴史的経験と呼びうるものを十分に備えもたなければならない」という軸において洞察力を深めようと努めてきた。こ

うした思考の訓練をするにあたり、将来は不確実であることを素直に受け止め、制度（institution）という生き物は時間とともに動くものであり、われわれがみているのは歴史時間における一瞬のスナップショットに過ぎないことを強く意識しなくては論を誤ってしまうおそれのある年金改革論、日本における社会保障政策の位置づけ、社会保障の財源調達問題は格好の材料であった[15]。

　前書につづき、本書に収めた医療、年金をはじめとした社会保障論も、多くの普通の社会保障論よりも、われわれがみているのは歴史時間における一瞬のスナップショットにすぎないことを強く意識した視点、すなわち動学的視点が強く織り込まれていると思う[16]。

不確実性と公的年金

　そして、Ⅱ巻に収めた年金の論文のなかには、次のような文章が挿入されています。

　　なお、わたくしは1960年代生まれの経済学者である。世間相場にもとづけば、団塊の世代を支える立場にあるこの世代と経済学という専門の2つが重なると、おおよそ年金の民営化論者、積立方式論者と期待されることになる。だがわたくしは、そうではない。その理由の1つに、この年齢で、すでに年金論議を20年ほど眺めてきた経験があるからと思える。新規参入してきた年金経済学者は、まず民営化、積立方式支持者として登場し、景気変動をはじめとした経済の歴史をみずから実体験していくうちに、勇気をもって前言を翻すか、もしくは口をつぐんで年金の研究から去っていく。こうした年金経済学者のライフサイクルを20年ほど観察していれば、年金に関して＜持久力のある見解＞とはいかなるものなのか、自然と学習できる。ちなみに、＜持久力のある見解＞を得ることは、わたくしが意識している研究姿勢の1つであり、こうした姿勢を意識することが、もしかするとおおよその経済学者とは異なり、目の

---

15) 権丈（2009〔初版2004〕）4頁。
16) 権丈（2006）3-4頁。

第32講 「将来のことを論ずるにあたっての考え方」と年金　363

前で展開されている政策論議を、垂直的な歴史軸と水平的な地理軸からなる平面のなかに位置づけて眺めてみたり、論者たちの足跡や論者たちが生きた時代の常識と、彼らの主張とのかかわりを明示的に扱うことによって、主張されている政策論からバイアスを取り除こうとするアプローチを選好させるのかもしれない。

　もっとも、市場は、わたくしが思っているほどには不確実ではないということになれば、賦課方式の公的年金が、私的であれ公的であれ積立方式の年金よりも望ましいとする判断は変わる可能性はある。よって、わたくしに、賦課方式の公的年金は十分な存在意義をもつとする考えの間違いを指摘しようと思う人は、ぜひとも、わたくしが考えているほどには市場は不確実ではないことを説得して欲しいし、そして、そのことを説得するためにどうしても必要となる、われわれ＜人間の予測力＞というものはわたくしが見限っているほどに当てにならないものではないことを示して欲しいと思う。そうしたことを示し、説得してもらわないかぎり、わたくしは公的年金を支持しつづけるであろうし、さらには、公的年金の存在を前提に人生設計をたてている人々の姿勢を、一部の人たちが頻繁に口にする'自助努力'の欠いた姿勢であるとみなすこともない。

　本章は次の構成をとっている。まず全体は4節からなり、1節では従来の日本の公的年金制度がどのような考えのもとに運営されているのかを、財政再計算の仕組みを中心に説明する。財政再計算が存在する理由、およびその機能の限界を知ることは、公的年金制度を理解するには不可欠なのであるが、従来の年金論議では、研究者の間で財政再計算という制度の意義を理解する学習過程が節約されすぎていたように思える。それゆえに、本章では、冒頭に、財政再計算の説明をおいた。2節は年金理論編、3節は政策技術編、4節は政策評価編となっている[17]。

　ここで、年金の話をすると言いながら、最初に財政再計算（今日でいう、財政検証）の話を持ってくるところが、実は、僕の年金論の大きな特徴にな

17）　権丈（2009〔初版2004〕）10-12頁。

るわけです。僕のような、将来は不確実で、本質的に予測は不可能であるというような「将来についての考え方」をする者から見れば、財政再計算の役割を理解することが年金論の核になります。1998年頃、留学から戻って直後にマイクロソフト社が出していた百科事典『エンカルタ』の年金の項目を頼まれました。原稿の依頼に来た担当者に僕が最初に頼んだのは、「財政再計算」という項目を作ってください、僕が書きますから、ということでした。その時に書いたのが、次の文章です。

IV　財政再計算と日本の年金制度の課題

　日本の公的年金制度は、給付と負担の長期的な均衡をはかるために、5年に1度、財政再計算をおこなうこととしている。

財政再計算の内容

　5年程度経過すると、人口や経済など、年金制度をめぐる社会経済状況が変化する。こうした社会経済状況の変化——とくに人口構造の変化は、修正積立方式を採用している日本の公的年金財政の収支バランスに影響をあたえる。このため、これら社会経済状況の変化をふまえて、年金の長期的な見通しの改定がおこなわれる。この作業を財政再計算とよぶ。財政再計算の作業は通常、次の手順でおこなわれる。

(1) 国勢調査（直近では1995年）が5年に1度おこなわれる、
(2) 国勢調査の人口データにもとづいて厚生省は、「日本の将来推計人口」（直近では1997年）を作成する、
(3) この将来推計人口にもとづいて公的年金の財政再計算がおこなわれる。

　財政再計算にあたっては、社会経済情勢の変化を考慮して保険料水準、給付水準の見直しをおこなうための、長期的な財政見通しが作成される。そして、公的年金制度では、この財政再計算とあわせて制度改正（法律改正）がおこなわれる[18]。

---

18) 筆削補訂のうえ、権丈（2009〔初版2004〕）第1章1.3節に所収。

予測可能性信仰を捨てて人知の限界の自覚を

公的年金を理解するうえで最重要なこととして「数年おきの見直しの必要性の理解」を挙げるような僕が年金の論文を書くと、次のような言葉が出てくることになる[19]。これは、2003年の春に書いた論文のなかの一節。

年金制度と年金経済学の方法論
1.1 将来予測に対する人知の限界と公的年金論議のパラドックス

公的年金を論じるという行為には自己矛盾がある、とわたくしは常々考えてきた。なぜか？ 公的年金は、将来予測に対して＜人知の限界＞があるゆえに存在する制度であると考えられるのに、公的年金を議論するためには、将来の話をしなければならないからである。これを＜公的年金論議のパラドックス＞と呼ぶことにしよう。金利、株価や為替、それに生産性の推移やライフ・スタイルの変化をはじめとする経済社会の状況——さらには、これら経済社会の状況に影響を与える政策スタンスの動向——に対して、人間が的確な予測力をもつのであれば、勤労世代から退職世代に所得を再分配する現在のような賦課方式の公的年金など必要ないであろう。しかしながら、何十年も先の経済社会状況を予測することは、どんな方法をとってもいかに費用をかけても、実のところ不可能なのである。

不確実性の古典であるナイト（1921）のなかでは、結果についての確率分布関数が既知である場合は＜リスク＞と呼ばれ、そのような確率分布関数についての知識がまったくない場合は＜不確実性＞と呼ばれたことはひろく知られている。そして、アトキンソン（1993）は社会保険が、＜不確実性＞に対する社会的制度であることを論じており、わたくしもこの見解に同意する。年金積立金の運用利回りが今後数十年間でどのようになるのか、その間、生産性の伸びはいかように推移するのかは、不確実である。それらの変動が予測不可能である。

---

19) 権丈善一（2003）「年金改革論議の政治経済学——厚生労働省『年金改革の骨格に関する方向性と論点』を読んで」『三田商学研究』第46巻第1号。権丈（2009〔初版2004〕）第1章として所収。

ために、私的年金よりも公的年金の方を選好する人がいると考えられるのである。そうではあるが、公的年金を設計するためには、どうしても将来の話をせざるを得なくなり、年金を語る者は、＜公的年金論議のパラドックス＞に直面せざるを得なくなる。

とはいえ、＜将来予測に対する人知の限界＞をさほど認識していない者もいる。そうした人たちによる年金論議への参入が、年金問題を混乱させている原因の１つであり、その混乱が、日本における若者たちの年金不信感、年金嫌悪感の源にもなっているようにみえるのである。まずは、その点を論ずることからはじめよう。

1.2　従来の年金改定方式「財政再計算」の仕組みとマクロ経済スライド

公的年金制度が行っていることは、実に単純な理解しやすい営みである。この単純な営みを理解するために、「なんらかの人並み外れて高次な専門的資質が必要とされるようには見えない」。それゆえに、公的年金の制度選択は、この制度の機能を理解した国民ひとりひとりが、自分たちで決めればすむ話である。ところが、年金論議には、いつも、この制度を誤解した者が参入し、国民に間違った情報を発信して議論を攪乱する傾向がある。その理由の一端は、20世紀的社会科学の方法論、特に工学的方法論が社会科学にも当てはまるという信念が埋め込まれた＜伝統的な経済学の方法論＞に陶酔した者には、公的年金が存在している理由を理解するのが難しいからではないかと思われる[20]。そこでまず、公的年金の機能を表徴的に示す、＜財政再計算という仕組み＞の説明からはじめてみよう[21]。

ここで、『エンカルタ』に書いた先ほどの財政再計算の説明をして、続いて次のように述べています。

　　論理的に考えれば、給付を先決する給付建て年金と拠出を先決する拠

---

20)　本書第１講中「ケインズの嫡子たち」、および第11講中「理論と政策の距離を埋めるためには」参照。
21)　権丈（2009〔初版2004〕）14-16頁。

第32講 「将来のことを論ずるにあたっての考え方」と年金　367

出建て年金が両立するはずがない。ところが、財政再計算時には、負担と給付の両方が議論されてきたのである。その理由は、経済社会状況の変化が、負担の限界と目される保険料水準と、目標とされた給付水準という２つの目標を両立し得ない結果をもたらすことになれば、いくぶん給付を調整していく、しかも給付の調整の仕方については議論を重ねながら、退職世代の生活にあまり悪い影響を与えない方法を模索していくということが考えられていたからである。また、好景気がつづいたり、年金制度に対する信頼が大きく改善したりすれば、それまで限界とみなされていた水準以上の負担が実現できるかもしれない。その逆に、不景気が長期化したり、年金に対する不信感が高まったりすれば、被保険者・納税者の反乱のきっかけとなる保険料率の水準が、以前の予測よりも低くなるのかもしれない。このように変動する経済社会状況のなかで、公的年金の負担と給付についての国民的議論を５年に１度行っていく。これが財政再計算方式であった。財政再計算は、不確実な未来、将来予測に対する人知の限界をカバーするのに、なかなかよく考えられていた制度であった。

　しかしながら、現在の公的年金の制度運営のなかで中核的役割を担う財政再計算の機能を正しく把握するには、多くの者にとって相当に時間がかかる。たとえば、わたくしが講義のなかで、公的年金の役割と財政再計算の存在意義を説明するためには、まず、学生たちの予測可能性信仰を壊す作業からはじめなければならない。そして人間という生き物は繰り返しバブルを引き起こしては痛い目に遭う愚かな生き物であること、経済学者や人口学者が将来予測を行っていることから彼らが将来予測をできると勘違いしてはならないこと、将来予測に経済学者や人口学者が失敗しつづけてきたのは、彼らのモデルにおける方程式の数やコンピュータの計算能力が不足していたからではなく、社会科学上の予測は自然科学上の予測とは本質的に異なり決してうまくいかないこと、年金経済学者は不幸なことに将来について議論をせざるを得ないのであるが、多くの年金経済学者は自分が生きている間に自分の予測した未来とは異なった場面に直面し、前言を翻したりみずからの研究者としての信頼を

失ったりしていることを教えなければならない。
　……しかしながら、講義のなかで未来は予測不可能であることを学生に納得させるには、相当に時間がかかる――時間をかけても、最終的には成功していないかもしれない。このように時間をかけた後に、財政再計算という仕組みとセットになった公的年金制度が、理にかなった側面をもつことを説明するという手順を踏む。けれども、講義に出席している学生を説得するのに相当に時間がかかるような話は、それがいかに正しい話であっても世の中に流布するのは難しい。世の中に流布しやすいのは、人々が直感的にとらえることができる１、２個の数値や、簡単なキャッチ・フレーズである。その際、数値やキャッチ・フレーズが本当の話に裏打ちされたものなのかウソの話にもとづいたものなのかは、さほど問題ではない。そしてウソの話にもとづいた数値、キャッチ・フレーズが流布した典型的な世界が、公的年金論議の世界であったように、わたくしには思えるのである。
　財政再計算の機能、およびその存在理由を理解するための時間を節約した多くの研究者は、現状の給付を持続すれば、将来の保険料はこれほど高くなると、何度も何度も推計してみせた。そしてその推計は、厚生年金保険料率として30数％、ときに50％程度をはじき出したこともあった。そうした途方もない推計値にもとづいて、公的年金の持続可能性が批判されてきた。この種の年金批判は、人々が直感的に理解しやすく、この理解が、費用負担世代の年金不信感、さらには年金嫌悪感を醸成しつづけてきたようなのである。しかしながら言うまでもなく、負担の限界と目される保険料水準と、目標とされた給付水準という２つの目標を両立しえない結果をもたらすことになれば、財政再計算のなかで給付の調整が行われることを公的年金制度は予定しているのである。
　そういう意味――すなわち財政再計算の意義を理解していない公的年金批判者が絶えず登場するという意味――で、変動する経済社会状況に照らし合わせて５年に１度、公的年金の負担と給付の水準を見直すという＜財政再計算方式＞は、年金不信感・嫌悪感を醸成する情報源――主に新規参入の年金経済学者――を生み出してしまい、年金論議を攪乱さ

せるという政治的な弱点をもっていた。さらに、大方の国民にとっては、財政再計算の存在や意義すら知るよしもない。いつもいつも沸騰した年金論議を必要とした財政再計算は、それを眺める国民に、年金とはそれほどまでに問題をかかえた制度であるのかと、いらぬ不信感をいだかせるという政治的な弱点ももっていた[22]。

こうした弱点を視野に入れて、2002年末『方向性と論点』がまとめられます。そこでは将来の保険料を固定する保険料固定方式が示されて、それまでの財政再計算は、財政検証に改めることが提案されました。そして、『方向性と論点』で示された改革が、2004年に行われます。

不確実性と胆力

さて、Ⅱ巻の「あとがき」には、次のような文章を書いています。

> マクロ経済スライドが導入される意味を理解してもらうためには、ホメオスタット（恒常性）機構という概念を理解してもらうのが早道であると考えている。ホメオスタット機構とは、生命体が、予測しがたい不確実な将来に対応できるように、外部からの刺激に反応してみずからの安定を自動的に維持するための機構のことである。こうした機構を社会システムにもあてはめて考えてみたのが社会学者タルコット・パーソンズであった[23]。

もう10年以上も前の医療の論文でもホメオスタット機構の話を書いたりしています[24]。なぜ、そういう概念が僕の考えのなかに登場してくるかというと、不確実な将来に対して、人間をはじめとした生命体は、どのように対応していけば安定を得られるのかというような問いを立てて、いろいろと本を読んだり考えたりしていた20代、30代があったからです。当時は、自分でも、何をやっているのやらと思っていましたが、そういう時間が、後に大きく自

---

22) 権丈（2009〔初版2004〕）17-19頁。
23) 権丈（2009〔初版2004〕）328頁。
24) ホメオスタット機構については、本書第27講も参照。

分の考え方に影響を与えることになります。

　もっとも、現実には、年金を取り巻く時代・社会状況を理解しないまま、経済成長が思うように進まなくても、少子高齢化がどんなに進行しても大丈夫な年金を、自分ならば考案できるという詐欺師まがいの論説が、年金論者の主流だったわけです。そうした人たちのいくぶんかは、本当にそう信じている真性のバカだった可能性もあります。

　今日の日本のように、少子化が進み、経済が停滞している状況ゆえの年金の給付水準の低下は、やはり受け入れるにはきついわけで、耐えがたき社会的ストレスが充満してきます。そこに「自分ならば救える」という者が出てくれば、人はすがります。そうした心理は理解できます。しかし――僕はしばしば、年金をはじめとした社会保障を語る際に「胆力」という言葉を使うのですが――、年金を理解するためには、現実を受け止め、その現実から目をそらさずに、それでもなおと、年金をよくするための実行性のある策を考えるだけの胆力が必要であったりもするわけです。

　このあたりは、僕は、昔から年金は大海に浮かぶ小舟[25]みたいなものであるという喩えで説明をしてきましたが、朝日新聞の太田啓之さんは、次のように表現されています。

---

25)「大海に浮かぶ小舟」の話は、過去に何度もしているのですが、たとえばその１つは次のような表現でした（「勿凝学問235　銭湯権を危険にさらして――新報道2001スタッフへの礼状」（2009年6月4日）より）。

　　とにかく年金を考える際には、その問題が、年金の問題なのか、それとも年金が運営されている社会経済状況が問題なのかを峻別する必要、および胆力のある思考力が必要になります。年金なんてものは大海に浮かんだ小舟のようなもので、大海が荒れれば舟が危なくなるのは当たり前。彼ら民主党がよく使う論法は、大海が荒れているから舟が沈没しそうなのに、舟が悪いと言って攻撃する論法です。その場合には、どういう舟を準備しても舟は沈みます。今回でも、民主党の山井和則さん達のいう経済前提、社会前提を設ければ、狙いどおりに、国民に年金破綻を印象づけることはできますけど、そういう前提では、年金以前に国そのものがなくなってしまいます。今回の試算では、民主党の年金担当者たちが、ああいう社会経済前提の持つ意味を本当のところは理解できていなかったことが明らかになった――それ以上の意味はありません　。

① 年金問題は、社会問題というよりも「社会の問題の結果」であるという特殊性

　マスコミの仕事は「個別の問題を指摘し、解決を促すことで、全体としての社会がよくなる」という考え方に基づいている。その論理に従えば、「年金問題を解決すれば社会はよくなる」と考える。

　だが、現実には「社会がよくなれば（出生率改善、経済好転）、年金問題は解決する」と言った方が真実に近い。（年金のシステムは基本的には「お金を集めて配るだけ」という単純な仕組みであるため、年金改革でできることには限界がある。痛みを伴う年金改革とは「社会の失敗の後始末」に他ならない）

　こうした発想の転換は、マスコミに限らず人間にとっては極めて難しい[26]。

実にうまい表現、「こうした発想の転換は、マスコミに限らず人間にとっては極めて難しい」などは、人間通であることをうかがわせる洞察力だと思います。

2004年からの10年間で、そうした詐欺師や詐欺師まがいの人たちの退治も、少しは進んできたと思います。年金の抜本改革を行えば、少子化の影響を受けない年金を作ることができるなど、ありえない話が一時期盛り上がっていましたが、僕が、昨年の社会保障制度改革国民会議に提出した資料[27]に登場する執筆者たちのおかげで、トンデモ年金論を唱えてきた人たちも大分論調を変えてきています。

いつぞや、知人に送ったメールです。

　　最近の世代間不公平論者は、抜本改革の路線はことごとく潰されて、今では、デフレ下でもマクロ経済スライドをきかせろとか、高所得高齢者の課税をしっかりとやるためにも、年齢ではなく能力に応じて負担するように改革をとか、相続税をちゃんととろうというような相当にモデ

---

26) 太田さんの「公的年金とメディア」は本書第35講中「参考資料」参照。
27) 本書第35講中「両論併記から脱却したメディア」、および第20回社会保障制度改革国民会議（2013年8月5日）、権丈委員追加提出資料。

レートというか、僕らが前々から言ってきたこととまったく同じになってしまっているという特徴があります。

　そこが、彼らの思考力の弱点でもあり、そういうことを言う根拠に、いまだに給付負担倍率を用いていたりするわけだけど、彼らが今言っているような改革（つまり、僕らが前々から言い続けてきたこと）をやってみても、今の年金受給者の給付負担倍率で測られる世代間格差は、ぜんぜん小さくなりはしない。僕らは、主に若者と高齢者の間の生活水準そのものや所得代替率の世代間での違いで判断しているわけだけど、彼らもそれと同じ世界にようやく到達したというだけなんだよね。つまり、彼らが長い間やってきた給付負担倍率の計算、それに基づく世代間不公平論など百害あって一利なしという僕らの論を、彼らは年金研究者のライフサイクルの中で証明してくれている次第。

　とにかく、将来のことを論じないわけにはいかない年金の世界というのは、「私の予言を信じなさい。そうすれば、あなたは確実に幸せになれる」という、太古の昔から存在した詐欺師や自分たちの言っていることのおかしさに気づかない狂信的な人たちが祭り上げられやすい世界です。そして、先にも触れたように、工学的方法論が社会科学にも当てはまるという信念が組み込まれた伝統的な経済学には、そうした人たちを大量発生させる思考の前提をインプリシットに置いていたりもして、そこが厄介なわけです。

　年金綜合研究所の設立記念シンポジウム[28]で話した、社会保障とかかわる右側の経済学と左側の経済学の思考の前提の違いというのが、そういう話でして、右側の経済学というのは、「まぁ、無教養学派と呼んでもよい性質を持っている、少なくとも日本ではそういう傾向がある」と、50歳を超えた頃から言っています。実は、あのシンポジウムで、経済学に関するああいう話をしたのは、当時の、財政検証の前提を決める専門委員会や年金部会の議事録などを眺めていると、OLG（over lapping generation）モデルなどが話題になっていたので、こうしたモデルの前提がどういうものであり、そうした前提は結論としてはじめから何を予定しているのか、そうしたモデルの結論

28）本書第1講所載。

は年金論においてはどのようなバイアスとして表れてくるのかなどを、年金、とくに財政検証にかかわる人たちに話をしておこうと思ったという背景があったからです。ああいうモデルは、それを手にした論者の政策解を、ある一定の方向に導いていく強い力を持っていまして、そのあたりを分かってもらいたかったわけです。

　さて、この文章に長々と書いたことを最も短くまとめたのは、「経済を見る眼　公的年金論議のパラドックス」『週刊東洋経済』（2012年1月7日号）[29]でしょうか。また、長い言葉で論じたものには、年金綜合研究所設立記念シンポジウム（2012年12月10日）の講演録[30]がありますので、できれば、両方ともご参照ください。これらを読んで年金を考える際に、「人間が自分たち人間社会の将来のことを考えるとはどのような意味を持つ知的行為なのか、その有効性と限界はどの辺にあるのか」を少しでも考えてもらえれば幸いです。

29）　本書第20講所載。
30）　本書第1講所載。

第33講　この人民ありてこの政治あるなり*

　1日は24時間。この制約が万人に等しく課せられている。その条件下で有権者は公共政策を理解するのにどれほどの時間を投じるだろうか。多くの時間を費やしても、彼が持つのはただの一票。24時間を自由に使ってよい時、投下時間に見合うリターンのある有効な使い方をしたくなるのは人情とも言える。

　普通の人は毎日が忙しい。大切なことは複雑でもあるため、政策を詳しく知ることよりも何も知らない無知のままでいることを合理的に選択する傾向も出てこよう。こうした状況を政治経済学の世界では「投票者の合理的無知」と呼ぶ。

　合理的に無知であることを選択した投票者が支配的であれば、選挙で当選しなければ意味のない政治家たちは、自らの言動を無知な有権者に合わせざるをえなくなる。そうした大衆への迎合を得意とし、それに多くの時間を費やしている人物が確かな見識を持つに至る保証はどこにもない。むしろ政治家の世界は、ポピュリズムを得意とする悪貨が良貨を駆逐する世界となりがちである。実のところ、民主主義とはかなり危ういものであり、この危うさの大波を直に受けていたのが、この10年余りの社会保障をめぐる動きであった。

　2004年の年金大改革以降、社会保障の最大課題は、子育て支援・少子化対策の充実と医療介護の提供体制の改革であった。もちろん、年金にも残され

＊　「経済を見る眼　この人民ありてこの政治あるなり」『週刊東洋経済』（2014年3月22日号）より転載。なお、この文章は「経済を見る眼」の連載最後ということを意識して書いたものである。

た重要な宿題はあった。2004年改革で挑戦して挫折した非正規労働者の厚生年金適用の拡大や、第3号被保険者の見直し、および2004年改革を完成させるために必要となるマクロ経済スライドのフル適用や消費税の引上げである。ところが、2004年改革以降、年金は政争の具として存分に利用されることになり、この国は年金選挙とも呼べる2009年の選挙で政権交代まで経験してしまった。

しかし、それ以降の与党民主党は自公政権時の「社会保障国民会議」が示した改革の方向性を引き継ぎ、昨年（2013年）の「社会保障制度改革国民会議」では具体性を帯びた改革の道筋が示されるに至る。ようやく今、改革に投入されるべき政治エネルギーの量と方向性が、それぞれの分野の重要性のベクトルとある程度バランスがとれるようになってきたのである。折しも、民主党のなかでも、彼らが長年掲げてきた年金抜本改革案や後期高齢者医療制度廃止をゼロベースで見直す動きも出てきているという。

もっとも、年金については6月頃に5年に一度の財政検証が行われることを機に、「100年安心」という言葉をめぐってバカバカしい盛り上がりを見せることにはなるだろう。財政検証は、100年先を見通した試算を5年に一度行うものであり、これを通じて定期的に課題が可視化され、その課題に対策が打たれるからこそ、年金制度は安定した制度となりうる。

だがそういうことは、合理的無知であることを選択する投票者には理解が難しいのかもしれない。また、2004年改革時に年金保険料の上限を固定する方式が導入されたため、支給開始年齢を財政問題の解決手段として議論する意味は消えている。そのあたりも普通の投票者が理解するには今少し時間を要することになるだろう。

これまでも、そしてこれからも、社会保障を取り巻く政治の動きがまともなものとなるかどうかは、福澤諭吉が言うように「この人民ありてこの政治あるなり」なのであり、「人民の智徳の有様」次第なのである。はたして今後どうなるのか、予測はなかなか難しい。

第34講 ホメオスタット機構としての年金制度と社会経済制度改革インセンティブ*

　みんな、年金に期待しすぎだよ。実は、2004年に拠出建てに移行して以降、年金を安定させるための政策変数を、政策当局である年金局はあんまり持っていません。かつては5年に一度保険料を上げる、かつなんとか乗率などを調整して、1970年代初めまでは給付を伸ばす、そしてある時から給付を抑制するというように、保険料と給付の2つの政策変数が年金局の手中にあったわけだけどね。政治から年金を守るために、年金局は2004年に自分たちの仕事を手放して、保険料を先決し給付を自動化したわけです。よくぞあの時に手を打ってくれたと、その心意気は高く評価しないとな。そして今、年金局は、国民の老後の生活の安定を図るための「情報提供機関兼司令塔」のような任務を担っているということ。

　もっとも、今回の財政検証は前回2009年とは趣が違います。その違いは、次の資料のなかに端的に表れています（図表34−1）。

　要するに、年金局が今も持っている政策手段を最大限に使って、年金、ひいては国民の老後の生活を守る、しかもその実行力は昨年（2013年）の社会保障制度改革国民会議によって担保されているということです。前回の平成21年財政検証は、2004年年金改革附則の次期財政検証、すなわち5年後の財政検証までに50％を切ることが見込まれる場合になんらかの策を打つという規定に基づいて、淡々とやっただけだからね[1]。

　さて、本日の本題である、ホメオスタット機構としての年金制度の話は、

---

*　「勿凝学問388　ホメオスタット機構としての年金制度と社会経済制度改革インセンティブ」（2014年6月2日脱稿）を筆削補訂。本書第32講、導入文を参照。

第34講 ホメオスタット機構としての年金制度と社会経済制度改革インセンティブ 377

図表34-1 制度改正の検討のためのオプションについて

○ 社会保障制度改革国民会議の報告書では、財政検証に関して、単に財政の現況と見通しを示すだけではなく、報告書において提示された年金制度の課題の検討に資するような検証作業（オプション試算）を行うべきとされている。
○ この報告書を受けて、『持続可能な社会保障制度の確立を図るために講ずべき改革の推進に関する法律（プログラム法）』が成立したが、その中でも、
・マクロ経済スライドの仕組みの在り方、
・短時間労働者に対する被用者保険の適用拡大、
・高齢期における就労と年金受給の在り方、
・高所得者の年金給付及び年金課税の在り方、
など、報告書で提示された課題を検討課題として列挙している。
○ このため、今回の財政検証に当たっては、法律で要請されている現行制度に基づく検証に加えて、これらの課題の検討に資するよう、一定の制度改正を仮定したオプション試算を行う。

出所：第20回社会保障審議会年金部会（2014年3月12日）配付資料「今回の財政検証の基本的枠組」。

権丈（2004）の「あとがき」を一部引用した権丈（2006）で説明しています[2]。

* * *

新年金制度が政策実行世代に組み込んだ
社会経済改革インセンティブ

　拠出建て賦課方式年金というものが、従来の給付建てと異なることを示すために、厚労省は、保険料がある水準で固定されている時、いかなる条件が満たされると、所得代替率がどの程度になるのか、という道筋を示した。のみならず、独自試算を行った内閣府も、似たような推計結果を示すことにより、厚労省の試算に裏付けを与えた。彼ら厚労省が示した将来の基準ケースを現実のものとする主要な道筋は、次のように要約できる。

---

1) 本書第4講の補講中「2004年年金改正法の附則第2条について」における「私は平成21年の財政検証は失敗であったと位置づけている」（170頁）参照。
2) 以下、権丈（2006）117-120頁を一部再構成。

年金制度要因
・基礎年金への国庫負担率の引上げ
・国民年金納付率の引上げ
経済要因
・賃金上昇率の改善
・物価上昇率の改善
・女性労働力率の引上げ
社会要因
・出生率の改善

　このうち、年金法案の責任官庁である厚生労働省、まして厚労省年金局のみで実行できることは何もない。すべてのことが、他府省の力を借りなければならないし、政府一体となった政策の力を借りなければならない。政府は、将来の所得代替率50％以上を約束する2004年年金改革関連法案を閣議決定して、国会を通過させた。このことは、所得代替率50％以上の年金を保障するだけの出生率、経済成長率などの仮定値の実現を公約したことに等しく、すなわち、それら仮定値を将来の目標値としてマニフェストに列記したに等しい意味を持つ。
　そうした自覚を政府は持ち、仮定値の実現に突き進んでもらう。政府には、それしか残された途はないはずなのである。そして2004年、年金改革の最大の意義は、公的年金を議論する際に必要となる諸前提の推移と将来の給付水準との関係を浮き彫りにすることにより、年金と他の政策との相互依存性を前面に示したことにあった。したがって、年金を学ぶ者は誰でも、年金以外の社会経済政策の重要性を強く認識しなければならなくなったのである。要するに、新年金制度は、40代、50代の政策実行世代に、社会経済改革インセンティブを組み込むことに成功した。
　マクロ経済スライドが導入される意味を理解してもらうためには、ホメオスタット（恒常性）機構という概念を理解してもらうのが早道である（図表34-2）。ホメオスタット機構とは、生命体が、予測しがたい不確実な将来に対応できるように、外部からの刺激に反応して自らの安定を自動的に維持す

図表34-2　新年金制度のホメオスタット機構と社会経済制度改革インセンティブ

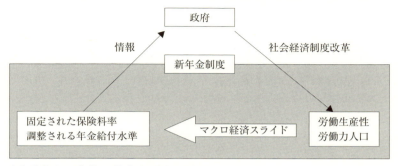

出所：権丈（2009〔初版2004〕）「あとがき」329頁。

るための機構のことである。こうした機構を社会経済システムにもあてはめて考えてみたのが社会学者タルコット・パーソンズであった。最近では、設定された室温を維持するように、外気の温度に応じてストーブに火がついたり消えたりするサーモスタットが、ホメオスタット機構の例として引かれることが多い。そしてわたくしには、わが国では一昨年（2002年）来——そして年金改革の潮流では1990年代半ばから——展開されてきた年金改革の流れは、年金制度が従来から備えていたホメオスタット機構をより精緻化する制度進化の過程にあったように見えた。

具体的には、これまでの日本の公的年金は、人口構成や社会経済の変化に対応して、負担と給付を5年に一度見直す財政再計算というホメオスタット機構を持っていた。しかしこの機構は、いかにも性能が悪かった。まして5年に一度制度を見直すとしても、前財政再計算時の改正項目が施行されるまでの準備期間に数年を要するために、前回の改正項目が実施の運びとなり、これをメディアが大きく取り扱う頃には、再び次期財政再計算の議論が始まったりする。これでは、財政再計算という制度をまったく知らない大半の普通の市民にとっては、年金の議論が途絶えることなくいつもなされているように見えてしまう。常識的な感覚を持つ市民であれば、それほどまでに年金は病んでいるのかと思うはずである。

こうしたなか、今回の改正では、まず保険料の引上げペースと上限を先決

図表34-3　年金給付水準と世代、および人口、経済諸仮定

(%)

2005年度の年齢	2025年度年金給付水準（所得代替率）				
	基準ケース	高位推計	低位推計	ケースA	ケースB
2010（60歳）	57.7	58.3	57.0	58.0	57.4
2020（50歳）	55.1	57.0	53.0	55.9	54.1
2030（40歳）	52.5	57.0	49.0	54.0	50.9
2040（30歳）	52.0	57.0	45.0	54.0	47.6
2050（20歳）	52.0	57.0	45.0	54.0	45.0

出所：権丈（2009〔初版2004〕）60頁。数値は厚生労働省（2002）『年金改革の方向性と論点』より。

した。そして人口や経済といった年金制度を取り巻く環境要因——従来の財政再計算のもとでも、どのみち年金の給付水準に影響を与える要因——をマクロ経済スライドというホメオスタット機構に取り込むことにより、給付の調整を自動化した。それゆえに、年金給付水準を、経済政策・社会政策の結果として明確に認識することが許される状況が生まれるのである（図表34-3）。たとえば、新年金制度のもとでは保険料率は固定されているので、将来の年金給付水準は、労働力人口と労働生産性に依存する。よって、将来の目標として設定された保険料率と年金給付水準を両立できない恐れがある場合には、労働力人口を増やしたり、労働生産性を上げたりする努力に真剣に取り組めばよいことになる。これゆえに図表34-2に要約される関係に基づいて、マクロ経済スライドの導入は、政策実行世代（40代から50代）に制度改革インセンティブを与えるという考え方が生まれる。

　これからわれわれが手にするであろう新しい年金制度のもとでは、18.30％の保険料で50％以上の給付を行うことができるように、目標労働力人口や目標経済成長率を表立って議論することが許されるのである。10年先、20年先、30年先の労働力人口や労働生産性など、実は誰も分かっていない。厚労省年金局も、将来推計を行うために便宜的にそれらについて数十年先の値を仮定しているにすぎないのであって、その仮定どおりの未来が訪れるかどうかは、社会経済政策しだいなのである。

第Ⅴ部
前途多難な社会保障教育

第5講の冒頭で書いたように、

> 年金の話というのは、「聞く耳を持たない」という人たちが一定数いたりする。財政検証——それは、現行制度を前提とした話だ！と。しかもそのような人たちが、高校をはじめとした教育に携わる人たちにもいるようなのである。

「年金教育が大切である」「社会保障教育が大切である」——みんな口を揃えてそう言う。しかしながら、そう簡単にいかないのが年金であり、社会保障なのである。

この10年、年金はこれ以上ないほどに政争の具とされてきた。その政争の過程では、現在の制度が国民に憎しみの対象として受け止められるように政治的に仕立て上げられてきたわけである。社会保障が憎悪されればされるほど、政争の具としての価値は高まるのであるから、2009年政権交代前の野党の政治家たちは、社会保障と、これを運営する官僚たちを、全身全霊をもって悪者に仕立て上げてきた。そして残念なことに、その時代に生きた国民の意識のなかには、社会保障へのいくつもの誤解に基づく憎しみが深く刻まれていった。

それのみならず、公的年金をはじめとした社会保障制度は、「市場」を、それが本来あるべき場所に封じ込めるためにあるような制度であって、当然の如く、社会保障制度は市場の原理とは異なる原理で動いている。社会保障の世界は、生活保護はもちろんのこと、社会保障給付費の9割近くを占める社会保険も、それぞれの制度が持つ政策目的を達成するために市場の原理である給付反対給付均等の原則——保険料が保険事故の発生の確率と保障額に見合うべきだとする原則——から乖離した世界である。そのことを受け入れず、いや時に無理解ゆえにこれを拒み、市場の基準で社会保障を評価しては、批判を繰り返す一部の経済学者が絶えずい続けてきた。そしてそうした経済学者が言うことを、経済教育では正しい教えと信じている高校の先生もいるという話である。

第35講〜第37講は、第5講〜第13講に続く書き下ろしである。第38講も私のホームページ上でしか公開していないので、書き下ろしのようなものである。

第35講　前途多難な社会保障教育＊

　「年金がこのままではボロボロになって、年を取ってももらえなくなるという語りかけは、非常に政権交代に貢献してくれた」。2013年4月7日、新聞にあった鳩山由紀夫元首相の言葉です。年金を政争の具とした政治家たちによるこの種の発言はいくつもあります。「（現行制度は）間違いなく破綻して、5年以内にまた替えなければならない」（枝野幸男元官房長官、2004年4月）、「国民年金制度は壊れている」（岡田克也元副総理、2005年4月）。

　僕も50歳を超えてしまいましたが、年金に関して何も知らないままで、政治家が真面目な顔をしてこうした発言をするのを目にすると、さすがに将来がとても不安になると思います。岡田さんは、先の「国民年金は壊れている」という発言から7年ほど経った2012年5月には、当時の社会保障・税一体改革担当相として国会で「年金制度破綻というのは、私もそれに近いことをかつて申し上げたことがあり、それは大変申し訳ない」と詫びています[1]。しかしそんなこと、彼が「国民年金は壊れている」と堂々と言っていた頃に普通の人が分かるはずがない。そのうえ、彼と同じ民主党の長妻昭氏が2009年3月、当時まだ野党議員として「年金制度の諸問題に象徴される、日本政治の最大の問題の1つは、官僚の嫌がる政策はできない、官僚の嫌がる分野の予算を削れない政府・与党の存在である。政権交代を実現し、官僚をコントロールする制度に改め、真に国民のためになる年金制度を確立するため、国民の皆さんに対し、皆様の一票で世の中を変え、あるべき未来を一緒につくる」[2]などと、官僚を悪者にして自分は正義の味方しかりと滔々と国会で

＊　第35講～第37講は書き下ろし。第38講も書き下ろしのようなものである。
1)　本書第28講参照。

演説すれば、年金に対する不安を植えつけられた国民が藁をもすがる気持ちになるのも致し方なし。

　また、カリスマ塾講師として有名でかつ経済書ミリオンセラーの細野真宏さんの本『未納が増えると年金が破綻すると誰が言った？』で超有名になった話ですけど、『日本経済新聞』が2008年1月7日の社説に次のように書いていることが、まったくのウソだったなんて、思いもしないわけです。

　　　　今の年金制度を変えずに済むならそれに越したことはない。だが保険
　　　　料の未納付増加で制度は破綻する可能性が大きい。

　最近は、新聞の従軍慰安婦記事などで誤報が話題になっていますが、日経新聞は、この件に関してまだ訂正も謝罪もしていません（もっとも、この社説を起案したであろう大林尚論説委員（当時）は、2008年のこの社説以降も繰り返し社会保障関連記事で間違いを書いていたためかどうかは分かりませんが、2014年3月に論説委員ではなくなっています）。と言いますか、社会保障に関しては、日経をはじめ、いろんな新聞や、いわゆる専門家と称する人たちが、過去、驚くほどにけっこうなデタラメを書いては、人々の不安、恐怖感を煽っていました。

　消費者の不安や、恐怖、困難、劣等感などの心理状態に付け込んだ商売や業種を「不安産業」と呼ぶことがありますが、社会保障というのは、この10年、驚くほどに、人々の不安感、恐怖感を煽りに煽って自分の社内的地位や社会的ポジションを確保しようとする人たちが大いに成功する不安産業の様相を呈していました。

　とは言っても、彼らの言うことは、さすがに専門家の間では、「それはトンデモ論以外の何物でもないですよ」ということに、早晩決着はつきます。しかしその間、トンデモ論を唱えて国民の不安を煽りに煽って、大いに潤った人たちは山ほどいるわけでして、そうした人たちを、僕は、「焼け太り」という言葉にかけて「負け太り」論者とも呼んできました。──「論者が間違えたことを言っているために専門家の間での論争では簡単に勝負がつくの

2）　第171回通常国会衆議院本会議（2009年3月31日）。

であるが、論点の専門性ゆえに世間はそのことがわからず、間違えた論者は注目を浴び、功成り名を遂げて、世俗的には成功者となる。自然科学の世界ではいざ知らず、社会科学の世界では、『負け太り』の例は枚挙にいとまがない[3]。

社会保障問題と民主主義

ところで、次の文章、どう思われますか？

> 日本における公的年金の現状をバランスシート・アプローチによって解明し、過去拠出にかかわる超過債務600兆円超をいつ、誰が、どのような形で、どこまで圧縮するのかについて具体案を示し、それと2004年の年金改正法との違いを明らかにした。

これは、一橋大学の高山憲之さん（現・年金シニアプラン総合研究機構研究主幹）が、文部科学省の科学研究費補助金（以下、科研費）9,750万円を受けた「世代間の利害調整に関する研究」（2000〜2005年度）報告書で、研究業績の筆頭に書かれている文章です[4]。公的年金に詳しい人ならば少し考えれば分かると思うのですが、現在の日本の公的年金は基本的には段階保険料方式[5]をとっている賦課方式だから（図表35-1）、「超過債務って何なの？」ということなんですよね。

日本の公的年金が企業年金のように積立方式でしたら、たしかに積立不足を意味する超過債務という言葉が出てきてもおかしくはないです。でも賦課方式は、将来入ってくる保険料が財政計画のなかで予定されている財源です。

---

3) 権丈（2006）182頁、および「勿凝学問264　公的年金には世代間格差はあるけど、それがどうした？―「負け太り」という言葉も覚えてもらおうか」（2009年11月29日脱稿）参照。
4) http://www.mext.go.jp/a_menu/shinkou/hojyo/1300468.htm 参照。また、科学研究費助成事業データベース KAKEN（https://kaken.nii.ac.jp/）でも検索可能。
5) 保険料水準を将来に向けて段階的に引き上げていくことをあらかじめ想定して将来見通しを作成し、財政運営を行う財政方式のこと。2004年改正では、保険料水準を段階的に引き上げて、2017年度以降一定の水準で固定し、給付水準を自動調整するという保険料水準固定方式がとられた。

図表35-1　保険料水準固定方式(厚生年金および国民年金の保険料(率)の引上げ)

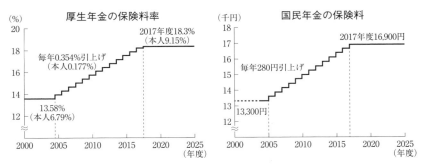

注：保険料率は、年収(総報酬)に対する率である。
　　保険料は、2004年度価格(2003年度までは名目額)である。2005年度以降の実際の保険料は、上記で定まった額に2004年度以降の物価・賃金の伸びを乗じた額。
出所：厚生労働省年金局数理課「厚生年金・国民年金　平成16年財政再計算結果」95頁。

ところが、高山さんの公的年金のバランスシート論では、「図表4-2　日本の公的年金の財政天秤」(第4講144頁)における左側の保険料相当部分が債務超過と呼ばれていました。こうした高山さんの公的年金のバランスシート論への批判は、僕が2004年夏に書いた「やれやれのバランスシート論」[6]や堀勝洋さんの2005年の本『年金の誤解』に収められている「600兆円の債務超過は本当か？」を参照してください。たとえば、堀さんの本には、次の指摘がありますが、まったくもってそのとおりだと思います。

> なお、〔高山氏の指摘する〕600兆円の「債務超過」額には、2000年改正による保険料引上げの凍結によって生じた分もある。ところが、高山教授は当時保険料凍結を強硬に主張して、年金財政の悪化を招いた責任者の一人である。このことは、高山(2004)の著者紹介欄で、「1999年以後における年金保険料凍結への流れをつくった年金問題の最高権威」と自認していることからも明らかである。
>
> ところが、同じ高山(2004)では、厚生年金が赤字基調であることを強調し、政府、与党は「厚生年金財政非常事態宣言」を出すべきだと主

---

[6]　権丈(2006)所収。

張している。これでは、自らマッチで火を付けておいて、消防ポンプで消せといっているに等しいのではないか[7]。

自分で自分を「最高権威」と呼ぶというのも聞いたことがありませんが、高山さんの公的年金のバランスシート論も誰も聞いたことがなかった話でした。そのおかしさのエッセンスは、2004年当時に僕が書いた次の文章をご参照ください。

> 年金バランスシートを用いながら公的年金に対して不信感を抱く方向への世論の誘導を、根っからの積立方式論者が行うのであれば、そこに論理的なミスは観察されない[8]。そして賦課方式を支持する側からみても、そういう論者とは、公的年金の財政方式として積立方式が望ましいのか、それとも賦課方式が良いのかという、これもまた長く続けられてきた議論を正面から行うことができる。けれども、公的年金は賦課方式で運営する方が過去・現在・未来において望ましいとする論者が、年金バランスシート論という思考ツールを用いて議論を行うことは、論理

---

[7] 堀（2005）113頁。

[8] この意味で、次は、「賦課方式は諸悪の根源」、「積立方式移行で年金問題は解決できる」とする論であり、高山さんと違い論理的には首尾一貫してはいます。

> 「現在の年金制度は、確かに債務超過に陥っています。日本の年金制度は、Q3で説明したように、無計画な大盤振る舞いを繰り返した結果、積立方式から賦課方式という自転車操業に移行してしまったのですから、企業や家計同様、それは債務超過に他なりません。」（鈴木亘（2010）194頁）。

ただし、この論のおもしろいところは、公的年金は積立方式が正しいと信じている——その論拠は積立方式が少子高齢化の影響をまったく受けないという誤認——というスタート地点で間違え、その後、論理正しく間違えていくことです。その点、公的年金の財政方式としては、かつての積立方式論者から賦課方式を積極的に支持する論者に変わり、鈴木さんの大学院時代の先生であった八田達夫氏の『公的年金改革論——積立方式に移行せよ』を厳しく批判した高山さんのほうが正しい（高山憲之（1999b）「書評／八田・小口『年金改革論』——科学的装いを凝らした八田氏の「信念の表明」書。公的年金積立方式化への疑問」『経済研究』50（3）http://www.ier.hit-u.ac.jp/~takayama/pdf/pension/syohyo.pdf、高山憲之（1999a）「公的年金をめぐる争点」『ビジネスレビュー』47（1）。http://www.ier.hit-u.ac.jp/~takayama/pdf/thesis/thesis/br9904.pdf）。

に自己矛盾しているのではないかと批判されても仕方のないことであるように思える。過去のある時期から賦課方式を支持する第1の論者となられ、しかも日本の公的年金の積立金は多すぎると強く批判し続けてこられた方が、年金バランスシート上で過去拠出対応分の積立金が不足しているとみなし、これはゆゆしき問題であるとして銀行の不良債権と同種の問題と論じられてしまうと、残念ながらその先、論理的・建設的な議論をする道が閉ざされてしまうのである[9]。

　高山さんの公的年金のバランスシート論は、今日では、歴史に残る笑い種ではあるのですが、そうした話があたかも本当のことであるかのように、科研費の報告書のなかで語られ、そして世間でも信じられていた時代があったわけです。しかも、文科省は、高山さんのこうした研究と並行して、高山さんをリーダーとする「年金をめぐる世代間の利害調整に関する経済理論的・計量研究」（2000～2004年度）にさらに科研費1億820万円を与えており、その報告書においても、第1の業績として高山さんの公的年金バランスシートが挙げられています[10]（その後も継続して高山さんをリーダーとするプロジェクトに総計14億円超の科研費が分配されていき、一橋大学には世代間問題研究機構が作られ、科研費の一部は高山さん退職後の就職先である年金シニアプラン総合研究機構にも引き継がれている）。高山さんが報告書にも書いているように、「公的年金のバランスシートアプローチなど日本発の世界最先端情報が発信された」[11]のは当たり前の話で、普通の人は、誰もそうした明らかに誤ったアプローチを思いつきもしません。堀さんも、「賦課方式の公的年金について、このような主張や提案をしているのは、日本はもちろん私の知る限り、世界的にみてもない」[12]と言っているように、高山さんオリジナルなアイデ

---

9) 権丈（2006）251頁。
10) https://kaken.nii.ac.jp/d/p/12123204.ja.html。科学研究費助成事業データベース（KAKEN）https://kaken.nii.ac.jp/ で簡単に調べられます。「勿凝学問391　年金に関する情報の生成、伝達問題──年金から見える民主主義の一側面」（2014年11月26日脱稿）も参照。
11) http://www.hit-u.ac.jp/guide/evaluation/niad-ue/pdf/sentaku-kenkyu.pdf。
12) 堀（2005）106頁。

アでした。ですから、高山さんと、当時、彼の公的年金バランスシートを正しいと信じて世間に広めていた小塩隆士さん（当時は神戸大学で、今は高山さんの仕事を継いで一橋大学教授・世代間問題研究機構長）たちを除く年金研究者たちは、高山さんが公的年金バランスシート論を言い始めた頃、こんな珍説、誰が見てもおかしいことがさすがに世間も分かるだろうと油断をしていました。

　そして実際、研究者の世界では、高山さんの間違いはすぐに指摘され、潰されます。たとえば、彼がこの説を発表した翌年の「2004年アクチュアリー（保険数理人）資格試験」には、「年金の事前積立方式による財政評価と賦課方式による財政評価の相違点を明らかにせよ」という問題が出題され、受験者に、民間保険や企業年金のような積立方式年金と公的年金のような賦課方式年金との財政運営のあり方を混同してはならないことを答えさせるほどに、専門家の間では、積立方式と賦課方式について、バランスシート上で違う扱いをするべきことは常識となっていました。

　ところが、世間とはそうはいかないようなんですね。高校教科書に、年金には「現在でも多額の積立金不足が生じており、この部分の解消が課題となっている」との記述が載るようになるかと思えば、2011年11月、民主党政権下の五十嵐文彦財務副大臣が「新報道2001」に出演した際、消費税増税の根拠、なぜ10％なのかという質問に対して、

> 色々理屈、ある。社会保障毎年1兆2000億ずつ費用が伸びている。年金を見ると、私が10年少し前に言っていたときには確定債務、支出を約束している部分。それから今積立金で持っている部分と、将来入る収入引くと350兆円赤だというのが、いま最新で450兆円。100兆円増えている。それだけサービスが過剰で負担が低すぎる。もたないのが明らかですから早急に全部と言わないまでも埋めていく必要。最終的には、どういう年金の姿にするか、最低保障年金レベルで変わるが、とにかくこれを改善の方向に向かわせないといけない。

　この本を読み終える頃には、この人、年金を何も分かっていないなということを分かってもらいたいのですが、とにかく消費税は上げないという選挙

前の民主党の公約をごまかすために、そのウソの上に年金でもウソを重ねる政治家たちには呆れます。さらには当時、「年金の過去債務の整理を行う」と、「維新八策」という公約に書き込む政治団体まで出てきて、僕らは目が点になりました。う〜ん、民主主義における情報の生成・伝達というのは、僕らが想像するよりもかなり深刻なものがあるみたいだと、あの頃は考えさせられたものです。

　専門家と世間の間にギャップがあるのはいつものことなのですけど、公的年金バランスシートという問題多い論の震源が、自ら年金問題の最高権威と世間に公言されていたためか、いわゆる年金研究者として超有名人で、テレビにもよく出演され、一般読者にとても読みやすい本をたくさん書かれていた高山さんであったことは、本当に罪が深かったと思います[13]。そして高山さんは、その後も「年金の受給年齢をめぐる問題」などについても間違え続けていきます[14]。

　こうした、はっきり言って呆れたシーンを何度も何度も見てくると、社会保障というのは、民主主義なるものを考える際の実に良い材料にはなるもんだと、民主主義に対する諦め半分の感慨をもって考え込んでしまうことがあります。

社会保障を素直に見れば

　多くの誤解や勘違いに基づいて、世の中で社会保障はとかく批判されます。そうしたなか、社会保障というのはまさにそういう目的のためにあるんだよな、という新聞記事がありましたので、紹介しておきます。『読売新聞』の「あってよかった介護保険」というコラムです[15]。

---

13)　本書第22講参照。
14)　本書第4章の補講中「社会保障制度改革推進会議における年金の議論」参照。
15)　『読売新聞』2013年1月16日。

> **あってよかった介護保険**
>
> 　親の介護に直面するケースが友人・知人の間で急に増えてきた。「遠方に住む親が認知症」「脳梗塞で倒れた親が有料老人ホームに入った」。昨秋、何十年ぶりかで開かれた高校の同窓会でも、そんな話題が目立った。
> 　「いや、大変で」とぼやきながらも、彼らが一様に口にするのが、「あってよかった介護保険」である。独身で一人娘の友人がしみじみと言う。「何とか仕事を続けられるのも、経済的な不安を抱えずにすんでいるのも、制度のおかげ」。思い起こせば、介護保険は高齢者よりもむしろ、その子ども世代を支える仕組みとして登場した。2000年の導入の前は中間所得層が利用できるサービスはほとんどなく、家族が抱え込むしかなかった。とりわけ嫁の負担は重く、「介護地獄」とも言われた。まだ課題も残るが、状況が改善されたのは確かだろう。
> 　時とともにその「ありがたみ」が忘れられ、高齢者だけが恩恵を受けていると思われがちだ。社会保障の世代間格差がよく言われるが、負担額と給付額だけを見れば確かに高齢者ほど有利だし、介護保険の創設がその傾向を一層強めた。すでに高齢だった人は現役時の保険料負担なしでサービスを受けられるからだ。だが、下の世代の介護負担軽減を忘れ、それを不公平というのは、違和感がある。
>
> 　　　　　　　　　　林真奈美記者　社会保障部次長（現論説委員）

　介護は言うまでもなく、年金も、昔は家のなかで私的に行われていた老親の扶養を社会化・保険化したものです。

　実際、今の時代に、親が無年金者だったら、子どもたちは、自分の親の生活のことを考えなければならないから、なかなか辛いわけでして、親に年金があってよかったと思っている人は相当いると思います。給料で収入を得ているサラリーマンにとっては、仕送りをはじめ、親の生活をすべて支える経済的援助を続けるのはなかなか辛いものがあると思います。

社会保障の教育推進に関する検討会の誕生

　2011年の暮れ、ひょんなことから厚生労働省のなかに、「社会保障の教育推進に関する検討会」というのが立ち上げられました。当時の厚生労働大臣が公募した政策コンテストのなかで、地方厚生局からそうした声が出てきた

らしいです。そして僕は検討会に座長として呼ばれることになります[16]。この検討会では、委員であった細野真宏さんや著名な社会学者であり映画評論家でもある宮台真司さん（首都大学東京教授）たち、多士済々な人たちと一緒に、この検討会を立ち上げた民主党政権に対して、「社会保障を政争の具にするとは何事だ！」というような批判を、会議のなかで明るくやりはじめました。広井良典さん（千葉大学教授）、増田ユリヤさん（教育ジャーナリスト）、宮本太郎さん（中央大学教授）も教育検討会の委員として参加されていました。

　社会保障教育については、小学校、中学校、高校の教科書を取り寄せて、社会保障についてどういう記述があるかということを見ました。そして第1

---

16) 政権交代からちょうど2年ほど霞が関界隈とは完全に距離を置いていた私に連絡が入り、2011年9月5日、香取照幸社会保障政策統括官と武田俊彦社会保障担当参事官が研究室を訪ねて来て、今回、政策統括官室で検討会を作ることになったという話を聞く。

17) このことは2週間ほど後に国会で取り扱われる。

　　草川昭三君　そこで、この検討会でいろんな議論をされているわけでありますが、教科書の記述に関して、説明が複雑過ぎて誤解を招きやすい、あるいは表現が悲観的過ぎるという指摘のほかに、そもそも内容が間違っているという問題提起まであるんです。間違った教育ということをやっておるのかねと、こういう疑問を率直に私は持つわけなんです。いろいろと調べてみると、……

　　　　　　　　　　　　　　　　　　　参議院文教科学委員会（2011年10月27日）

なお、第1回社会保障の教育推進に関する検討会で、僕は次のような発言をしています。

　　権丈座長　傍聴席に出席されている記者をはじめとした方々が、この配付資料の教科書のコピーを、著作権か何かの問題があって持ち帰ることができないのは非常に残念です。私も先ほど細野委員が指摘したページとかに線を引いていたりするんですね。
　　　教科書というのを皆さんもごらんになっていただければ、ここで検討しなければいけないことが浮き彫りになってくるのではないかという気もしております。

　先に本論で、高校教科書に、年金には「現在でも多額の積立金不足が生じており、この部分の解消が課題となっている」とあると述べた。最近の高校教科書を見ても、「基礎年金の財源を、現在の社会保険方式から、全額税でまかなう税方式に変えるべ

回目の検討会（2011年10月11日）では、教科書全体が悲観的すぎる表現になっていることや、そもそも間違いもあるという議論を行っていました[17]。次に、学校現場でどのような効果的な教え方があるのかについて有識者を招いてヒアリングをしようということになり、第2回目（2011年12月26日）の検討会で行いました。そこでどのような議論がなされたのか、教育検討会の委員である細野真宏さんと、当日、ご出席いただいた千葉大学教育学部教授（教育方法学・授業実践開発）藤川大祐先生とのやりとりを見てみましょう[18]。

　細野委員　……藤川先生、御説明ありがとうございました。論点が、私の中では2つあって、まず、大きなところで、藤川先生に伺いたいと思

きだとする議論がある」、「年金一元化を含めた抜本的な改革が必要だとする意見もある」、「公的年金制度の抜本的な見直しが必要である」、「年金制度の抜本的改革が叫ばれているゆえんである」という記述があり、社会保障のなかでは何よりも年金が最大の問題を抱えていて、この問題を解決するには抜本改革が必要という認識が、教科書の世界では一般的なようである。そういう意味で、次などはよくまとまっている。

　　現行の年金制度はさまざまな問題に直面している。低所得者の増加による国民年金の保険料の納付率の低下、少子高齢化の進行で若い世代になるほど将来の給付が少なくなる世代間不公平、従来の社会保険庁による年金管理の杜撰さ（「消えた年金」問題）などである。これらの問題を解決するため、社会保険方式から税方式への変更や賦課方式から積立方式への変更、年金制度の一元化などの改革案が提案されている。しかし、積立方式には世代間不公平が解消されるという長所があるが……

　ちなみに、積立方式に変更しても、世代間不公平論者が言う「世代間不公平」は解消されないことは、本書第5講中の「同等命題」などを参照。
　なお、高校の教科書では、積立方式、賦課方式の比較のなかで「積立方式はインフレになると積立額が目減りするという欠点がある。一方で、賦課方式には人口の高齢化がすすむと現役世代の負担が重くなるという欠点がある」という書き方が定番のようである。しかし、そうした、積立方式は人口の高齢化の影響を受けないかのような書き方が不正確であることについては、本書第5講「Output is central という考え方」を参照。さらには、本書第2講中の「世代間格差という指標」でも話しているように、2009年5月26日の民主党の要請による政治的産物の試算が、今では高校の教科書に、出所が厚生労働省の試算と明示されて「世代ごとの年金保険料負担額と給付額」として掲載されている。

18)　第2回社会保障の教育推進に関する検討会議事録（2011年12月26日）。

うんですけれども、先ほどの藤川先生の「社会保障教育に関して」という、藤川先生御自身が考えられたことが書いてあって、そこの3番目に「教育内容の不安定さ」という項目[19]の2行目のところで、社会保障教育をやったところで、「単に国による社会保障制度の宣伝と受け取られる」、というのがあります。個人的には、恐らくここの部分が、社会保障教育の物すごく根深いところだなと感じるんですけれども、私からの意見を話させていただく前に、まず、藤川先生は、なぜこのように思われるのかというところを伺いたいと思うんですけれども。

藤川先生 単純に素朴なことでございまして、今、社会保障制度は、こうなっているんだという授業になる可能性があると考えたわけですね。そうすると、そのことについて、一般の国民があまり理解していないから、学校教育の場を使って、国が広報の手段としての学校教育を使うと受け取られるのではないかと、それだけの話です。つまり、現状、社会保障というのは、こういう理念でこういう制度になっていますよ、国民の皆様、ちゃんと理解してくださいねというのを授業の中でやっていこうと受け取られるのではないかということです。

細野委員 なるほど、ありがとうございました。社会保障教育に関して、やはりすごく根深いのは、「世の中の常識」と「実際」の乖離度合いというのが物すごいと私は感じているんです。その象徴が、「未納が増えると年金が破綻する」といった話だと思うんですけれども、それは、私から見ると、「天動説」と「地動説」くらいのレベルの「引っかけ問題」だと思うんですね。例えば、2008年の社会保障国民会議の委員をしているとき、私ですら、未納が増えると年金が破綻すると思って会議に行きましたから。そのくらい、普通に「間違わない方がむしろおかしいんじゃないか」というレベルの「引っかけ問題」が、この社会保障という

---

19) 藤川先生による配付資料「学校への新しい教材・授業プログラムの提供について」5頁「教育内容の不安定さ」には、次のように書かれていた。

> 社会保障制度については、常に改革が議論されており、知識が陳腐化する可能性がある。単に、国による社会保障制度の宣伝と受け取られ、敬遠される可能性が高い。

分野は恐ろしいほど多いんです。

続けて、細野さんは、「いわゆる専門家と言われている人たちも含めて、みんなが間違っていたというような、常識的にはあり得ないようなことが、社会保障においては起こってしまっている」という指摘をし、「社会保障は研究者自体が少なかったのに、不幸なことにその人たちが『引っかけ問題』で間違えてしまっていたので、ずっとその後、間違え続けているような教育が、いまだに行われている」ので「どう立て直すかというところで、やはり新たに『中立的教育』が必要になる」と指摘していました。ここで、よく言われる、学生が自由に議論するディベート方式が望ましいと言っても、その前提となる「正しい知識、正しい理解」が重要な論点として位置づけられることとなったわけです。

このあたりの様子を描写してくれた記事があるので、紹介させていただきます[20]。

誤解招く高校教科書

高校の「現代社会」のある教科書に、こう書かれている。

「我が国の年金制度は賦課方式と積立方式の組み合わせ」

この記述は正確ではない。賦課方式は必要な年金給付を時々の保険料で賄うもので、いわば現役世代から年金世代への「仕送り方式」。これが日本の公的年金の基本だ。将来の年金給付の全額を積み立てておく積立方式は採っていない。

厚生労働省の検討会が調べたところ、教育現場では「多額の積立金不足が生じている」との誤解に基づいた記述や、仕組みを示さずに「年金制度への信頼が揺らいでいる」と悲観論ばかり強調する教材も散見された。これでは若者が将来、年金に入ろうと思うはずもない。

もっと根深い問題は、「何が正しいのかわからない」という教える側の戸惑いだ。検討会の細野真宏委員は「この国は不幸にして『政権交代の道具』に社会保障が使われ、間違った知識が散乱している」と嘆く。

---

20) 『読売新聞』2012年7月7日。

民主党が最低保障年金の創設を掲げて8年。その間、政権獲得後も具体的な制度設計を示せずにいるのに、現行制度の批判となると、誤解や不正確な知識を振り回す場面が見られる。そのツケが、若者に回った。
　検討会では正しい年金理解のための副読本作りが進む。社会保障・税一体改革を巡り、最低保障年金の議論は「棚上げ」されたが、そのことでまた、年金が政争の具とならないか。それが心配だ。

　　　　　　　　　　　　　　　川嶋三恵子記者　政治部（現政治部デスク）

　そうした雰囲気のなか、第3回検討会（2012年2月）の議題には、「社会保障に係る正確な理解について」というものがあり、次のような資料に基づいて議論を行いました。

○社会保障教育の実施に当たっては、これまでのご議論の中で、以下のような注意喚起がなされている
・社会保障は、「世の中の常識」と「実際」の間の乖離度合いが大きい。「天動説」と「地動説」くらいのレベルである
・いわゆる専門家と言われている人達も含めて、皆が間違っていたというような、常識的にはあり得ないようなことが、社会保障においては起こってしまっている
・よく観察し、よく考えれば、議論は収斂していく
・一般論で言えば、ディベートは大事であり、考える教育の場は絶対に必要であるが、社会保障の場合はそもそもスタートで勘違いを起こしやすいため、「中立的に仕組みを整理して教えること」を考える必要がある

○特に年金については、
　①　年金は400兆円以上の超過債務を抱えている
　②　未納が増えると年金が破綻する
　③　年金は払っただけもらえないので、若者にとっては払い損である
などの論調で語られることも多く、特に世代間の負担の不均衡については、正確な知識と社会保障の基本的な性格についての理解が必要

○社会保障制度の意義など根源的な事項を学習する際、これらの基本的な理解の状況が、学習効果にも大きく影響するものと考えられる

○今後、本検討会の場において、具体的な事例に即して、議論を整理していくことが必要であると考える

　こうしたことを検討しようとしていた直前の2012年1月に内閣府経済社会総合研究所のディスカッションペーパー「社会保障を通じた世代別の受益と負担」が実にタイミングよく発表されました。このペーパーは、内閣府経済社会総合研究所に所属していた研究者たちがまとめたもので、正しくは、内閣府が発表したものではありません。実際、そのペーパーの脚注には、「論文は、すべて研究者個人の責任で執筆されており、内閣府経済社会総合研究所の見解を示すものではありません」と書いてありました。だけど、メディアでは内閣府試算と報道され、また、このペーパーをまとめた当人たちも、あたかもそれが政府の試算であるかのようにブログなどで紹介していたので、僕たちは、これを内閣府ペーパーと呼んでいました。
　この内閣府ペーパーをまとめた筆頭執筆者は、学習院大学教授の鈴木亘さんです。彼は、「積立方式は人口高齢化の影響を受けない」という、年金研究の世界から見れば、ただのトンデモ論を、ここ数年、本やテレビを通じて流行らせている人ですね。かなり昔から蓄積されてきた年金の研究では、積立方式も賦課方式も、少子高齢化の影響を受けてしまうということで決着していることに、彼は一切触れないようです[21]。彼の文章で、そうした既存研究に触れた箇所は全然ないので、たぶん知らないのではないかと思います。そうした彼が、内閣府ペーパーをまとめたわけですけど、言いたいことは、彼の大学時代の先生であった八代尚宏さんや大学院時代の先生であった八田達夫さんが、90年代に言っていた、社会保障の世代間格差は社会保障が抱える最大の問題だということのようです。でも、本当に、そうなのでしょうか？

制度、歴史を知るということ

　ここで1つ興味深い研究を紹介しておきます。
　京都大学名誉教授の橘木俊詔さんは、かつて、彼らと同様に公的年金の世

---

21)　本書第5講参照。

代間格差を強く問題視していた論文を1982年に書いていました[22]。しかし、それから20年ほど経った2002年に橘木さんは次のように考えが変わります。

　　　実は本稿の筆者〔橘木氏〕も十数年前に、厚生年金の収益率に関して、世代間格差があるという計算結果、橘木・下野（1982）を提出しているのである。ここで本稿が論じる点は、筆者自身の反省と懺悔であるといってよい。計算結果に間違いがあったのではなく、この種の計算への政策意義に関して思慮が足りなかったことへの懺悔である[23]。

橘木さんは、反省理由として、不確実性（すなわち予期せぬ出来事）がある現実社会のなかで、「引退直前数年の賃金支払額にリンク」しながら「死亡時までの所得保障がある」制度を、後発債務が発生しないように「設計・運営するのは困難である。すなわち、不確実性（予期せぬ出来事）による世代間不公平の発生もありうる」ことを挙げます。

さらに、「引退世代の拠出額、すなわち負担が少ないのは避けがたいことであった」。なぜならば、「この世代の人たちの所得ないし賃金は非常に低額だったことを忘れてはならない。低額の所得のなかで年金保険料拠出額が少ないのは、ある意味において不可避であった。もし給付に見合うだけの拠出が求められるのなら、すなわち世代間の所得移転をゼロにするような年金制度を設計するためには、所得の大半を保険料として拠出する必要があった。これは当時の所得額や賃金水準を念頭におけば不可能なのは当然である」とも書いています。

僕らから見れば、橘木さんが、年金制度を学んで知り、この論文を書いた2002年、すなわち50歳代の橘木さんのおっしゃることはそのとおりだと思えますし、逆に、内閣府ペーパーは、後に橘木さんが反省と懺悔の対象とする論文を書いた1982年、30歳代の若かりし頃と同じことを言っているようにも見えます[24]。

---

22)　橘木俊詔・下野恵子（1982）「内部収益率からみた厚生年金制度の所得再分配効果」『労働協会雑誌』No.227。
23)　橘木俊詔（2002）「社会保障制度における世代間公平論と民営化を含んだ制度改革」『社会保障と世代・公正』44頁。以下の要約も同じ。

橘木さんの言う、「引退直前数年の賃金支払額にリンク」しながら「死亡時までの所得保障がある制度」という言葉はきわめて重要で、僕らは公的年金が掲げるこうした政策目標を「実質価値を保障する終身年金」と表現します[25]。そしてどの国も、高齢の貧困者をできるだけ出さないようにするために「実質価値を保障する終身年金」を政策目標として意識した瞬間から、積立方式を諦めざるをえなくなり、不確実性を抱える現実社会のなかでは負担と給付の間に世代間の格差が生まれる制度になってしまうわけです。

このあたりのところを、少し資料を見て確かめてみましょう。

いわゆる「経済学者」が無視する時代背景や歴史

日本では1960年代に国民所得倍増計画が目標を超えて実現しています。この期間を前後して、当時、20代、30代、40代だった人たちは、老後の生活費としてどの程度のことを考えておけばよかったのでしょうか。自分が生きている時代に、これが老後の準備のためにはいっぱいいっぱいだと思って蓄えていた額では、老後になると成長の果実を享受している勤労世代の人たちの生活と比べると、みすぼらしい水準になっているかもしれません。

次は、『週刊東洋経済』(2009年10月31日号) が組んだ特集「年金激震」の記事に載っていた解説です（図表は次頁の図表35-2）。

> 団塊の世代が働き始めた1971年、大卒男性の初任給は4.3万円でした。当時の厚生年金の保険料率は6.4％と、確かに2006年より9ポイント低い水準にあります。しかし、1971年当時の所得水準が低いため、食費等の基礎的な生活費の占める「固定費」の割合は昔のほうが高くなっています。こうした基礎的な生活費の重さを考えれば、表面上の保険料率は低くても負担の重さという意味では実は現在とあまり変わりはなかったとも言えます。そうした、今

---

24) 橘木さんのように、自分の間違いに気づいて反省を公にする人は珍しく、だいたいは、いつの間にか「なかったこと」にしてしまうものです。僕は、年金経済学者のそうした特性を、もう15年ほど前に「年金経済学者のライフサイクル」と呼んでいます。本書第32講参照。

25) 本書第1講中「年金が実質価値を保障しようとしていることの説明の難しさ」参照。

> と変わらぬ負担感で過去に負担した保険料に、1964年生まれ、1974年生まれの人と同じような年金の給付負担倍率を適用して計算してみると、1944年生まれの人の年金給付水準は、「図表 『経済学者』が捨象する時代背景や歴史」（図表35-2）にみるように現行制度による給付予定額22.3万円の半分11.2万円の水準になってしまいます。これでは老後の所得保障の柱にはならないので、この世代の老人の貧困が社会問題となるはずです。

　この記事では、いわゆる「経済学者」が捨象する時代背景や歴史が描写されています。付け加えれば、ここで指摘されていないことでも、「経済学者」が捨象している側面があります。それは制度発足時の二重の負担問題です。図表35-3を見てください。

　日本の公的年金制度は、図表35-3の左の図、すなわち、段階的に保険料を上げていく段階保険料方式を採用しています（2017年に18.3%を上限として以降、保険料固定方式）。年金制度発足当初の現役世代は、親世代が公的年金を受給していないか、受給していてもわずかな金額でした。このような状況で、図表35-3の右の図、つまり積立方式をとっていたら、当時の現役世代は、親世代を私的に扶養しながら、将来の自分のための公的年金の保険料をまるまる納める必要が生じることになります。いわゆる、「制度発足時の二重の負担」[26]です。こうした制度発足時の二重の負担額は、図表35-2の「『経済学者』が捨象する時代背景や歴史」のなかにも含まれておらず、当然、これまで「経済学者」の視界に入ったこともない側面です。

公的年金と財政方式

　市場が持つ不確実性をはらむダイナミズムのなかで、人間が尊厳のある人生を全うするためには、時に市場が僕たちにもたらしてくれる成長という果実を、同じ時代に生きている人たち全世代で享受できるような分配制度を準備しておく必要があったとも言えます。そこで大きな役割を果たしていたのが、公的年金制度をはじめとした社会保障制度であったわけです。

---

26) 「勿凝学問266　二重の負担の二重の意味――世間では未だに世代間格差とかの話をしているようなので」（2009年12月6日脱稿）参照。

図表35-2　「経済学者」が捨象する時代背景や歴史

団塊の世代が働き始めた時代

	1971年	2006年	
初任給(大卒・男)	¥43,000	¥199,800	可処分所得水準は1971年に比べ実質1.33倍に拡大した
勤労者世帯平均可処分所得	¥114,309	¥441,448	
消費者物価上昇率(2006年を100とした場合)	34.6	100.3	
住宅1人当たり畳数	5.56畳(注1)	12.17畳	
乗用車普及率	26.8%	86.4%(注2)	
大学進学率	26.8%	52.3%	
海外旅行者数	96万人	1,753万人	食費＋保険料の所得に占める割合はほぼ同じ
エンゲル係数	33.3%	23.1%	
厚生年金保険料率	6.4%	15.4%	
下水道普及率	17.0%	69.3%	後世代は前の世代が負担した社会資本等の恩恵を受ける
便所水洗化率	17.1%(注1)	88.4%(注2)	
道路舗装率	21.7%	79.2%	
65歳以上の者のいるうち3世代世帯	44.4%	21.2%(注3)	後世代は相対的に私的な扶養の負担から解放
65歳以上の者のいるうち、夫婦のみまたは単身世帯	16.8%	50.2%(注3)	

(注1) 1968年　(注2) 2003年　(注3) 2005年
(資料) 厚生労働省の資料を基に本誌作成

これだけ生活水準の差があるため、もしも1944年生まれの男性が若い世代と同じ給付／負担倍率の年金受給になったら…

現在の給付水準（夫婦2人分）

1944年生まれ: 22.3万円（若い世代と同じ倍率にすると 11.2万円 → これでは生活困難で、そもそも老後の所得保障という目的を達成できない）
1964年生まれ: 24.8万円
1974年生まれ: 25.7万円

(注) 金額はすべて物価上昇率にて現在価値（2009年度時点）に割り引いたもの。夫は20～60歳まで厚生年金に加入し（平均標準報酬月額42.9万円）、妻はその間専業主婦というモデル世帯で試算、人口推計、経済前提は09年財政検証の基本ケースに準拠。
(資料) 厚生労働省のデータを基に本誌作成、1944年生まれの減額幅の推定は本誌による。

出所：『週刊東洋経済』2009年10月31日号、75頁。

　公的年金は、大方、普通の人の感覚に従って、各国、積立方式で制度を発足させようとします。しかし、その社会において高齢者が現役世代の生活水準と比べて相対的に貧しい状態に陥ることを防ぐために、現役世代の賃金と

図表35-3 公的年金成熟過程における社会全体で見た「私的な扶養負担」と「年金保険料負担」の関係（イメージ図）

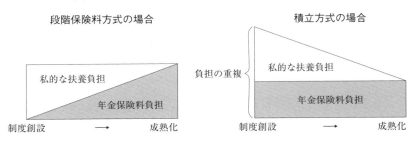

出所：厚生労働省『平成16年財政検証結果報告書』136頁。

リンクした給付水準、つまりその時代、その社会における「実質価値を保障する終身年金」を設計しようとすれば、積立方式が維持できなくなるのは、世界中の公的年金が経験していることです——アメリカでは共和党が巨額の積立金を政府が保有することに反対して賦課方式を選択しており、各国、賦課方式への移行にはそうした観点も含まれています[27]。そのうえ、日本には特殊事情もありました——それは、日本の場合には制度発足当時に生活物資インフレの抑制という邪（よこしま）な狙いもあって、市中の購買力を吸収するために国民から保険料を徴収して積み立てておくことにこだわりましたが、戦後のハイパーインフレのなかで積立金が無価値になってしまったわけです（1934〜

---

[27] 権丈（2006）121-132頁参照。また、後述する「社会保障の教育推進に関する検討会」作成の「社会保障の正確な理解についての１つのケーススタディ〜社会保障制度の"世代間格差"に関する論点〜」には、次の文章があります。

> 当時の低かった保険料であっても、今の日本の年金の積立金は、他の先進諸国の公的年金に比べて、圧倒的に多い水準にある。給付負担倍率で世代間格差が生じないように、当時から今と同じ保険料を課していたら、今では、GDPを上回るような規模の積立金が発生していることになる。そうした、他の国では当然懸念されていた莫大な公的貯蓄を抱えることのマクロ経済リスクを、この国では考える必要がなかったのか。

日本の積立金が他の先進諸国の公的年金に比べて圧倒的に多い水準にあることは、本書第9講参照。

1936年の消費者物価指数を1とした場合、1954年は301.8と8年間で物価が約300倍！）。さらに1961年に保険料の徴収を始めた国民年金も、制度発足当初は、給付の目標額がきわめて低額であったとはいえ、積立方式を意識していたわけですが、それも長続きしませんでした[28]。

　日本のみならず、積立方式を意図して発足した公的年金が賦課方式——ピケティの『21世紀の資本』のなかでは、金融の世界で使われる「ペイゴー方式」と格好よく訳されている pay as you go ——に移ろうとする際には、守る者と攻める者のせめぎ合いのドラマが展開されます。しかし、高齢者の貧困の発生を防ぐために「実質価値を保障する終身年金」を意識すると、不確実性を抱える社会経済のなかで積立方式のままであり続けることはできなくなります[29]。公的年金の財政方式として賦課方式が一般化していく過程では、保守が動くことがあればリベラルが動くこともありました。そして双方からの賦課方式への要求は、当時の積立方式的な財政規律派から見れば、給付の引上げを求める政治家への安易な妥協にも見えたと思います。しかしながら各国の公的年金の賦課方式への傾斜は、結果的に「公的年金」という制度を通じて高齢者の貧困を減少させることに寄与してきました[30]。

　しばしば、高校の教科書などで「年金」の財政方式として賦課方式と積立方式があると記されていますが、実のところ、高齢者の貧困の発生を実質的な価値に配慮した終身年金で防ぐことを目的とする「公的年金」の財政方式は賦課方式でしかありえません。それは、本書第1講中の「積極的賦課方式論」でも論じたことです。公的年金を積立方式で始めた国があるのは、当初は、政府が保険者であれば社会保険方式のもとでも、租税などと同じように賦課方式で運営できるという発想がなかったうえに、積立方式の弱点にさほ

---

[28] 堀勝洋（2005）における「『債務超過』が生じたのは年金受給者の責任か？」（149-157頁）も参照。なお、堀さんが「債務超過」とカッコ付きで記しているのは、堀さんが（そして私も）、高山さんの公的年金バランスシート上で「債務超過」と呼ばれるものを、通常のバランスシート上の債務超過とはみなしていないからです。

[29] 権丈（2009〔初版（2004）〕）では、「保険料率調整のタイミングの問題」として論じている（27-29頁）。

[30] そうしたなかで、バッファーとしての積立金を持つことの意味については、本書第2講中「積立金のメリット＆デメリット」参照。

ど思いが及ばなかったからだと思われます。そのうえ制度発足後も「制度発足時の二重の負担」問題ゆえに保険料を上げることもままならないなかで、「公的年金」を積立方式で堅持することには無理がありました。カナダのように、目の前の多くの高齢者の困窮を早急に是正するために租税方式——原理的には賦課方式——の基礎年金を即座に導入したという例はあります。しかし、多くの国は、租税財源では財政当局が積極的に支持してくれるわけがなく、長期的な観点を要する公的年金の財源調達としては租税財源の安定的確保に不安を抱くこともあって[31]、租税方式の選択は避けて社会保険方式を選択し、財政は賦課方式で運営してきたわけです。

　こうした公的年金の財政方式を考えるうえで参考となるのが、韓国の事例です。

　韓国は1998年に国民年金制度を導入しましたが、早期に年金を支給する策をとらなかったために、現在でも公的年金制度を創設した効果の実感が乏しいと言われており、高齢者の貧困率[32]がOECD諸国のなかで突出して高いことが問題となっています。2007年に無拠出性の基礎年金制度が導入されましたが、予算の制約もあり、高齢者の貧困率を大きく改善させるまでには至っていません。他方、韓国の公的年金の積立金は2013年現在、26年分の給付を賄うことができる水準にあり、先進国のなかで際立って多い日本の約4年分（2012年）[33]よりもはるかに高水準の積立金を持っています——ちなみに、日本の厚生年金の保険料率は17.474％（2014年9月〜2015年8月）、これに相当する保険料率は韓国9％（2011年）。

　こうした韓国の例は良い教材となるわけでして、目下韓国で問題視されている高齢者の貧困率を下げるためには、どのような政策があると思いますか？

　考えられうる政策の1つに、現存する公的年金制度の給付の早期化があります。そしてそれは、高齢者の貧困を抑えるための手段として、積立金を取

---

31) 社会保障財源としての社会保険料と租税収入の安定性の違いに着目した財源調達のあり方に興味のある方は、権丈（2015）第9講を参照してください。
32) 65歳以上の可処分所得が中央値の5割以下の割合で示される相対的貧困率。
33) 他の先進国の積立金の水準については本書第9講参照。

り崩して賦課方式への傾斜を強めていくことを意味し、その過程で、いわゆる公的年金のなかで「世代間格差」が生まれることを意味します。さらには、将来にわたっても十分な給付水準を保障するために、韓国は保険料を現在の９％から段階的に上げざるをえなくなり、その側面からも「世代間格差」が生じることになるでしょう。

　賦課方式を「仕送り方式」と呼ぶことがありますが、仕送りと同じ働き、つまり年老いた親にちゃんとした生活水準を確実に享受してもらうには、「仕送り方式」しかないんですね[34]。このあたりは、第１講の講演録に次のように話をしています（図表１-７も参照）。

> 　かつて家族のなかでは、年老いた親の生活水準は一緒に暮らす子どもたちの生活水準と連動した実質価値が保障されていたわけでして、おじいちゃんおばあちゃんたちが若い時は貧乏だったんだから歳をとった今も貧乏でいいよねとはならないわけです。そして今の公的年金も同じことを政策目標として意識していて、この政策目標を掲げれば、政策手段の候補から積立方式は一歩も二歩も後退しまして賦課方式しか残らなくなります。

> 　賦課方式は家族内での私的扶養を社会化・保険化しただけのものですが、積立方式は、かつての家族内での私的扶養をいったん遮断して市場に委ねる方式ですので、年老いた親の生活水準の実質価値を保障できるとは限りません。うまくいく場合もあればそうでない場合もある。したがって、公的年金の政策目標を共有する各国は、永続することが前提の「国」が運営する社会保険では民間保険としては考えられない賦課方式、pay as you go──成り行き任せの現金主義──ということができるんだと気づくにつれて、次第に政策手段も賦課方式という方向で揃っていくわけです。金融界の働きかけなどにより、政策が積立方式のほうに誘導される国も希にあるのですが、リーマン・ショックのような経済変動

---

34) 本書第１講の脚注17におけるピケティの論「賦課方式を正当化する主要な根拠は、それが年金給付を信頼できる予測可能な方法で支払う最善の方法だということである」も参照。

が生じれば、再び公的年金は賦課方式の方向に戻ることになります。

　賦課方式の公的年金は、経済成長が起これば、現役世代が生み出す成長の果実を、かつて1つの家計のなかで、あるいは仕送りとして自然に行っていたように退職世代と分け合うことができますし、物価変動のリスクも分かち合えますので、公的年金のなかでは、経済変動の度合いに応じて、世代間格差は当然生まれます。さらには社会化・保険化の過程が、世代を追って順に拡大していくとすれば、社会保険のなかだけを対象として負担と給付の倍率を見れば、前世代のほうが大きくなるのは当たり前です。制度が成熟していく段階では前世代は負担以上に給付を受けているように見える一方、後世代による私的扶養の役割は次第に減っていくんですね。

　ですから、僕は、教科書のなかにある、年金の財政方式には賦課方式と積立方式があるという記述は正確ではないと思っています。公的年金の財政を積立方式にするということは、公的年金の目的をかなり放棄することになります。一方、民間保険の財政方式には積立方式しかありえません。公的年金と私的年金は、それぞれ目的が違い、それぞれの手段が対応するものだと理解したほうが不毛な議論を避けることができます[35]。

　ところが、積立方式が公的年金の本来あるべき姿と信じ込んで、その方式のもとでは世代間不公平は起こらないと言う人たちは、公的年金の本来の姿である積立方式で始まった年金が、前の世代の政治の不始末ゆえに賦課方式に堕落してしまったと考えているようです。あるいは、そう考えないことには、彼らのロジックは一貫しないわけですが、僕には、発生がそうだったか

---

35)　本書第4講の補講中「今後の高齢期所得保障政策について」において私的年金や企業年金を、繰下げ受給で公的年金を受給しはじめるまでのつなぎ年金と位置づけていることなどを参照。

　　なるべく高い給付水準の年金を終身得られるという安心感を享受してもらうためにも、繰下げ受給は薦めたく、希望する受給開始年齢までのつなぎ年金としての私的年金、企業年金は準備しておいてもらいたい。

らと言って、どうして今もそうあるべきだと信じることができるのかがよく分からないんですよね。「あなたのほうが先に好きだと言ったじゃないか」と言っても詮無きことで、「発生論の誤謬」という論点すり替えのレトリックとして古くから知られている罠に陥らないよう、僕らは歴史的な推移をつぶさに確認したり、他の国はどうなのかと日本と比べてみたりするわけですが、どうも、彼らはそうではない。歴史を見て、歴史をどのように理解するかは、今を評価する際にとても大切になります[36]。そうした観点に立って2004年の頃、僕は、高山先生の公的年金バランスシート論が出てきた時に次のように批判していたのですけど、僕の批判は無駄に終わり、世の中に年金不信が燎原の火のように広がっていきました。

> 問題は、氏の年金バランスシート論というのが、年金の歴史、すなわち積立方式から賦課方式へと移行していった経緯を、「過去の不始末」「過去の政策の失敗」「過去の無責任な政策の帰結」と解釈しないことには、首尾一貫しない論理構造を持つことである。それゆえに、このバランスシート論で公的年金の現状を説明された者は、公的年金に対して不信感を抱くように誘導される仕組みになっている。ようするに、高山氏のバランスシート論というのは、年金への不信感を人びとに抱かせ植え付けるための思考ツールとして、世の中で機能してしまうのである。2004年年金改革の際に建設的な年金論議がほとんどなされなかったことは、この改革の時期に、高山氏が年金バランスシート論を言い始めたタイミングが重なったことと無関係ではないと、わたくしは考えている[37]。

歴史観というものの常ですが、過去をどのように評価するかは、現在の制度への好悪の感情に影響を与え、現行制度への評価、制度の安定性にも影響を与えます。高山さんの公的年金バランスシート論のようなものが普及してくると、日本の公的年金の歴史について次のような世にも奇妙で一方的な歴史解釈が、自然と広まることになるわけです。

---

36) 本書第21講参照。
37) 権丈（2006）250-251頁。

あまり知られていませんが、実は、厚生年金にせよ、国民年金にせよ、設立当初は積立方式で運営されていました。……なぜ、現在の年金制度は、賦課方式に変ってしまったのでしょうか。その理由を端的に言うと、政治家や官僚が年金積立金を無計画に使ってしまったからに他なりません[38]。

　高山さんをはじめとして、積立方式から賦課方式に移っていった歴史過程を「過去の不始末」、「政治家や官僚が年金積立金を無計画に使ってしまったからに他ならない」と一方的に解釈する歴史観を持つ人たちは、そうした言葉を繰り返し使うことにより、社会に蔓延する不満や悪意に火をつけることに成功してきたようです。

「教育検討会作成ケーススタディ」の作成

　そこで僕らは、1か月後に予定されていた次の「社会保障の教育推進に関する検討会」に向けて、内閣府ペーパーについて、そこのところ間違えていますよという内容をまとめた「社会保障の正確な理解についての1つのケーススタディ〜社会保障制度の"世代間格差"に関する論点」（以下、教育検討会作成ケーススタディ）という資料を作りました。あわせて、高校の先生たちが社会保障の授業で使うこともできるいくつかのワークシートも作りました。これらの資料、とくに教育検討会作成ケーススタディは、世代間不公平論に長い間惑わされ、自力で一部の経済学者の呪縛から解放されるに至った多くの記者たちからは、頭の整理に役立ったと大変感謝されました。そして、彼らベテラン記者たちは、「これからは新人記者にまずこれを読んでもらえば、自分たちのように一部の経済学者たちにダマされることがなくなりますね」とも評価してくれていました。

　でもですね。高校の先生たちの受け止め方のなかには、実におもしろいものがありました。「経済教育ネットワーク」という経済学者と高校の公民科

---

[38]　鈴木 (2010) 35頁。なお、鈴木 (2012) 116頁には、引用箇所の冒頭「あまり知られていませんが」が「読者のみなさんは驚かれるかもしれませんが」に変わるだけで、同じ言葉で同じ説明がなされています。

の先生たちの集まりのなかで、僕らが作った社会保障教育の教材について、次のような注意喚起がなされています。

> ひきつづいて、経済教育に関係する最近の動きとして、厚生労働省の「社会保障の教育推進に関する検討会」での議論やそこで使われている資料（ホームページで紹介されています）などが紹介された。中学、高校では、「社会保障制度の仕組みを教え、その役割と課題について理解し、中学生や高校生なりにこれからの制度の在り方を考える」ことを教えるべきであるが、厚生労働省では、制度を守るために生徒の理解を歪めるような教材作りを誘導しているように見受けられる。東京部会では、とくに、厚労省の検討会では、負担と受益の世代間格差の問題があたかも存在しないか、あるいは格差が存在しても問題ではないかのようにデータの読み替えや論理のすり替えを行っていることが問題視された。教室で実際に社会保障を取り上げるとき、その種の意図的に作られた教材や出前授業などに惑わされない注意が必要である、という提案があった[39]。

> ……関連して、税や年金など関連官庁が推進している各種の教育に関する教育の問題点が討論された。この種の教育は、関連官庁の省益のための教育になっている傾向が強く、経済教育の本質を見誤るものになる恐れがあることが指摘された。
> ……
> 情報提供では、新井（小石川中等教育）から2件があった。1つは、今年の入試問題の特色と問題点。『全国大学入試問題正解』の分析から、社会福祉分野では、世代間格差がとりあげられはじめていることが紹介された[40]。

最近では、

> 今年度は経済学の知見、主に小黒一正氏の言説を生かして、「世代間格差から社会保障を考える」という授業を開発している[41]。

---

39) 経済教育ネットワーク、大阪部会、議事概要（2013年7月13日）。
40) 経済教育ネットワーク、東京部会、議事概要（2014年7月1日）。

なんでこうなるんだ？　今の親たちは、こういう先生たちに子どもの教育をしてもらいたいの？　とくに、「厚労省の検討会では、負担と受益の世代間格差の問題があたかも存在しないか、あるいは格差が存在しても問題ではないかのようにデータの読み替えや論理のすり替えを行っていることが問題視された」って、彼ら高校の先生たちが集まって、いったい何を議論しているんだい？

別に、データを読み替えたり論理をすり替えたりしなくても、社会保険には世代間格差があるのは当たり前のことだけど、それがどうしたというのでしょうかね。なぜ、世代間格差が発生するのかについては、教育検討会作成ケーススタディでは、「世代間の『格差』はなぜ生じたのか？」という章を立てて3頁にわたって（14-16頁）説明しています。続いて、「社会保険での世代間の『格差』は、本当に問題なのか？」という章を設けて4頁（17-20頁）、「世代間の『格差』の解消は可能か？」として2頁（21-22頁）にわたる説明をしたうえで、次のように結論づけています（24頁）。

- 少子高齢化が進む中で、持続可能な社会保障制度を構築するためには、世代間・世代内の公平性を確保することは重要。しかし、その際の重視すべき"公平性"を示す指標として、社会保険の中だけで給付と負担の関係を比較した一面的な数値のみで評価することは不適切。
- 社会保障制度が、子ども世代と親世代、現役世代と高齢世代の支えあいという仕組みが基礎になっていることを踏まえ、仮に、将来65歳以上人口割合が40％程度になっても、その際の支えられる人を減らし、支える人を増やして社会経済を活性化していく取り組みを拡充していくことで、制度の持続可能性は確保できるし、それ以外の方法は根本的な解決とはならない。
- このような考え方に立って、将来にわたって、あらゆる世代が安心して暮らしていけるよう、社会保障制度の改革・改善を続けていくことが重要である。

41）経済教育ネットワーク、札幌部会、議事概要（2015年1月31日）。

たしかに、一部の経済学者は自分たちで計算した世代間格差を「不公平」とみなして、「これが年金の最大の問題」と言ってはいますが、実は、社会保障をよく知る人から見ればどうでもいい研究テーマを仲間内で掲げて盛り上がっているだけなんですね。彼らは制度とか歴史とかの重要性、その怖さ、そして本当は、第5講「Output is central という考え方」でも触れたように経済学も正確に理解していないのではないかと思える一部の人たちでしかありません。どうして、そうした人たちが高校の社会科の先生たちに影響力を持っているのだろうか？——と思うんだけど、「それは権丈さんが、普通の人も読める本をこれまで書いてこなかったからですよ。おまけにテレビの依頼は全部断るし、インタビューも大方断っていて、引き受ける場合も事前に勉強すべき課題を大量に出すし」と、これを機会にと小言を言われたら、確かにそのとおりかも知れず、実際、「世の中はそんなもんさ」と言っていたのは僕でもありますし。

でも、たとえば、世代間不公平論のおかしさあたりについては、『週刊東洋経済』（2009年10月31日号）には、実に的確にまとめられていたわけです。

> 世代間不公平論者は、公的年金を市場経済の領域である民間保険の考え方で眺め、そこに問題点を発見する。しかし、彼らから見れば問題である世代間格差などは、政治システムの領域である社会保障の考え方で見ると、まったく問題でないどころか、それなくして老後の所得保障という公的年金の目的を達しえないものなのだ。この事実に気づかないかぎり、世代間不公平論者はこの世から消えることはないだろう。

そして、東洋経済の記者たちは、前者の「公的年金を市場経済の領域である民間保険の考え方で眺め、そこに問題点を発見する」という、いわゆる「経済学者」として、次のように実に的確に、間違えた人たちの名前を挙げてくれています（図表35-4）。この雑誌は2009年に出ていて、あれから6年近く経った今では、ここに挙がった年金論者たちは年金政策を論じる表舞台にはいないんですけど、高校の先生たちの間ではそうではないということなのでしょう。

図表35-4　誰が何を間違えたのか？「世代間不公平論」

世代間不公平論
＜主張している主な人＞
鈴木亘（学習院大学教授）、高山憲之（一橋大学教授）、西沢和彦（日本総合研究所主任研究員）、その他多数
＜ここがポイント！＞
- 「若い世代ほど年金の負担が重くなり不公平だ」
  → 「老後の所得保障」である公的年金を私的保険の理屈だけで切った議論
- 教育費や住宅取得費支援、社会資本整備など後の世代が受けた恩恵を無視
- 過去に大幅な経済成長（所得水準向上）があれば負担と給付には必ず差が出る
- 世代間の負担／給付比率を同一にする方式は存在しないのに、社会の分断をあおる識者が後を絶たない

出所：『週刊東洋経済』2009年10月31日号。

前途多難な社会保障教育？

　この国の将来にとって最も大切な社会保障教育の現場は、いまだ残念な状況にあると言えばあるようです。僕としては、頼むから子どもたちの性格が歪むようなおかしなことを教えてほしくないわけです。頼むからみなさんが信じ切っているお話は、結構なトンデモ論だということに気づいてほしいし、そういう事実に目を開いてもらいたい。そして、この国の社会保障政策をめぐって、いったいいかなる改革が行われようとしているのか、それはなぜなのかということを正確に知ってもらいたいと思っています。批判はもちろん大歓迎です。そして、それは正確な知識に基づいて行ってもらいたいわけです。

　と言っても、社会保障を正確に理解してもらうのは、なかなか大変な仕事であることは分かっています。もしみなさんが、まったくの白紙の状態でしたら、まだ語りかけやすいわけですけど、実のところ、そうではありません。しかも、教育に前向きな先生たちは、なんらかのネットワークに参加されているようで、そういうネットワークには、すでに「人が付いている」、つまりは、固有の学者との人間のつながりもがっちりと出来上がっているようなんですね。そうした学者たちが、社会保障の教育推進に関する検討会が作る教材を教育の現場に持ち込まないように指示しているという話も耳にします。

そのようなことは、教育検討会のなかでも、話が出ています。

> **権丈座長** 私が得ている情報ですと、その社会科の先生たちが集まって勉強会をするための組織の上のほうに大学の経済学の先生がいて、その経済学の先生たちは、厚生労働省的な教育を受け入れないというような方針を持たれているというような話も聞いています。
> **梶ヶ谷穣委員**（神奈川県立海老名高等学校教諭）　任意の研究団体ですね。
> **権丈座長** 任意のほうです。
> **梶ヶ谷委員** 私たちは教育センターとか、教育委員会が主催をする研修会で、それなりに信頼できる社会保障の研修会やセミナーを受講したいという希望が本来的にはあります。ただ、よくわからないのですけれども、学会だとか、あるいはいろいろな経済教育の研究グループがありますけれども、多くは割と社会保障についてはネガティブなのかなという気はしています。
> **権丈座長** 前途はそう簡単な話ではないということを厚生労働省も認識していただきたいと思います。従来の年金破綻論やこの検討会で間違いを指摘した世代間不公平論を主導してきたのは一部の経済学者なのですが、彼らが、いわゆる正しいアプローチの社会保障の教育とかをブロックしているというのはどうもあるみたいなので、ここら辺が結構厳しいところになってきます[42]。

さて、実際の教育の現場は、部分的なのかもしれませんけど、残念ながらどうもそうなっている。そうしたことを分かったうえで言いますが、実は、これまで、一部の高校の先生たちが尊敬してきた彼らが言っている次のような話は、全部、ウソか間違いなんですね。

---

42) 第6回社会保障の教育推進に関する検討会（2014年6月23日）。

> ・公的年金バランスシート論に基づく債務超過
> ・未納で年金が破綻する
> ・租税方式はできます！
> ・最低保障年金はできます！
> ・社会保険における給付負担倍率の世代間格差は不公平
> ・積立金金利4.1％という前提は高すぎる
> ・積立方式は少子化の影響を受けない
> ・（2004年改正以降も）支給開始年齢の引上げは年金改革の切り札

　これらは、専門家の世界で勝負がついた歴史的瞬間の日付順に並べています（僕はそうした日を、ここに挙げたすべてについて示すことができます。たとえば、「未納で年金が破綻する」は2008年5月19日、社会保障国民会議第4回雇用年金分科会で「公的年金制度に関する定量的なシミュレーション結果について」が公表された日）。世に出回っているウソとして、次も加えてよいかもしれません。

> ・2004年改革を政府は「100年安心」年金と言った[43]

　これらの間違いは、別につながっているわけではなく、個々には独立なはずなのですが、彼らは、不思議と、これらをセットで間違えます。だからこれらを僕は、「年金お間違いセット」と呼んでいます。こうした間違いが幾重にも重なったうえで、壮大なる現実離れで頑強な「年金不信」が形成されるわけですから、このうちのいくつかでも信じている人に正確な理解をしてもらうことは、至難の技と言えば至難の技であります。

両論併記から脱却したメディア

　信じられないかも知れませんが、社会保障のなかでも、年金は、実は白黒はっきりと決着がつきやすい領域です。よく、見解、価値観の相違、意見の違いという表現がなされる場合があるのですが、年金の場合は、制度を正確

43）　本書第7講参照。

に理解しているか、それとも間違えているかの問題が多いです。その意味で、メディアが報道の公平なあり方と信じ切っている「両論併記」という報道方針を年金論議にも律儀にあてはめてしまうと、間違えている論に不当に高い評価を与えることになります。そして、そうしたメディアの両論併記という一種の思考停止の報道姿勢が、箸にも棒にもかからないトンデモ論や有害無益な超トンデモ論に政治的エネルギーを与えることになってしまい、日本の年金政策論議、のみならず日本の政治全体を大混乱に陥れて、国民に苦い政治体験をさせた原因にもなっていたわけです。

　メディアのなかで、こうした両論併記、思考停止状態から脱却した特筆すべき動きを見せたのは、先に一部紹介した2009年10月31日の『週刊東洋経済』における「年金激震」という特集だったと思います。そこでは、"誰が何を間違えたのか"という12頁に及ぶ記事が掲載されておりまして、そこで取り扱われたのは、次の6つの間違いでした──（　）内は間違えた人たち（敬称略）。

　1　経済前提が甘い
　　（民主党、各新聞社、高山憲之、鈴木亘、西沢和彦、土居丈朗など）
　2　世代間不公平論
　　（鈴木亘、高山憲之、西沢和彦、その他多数）
　3　公的年金の債務超過論
　　（高山憲之、金子勝、小塩隆士、その他多数）
　4　積立方式移行論
　　（鈴木亘、榊原英資、井堀利宏、経済同友会、自民党上げ潮派、その他多数）
　5　未納の増加で破綻する
　　（日本経済新聞、民主党、その他多数のメディア、経済学者など）
　6　基礎年金の租税方式化
　　（日本経済新聞、西沢和彦、八代尚宏、橘木俊詔、小塩隆士、土居丈朗、自民党上げ潮派、経団連、日本労働組合総連合会など）

　続いて社会保障報道において時代を画することになった記事は、朝日新聞社の太田啓之さんが記した「年金破綻論のまやかし」『AERA』（2012年4月

9日号)、これに続く太田さんの「年金大誤報にダマされるな」『週刊文春』(2012年4月26日号)でした。太田さんは、『AERA』で次のように書き出されています。

> 公的年金の破綻論が何度目かの「ブーム」を迎えている。あえて「ブーム」と呼んだのは、破綻論はこれまでも、政府が年金改革を試みる時にだけ盛り上がり、そのたびにメディアで一時的にもてはやされる「スター研究者」を生んできたからだ。今回、トップスターに躍り出たのが、学習院大学経済学部の鈴木亘教授だ。

刺激的ですね。続いて太田さんは、『週刊文春』で、メディアの誤報として次の5つを取り上げ、なぜそれらが誤報であるのかを詳細に説明しています。

NHK「ニュース深読み」「あと14年で積立金が枯渇」仮説の大ウソ
『週刊現代』「60歳から繰り上げ受給」は明らかに損
『日経新聞』「未納で年金が破綻する」の典型的"無知"
『週刊文春』受給開始引上げで損は二重の勘違い
『週刊ポスト』年金官僚陰謀論のバカバカしさ

太田さんの記事を載せている『週刊文春』が、過去の自分たち『週刊文春』の年金記事を批判しているところが粋ですね。太田さんのこの記事「年金大誤報にダマされるな」は、次の文章で始まっています。

> 「積立金が枯渇して年金は破綻する」「年金は繰り上げ受給する方が得」「年金の受け取り年齢が引き上げられて大損をする」こんな内容の週刊誌記事やテレビ番組をよく目にする。AIJ投資顧問の問題も、人々の不安に拍車をかけている。だが、年金問題に関する報道には十分な注意が必要だ。年金破綻や年金不信をあおる記事のほぼすべては、年金について無知な一部マスコミと、年金を誤解した一部研究者が手を組んで、粗製濫造している「トンデモ記事」だからだ。……昨春には、公的年金への誤解を解こうと「いま、知らないと絶対損する年金50問50答」(文春

新書)を世に問うた。この本では特定個人やメディアの批判はできるだけ避けた。「自ら誤りに気付き、改めてくれればいい」と考えたからだ。だが、私の期待は甘かったようだ。読者の方々がこれ以上誤った情報にまどわされないよう、番組名、雑誌名、個人名を挙げ、具体的に誤りを指摘しよう。

太田さん、怒っていますね。社会保障のなかでも、年金の話になると、時々怒りたくもなるものです[44]。本当に、論者の人間性を疑いたくなるようなことが起こってきた世界であるわけでして、年金騒動ってかなりの場合が人災であった側面もありますので。

ちなみに、こうした記事が世に出されて何年も経ちますが、これらの記事で批判されている人たちや報道機関は、彼ら記者に反論はしていません(太田さんは、鈴木さんのブログで、「厚労省ポチのマスコミ記者」と書かれたそうですが)[45]。彼らが反論しない理由は想像にお任せいたします。ただ、昔と違って、最近は、社会保障に関する自虐的な報道はかなり少なくなってきたと思いませんか？　こうした変化が起こった理由について、僕は、記者たちが勉強して社会保障への理解を進め、トンデモ論者の知識と見識を超えたからだと思っています[46]。最後まで間違えた記事を書いていたのは、『日経新聞』の大林尚論説委員でした。しかし、彼は2014年3月に論説委員ではなくなり、日経新聞も今では、たとえ現在展開されている政策の方向性に批判的な記事であっても、かなり建設的な社会保障論を展開するようになってきました。そして何よりも、日経の記事から憎しみが消えたように思えます。

根暗で自虐的な社会保険の世代間不公平論

ところで、この国は、年金の世代間不公平論というものに長い間、翻弄され続けました。だから、ここでは少し詳しく触れさせてもらいます。世代間不公平論に関する話が、社会保障問題を考えるうえで重要な話だというわけでは決してないのが辛いところなのですが、この不公平論が、一部ではあたかも最重要な話として流布していて、その呪縛から逃れることはとても重要

---

44)　本講末「参考資料——太田啓之氏の『公的年金とメディア』」参照。

なんですね。こんなものは知らないほうが、社会保障政策に関して建設的な議論ができます。むしろ、あのトンデモ論を信奉する論者がかかわってきたら、不毛な議論にしかなりません。

しかしながら、このバカバカしい論はガン細胞のようなもので、みなさんの意識のなかから退治しておかないと、年金から子育て支援策の評価へ、年金から医療や介護政策の評価へ、そして年金から社会保障全般や財政、さらには官僚・政府というものへの認識のあり方へと、どんどんと転移してしまう強い繁殖力を持っていて、最後は、エイリアンのように人の体に寄生してしまい、良い政治家と悪い政治家の見極めを180度ひっくり返してしまうくらいの支配力を持っているんです。したがって、しばらくお付き合いください。

さて、世代間不公平論の話でおもしろいことがあります。僕は2008年8月に韓国のソウルで開催された年金シンポジウムに参加しました。そこには、

---

45) 前掲太田（2012c）『週刊文春』52頁。

本書第5講の冒頭で紹介した、鈴木さんの文章「『原子力ムラ』ならぬ『年金ムラ』（厚生労働省とその年金政策にお墨付きを与える学者、有識者、マスコミ、既得権を死守したい官僚OBなどがつくる『業界』）」云々の文章が書かれた本『年金問題は解決できる』は、2012年8月に出版されています。この出版の4か月前の4月に太田さんによる鈴木氏批判の文章「年金破綻論のまやかし」『AERA』（2012年4月9日号、発売2日）、「年金大誤報にダマされるな」『週刊文春』（2012年4月26日号、発売19日）が出されています。それらのタイミングを考えると、自分を否定するマスコミ関係者たちも、「原子力ムラ」と並ぶ「年金ムラ」に属しているかのように印象づけ、読者に自らの正当性を印象づけたくなる気持ちも分かります。

ちなみに本書第5講、注18でも紹介したように、彼が2010年に書いた『年金は本当にもらえるのか？』では、マスコミは彼の味方であると考えられていたようです（4-5頁）。

> 驚くべきことに、現在、日本で出版されている「年金制度の入門書」の大半は、厚生労働省の官僚、官僚OB、厚生労働省の審議会や研究会の委員を務めた有識者や学者によって書かれています。こうした人々は、いわば、日本の年金制度の問題を引き起こしてきた張本人たちです。そして、ほとんどの場合、マスコミによる自分たちへの批判を回避したり、国民を情報操作するために、入門書を書いているのです。

そして（6頁）、

主催国である韓国、イギリス、ドイツ、スウェーデンの年金研究者が集まりました。無事にシンポジウムが終わった後、懇親会があったり、翌日には、みんなでソウルの観光をしたりしていました。そうしたなかでの会話です。僕が、「日本では、年金の世代間不公平とかいうのが流行っていましてね」と言うと、ドイツだかスウェーデンだかの研究者が、「それは何？」と。

一通りの説明を終えると、ドイツ人とスウェーデン人とイギリス人は、不

> さて、本書は、こうした既存の「年金制度の入門書」とは一線を画す、新しいタイプの入門書です。まず、筆者は厚生労働省とは縁もゆかりもなく、政府や厚生労働省の年金政策をずっと批判してきた研究者なので、その内容に「大本営発表」は一切含まれていません。

こうした言葉を目にして本を購入する人が、日本には大勢いるだろうことは想像できます。年金トンデモ論というのは、彼らが書く文章を読むかぎり、本書第21講中「民主主義とＢ層」で紹介した、いわゆる「Ｂ層」を相手としたマーケティング手法をとっているようにも見えます。そうした商法に高校をはじめとした教育に携わる人たちが惹かれていることに、事態の深刻さが感じられなくもないわけです。

ちなみに、厚労省年金局の試算に対する「大本営発表」という表現の元祖は高山さんで、厚労省の計算については、次のように使われています。

> 「年金の職能プロ集団が誇大広告そのものの大本営発表をくりかえし、ふつうの人の常識に反したウソをいいつづける。その尻馬にのせられて厚生労働省記者クラブに所属している主要新聞各社のエリート記者がそのうけうり記事を書く。それで年金に対する国民の理解が深まるのだろうか」（高山（2004）54頁）。

年金を批判する人たちは、どうしてこういう文体になるのか不思議に思う。しかも公的年金のバランスシートは正しいと思っている。こういう書き方をすれば、年金制度に詳しくない政治部や経済部の記者には歓迎されることは分かる。しかし、年金制度に詳しい記者たちからは、いっそうの距離を持たれることになるのも仕方のないことである。年金に詳しくなってしまったゆえに「厚労クラブに所属している年金ムラのマスコミ」というレッテルを貼られる記者たちがかわいそうではあります。この国では、官僚の仲間と思われるだけで致命傷になりますからね（笑）。それを分かって彼ら年金経済学者たちは、言い続けているのでしょうから、これも仕方のないことです。年金って、そんなに難しい話ではないんですけど、世の中を良くしたいと思う気持ちが強いメディアの人たちと違って、研究者がスタート地点で間違えると軌道の修正は難しいのかもしれません。

46）　本書第19講参照。

思議な顔をしている。そこに韓国の研究者が、「韓国では、日本に留学して帰ってきたのが、世代間不公平論を流行らせていて、困ったもんです」と、僕の話に合わせてくれました。

　日本では、一部の論者が何十年間も大騒ぎしている年金の世代間不公平論というのは、世界全体では、だいたいそんな感じです。そうした手応えを僕は分かっていたから、みんなに、日本は困ったもんだと話をしたわけです。もちろん、ドイツもスウェーデンもイギリスでも、公的年金のなかに世代間格差はあります。しかし、それを大きな問題だとして政策論の俎上にはのせていません。では、どうして、こういう不思議なことが日本では起こったのでしょうか。

　次は、僕が2006年に書いた論文「世代間格差の学説史的な考察」のなかの一文です[47]。このあたりは、一塊(かたまり)の話を1セットで理解してもらいたいので、長い引用をさせてもらいます。ちなみに僕は、初めて書いた2001年の本の序章に、「人物に少しでも関心をもつと、その人物の足跡を調べ、人を一生の長さでながめてしまう癖をもっている。経済学者もご多分にもれず、多くの経済学者の伝記や書簡集などにも目をとおす」[48]と書いているくらいで、次のような話は、「世代間格差について」という原稿依頼が来た時には、すでにずいぶんと前から分かっていたことではあります。

　　公的年金の世代間格差論議というものはヨーロッパでは流行らないようで、世代間格差論議が騒々しいのは、まずは日本、そしてアメリカであるかの印象を多くの社会保障研究者は共有しているようである。そして日本の年金論議をヨーロッパ人の目からながめると、なんとも奇妙にみえるらしい。そのひとつを紹介しよう。『日本経済新聞』2003年12月29日5面にある、イギリスの社会学者ロナルド・ドーアのインタビュー記事「年金の不公平しかたない」からである。

　　「議論のさなかに東京にいました。不思議だったのはマスコミが"負担がこんなに上がる""年金はこんなに切り下げられる"と、国民

---
47) 権丈（2006）177-180頁。
48) 権丈（2005〔初版2001〕）4頁。

の不安をあおるような報道をしていたことです。高齢化が進むなかで高齢者の貧困を避けようとすれば現役の負担が増えるのは確かですが、経済成長を勘案すれば耐えられなくはない。負担などを誇張するのは、新自由主義の福祉切り詰め論者に都合がいい報道だ」。「日本の国民負担率は36％。英国は租税負担率だけで40％を超えた。日本人はかつて親の面倒を見て、自分が老いたときは子の世話になることを期待していた。年金制度はこの期待を社会化しただけだ。政治家は"負担が重くっても現役世代が貧乏になるわけではない"とはっきり語るべきです」。

　どうして、日本の年金論議は、こうもおかしくなってしまったのか。この問いに対して、アメリカでは決して主流ではない学説が実に狭いチャネルを通って日本に輸入されたのであるが、この学説を輸入した日本の論者が、たまたま旺盛な活動家であったために、日本は公的年金の世代間格差論議が活発な、世界でも珍しい国になってしまったのではないかという作業仮説をわたくしは立てている。この仮説のキーワードは、日本経済新聞社、阪大財政学グループ、一橋年金研究グループである。その内容を紹介しよう。

　1980年代には政策面で主流となったが当時でさえ経済学者の数の上ではマイノリティであったサプライサイダーのリーダー格は、フェルドシュタインである。レーガン政権下で大統領経済諮問委員会（CEA）の委員長となったフェルドシュタインは、70年代初頭、年金と医療に関して、政府の介入を非とする論文を立てつづけに書いていった。この時期、フェルドシュタインを指導教授とする大学院生のひとりにコトリコフがいた。彼は、フェルドシュタインによる公的年金のサプライサイドへの悪影響・世代間格差を論じた1974年の研究を目にして、感銘を受ける。そして彼は、80年代初めに一般均衡モデルにより世代間格差を論じ、90年代に入ると世代会計論を確立した。コトリコフの研究の2、3年後に、彼の分析ツールを日本にあてはめて年金をはじめとした社会保障財政を論じはじめるのが、本間正明を中心とする阪大財政学グループである。

早くからフェルドシュタインの研究に触れていた本間は、1980年代前半には、一橋の高山憲之、野口悠紀雄らと同様の方法で公的年金の世代間格差を推計しては公的年金の世代間不公平論を言いはじめていたので、コトリコフにすぐに着目したのであろう。阪大財政学グループは、新しい人口推計が発表される度に、公的年金の財政再計算が行われる度に、公的年金の世代間格差を推計しつづけたので、現在までその種の論文はかなりの数にのぼっている。他方、1980年代初頭に高山が公的年金に世代間格差があることを推計し、それを不公平とみなす論文を書いたとき、厚生省の喜多村悦史は、高山の公的年金批判への反批判の論陣をはった。もっともその際、喜多村は「このきわめて簡単な計算例によっても高山助教授の指摘は、数字的には正当である」と認めている。

　高山たちが何本も論文を書いては指摘していた公的年金の世代間格差の存在は、喜多村にとっては、31文字×10行ほどを費やすだけの簡単な計算例で証明できる程度の事実にすぎなかった。それも当たり前のことで、実は1980年代に年金研究に参入してくる経済学者にとっては、公的年金に世代間格差のあることは驚くべき発見だったのかもしれないが、公的年金の歴史・制度を知っているものにとっては、取り立てて隠していたわけでもない初歩的な事実だったのである。村上雅子は、村上（1984）『社会保障の経済学』で「年金を受給している人々の年金は、修正積立方式のもとで過去に積み立ててきた保険料の元利合計に比して、この収支均等条件をみたした100％の積立方式になっているだろうか」という、修正積立方式（段階保険料方式）への無理解にもとづく問題設定をして、「これを厳密な計算のうえに解明したのは高山憲之の1981年論文であった」と誉め、1980年に30年加入して年金受給者になった人々への世代間再分配が厚生年金で87％、国民年金で97％であったことを、「高山は……明らかにした。これは衝撃的な結果である」と、当時、社会保障の経済学初学者が真っ先に手にした教科書に書いてしまった。あの頃の彼らの文章は、古くから人が住んでいた大陸を新大陸と呼びあった、旧大陸の人たちの無知と傲慢を思わず連想させる。のみならず、村上（1984）『社会保障の経済学』以降、年金をめぐる議論が目にみえて

おかしくなっていったことを考えれば、教科書の影響は甚大であると残念ながら認めざるをえまい。

　ところで、日本経済新聞社は、コトリコフの2冊の著書『世代の経済学』(1992)、『破産する未来』(2005) を翻訳するのみならず、その間に同社は、阪大博士号取得者である小塩隆士の『年金民営化への構想』(1998)、当時阪大にいた八田との共著『年金改革論——積立方式へ移行せよ』(1999) なども上梓した。八田・小口『年金改革論』は、第42回日経・経済図書文化賞を受賞しており、読者は研究者のみならずサラリーマンにまで広範囲におよぶことになる。公的年金の世代間格差に関する論文をつぶさにサーベイした伊藤亮太（慶應商学研究科修士2005年度卒業）によると、このテーマを扱った論文の執筆者は、阪大財政学グループと一橋年金研究グループの出身者たちがほとんどであった。今でも、この種の研究で名を知られる人の経歴をみれば、阪大、一橋の文字をみつけることができるはずである。こうした学説史的な概観から帰納してみると、日本の公的年金論議が他国と比べて奇妙かつ自虐的な形になってしまったのは、日本経済新聞社、阪大財政学グループ、一橋年金研究グループの精力的かつ秀でた活躍に原因があったのではないかという作業仮説を立てることができそうなのである（他に村上雅子も含むICUグループというのもあるのだが、ここでは割愛する）。もっとも、この仮説と、日本経済新聞が、今でも公的年金の世代間格差を読者に強く問題視させる記事を書きつづけていることの間に、なんらかの因果関係があるのかどうかは、わたくしには分からない。ゆえに、この問いについて考えることは、本稿の読者に託すとしよう。

この論文を書いて10年近くが経っていますが、状況はなんら変わっていません。その後も、年金の世代間不公平論を言い続ける人たちの経歴を見ると、どこかで阪大、一橋に在籍していたことが分かります。研究者のものの考え方というのはそういうもののようです。今、最も社会保障の世代間格差の話をしているのは学習院大学の鈴木亘さんです。そして彼が阪大大学院の時は、上の文章に出てくる八田さんが先生です。そして大学時代は、上智大学の八

代尚宏さんが先生で、八代さんは、八田氏とともに古くから公的年金の世代間不公平論者としての急先鋒であり、2人ともICU卒業です。鈴木さんは純粋に先生たちの教えを守っているとも言えます。

ところで、この鈴木亘さんが筆頭執筆者となって、先に紹介した内閣府ペーパー「社会保障を通じた世代別の受益と負担」が出されたのは2012年1月でした。

テレビというのは、この話題がなんとも好きなようでして、当時、フジテレビの「新報道2001」では数週間にわたって、このペーパーを取り上げていました。でも、このペーパー、かなり変なんですよね。内閣府ペーパーの肝心要のところで、次のように書いてあります。

> 例えば、介護保険では制度創設が2000年なので現在の高齢者は、現役世代に保険料を負担することがなかった。年金、医療でも、これまで段階的に保険料率を引き上げてきたので、前世代は後世代よりも負担が高くなっている可能性が高い[49]。

可能性が高いも何も、年金も、医療も、介護も、後世代のほうが、負担が高くなっているのは、言われなくても分かります。年金や介護については、先ほど、ドーアさんが言っているように、「日本人はかつて親の面倒を見て、自分が老いたときは子の世話になることを期待していた。年金制度はこの期待を社会化しただけだ」という話です。医療の場合は、年金や介護とは異なる特殊な事情もあります。この点については、社会保障の教育推進に関する検討会がまとめた文章のなかで、内閣府ペーパーについて次のように表現されています。

> 介護保険創設はむしろ現役世代も含めた国民の声を踏まえて創設された仕組み。創設時の高齢者には、給付を制限すべきだという声はなかった。
> 介護給付は高齢者への給付なのだろうか、現役世代の私的な介護負担

---

49) 鈴木亘・増島稔・白石浩介・森重彰浩（2012）「社会保障を通じた世代別の受益と負担」ESRI Discussion Paper Series No.281、16頁。

が軽減されており、現役世代への給付とも考えられるのではないか。（70歳世代は親世代への給付はもらえないが、40歳世代は親世代への給付の受益も受けていることから、一概に40歳世代の給付負担比率が低いとは言いきれない）[50]

　なお、内閣府ペーパーにある「年金、医療でも、これまで段階的に保険料率を引き上げてきた」について言えば、年金は、急激な保険料の引き上げと莫大な積立金が蓄積されることに伴うリスクを避けるために段階保険料方式を採用してきたのに対し、医療は時代と共に医療が高度化して医療費が増加してきたことによるものであり、同じ段階的に保険料が上がってきたとしても、その意味は全く違う[51]。

公的年金誕生の簡単な歴史

　公的年金が生まれる前は、よほどの大資産家は別ですが、普通の高齢者は個々の家族のなかで現役世代が扶養していました。しかし、農業社会から工業化、さらには経済のサービス化を遂げるといういっそうの産業化（industrialization）を経ていく過程で、核家族化が進み、大幅に親類縁者の紐帯も弱まり、さらには人々の収入源も賃金という家族のニーズの変動にあわせて融通がきき辛い制度に依存する人が増えました。

　農業が主だった社会を想定してください。夫婦共に働いて、子どもも働いてと、生産に携わり家計を支える人は家族のなかに何人もいました。そこで誰かが病気になって1人働けなくなったとしてもなんとか対応できますし、親類が商売に失敗して生活を共にさせてくれと言ってやってきても、なんとか親切に受け入れることもできたはずです。そして何よりも、農業では、一定の年齢に達したことを理由に働けなくなる定年という考え方も馴染みのないものでした。

　ところが、多くの国々では、産業化が進むなかで、核家族化が進み、所得を得る方法も賃金という仕組みに頼るようになっていきました。そして、賃

---

50)　教育検討会作成ケーススタディ、14頁。
51)　教育検討会作成ケーススタディ、16頁。

図表35-5　貧困線と貧困のライフサイクル

結婚／子どもが稼ぎ始める／労働能力を失う／子どもが結婚して別居する

第一次貧困線

年齢（歳）　0　5　10　15　20　25　30　35　40　45　50　55　60　65　70

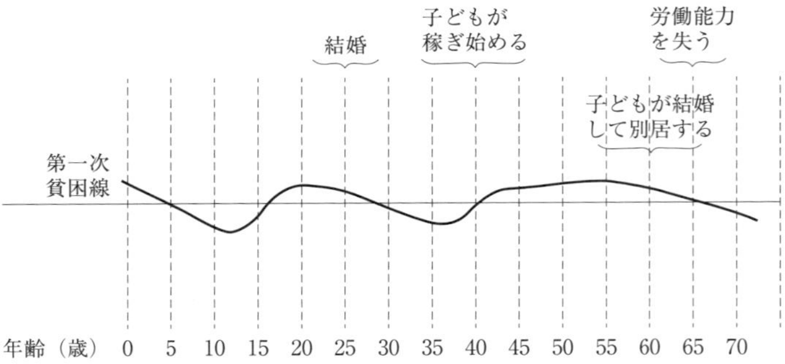

出所：Rowntree, B. S.（1902）*Poverty: A Study of Town Life*, 2nd ed., p.137.

労働という世界においては高齢者を働く場から退出させる制度が導入されていくようになりました。

　図表35-5は、19世紀末から20世紀初頭にかけての大英帝国で「貧困の発見」と呼ばれた時代を作るきっかけの1つとなったラウントリーのヨーク市貧困調査報告書（調査は1899年）で提示された「貧困線（Poverty Line）」と「貧困のライフサイクル」です。賃労働者の場合、ライフステージごとの支出の膨張と途絶を契機に、貧困はライフサイクルをもって訪れるわけで、子どもの誕生から養育期、そして労働市場から退出した高齢期は貧困に陥っていくことが分かります。

　賃労働者が主体となる社会になってくると、従来の農業社会における大規模家族が持っていた老親を家族内で扶養する機能が弱まった、新しい家族が増えることになります。その結果、高齢者に大量の貧困が生まれてしまいました。そこで先進国では、高齢者の貧困が生まれないように、年老いた親の扶養を、それまでの家族内での私的な扶養から、社会的な扶養、すなわち公的年金に置き換えていきました。要するに公的年金というのは、国民全員で親の世代に仕送りをする「国民仕送りクラブ」と言うこともできます。この表現は、大妻女子短期大学部教授である玉木伸介さんの言葉として2014年4月30日『朝日新聞』社説のなかで紹介されていたのですが、なかなかうまい

図表35-6　扶養の社会化制度としての公的年金（図表2-17再掲）

	第1期	第2期	第3期	第4期
第1世代	幼少期	勤労期	高齢期	
		↑扶養	↑扶養	
第2世代		幼少期	勤労期	高齢期
	子育て費用の社会化が進められるべき第4期		↑扶養	↑扶養
第3世代			幼少期	勤労期	高齢期

親の扶養を第3期に社会化

出所：社会保障の教育推進に関する検討会（2012年3月23日）資料、『社会保障の正確な理解についての1つのケーススタディ〜社会保障制度の"世代間格差"に関する論点〜』12頁。

名称です。そして図表35-6は、国民仕送りクラブが形成されていく過程をモデル化したもの、先のドーアさんの言葉を借りれば「かつて親の面倒を見て、自分が老いたときは子の世話になることを期待していた。年金制度はこの期待を社会化しただけだ」という歴史的事実をモデル化したものです。このモデルでは、勤労期にある子どもが親を扶養する働きが、第3世代が勤労期にある第3期に家族から国民全体へと社会化されたものとして描かれています——その時、仕送りの負担が応能負担に切り替わったことがきわめて重要！　さらには、第4期には子育ての社会化が進められることが期待されているものとして描かれています。

　僕らは、生活の向上を果たすために進んでダイナミックな市場を取り入れたわけですが、その見返りとして、きわめて不確実性の高い社会で生きていくことになりました。一方で、生活水準の向上のおかげで寿命もどんどんと延びてきましたが、人生、70年、80年、90年というタイムスパンのなかで起こる不確実性に個々人で対応することは、きわめて難しくなりました。仮にその場合に、昔ながらの家族というものが機能していたら、けっこう楽だったと思います。家族のなかで、年老いた両親に対して、彼らが生きていくのに必要な財・サービスは、子どもたちが稼いできた給料で、随時賄っていく

ことができますから。だけど、市場というものは、変化を人々に強いて、家族も形を変えてしまったわけです。カール・ポラニーという経済史家は、市場が持つ破壊力の側面を「悪魔のひき臼」という怖い名前で呼んだわけですけど、市場の持つ負の側面を見事に描写した表現だと思います。産業革命以降、僕たちが生涯をまっとうするなかでの不確実性は高まっていますし、不確実性への受け皿としての家族も機能を弱体化させてしまい[52]、そうした家族の変化は今なお続いています[53]。

「市場」を社会に取り入れていく過程で伝統的な家族が持っていた助け合いの機能（リスク・ヘッジ機能）が弱まっていったので、老親の扶養を個々の家計のなかで行うのでは、どうしても高齢者の貧困の発生を防ぐことが難しくなってしまいました。そのため、産業化を進めていった国々は各国、老親の扶養を社会化して国民仕送りクラブを徐々に組織していったわけですね。そうした、時間をかけて漸進的に組織化を図りながらも、高齢者から見れば、子どもたちの世代の賃金とリンクした給付の制度設計、すなわち「高齢者の実質的な生活水準を維持する」という目標を掲げると、さまざまな不確実性を抱える現実社会のなかでは、どうしても公的年金のなかでの世代間格差は生まれます。それが公平か不公平かということは、その社会において高齢者が現役世代の生活水準と比べて相対的に貧しい状態に陥ることを防ぐために、高齢者の生活水準を維持するという政策目標を掲げることが妥当かどうかということに依存します。言うまでもなく、こうした公的年金の役割は、かつての家族のなかでは普通に行われていたことです。

そして、そうした公的年金のなかでの負担と給付の関係を、市場が備え持つ公平感で評価すれば、不公平と評価されることになります。それは当たり前と言えば当たり前ですね。公的年金をはじめとした社会保障というのは、人々の生活を守るために「市場」を本来あるべき場所に封じ込めるためにあるようなものですから、社会保障が行っていることを市場の評価基準で眺めれば、おかしいことばかりやっているように見えるものです。

---

52) 深谷昌弘（1974）「社会保障と家族規模（Ⅰ）、（Ⅱ）」『季刊社会保障研究』第10巻第2号、第3号参照。
53) 藤森克彦（2010）などを参照。

こうしたポイントを、いわゆる「年金経済学者」は考慮しようとしないのですが、内閣府ペーパーの執筆者である鈴木さんに対する『週刊東洋経済』の特集記事や朝日新聞の太田啓之記者の批判はとても分かりやすく、なおかつ参考になりますので、ぜひともご覧ください。彼らの年金トンデモ論への批判記事は、首相官邸のホームページにある社会保障制度改革国民会議のページからたどることができるようになっています[54]。

　また、内閣府ペーパーは基本的なことを間違えていますよっという、「教育検討会作成ケーススタディ（Ａ４で27ページ）」は、厚生労働省のホームページにありますので、ぜひともご覧ください[55]。

　いやはや、公的年金の世代間不公平を唱えた人たちは、ほんとうに大変なお騒がせ論者だったのですが、両論併記から脱却してくれたメディアのおかげもあって、今はだいぶ鎮まりました……と思っていた昨年でしたか、大阪大学教授の大竹文雄さんが「世代間格差は正当化できるか」という文章を書いているのを見て、かなり多くの人が驚きました。そこには、次のように書いてあります。

　　社会保障や税を損得勘定で議論するべきではないという意見には大きく分けて二つのものがある。第１は、社会保障や税は、一種の保険だから損得勘定には意味がない、というものだ。第２は、経済成長が続くと現在よりも将来世代の方が豊かになるので、社会保障を通じた世代間移転を考えても生活水準は将来世代の方が高いというものだ[56]。

　この文章を目にしたある記者からは、次のような連絡が届きました。

　　大竹氏の言っていること、全く理解できません。……
　　「社会保障や税は保険だから損得勘定に意味がない」って誰かが言っ

---

54) http://www.kantei.go.jp/jp/singi/kokuminkaigi/kaisai.html
　　このページの第20回（平成25年８月５日）の「配付資料」をクリックし、「権丈委員追加提出資料」をたどっていけば読むことができます。
55) http://www.mhlw.go.jp/stf/seisakunitsuite/bunya/0000053851.html
56) 「世代間格差は正当化できるか」『週刊東洋経済』2014年１月23日号。

てるんですか？

　「経済成長で将来世代は豊かになるから、社会保障で世代間移転をしてもいい」という意見に反論しているようですが、そんなこと誰か言いましたかね？「(計算上の)格差が生じたのはこれまでの経済成長のため」という話は、「これからもばんばん成長するから大丈夫」という解釈になるのでしょうか。

　まったくそのとおりでして、大竹さんの文章には、多くの人が、「そんなこと、誰か言ったっけ？」という感想を抱いたと思います。

　彼が言う第1の理由について言えば、「社会保障や税は、一種の保険だから損得勘定には意味がない」と、誰が言っているのか教えてもらいたいところです。そういうことを言っている人がいるとすれば、大きな問題です。ただし、社会保険は保険だから、損得勘定を考えるのであれば、社会保険がもたらすリスク・ヘッジ機能をしっかりと計算して評価を行う必要があり、株など利回りを競う金融商品を評価する方法で社会保険を評価するのは妥当ではないという話は行われていますね。

　そして、年金、医療、介護などは保険であるというのは、そうした制度における個人の給付負担倍率を計算することには意味がないということを超えて、誤解を受けるからやってはいけないということを言うためのものですね。さらに、仮にそういう計算ができたとして、そこに世代間で格差があったとしても、その相当部分は、かつて家族で行っていた老親の扶養を社会化していった過渡期には必然的に現れるものであり、そうした指標が必ずしも不公平を意味するわけではないと言っているだけのことです。

　実際のところで、教育検討会作成ケーススタディには、「仮に、社会保険における世代ごとの給付と負担の関係について、機械的な"計算"ができるとしても……」と論じていて、計算くらいは簡単にできるけど、そういう計算をすること自体がおかしいし、計算結果の解釈では世間で広く誤解を生むからやらないほうがよいと言っているわけです。またさらに、社会保障に対する税による国庫負担の相当部分を赤字国債で賄っているこの国は、大きな世代間不公平をもたらしますとよっと僕らはみんな認識していますので、

「社会保障や税は、一種の保険だから損得勘定には意味がない」と誰が言っているのが教えてもらいたいところです。

　大竹さんが言う第2の点は、「経済成長が続くと現在よりも将来世代の方が豊かになるので云々」というのは、これも誰が言っているのか不明な箇所です。かつて経済成長が大きかったから、成長の果実を前世代に満遍なく行き渡らせるのに社会保障が重要な役割を果たしており、計算結果として算出される日本の世代間格差が他国と比べて大きくなっているのは、他国よりも成長のスピードが速かった影響があるとは言っています。たとえば教育検討会作成ケーススタディでは、次のように言っています。

> なお、国際社会においては、古くからILO条約で一定の水準の社会保障制度を整備することが求められており、各国とも社会保険の中で世代間格差が生じることを承知の上で、戦後の世界規模の経済成長期に、世代間で生活水準に大きな格差が生じないように社会保障給付の充実に努めてきたことをどう考えるか。そして、同時期、他の先進国と比べて経済成長率が高く、高齢化のスピードが速かったのであるから、日本の社会保険の中の世代間格差は他国と比べて大きくなることはやむを得ず、その評価は慎重であるべき。

　阪大の大竹さんは、阪大大学院での同世代である鈴木さんや小塩さんと同じように、公的年金に対して心底不満を抱いているようで、時々、年金にかかわる文章を書かれています。たとえば、ずいぶんと前──2004年改革が国会で議論されていた2004年5月──の文章を見てみましょう。

> 賦課方式という公的年金の財政方式は基本的にはねずみ講であり、ねずみ講は少子高齢化で破綻を来す。ねずみ講では会員の増加に従って新規加入者の獲得が困難になるため、ねずみ講で得をするのは新規加入者が見つけやすかった創設者周辺のみで、後から加入した者ほど損失を被る。
>
> ……
>
> ねずみ講方式の年金制度では年金受給額が固定されていると、保険料

の未納者の増加は、保険料引き上げにつながる。つまり、強制的に保険料を徴収される厚生年金加入者やまじめな国民年金保険料納付者は、本来未納者が負担すべき分まで負担させられることになる。だから、国民年金未納が問題なのである。

　……

　いずれにしても団塊の世代以上の年齢層の人々の既得権を崩さないかぎり年金改革は不可能である。これは、政治的には難しい。最も人口の多い層の既得権を崩すのである。そういう改革案を出した政党が選挙で痛い目に遭うことは確実である。既得権を崩すことを政治に頼れない若者は、フリーターになって国民年金を未納にすることが、公的年金破綻の時期を早めることをよく理解しているのではないか。国民年金未納は既得権世代に対する若者の逆襲なのである[57]。

　なるほど、若者は年金の保険料を払いたくないからフリーターになっているそうです。でも、その若者が未納で抵抗しても残念ながら公的年金は破綻しないんだよっと教えてあげないと、フリーターを自発的に選んだらしい彼の、既得権世代に対する逆襲は、自分が損をしてしまうだけになりますね。それに、「強制的に保険料を徴収される厚生年金加入者やまじめな国民年金保険料納付者は、本来未納者が負担すべき分まで負担させられることになる」が間違いであることは、2008年の社会保障国民会議での年金シミュレーションで広く知られるようになるのですが[58]、大竹さんがこの文章を書くずいぶんと前に、すでに『厚生年金・国民年金数理レポート（1999年財政再計算結果）』で触れられてもいました。知らなかったのでしょう。

　そして、賦課方式の公的年金をネズミ講と呼んだのは、先に紹介したコトリコフです[59]。コトリコフは、1910～20年代に「破綻させることを前提とした詐欺」を働いた人物ポンジーのスキームとアメリカの賦課方式の公的年金が同じだと論じたのですけど（Ponzi Scheme はネズミ講と邦訳される）、コト

---

57)　「年金未納は若者の逆襲」『週刊東洋経済』2004年5月9日号。
58)　本書第9講参照。
59)　コトリコフ（1993）114頁。

リコフが見たアメリカもそうですが、日本でも、社会全体の少子高齢化の影響を受けない老親の扶養システムを構築することはできません。公的年金は、過去には個々の家計が単独で行っていた老親の扶養を社会化・保険化しただけのものですから、少子高齢化が進むと、もちろん運営は厳しくなります。しかし、そうした厳しさゆえに、1人1人の肩にかかる重荷が増していくなか、国民みんなでの助け合いのもとで、誰かのある時点での荷が重くなりすぎて、彼や彼女が倒れてしまうことがないように、公的年金をはじめとした社会保障があるわけです。そして日本の公的年金は、なお、今後の少子高齢化のもとで、負担可能な範囲内の財源で、高齢者を貧困に陥らせない水準の給付水準を確保していくことは、今後の社会経済システムのあり方次第でできないわけではありません。たとえば日本では、「図表4-2　日本の公的年金の財政天秤」（第4講144頁）に見るように、財政のバランスがとれるように運営されていまして、こうした年金の財政バランスがとれる範囲内で、高齢者の生活に資する意味のある給付水準を将来にも確保できるように、公的年金の内と外でさまざまな改革が行われようとしているわけです。

　それに、アメリカの公的年金についても、コトリコフの論に見る酷評もあるにはあるのですが、次のようなスティグリッツによる評価もあるわけです[60]。

　　奇妙だったのは、クリントン政権の国外向けの弁解と、国内でくりひろげていた戦いとの対照である。国内では、われわれは公共の社会保障

60）　スティグリッツ関連で言いますと、次あたりの経緯も、歴史としておもしろいところです。本書第19講より。

　1994年に世界銀行が、年金の民営積立方式を推奨する報告書を出して、その誘いに乗って日本も大いに盛り上がりました。当時の世銀による民営積立方式の推奨は、フリードマン、シカゴ大学と強い繋がりがあった世銀、IMF、それにウォール街の意向を受けたアメリカ政府の間でのワシントン・コンセンサスの一環だったんですよね。世銀はその後、上級副総裁にスティグリッツを迎え、年金地動説の視点から94年報告書が徹底的に批判されて、2005年に新しい報告書を出します。内容は、94年からの大転換です。でも、思考が歴史から遮断された人たちは、そうした経緯も知らないままでいる。

434　第Ⅴ部　前途多難な社会保障教育

〔アメリカでは年金を意味する〕を民営化することに反対し、公共による社会保障は処理コストが低く、国民の収入を保障し、高齢者の貧困をほぼゼロにしていると絶賛していた。しかし国外では、われわれは民営化を推奨した[61]。

　（公的年金の）完全な民営化はもちろん、部分的な民営化でさえ、進めるにたる合理的な理由はまったくないのである。しかし、反対する理由ならいくらでもある[62]。

　大統領経済諮問委員会の委員長から世界銀行のチーフ・エコノミストへと仕事が変わったとき、私が最もとまどったのはIMFとアメリカ財務省が外国で推奨している見解が、たいてい私たちが国内で必死に主張しているのと正反対のものだったことである。私たちは国内で、公的年金の民営化に反対して戦った。しかし外国では、それを熱心に勧めていた[63]。

アメリカが日本をはじめとした外国に公的年金の民営化を勧めていたのは、アメリカの金融資本の働きもあったのですが、それは他に譲るとして[64]、スティグリッツは、年金の善し悪しを高齢者の貧困を抑える効果で評価し、コトリコフは、年金保険料の内部収益率の大小で測った論を展開しているのですから、永遠に議論がかみ合わないとは思います。そして、コトリコフのロジックで日本の公的年金を論じる一部の「経済学者」を僕たちが相手にしていないのも同じ理由に基づいています。まさに、『週刊東洋経済』（2009年10月31日）が指摘したように、「世代間不公平論者は、公的年金を市場経済の領域である民間保険の考え方で眺め、そこに問題点を発見する。しかし、彼らから見れば問題である世代間格差などは、政治システムの領域である社会保障の考え方で見ると、まったく問題でないどころか、それなくして老後の

　61）　スティグリッツ（2003）45頁。
　62）　スティグリッツ（2003）249頁。
　63）　スティグリッツ（2003）283頁。
　64）　本書第1講、第19講参照。

所得保障という公的年金の目的を達しえないもの」なんですね。

しかしながら、公的年金は何のためにあるのかを考えるとすれば、それはスティグリッツの物差しで評価することのほうが普通なのではないかと思えます。そして、公的年金の善し悪しを高齢者の貧困を抑える効果で評価する場合、内部収益率や給付負担倍率で表される世代間格差の論は、実のところ、何の役にも立たないわけです。ですから、そういう指標は、世の中に存在しなくても何の不都合もありません。だから、そうした指標を僕たちは計算したりはしない。ただそれだけのことです。コトリコフは、彼を真似る数人の日本人の研究者を生んだわけですが、コトリコフがアメリカの公的年金政策とかかわることができなかったことと同様に、日本でのコトリコフの模倣者たちも、その存在は百害あって一利なしの研究者生活を余儀なくされています。コトリコフの罪はかなり大きいと思っています。

コトリコフの論を良しとする人たちは、「積立方式は、前後の世代とは無関係な財政方式ですから、人口減少、少子高齢化がどれほど進もうがまったく影響を受けないのです」[65]と考える人たちとかなり重なるようです。しかし、積立方式であれ賦課方式であれ、さらにはかつてのように家計内で私的に行われるものであれ、少子高齢化の影響を受けない老親の扶養システムを設計するのは無理です。そうであるのに、経済学者の間では、公的年金だけではなく、医療、介護保険制度も、賦課方式から積立方式に転換する研究領域があり、いまだにそうした論文を書いている人たちがいるというのは、なんとも評価のしようがない話ではあります。

今後の少子高齢化のなかで、日本全体で働く人、支える人が減っていきます。それは年金、社会保障だけではなく、日本全体のあらゆるシステムにかかわってくる問題です。この問題は前の世代がお金を積み立てておけば解決するというものではなく[66]、できるかぎり支える人を増やす、今の社会システムのもとでは支えられる側に回る人たちを、できるかぎり支える側に回ってもらえるように社会システムを変えていくことが大切です。社会の改革エネルギーをそういう方向に向けてもらえればと願っています[67]。

---

65) 鈴木亘(2010)203頁。
66) 本書第5講参照。

もっとも、過去の人口推計や経済前提よりも現実のほうが厳しく進んでしまい、そのうえ2004年の年金改正時に将来の保険料率を、日本よりも高齢化水準が低く推移する先進国よりも低い18.3％に固定されてしまったために、2004年改正以前の「給付建て年金」の目標給付水準であった所得代替率60％を将来には維持できなくなってはいます。しかしながら、そう言っても、今の日本の制度のもとでは、「図表4-3 早めのマクロ経済スライド適用は将来世代のため」(第4講145頁)に見るように、現状の給付水準を下げてもらうタイミングが早ければ早いほど、将来の給付水準を高めることはできます。

今、年金運営にかかわる人たちは、将来、高齢貧困者が大量に出てこないように将来世代の人たちの給付水準をいかにして底上げするかという努力をしています。そのために、マクロ経済スライドをデフレ下でもフルに適用するであるとか、被保険者期間を40年から45年に延ばすとか、消費税の引上げによる物価上昇分の年金の給付スライドを行わないとか、そういうことをやっていかなければならないわけです[68]。公的年金の役割、日本の公的年金が抱える問題がどのあたりにあるかを理解できない人たちには、将来世代のために今なすべきことに懸命に取り組んでいる人たちの足を引っぱってもらいたくないところです。

もちろん留意すべき世代間の問題

ただですね、年金や医療、介護制度のなかでの負担と給付の倍率に関する世代間の格差は大きな問題ではないとは言っていますが、これらの給付に投入されている税の部分を、赤字国債でどんどんと賄っているというのは大変な問題です。このあたりは、社会保障の教育推進に関する検討会がまとめた教育検討会作成ケーススタディに、次のように書かれています。

---

67) 本書第6講参照。
68) 本書第4講参照。なお、将来世代の給付水準を底上げする方法としては、短時間労働者に対する厚生年金適用拡大もきわめて有効な手段なのですが、その引上げの経路には若干の説明の必要がありまして、ここでは省略します。詳しくは、本書第9講参照。

我々の世代は、国・地方の公債残高の対GDP比で200％に至ろうとする公的債務を残してしまった。そのため、将来世代に多額の公債費（国債・地方債等の元利払い）を負わせることとなる。これは明白に問題視されるべきことであるが、こうした公債費を後世代に負わせたがゆえに生まれる世代間格差と、私的扶養の社会化ゆえに生まれる社会保障の中で観察される世代間格差の現象を、混同して議論していないか。なお、社会保険制度の財政は、社会保険に投入されている国庫負担、地方負担分を除いて、財政再建の基準となっている国・地方の公債等残高に悪影響を与えることはない。

　ここで、また紛らわしい話が混ざってきますので、世代会計——これは、先ほど登場したコトリコフが作った考え方ですが、これについても少し説明しておきたいと思います。世代会計とは、個人が一生の間に政府に支払う額と政府から受け取る額を、世代別に推計したものです。政府施策の何を対象として計算するかには、さまざまなバリエーションがありますが、重要なことは、世代会計で計上される世代間格差の中身の見極めです。上述の教育検討会が作成したケーススタディによる説明にもありますように、将来世代に多額の公債費（国債・公債の元利払い）、とくに社会資本を残すこともない赤字公債の公債費を後世代に残すことは極力避けなければなりません。だから僕は、物心ついた前世紀から、おそらくこの国で誰よりも早く速やかな増税の必要性を一貫して言ってきたのですけど、その観点と、私的扶養の社会化ゆえに生まれる社会保障制度のなかの世代間格差は、峻別してもらわないといけません。別物ですから。

　このように、社会保障に投入されている税の部分を通して、社会保障が後世代に負担を先送りしていることは確かです。しかしそれは、公的年金保険の保険料部分が賦課方式で運営されているというような公的年金の財政方式の話とは関係がなく、公的年金への投入が義務づけられている国庫負担分の税財源を調達することができない財務省、とくに税制を取り扱う主税局に責任がある問題なんですね。主税局が政治家を説得して増税を実現することができなかったために生まれた世代間不公平を、年金局による制度設計の問題

と勘違いして議論されているのが今の状況なわけです。

　この問題は、財務省も同じ観点から見ていまして、彼らは、財政赤字の問題点として世代間の不公平を捉えています。その見方はまったく正しいものです（図表35-7）。

公的年金のバランスシート

　なお、公的年金は積立方式が正しいのだから、その観点から見れば債務超過は「（厚生年金分のみ）……実は670兆円も存在しており、現在持っている積立金の130兆円を除いても、まだ540兆円もの債務超過（年金純債務）が存在しています」[69]と信じている人たちは、なんとしても公的年金を積立方式にしたいようです。その際に生じる二重の負担は、当面は、全世代からの増税と国債発行で賄い、その国債の償還を長期間かけて行えばいいわけで、その償還財源としては、今後の増税を考えているみたいです。

　でもですね、本当は、公的年金を積立方式にすれば、公的年金は、高齢者の貧困を防ぐという目的を達成することが難しくなり、公的年金の目的を達成するために賦課方式で運営されている公的年金には、はじめから彼らが積立方式のバランスシートに基づいて言う債務超過など存在しません。

　したがって、彼らには債務超過に見えるらしい額を埋め合わせる必要もありません。そして仮に、彼らが言うように、積立方式に切り替える目的で「公的年金の債務超過」を埋め合わせるための増税が今後可能なのであれば、その増税財源で財政再建や、医療・介護、保育・教育など現物給付の充実に使えばいいわけです。ちなみに、鈴木さんは「債務処理を保険料の世界から税の世界」に移した場合、「（厚年、国民、共済で）750兆円という年金純債務の金額自体は変わりませんが、債務処理の方法を、賦課方式のもとで保険料で行うよりもはるかに公平で公正なものにできるのです」[70]と書いています。しかしながら、04年フレーム——2017年に保険料が上限に達し、年金財政収入に見合った給付を実現していく賦課方式——のもとでは、積立方式のバランスシート基準で評価される「年金純債務」は存在しないわけですから、保

69）　鈴木（2010）188頁。
70）　鈴木（2012）150頁。

図表35-7 財務省資料に見る「財政赤字の問題点としての世代間の不公平」

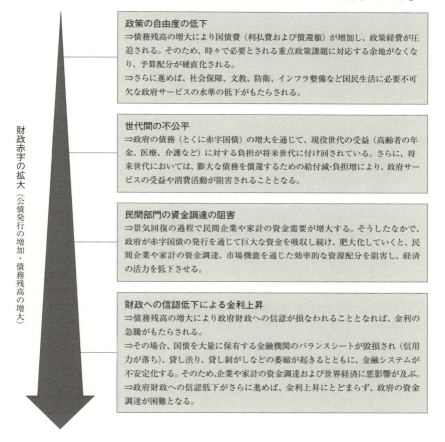

出所:財務省広報室「財政をめぐる論点(平成27年)」21頁。

険料で債務処理をする必要もない話です。彼は、「何度も述べてきたように、賦課方式の年金制度の本質的な問題は、巨額の年金純債務です。750兆円もの膨大な債務を抱えている状況で、経営を持続することができなくなった会社こそが、我が国の年金制度なのです」[71]と書いていますけど、こうした問題意識を、いろんな国の公的年金制度を普通に知っている人でいったい誰が共有できるのか、不思議な文章ではあります。

年金の周りでは、いやはやなんとも、という話が実に多くあります。こうした話の源は、高山先生の公的年金のバランスシート論だったわけでして、高山さんは小塩さんや鈴木さんのような高山年金論の後継者を世に輩出したとも言えるのですけど[72]、高山さんの年金バランスシートを批判するために書かれた、堀（2005）『年金の誤解』にある「第6章　600兆円の債務超過は本当か？」「第7章　債務超過を年金目的消費税で償還すべきか？」や、僕が2004年に書いた「やれやれのバランスシート論」[73]、それに小塩さんがテキスト『人口減少時代の社会保障改革』（2006）で展開した年金バランスシート論を批判するために書かれた堀（2006）「新「バランスシート論」について」[74]『年金と経済』（25巻2号）などをご参照いただければと思います。

---

71)　鈴木（2012）135-136頁。

72)　公的年金のバランスシートに関して、高山バランスシートと小塩・鈴木バランスシートには違いもあります。前者は将来の国庫負担を将来の資産に勘定し、後者は将来の国庫負担を資産には入れていません。したがって、高山バランスシートよりも小塩・鈴木バランスシートのほうが、債務超過額が大きく計上されます。また、高山バランスシートは、将来の保険料収入を、たとえば高山さんが主張する消費税に置き換えれば、賦課方式のままでもバランスシートは均衡すると見ているのに対して、後者は、定義上そうはならず、債務と同額の積立金が存在しないと債務超過はなくなりません。

　　なお、公的年金をバランスシートで評価する彼らが共通して、積立方式から賦課方式に移っていった歴史過程を「過去の不始末」、「政治家や官僚が年金積立金を無計画に使ってしまったからに他ならない」とみなすことは先に触れました。この点については、彼らの歴史観が彼らの公的年金バランスシート論を作ったのか、それとも公的年金バランスシート論が先にあって、それに整合性を持たせる形で彼ら独特の歴史観が形成されたのか、いまだ不明のままではあります。このあたりは、本書第2講中「未納が増えると年金が破綻するって誰が言った？」を参照。そこでは、映画『ゴッド・ファーザー』のなかでの名言「敵を憎むな、判断が鈍る──Never hate your enemies, it affects your judgment」の話をしています。

73)　権丈（2006）所収。

74)　堀勝洋（2009）『社会保障・社会福祉の原理・法・政策』（381-399頁）に所収されている。

参考資料──太田啓之氏の「公的年金とメディア」
　『いま、知らないと絶対損する年金50問50答』の著者である太田さんが「年金リテラシー研究会」での報告の際に配付した資料の一部を紹介しておきます。Ⅳ．考察・提言にある「①太田は年金専門記者の『第一世代』[75]。間違いながら学んでいくしかなかった。（同時期の他メディアの記者も同じ）」という言葉……年金記者第一世代の苦労が窺えます。

＊　　＊　　＊

【公的年金とメディア】
2014年1月29日　朝日新聞記者・太田啓之

【Ⅰ．公的年金報道の難しさ】
① 公的年金には「事件」がない。具体的な現場がない。外交問題や経済問題のように「日々動く」問題ではない。審議会や法改正が主な舞台。報道する側としては「具体的な手触り」がない問題。数字をどう解釈するか、という地に足がついた感じがなかなかしない議論になってしまう。
② 「公的年金の危機」は現実として存在する。その「危機のレベル」をどう具体的に表現するか、という問題が常にある→メディアは総じて悲観的に報じがち。
③ 制度自体の複雑さと紙面の限定性→「賦課方式」自体のなじみにくさ。基礎年金、3号制度の不可解さ。限られた紙面で、全体と部分の相関関係を論じるのはほぼ不可能。「木を見て森を見ず」という内容になりかねない。
④ 「未来を想定しないと制度設計ができない」という特殊性
　前提が外れる＝政府の甘さ、うそつき、と思い込みがちだし、そういうロジックを用いれば比較的簡単に記事がつくれる。想定を超えた出生率の急落、バブル崩壊後の経済停滞がそれに拍車をかけた。
⑤ 年金問題は、社会問題というよりも「社会の問題の結果」であるという特殊性
　マスコミの仕事は「個別の問題を指摘し、解決を促すことで、全体と

---
[75] 太田さんと同様に年金記者「第一世代」であった朝日新聞の浜田陽太郎記者の講演「わたしと年金報道」年金綜合研究所「設立記念シンポジウム」（2012年12月10日）も、kenjoh.com/MrHamada.pdf にアップしているので、ぜひとも読んでください。

しての社会がよくなる」という考え方に基づいている。その論理に従えば、「年金問題を解決すれば社会はよくなる」と考える。

だが、現実には「社会がよくなれば（出生率改善、経済好転）、年金問題は解決する」と言った方が真実に近い（年金のシステムは基本的には「お金を集めて配るだけ」という単純な仕組みであるため、年金改革でできることには限界がある。痛みを伴う年金改革とは「社会の失敗の後始末」に他ならない）。

こうした発想の転換は、マスコミに限らず人間にとっては極めて難しい。

⑥　公的年金は、私的年金など民間の金融商品とはまったく別物。だが社会保険の仕組みを採用し、「保険料を支払い、年金を受け取る」という民間契約の形を「擬態」しているため、民間の金融商品と同列に扱われたり、市場経済のロジックで批判されたりしがち。「積立方式への移行論」「世代間格差論」など。

⑦　さまざまなレベルの問題が混在し、それが無秩序に流布してきた＝「年金はもうだめだ」という社会的コンセンサスが定着してしまった。

実例：2013年7月23日。朝日新聞への内田樹氏の寄稿

「原発の放射性物質の処理コストがどれくらいかかるか試算は不能だが、それを払うのは『孫子の代』なので、それについては考えない。年金制度は遠からず破綻するが、それで困るのは『孫子の代』なので、それについては考えない」

→正面切って「年金は破綻する」と主張されるよりも、「年金が破綻することは常識」という前提で話をされる方が、人の意識には深く浸透してしまう。

⑧　2004年の参院選の際に公明党がマニフェストとして挙げた「100年安心」という言葉がひとり歩きし、年金批判報道の常套句として使われるようになった[76]。

⑨　専門家の間でさえ、意見が混乱（550兆円の年金債務、など）

記者の側に「専門家の意見の真贋を見分ける」という酷な作業が課せられた。「両論併記」による実質的な思考停止（表層的な公平感こそが重視される）。

⑩　年金報道に関するメディアの経験値不足

年金問題がクローズアップされたのは90年代末から。問題の本質をどう捉え、どう報道すればよいのか、社内のノウハウが十分ではなかった。

【Ⅱ．マスコミ・メディアの一般的傾向】
① 不安の種を探し、それをつぶしていくのが大好き。しかし、つぶせない時には不安をどんどん増幅させるだけ（未来の不確実性に耐えきれない）。
② 「何か対策を講じれば、現状よりも必ず良くなる」と主張しがち→「現状維持が最善」「今は我慢して、黙々とやるしかない」という選択肢が欠落している。
③ 問題が生じるのはすべて政府のせい、と思いがち。その表裏一体として「理想的な政治が実現し、適切な対応をすれば、現状は必ず改善される」という政治へのナイーブな信頼感がある。
④ 政府の批判が大好き（含政治家）。しかし、それ以外の個人への名指し批判はタブー視されがち。

【Ⅲ．太田自身の年金記事の推移】
① 『人口問題研究所という問題　現実的な民間推計値なら年金破綻は必至』（アエラ・2002年2月11日号）
　「年金の破綻を覆い隠すために、推計結果を恣意的に高めに見積もってきた、と見られても仕方がない」（本文）
　「社人研推計の出生率の過程がこれまで現実と異なってきたのは、出生率の低下が過去に例をみないほど急速に起こったからだ。今のところ、現在私たちがとっている手法以上に人口推計に妥当なモデルがあるとは思えない」（by 社人研所長）
　※「前提が甘い」という記事の典型例。「政府は現実を直視していない」。社人研の主張には「理屈は正しいかもしれないが、現実に外れている以上納得できない」という思い。
② 『不信・不満の解消遠く　財政均衡、前提に危うさ　年金改革関連法案』（2004年6月5日　本紙4面）
　「成立する見通しの年金改革関連法案は、年金の未納・未加入、公的年金制度間の不公平やわかりにくさなど、年金不信・不安の底にある重要課題の解消は手つかずのまま、目先の年金財政の均衡を優先する内容だ。しかも前提となる出生率や賃金上昇率、保険料納付率などには、いずれも危うさが目立ち、『すでに賞味期限切れ』との指摘が強い」

---

76) 本書第7講参照。

※短い記事ながら、年金制度に対して一般的な記者が抱く疑問や主張が
　　　ほぼ網羅されている。記事の前提として頭にあったのは「抜本改革し
　　　なければもたない」という一点。
③「シリーズ社会保障・選択のとき　年収の4割、負担できますか」
　（2005年4月3日　オピニオン面）
　　「賃金が今後上がらなかったら、社会保険の保険料や税金の負担は今後
　どうなるか」ということを独自試算した。年金額も独自試算。この過程
　で年金の基本的な考え方、構造がようやく腑に落ちた。
　　「何十年も先の将来は『自然にそうなる』のではなく、自分たちで作り
　上げていくもの。出生率もベースアップも、予測というより努力目標と
　考えるのが妥当」（by 慶応大・権丈善一教授）→「前提が甘すぎるから
　問題が生じる」という固定観念からの脱出
　　※この後、週に1回、1年間、社会保障についてオピニオン面1ページ
　　　を使って解説する連載企画「選択のとき」を担当。
④「年金・医療費……将来見通しの基礎データ　正確な人口推計、可能
　か」（2006年9月6日　オピニオン面）
　02年『アエラ』記事のリベンジ。
　　「これほど出生率の変動が激しい時代では、人口の予測は極めて難しい。
　……しかし、国の将来設計には人口の将来見通しが不可欠だ。不確実な
　推計でも、それに頼らざるを得ないという状況に私たちは置かれている」
　　「人口は台風の進路のように人間の力が及ばない自然現象とは違って、社
　会全体で対策を講じ、望ましい方向に働きかけることが可能な対象だ」
　　※「政府批判」から「政府を含めた私たちの問題」として捉える視点へ
　　　の転換。「人間の営みの将来像を予想する」という行為の特殊性への言
　　　及。
⑤「運用益か、安定か　年金の積立金140兆円」（2008年8月19日　3面）
　　「年金積立金の市場運用は、その規模の大きさゆえに難しい問題を抱え
　る」
　　「これだけの規模だと、株式を売ればその過程で株価の水準が下がり、
　買えば逆に値が上がる。機動的な運用は困難」
　　※最後に残っていた難題、積立金運用の問題に取り組む。玉木伸介氏の
　　　議論に多く依拠。ただし、本質的には極めて説明が難しい。
⑥『いま、知らないと絶対損する年金50問50答』（文春新書・2011年4月
　初版）

「年金破綻論、抜本改革論、2つの幻想を打ち砕く」
※新聞や雑誌では困難な、包括的で系統だった年金論を展開する必要性。政治、メディアで年金に携わる者にとって、議論のベースになる本を目指した。
⑦ 「『年金破綻論』のまやかし」（アエラ　2012年4月9日号）
「公的年金の破綻論が何度目かのブームを迎えている。あえて『ブーム』と呼んだのは、破綻論はこれまでも、政府が年金改革を試みる時にだけ盛り上がり、そのたびにメディアで一時的にもてはやされるスター研究者を生んできたからだ。今回、トップスターに躍り出たのが、学習院大経済学部の鈴木亘教授だ」
年金破綻論、積立金枯渇論を唱えてきた鈴木亘氏を徹底批判。
⑧ 「年金『大誤報』にダマされるな」（週刊文春　2012年4月19日号）
※⑦⑧ともに名指し批判。読者へのアピールと共に、他メディアや識者に「いい加減な主張を垂れ流すことへのリスク」を認識させる目的。メディアとして自浄力を発揮する責任も感じた。

【Ⅳ．考察・提言】
① 太田は年金専門記者の「第一世代」。間違えながら学んでいくしかなかった（同時期の他メディアの記者も同じ）。
今では新聞各社にはノウハウがかなり蓄積され、一部を除いてあまりにも年金不信を煽る記事は影を潜めつつある。ただし、雑誌やテレビは構造上、ノウハウの蓄積が困難（専門記者が不在）。今後も、財政検証や審議会、決算報告、積立金の運用状況などに応じて、年金不安を過度に煽る報道が繰り返されるリスク。
② 年金を問題視する多くの記者は、今後もⅢ－③の地点＝「見通しが甘すぎる」から記事を書き続けるのではないか。最初は出生率。それが上向くと今度は経済前提、積立金。やり方はワンパターンだが、それだけに量産がきく。数字が入っている、というだけで表面上は説得力が増す。読者へのインパクトも大きい。
財政見通し等で、標準ケースを過度に強調することをやめるべきではないか。特に経済については、物価下落も含めさまざまなケースを想定した試算を公表するべきではないか。
同時に、「年金は今後の日本経済に大きく左右される」「経済の先行きは分からないが、一定の前提を置かざるを得ない。試算はあくまでも仮

置き」「経済の安定的成長無しに、安定した年金の仕組みはあり得ない」という基礎的知識を国民にきちんと伝達するよう、政府は広報姿勢を徹底するべきではないか。

③ 「正しい報道、知識伝達を推し進めれば、そのうちに間違った報道や主張が沈静化する」という考えは甘いのではないか？ 誤った報道や主張に眉をひそめるだけではなく、個別に指摘し、追及する姿勢が必要と考える。そのための具体的枠組み。「年金トンデモ論」を監視し、批判する有志の専門家集団を組織してはどうか？ 雑誌やテレビ報道に対する大きな抑止力になると考える（マスコミは批判されるのが大嫌い。ただし「マスコミ」という普通名詞で批判されても痛くもかゆくもない。「名指し」がとても大事）。

④ 残された課題として「世代間不公平」。世代間格差論に対しては、すでにロジカルな反論が行われているが、現実に多くの高齢者が安定した生活を送る一方、若年層が窮状に立たされている状況下では（年金のマクロ経済スライド凍結による、給付水準の逆転上昇現象はその典型）では、一定の説得力を持つ。今生きている高齢者と若年層の不公平感を減らすための政治的、社会的な取り組みが必要。

＊　＊　＊

太田さんの最後の「残された課題として」については、社会保障制度改革国民会議の報告書に、次の記述がある（7頁）。

> このようなことに留意しつつ、他方、世代間の不公平論が広まる土壌があることにも目配りが必要である。負担の先送りの解消はもとより、教育現場等を含め、社会保障の意義や若い人々にとってのメリットを正しく理解してもらえるよう努力することや、若い人々の納得感が得られる全世代型の社会保障への転換を目に見える形で推進することが重要である。なお、個々の制度の問題ではなく、こうした世代間の不公平論が広まる土壌として、若年層の雇用環境が極めて厳しい現状にあることにも留意が必要である。
>
> また、高齢世代にも、社会保障が世代間の連帯・助け合いの制度であることを理解してもらい、社会保障を持続可能なものとしていく努力を求める必要がある。

第36講 彼らが計算する世代間格差ははたして生活実感を表しているのか

　先ごろ流行したピケティの『21世紀の資本』に、「累積成長の法則」という項目があります。たとえば、その法則を示した表の注には、「年成長率1％は、1世代（30年）の累積成長率35％に相当し、100年ごとに27倍になり、1000年ごとに2万倍以上となる」という説明があります。ピケティの100年、1000年の話を数十年間に短くすると、それは要するに、僕が昔から言う「複利計算の怖さ」と同じ意味になるんですよね。すなわち、

　　　医療費の将来見通しでは、長期的な複利計算を行わなければならない。複利計算とはなかなか恐ろしいもので、わたくしは、複利の怖さを学生に分かってもらうために、講義のなかで次のような表を作って見せたことがある〔表36-1〕[1]。

　複利計算というのは、ほんのわずかな率の違いが時間とともにかなり大きな差を生み出すもので、世代間格差不公平論者たちが計算するいわゆる「世代間格差」も、どういう計算をしているかに大きく依存することになります。そして、彼らの仲間内で競われている研究手腕は、世代間格差をいかに大きく推計するか、その試算結果をいかに大きく印象づけるように見せ方を工夫するか、さらに言えば、給付負担倍率がいかに1を切るように見せかけるか[2]にあるようです[3]。でも、彼らの計算結果を見る人たちに、一歩踏みとどまって考えてもらいたいことは、「その値って、はたして自分たちの生活実感を表しているのか」ということです。今の若者は、おじいちゃんおばあ

---

[1]　権丈（2007）117頁。
[2]　本講末の参考資料を参照。

図表36-1　複利計算の怖さ

r（％）	20年後	25年後	30年後	35年後	r（％）	倍率に要する年数
0.5	1.10	1.13	1.16	1.19	0.5	139
1.0	1.22	1.28	1.35	1.42	1.0	70
1.5	1.35	1.45	1.56	1.68	1.5	47
2.0	1.49	1.64	1.81	2.00	2.0	35
2.5	1.64	1.85	2.10	2.37	2.5	28
3.0	1.81	2.09	2.43	2.81	3.0	23
3.5	1.99	2.36	2.81	3.33	3.5	20
4.0	2.19	2.67	3.24	3.95	4.0	18
4.5	2.41	3.01	3.75	4.67	4.5	16
5.0	2.65	3.39	4.32	5.52	5.0	14
6.0	3.21	4.29	5.74	7.69	6.0	12
7.0	3.87	5.43	7.61	10.68	7.0	10
8.0	4.66	6.85	10.06	14.79	8.0	9
9.0	5.60	8.62	13.27	20.41	9.0	8
10.0	6.73	10.83	17.45	28.10	10.0	7
					r（％）	10年で倍増させる国民所得倍増計画
					7.0	10

注：rは利子率、成長率、その他なんでもよい。
出所：権丈（2007）118頁を一部修正。

ちゃんよりも、生まれた時にすでに1億円損をしている……。これはいったいなんの話なのか？と。

　このあたりについては、若い社会学者として有名な古市憲寿さんの意見も参考になるかと思います。今の若い世代から見れば、彼らの祖父母と比べると1億円くらい損をするという経済学者たちの論についての感想です。

> たとえば、社会保障費をもとにいくら若者が損をしているといっても、それはあくまでも金銭的な話だ。実際にどれくらいの「損」があるかは、もう少し主観的な話になってしまう。現在僕たちが利用しているインフラやテクノロジーは、先行世代が作り上げてきたものだからだ。……僕はいくら「1億円トクする」と言われても、団塊の世代にはなりたくない。昔って今より注射は痛かったらしいし、公害はひどかったし、海外

3）　堀勝洋（2005）における「仮定によって大きく変わる損得計算」も参照。そこでは、西沢（2003）、高山（2004）を対象として、仮定によって計算結果が大きく変わることを示している。

のチョコを手軽に買えないし、携帯電話もない。……世代間格差の話をしたが、若者たちの親世代がまさに高度経済成長期の恩恵を受けてきた「勝ち組」世代なのだ。だからマクロで見た世代間格差も、実はミクロで見れば格差ではなく、家族内で様々な資源の移転が行われている場合も多いだろう[4]。

　人々の素朴な「昔はよかった論」を打ち消すものとして『ALWAYS 地獄の三丁目　本当は怖い昭和30年代』という本が一部で人気を呼びましたが、これを読むと、昔になんて戻りたくないと心底思います。さらに、経済学に関心のある人には、アメリカ経済学会の会長も務めたプリンストン大学の経済学部教授、ディートンの『大脱出——健康、お金、格差の起源』もお勧めします。「はじめに」には、ディートンの祖父母の時代からディートンの子どもの時代へと4世代にわたり、ディートンが生涯をかけて分析を続けてきた、健康や機会をも視野に入れた生活水準の推移——貧しさからの「大脱出」の過程——が見事に描写されています。時には、こうした本とも読み比べながら、しばしば見受けられる世代間対立を煽っているような論から一歩離れて考えを深めてもらいたいと思います。

　社会保障の教育推進に関する検討会がまとめたケーススタディには、まず、世代間不公平論者たちに注意してもらいたい「計算技術的な問題」が説明してありますので、ぜひご覧ください。そのうえで、教育検討会作成ケーススタディ後半で、多くの経済学者が計算した世代間格差の大きさと、その時代時代に生きる人たちの「生活実感」について書いてありますので、ここで紹介しておきます[5]。

　　　そもそも、社会保険制度の中の世代間の「格差」は本当に問題なのであろうか。
　　・社会保険は、この制度がなければ発生したであろう、世代間の生活水準の格差を縮小する役割を果たしてきた。この政策目的を遂行する際の政策基準は、各世代の「生活水準」であった。こうした社会保険の

---

4)　古市憲寿（2011）234-235頁。
5)　社会保障の教育推進に関する検討会作成ケーススタディ、17頁。

中で世代間格差を推計すれば、世代間格差は確実に存在する。しかしながら、そこで推計された格差について、各世代の生活当事者達は、果たして価値を伴う規範的判断である「不公平」と感じているのであろうか。
・各世代の生活当事者達が意識する「公平」「不公平」感に近似できる指標を作るというのであれば、次のような要素も考慮に入れた方がいいのではないか。

◆ 老親への私的扶養は、社会保険制度の充実に伴い減っているのではないか。
◆ 前世代が築いた社会資本から受ける恩恵は、今の若人の方が高齢者より大きいのではないか。
◆ 教育や子育て支援による給付は、今の若人の方が高齢者より充実しているのではないか。
◆ 少子高齢化の中で、親からの1人当たりの相続財産は、昔よりは増えているのではないか、等

　これらを考慮に入れて世代間の「公平」「不公平」を表す指標を作成しないと、各世代を生きる人たちにとって生活実感と外れた指標で議論していることにはならないか。もっとも、同一世代のなかで、相続財産を受ける者とそうでない者がいるであろうが、そうした問題は、世代内の格差問題として把握すべきことである。

> **参考資料**
> 　「教育検討会作成ケーススタディ」では、参考資料として「割引率の問題についての具体的な計算」をまとめています（25-27頁）。公的年金の世代間格差というのは、年金を理解するうえではあまり意味のない話ですけど、報道などで「世代間格差」として示される計算結果を見る際の参考としてもらえればと思います。「ケーススタディ」の参考資料の概略は、次のような内容です。
> 　まず、保険料を納付する期間は40年、年金を受給する期間は20年、年金給付水準は保険料を納付している現役世代の賃金の一定率とします。ここで年金給付水準と同様に保険料も賃金上昇率で伸びる、賦課方式の年金制度を考

第36講 彼らが計算する世代間格差ははたして生活実感を表しているのか

えてみます。

　年金は、負担と給付のタイミングが異なるために、年金の給付負担倍率（＝給付総額／負担総額）を計算するためには、タイミングの相違を調整しなければなりません。通常とられる方法は、保険料を納付し始める時点や年金を受給し始める時点を現在時点に設定して、負担と給付の割引現在価値を計算したうえで、給付負担倍率を計算する方法です。

　今、上述の年金制度を賃金上昇率で割り引けば、当たり前ですが給付負担倍率は１となります。ところが、賃金上昇率よりも利回りのほうが大きい時、利回りを割引率とすると先ほどの年金の給付負担倍率は１を切ってしまいます。そして１を切る度合いは、賃金よりも利回りのほうが大きければ大きいほど、大きくなります[6]。なお、この賦課方式の年金は、制度発足から制度が成熟するまでの成熟化過程では、前の世代であるほど、給付負担倍率は大きくなります。この時、給付負担倍率の計算では世代間格差が発生し、しかも、利回りを割引率とした場合は、制度成熟以降では給付負担倍率は１を切り続けることになるわけです。

　教育検討会作成ケーススタディでは、「このように、世代間格差の生じる余地のない単純かつ公平な制度を仮定した場合であっても、割引率の設定次第で、制度成熟時の第６世代以降の「給付－拠出」はマイナスとなる。このような計算方法の性格上で出た結果を『世代間格差』と論じることは誤解を導く」（27頁）と結論づけています。

　同様の論は、2009年当時、RIETI所長であった吉冨勝氏も「年金制度に関する２つの誤解」で論じられていますので、参考にしてください。

> 　割引率の違いは、割引現在価値を大きく左右する。とりわけ年金の場合には、保険料納付の期間が45年と年金受給期間20年の２倍以上もある。年金受給開始年での保険料拠出総額の割引現在価値は元利合計であり、年金受給額の割引現在価値は将来の年金給付の割引値である。したがって、割引率の値が高くなると、前者の保険料拠出総額がより大きく、後者の年金受給額はより小さくなり、前者が後者を上回る傾向を持つ。そのため、給付／拠出の比率は低下する[7]。

---

[6] 本書38講中「図表38-１　割引率の考え方の整理」における給付負担倍率の行を参照。

[7] 吉冨勝（2009）「年金制度に関する２つの誤解」RIETI Policy Analysis Paper, No.2。

第37講　過去の不毛な年金論議による社会的損失

　僕の社会保障の講義では、年の瀬も押し詰まった12月に入って、ようやく年金に入ります。授業で年金を取り上げることの難しさは、学生が普通に持つ先入観という外堀を埋めることなく、僕らにとって当たり前の年金の話をすると、反発が起こることです。春からしっかりと時間をかけて、彼らの先入観を取り除いてから、冬に入る頃に年金の本題に入ります。そうした心の準備をして、次のような課題を読んでもらわないと、素直に受け入れてもらうのは難しいです（笑）。

　　社会保障の教育推進に関する検討会が準備している「参考資料　社会保障の正確な理解についての1つのケーススタディ〜社会保障制度の"世代間格差"に関する論点」[1]

　この資料を課題図書として、昨年（2014年）12月にレポートを書いてもらいました。そのレポートのなかに、「ある意味、そのような力を持った人々が年金の勘違いを『大きな声』としたからこそ、現在のように徐々に年金の正しい知識が国民に広く知られる、また知らさなければならないという危機感を生むきっかけとなったのではないかと思う」というのがありました。
　このレポートを書いた学生は僕のゼミの学生でしたから、「こら、手抜きをせずに、ちゃんと課題図書を読んで、やりなおし（笑）」。だって、この期に及んでそうしたレポートを書くのは、課題図書をしっかりと読んでいないのは明らかですからね。数日後……

1）　http://www.mhlw.go.jp/stf/seisakunitsuite/bunya/0000053851.html

書き直したので投稿します。

　まずは前回の感想で、年金破綻論に意味があったかのようなことを書いてしまいました。過去の年金破綻論がかなり世の中に蔓延してしまったこの長い時間を全く意味のない邪魔なものと言ってしまうにはあまりにも長い期間だったため、何かしらの意味を見出したくなってしまっていました……。しかし、文献をもう一度読み直してやはり年金破綻論が盛り上がってしまった時間は非常に勿体ない時間だったのだと実感しました。

　そして、年金破綻論といえば「100年安心」のフレーズですが、朝日新聞の社説にも書かれていましたように[2]、年金について詳しく知れば知るほど、年金制度は非常に考えられていて、公明党が選挙で「100年安心」と言って胸を張りたくなる気持ちはすごく分かるなと思いました。ただそのキャッチフレーズだけが一人歩きして批判の対象となってしまった、政争の具として利用されてしまったことを見て、言葉の選び方には気をつけなくてはいけないなと感じました。

　……

　自分の働いている店の店長はもっぱら年金に不信感を抱いていて、たまにその店長と年金について話すことがあるのですが、私には店長を納得させるだけのことはできませんでした。一度抱いてしまった不信感を消し去るのは非常に難しいのだと感じるとともに、世間からの厳しい風当たりの中で年金に対する不信感を拭っていっている人たちの地道な努力に胸が打たれる気持ちになりました。現在、平成27年にマクロ経済スライドが発動することが濃厚になっているそうですが、その時はもう年金に対する邪魔な議論は盛り上がることなく、みなが年金の安心を高めるための選択を見守ることができたらいいなと感じました。

この10年間、繰り返し論じてきたように、政治・政策空間には時間やマンパワーという制約条件があります。政策リソースの制約条件と表現してもよ

2）「社説　年金の未来　上　100年安心を脱して」『朝日新聞』2014年4月21日。

いでしょうか。政治家には1日24時間しかないし、国会には会期という制約条件がある。政治について報道をするメディアにも、放送時間や、紙面・文字数の制約があります。また言うまでもなく、官僚にもマンパワーやマンアワーの制約条件がある。そうした制約のなかで、優先順位の高い重要な課題を解決していかなければならないわけです。そうであるのに、国政選挙を見ても、2004年衆院選、2007年参院選、2009年衆院選は明らかに年金選挙となり、この国で解決が待たれる重要な案件を議論することさえできない状態が続いてきました。以前から、民主主義を運営するのに要するコストを「民主主義の運営コスト」[3]と呼んできたわけですけど、年金まわりでは議論そのものが不毛なものが多く、民主主義の運営コストがあまりにも大きすぎました。2004年頃から一部の学者や民主党の政治家が展開してきた年金破綻論がその典型で、年金局の政策リソースは、誤解を解くことにその多くが費やされ、この国の公的年金に必要な仕事である将来の高齢者、つまりは今の若者が歳をとった時に誇りと自信を持って生活してもらうための諸施策が先送り、先送りされ、そうした年金まわりの出来事がこの国で年金政策の前提として成立していなければならないはずの他の重要な政策も次々に押しのけてきました。過去の不毛な年金論議によるこの国での社会的損失は、計り知れないものがありました。

　ここは、僕がそうしたことを書いた直近の話を紹介しておきます。

　　2004年の年金大改革以降、社会保障の最大課題は、子育て支援・少子化対策の充実と医療提供体制の改革であった。もちろん年金にも残された重要な宿題はあった。04年改革で挑戦して挫折した非正規労働者の厚生年金適用の拡大や第3号被保険者の見直し、および04年改革を完成させるために必要となるマクロ経済スライドのフル適用や消費税の引上げである。ところが、04年改正以降、年金は政争の具として存分に利用されることになり、この国は年金選挙とも呼べる09年の選挙で政権交代まで経験してしまった[4]。

　3）「勿凝学問89　マニフェスト選挙と民主主義の運営コスト——6月27日のブレア首相辞任に思うことなど」（2007年7月2日脱稿）参照。

次なども、どうでしょうね。

2004年4月に民主党が11頁の法案を出して、年金一元化と7万円の最低保障年金という、普天間で言えば「最低でも県外」レベルのスローガンを掲げたまま8年近くが過ぎた。具体的な改革案を示さずとも、現行制度を批判しておけば票になる年金。民主党が勝利した04年と07年参院選、09年総選挙は、明らかに年金選挙であった。民主党にとって、年金は手放せない政争の具であった。……与野党が結束して年金改革を進めるべきは、負担増と給付減の痛みを国民に求めた04年改革の時だったのである。だが、当時の野党民主党が「年金政局」を仕掛けたために、日本の政治はそのタイミングを逸してしまった。その後、年金を原因として政治は地に向かって墜ちていくばかりであった[5]。

たしかに、日本は人類未踏の少子高齢社会を生き抜かねばならない。しかし、決して不可能ではない。大切なことは、愚説に惑わされて不必要に動揺し、社会保障全般にわたる重要な諸施策を先送りしないことである[6]。

民主党が新年金制度を掲げて年金を政争の具としてきたこの8年間、解決しなければならない年金の問題はもとより、この国で解決しなければならない他の重要案件がすべてクラウディング・アウトされてきました。だから、政治は地に墜ちて今日のような国になってしまった[7]。

---

4) 「この人民ありてこの政治あるなり」『週刊東洋経済』2014年3月22日号。本書第33講所載。
5) 「年金政局の歴史と一体改革」『週刊東洋経済』2012年3月17日号。本書第22講所載。
6) 「少子高齢化と社会保障」『週刊東洋経済』2012年6月2日号。本書第23講所載。
7) 「年金実務2000号記念座談会　年金制度の過去、現在と未来」『年金実務』第2000号（2012年7月9日号）。本書第24講所載。

世の中にはいつも少なからずある改革を求める改革エネルギーや、政策リソースをムダ遣いしている余裕など、この国の人たちにはありません。エネルギーとリソースをうまく組み立てて、本当に必要な年金改革、社会保障改革を一歩でも先に進めなければならないわけです。その邪魔ばかりをしてきたのが、過去の不毛な年金論議でした。

第38講 給付負担倍率試算に関するスタンス
——社会保障教育検討会における過去への訣別＊

　昨日のゼミでも話したように、僕は、昔の出来事を、日付、その時の会話、雰囲気等々を、映像や音として妙に覚えているという特技（？）を持っている。そうした僕の特技のせいで一番迷惑をしているのは、過去に間違えたことやバカなことを言ったり書いたりしたことのある年金論者たちだとは思う……ということも昨日話したこと。

　もう1つ、これは特技と言うべきか、傍迷惑と言うべきかの特性があり、前夜飲んだ際の会話を不思議と記憶していて、翌日には、前日の話に関する補足資料を送るという癖がある。「飲んでいる時の会話を全部覚えているの!?　えっ、昨日は無礼講だと言っていたはずなのにっ！」と昔から少々不審がられている特技でもある（笑）。なぜだか、昨晩のあそこのあのあたりの説明が不十分だったから、あの資料を送っておかなきゃいけないなっとか、他のことは忘れても、そういうことはけっこうしっかりと覚えているわけで、これまでそういう連絡が翌日になって僕から届いた人は数知れないと思うが、次は、そうした内容のメールの1つ。

＊　＊　＊

　昨日、大学院の講義で、「社会保障の教育推進に関する検討会」が2012年3月23日に出した「社会保障の正確な理解についての1つのケーススタディ〜社会保障制度の"世代間格差"に関する論点〜」の6頁の表の5〜6行目

＊　「勿凝学問394　負担給付倍率試算に関する厚労省のスタンス——社会保障教育検討会における過去への訣別」（2014年12月5日脱稿）より転載。なお、注1は2015年5月26日に挿入。

の重要性を説明したので、いっそのことと思い、ここにまとめておくことにする。

次は、以前、知人に送ったメールである。

昨日、最後まで店に残っていた方々へ

　社会保障の教育推進に関する検討会が2012年3月23日に出した次の資料6頁の表〔図表38-1〕の5行目「保険のリスクヘッジによる効用」と6行目「払い損かどうかの解釈」が、その後の年金論のなかで重要な意味を持ちます。

　この表により、厚労省は過去の試算と訣別せざるをえなくなります。つまり、賃金での割引率でも、リスク・ヘッジによる期待効用の増加（保険のメリット）は計算されていないゆえに問題ありと、厚労省による過去の試算結果をも否定しているわけです。1つの検討会とはいえ、厚労省のこの過去との訣別は、年金論の歴史のなかではけっこう大きな意味を持つことですので、記憶しておいてください。

図表38-1　割引率の考え方の整理

	利回り	賃金	物価	名目
割引率 （H21財政検証）	4.1%	2.5%	1.0%	0％ （割引せず）
負担給付倍率	← 割引率が小さいほど倍率は大きい →			
割引の考え方	債券、株式市場での逸失利益の期待値の計算	生活水準（賃金）による価格調整	購買力による価格調整	―
保険のリスクヘッジによる効用	いずれのケースにおいても保険のリスクヘッジによる期待効用の増加（保険のメリット）は計算されていない			
払い損かどうかの解釈	いずれのケースも給付負担倍率が1倍を下回っても、上記のリスクヘッジによる期待効用がそれを補えば払い損にならない。 　→　特に利回りの場合は金融商品と保険という2つの選択肢の比較が計算の含意となっているが、この際、前者が保険のリスクヘッジによる期待効用の増加を評価していないことは重大な欠陥である。			

資料：「社会保障の正確な理解についての1つのケーススタディ〜社会保障制度の"世代間格差"に関する論点〜」6頁。

第38講　給付負担倍率試算に関するスタンス　459

　　また、このことは、社会保険料の事業主負担を被保険者本人の負担にしようが、被保険者本人の負担から外そうが、リスク・ヘッジによる期待効用の増加（保険のメリット）を考慮していない試算は問題ありと、否定していることも意味します[1]。

　　そして、この件については坂本さん[2]に事後承諾をいただいた次第。次の39頁、40頁をご参照ください。

　　権丈　過去において、厚労省は何度か、年金の割引現在価値を計算してはいますが、あれはなにも、やりたくてやったわけではなく、世間からの「世代間格差を厚労省は隠す気か！」という、そういうふうに信じ込んでしまっている人たちからの批判に耐えられなくなって試算しただけ

---

1)　ちなみに、教育検討会作成ケーススタディでは、「［［内閣府ペーパーの問題点④］（事業主負担の扱い）として、「内閣府ペーパーでは、社会保険料支払に事業主負担を含めているが、それは妥当なのだろうか」と指摘しており、厚労省が用いてきた、社会保険料支払いに事業主負担を含めない方法については何も論ぜず、肯定もしていない。そこで論じていることは、「事業主負担がすべて従業員の給料に転嫁されるとはいえず、この部分の扱いをどうすべきかについては、内閣府ペーパーのように確定的なことは言えないのではないか」（8頁）だけである。経済理論面から社会保険料の転嫁と帰着に関心を持つ人は、たとえば、Stiglitz and Atkinson (1989), *Lectures on Public Economics* 中 の "Lecture 6 Incidence: Simple Competition Equilibrium Model" および "Lecture 7 Tax Incidence: Departures from the Standard Model (Market Imperfection, Monopolistic Competition, Structure of Production, Non-Market-Clearing)" を参照されたい。一般均衡モデルにおいて転嫁と帰着を論じるにはきわめて多方面の要因への配慮が必要であり、常に事業主負担がすべて従業員の給料に転嫁すると論じるのは難しいことが理解されるはずである。

　この点、大竹氏は近著『経済学のセンスを磨く』で「教育検討会作成ケーススタディ」に記されている文章を紹介して、それらの文章が「労働者には全く転嫁されないということを示すものではない」（113頁）と、ケーススタディに反論している。しかしながら、「教育検討会作成ケーススタディ」では、どこにも「労働者に全く転嫁されない」ということは書かれていないし、厚労省はそうしたことを主張してもいないのである。あのケーススタディを作成する際の事務局が共有していた理解は、まったく転嫁されないというのは間違いであり、完全に転嫁されるとも限らないというもの。それゆえに、確定的に論じているとも受け止められる内閣府ペーパーに対して「内閣府ペーパーのように確定的なことは言えないのではないか」と論じているだけである。

　もっとも、大竹氏も、完全に転嫁されたことを前提とする内閣府の試算を支持しているわけではない。それは、「確定的なことは言えない」からであろう。厚労省は、

だと、私は思っています。だから、現在の厚労省が、先輩たちの試算を肯定的に継承しないという姿勢をとっても、先輩たちは怒らないだろうと思っているのですが、そのあたり、いかがですか（笑）。

坂本　山口新一郎元年金局長（昭和60年改正当時）が、当時、横綱は幕下と相撲はとらないと言われましたが、こういう損得論の計算はやらないと宣言された時期もありました[3]。

こういう流れがあって、昨年〔2013年〕の社会保障制度改革国民会議で、第1回目に年金が議論される5月17日を、迎えることになります[4]。

そのあたりは、次の年金数理人会で2012年5月に行った講演録にあります。

公的年金の給付負担倍率などを計算する必要はなく、むしろそうした試算結果は公的年金の理解に支障を来すと考えているので、「確定的なことは言えない」でいいのである。ゆえに、大竹氏の本にある「厚生労働省の考え方」（111-113頁）という見出しの立て方は間違いであり、ここでも、本書第35講427頁のように、「そんなこと、誰が言った？」という内容になっている。

なお、大竹氏は、「人々が病気に効果があると信じているが、医学的には病気を悪化させるような影響しかないことが分かっている薬品があった場合、その薬品を認可すべきか、といえば、そうではないはずだ」（117頁）と論じて、社会保険料の転嫁の問題を、医薬品の認可のアナロジーに沿って説いている。しかし両者は根本的に異なり、医薬品の効果については治験データに基づいて効果有り無し、「医学的には病気を悪化させるような影響しかないこと」を、政策応用に耐えうる程度には確認できるが、社会保険料の場合は、最終的に誰がどの程度負担しているのかを政策に載せるほどの実証研究にはまったく至っていない（「勿凝学問204　社会保険料の転嫁問題に関する経済学者の誤解」（2008年12月3日脱稿）〔権丈（2009）所収〕）。帰着の分析は、常に完全に転嫁されることが実証されないかぎり、政策インプリケーションを導くことが難しい研究領域なのである。

ここで最後に私見を論じておけば、社会保険料の負担については、政治的な説明がつくのであれば、必ずしも労使折半である必要はないと考えている。事実に基づく政策という理念が大切であることを前提としても、実証分析が曖昧で、確定的でないかぎり、政策に責任を持つ人たちの立場からは、政治的な説明力、政策の政治的な正当性がより重要となるのではないだろうか。このあたりは、権丈（2015）における「第20講　研究と政策の間にある長い距離」なども参照してもらいたい。

2）　2004年年金改正時の年金局数理課長。
3）　「年金実務2000号記念座談会　年金制度の過去、現在と未来」『年金実務』第2000号（2012年7月9日）。本書第24講所載。
4）　本書第Ⅰ部紹介文参照。

もう1つ、「保険料を払った分の2.3倍返ってくるというようなことを厚労省は言っている。おかしい」と、西沢和彦さんが言う。私はやっぱり「おかしいよね」と同意しました。同意するのも当たり前で、年金は、債券や株などの金融商品でもなく、保険ですからね。民間保険というのは付加保険料というのが入っているので、たとえば自動車保険で同じような計算をしたら、払い損になります。保険というものの存在意義を表現するうえでは、こういう計算をすること自体がおかしい。だから、厚労省は間違えているという話を私はしました。
……

もっとも、厚労省試算の2.3倍はおかしいと発言した西沢委員の真意は、2.3倍は過大推計だと言いたかったんでしょうね。彼が計算した値で1を切った0.8というのを見たことがありますから。でも、それは私的扶養を社会化していった公的年金というものを分かっていないということなのです[5]。

なお、2009年に年金局が計算した2.3倍は、民主党の指示によって試算したものです。次の説明も、年金数理人会での講演です。

> 2009年5月26日の年金部会で厚労省が公開した2.3倍というあの試算は、当時野党だった民主党の長妻昭、山井和則両氏が、国会運営をめぐる与党との政治的駆け引きのなかで、2009年財政検証の追加試算として年金局に試算をさせたものです。6月初めに、基礎年金国庫負担を2分の1に引き上げる財政措置に関する法案を通さなければならなかった。当時、解散総選挙は近い。だから与党は、「強行採決の映像」だけは残したくない。目の前に迫っているはずの選挙戦の最中に、連日、その強行採決の映像を報道されてはたまらないからです。さらに、参議院は野党が過半数を握るねじれ国会。そうした状況のなかで、自公は民主党の追加試算の要求を飲んだ[6]。

今日の飲み会翌日の連絡は、以上かな。

---

5) 「社会保障制度改革の行方」（講演：2013年5月29日）『年金数理人』No.34（2014年3月）。本書第2講所載。
6) 同上。

追記1　総選挙のあった2009年8月30日の直後である9月3日の僕のホームページ（http://kenjoh.com/）より

　上述の文章の最後に書いているように、厚労省による給付負担倍率を含む2009年5月の財政検証追加試算は、政治的駆け引きのなかで年金局が計算させられてしまったものです。その後、たぶん、忸怩たる思いを抱いていた年金局は、次の資料を作ります。その資料を、当時紹介した僕のホームページより。

　　次の資料は、良くできているので、広く教材としてお薦めします。
○平成21年財政検証関連資料（1）（年金制度における世代間の給付と負担の関係等）[7]
○上記関連資料は、「平成21年度財政検証結果」にあります[8]。

　なお、民主党の「事業仕分け」によれば、「年金に関する広報等」は、＜事業廃止＞に指定されています。ゆえに、年金局数理課が、これまでになく分かりやすくまとめた労作「平成21年財政検証関連資料（1）」は、（おそらく世の中の誤解を解く意図も込めて）財務省が作成した『特別会計のはなし』のような形でまとめられ、広く広報されることはないと思われます。ちなみに、「宣伝しないものは存在しない」というのは、マーケティング界の格言であり、至言でもあります。宣伝されない年金局の力作も存在しないことになるはずです。年金広報の廃止は、民主党の戦術上、正しいのでしょう。

追記2　2014年12月12日の僕のホームページより

　社会保障論を履修している学生のレポートに、次のような文章あり。講義が始まる春には年金破綻論を信じていた学生も、12月頃になると、次のような感想を抱くようになるようです。レポートの課題は、「年金政治経済学とその未来」。

　　……また、いくら官僚が黒子だとしても、社会的な損失につながるよ

---

7) http://www.mhlw.go.jp/za/0812/d01/d01-02.pdf
8) http://www.mhlw.go.jp/stf/seisakunitsuite/bunya/nenkin/nenkin/zaisei-kensyo/index.html

うな事柄には、もっと表舞台に出ることはできないのかと、ふと思いました。

あの時、なぜ動けなかったかということについては「社会保障の教育推進に関する検討会」で、次のような議論が行われていたことから推察してください[9]。

権丈座長 次の議題に移りたいのですけれども、先ほど、私、宮台先生のところにコメントしたのですが、ちょっと補足したいことがあるので、言っておきます。宮台先生は、これから先の少子化の中で、年金は破綻するわけではないが給付水準は下がっていく、そして未納者がいても別に年金が破綻するわけではないとか、実に正しく理解されているのですね。ところが、少子化が進んでも、自分に任せれば年金の給付水準が下がらない方法があるというような者が出てくるから厄介な問題が起こるのです。

そうした実は年金以前の基礎的な話を間違えられてしまうと、共通の基盤で議論ができなくなってしまいます。そこをどこまで教科書の社会保障の項目の中に組み込めるかというようなやはり難題があります。少子化が進んでも全く大丈夫、将来の予測は厚生労働省は下手だけど、自分だったらできるというような者が絶えず出てくるわけですね。ここのところを、何とかしていかなければいけない。……

細野委員 この検討会の現時点での大きな成果は、まさにこの資料2-2「社会保障の教育推進に関する検討会報告書」[10]ですよね。それを見ると、本当にみんなで頑張ったかいがあったというようなものができていて、要は最大の問題というのは、思考停止が起こっていることに加えて、何が正しくて、しかもそれをどう教えたらいいのかというところの問題が、社会保障においては、ずっと宙ぶらりんになっていたのですね。これまでも、きちんと仕組みとかを理解している人は、ここはこうすればいいのだと漠然とした解説はあったのですが、それらのズレがいつまでたっても埋まっていないというのが、この検討会が始まる前までの状況だったわけですね。

それで、具体的にこういうふうに教えれば誤解もなく、スムーズに教

---

9) 第9回社会保障の教育推進に関する検討会（2014年6月23日）議事録。
10) 第9回社会保障の教育推進に関する検討会、配付資料（http://www.mhlw.go.jp/stf/shingi/0000049284.html）資料2-2。

えることができるというものをしっかりつくれたと、1つの達成感はあると思うのですけれども、梶ヶ谷委員の先ほどの発言の中で、短期間で社会保障というものを学ばせるのはやはり困難ではないかという話もあるわけです。ただ、それは確かにそのとおりかもしれないのですけれども、例えば、私の「10分間講座」[11]の話にしても、これだけで本当に世の中の情報の見え方が大きく変わり得る。だから、その意味では、比較的短期間でも、情報を正しく見るようなことというのは、実はできるのではないかなということを私は思っていて、それの1つの象徴的な具体例が、今週の『週刊文春』なのだと思うのです。そこでは「本誌新人記者にもわかった！ 人生90年時代、年金の絶対損しない貰い方」という記事があるのですけれども、この記事が物語っているものは、紹介文のリードを読みますけれども「年金なんて払い損ですよ、初めはそんなことばかり口走っていた新人記者（23歳）がみるみるうちに制度を理解。ついに1つの結論に辿り着いた」みたいな話で始まっているのです。これは、ちょっとこれまでのメディアの報道では考えられなかったことが起こっているのです。

……

権丈座長 今、細野委員からいろいろ発言がありました。文部科学省の塩見課長から見ると、一体、何を議論しているのだと思われるかもしれないですよね。この問題の、社会保障に関してなぜこんな教育検討会などが生まれているかと言いますと、間違ったことが常識のように扱われている世界が世の中にどうもあったのですね。この検討会の初期に調べて分かったことに、高校の教科書の中にも間違ったことが書かれているということがあり、そのことを議論したこともありました。

そして、この国の週刊誌で初めてと言っていいと思うのですが、『週刊文春』の記者が何か正しいことを書いているというのが今週起こったわけです。では月刊誌である『文藝春秋』はというと、相も変わらず昔ながらの間違いを続けている。つまり、会社の中で真っ向対立しているという状況が、今週起こったわけです。……社会保障、特に年金をめぐっ

---

11) 細野真宏氏作成「高校生が最低限、今のうちから知っておくべき社会の仕組みがこの10個の10分間講座で分かる"10個の10分間講座"」「社会保障の教育推進に関する検討社会報告書－資料編－〜 生徒たちが社会保障を正しく理解するために〜」38-48頁。http://www.mhlw.go.jp/file/05-Shingikai-12601000-Seisakutoukatsukan-Sanjikanshitsu_Shakaihoshoutantou/siryou_2_1.pdf

ては本当に信じがたいようなことがずっとこれまで続いてきたわけです。先ほど政策研究所のほうから、プロの先生がという話がありましたけれども、実はこれが危ない。

　社会保障に関しては素人の先生が新しくいろいろ勉強してくださるのだったら、細野委員が先ほど言った23歳の新人記者と同じように、まっさらなというか、そこから勉強していってゆがみのない理解に行き着くことができるかもしれないけれども、これまで自分でプロだと思っている人たちが結構危ない。社会保障が抱えている問題の難しさというのは、これまで大人が信じ切っていることを、それは間違いなんだということをわかってもらうというところにあるんですね。いったん大人が深層心理の部分で信じ切っていることを変えるのは、大変な難作業なわけです。だから、子どもたちへの教育であり、学校教育こそが重要、というのもあるのですけどね。
……

宮台委員　……最近、いい兆候が出ているということなので、期待したいのですが、今までどうして間違った情報が大々的に週刊誌や月刊誌の見出しとして、躍っているときに、それは違うというカウンター情報が出ないのだろうということですよね。予算措置とか難しいとは思いますけれども、最近、間違った認識があります、みたいな厚生労働省の全面意見広告みたいなものが出てもいいのかなという気がしますし、またカウンターな情報がないとよくないと思います。

　今、インターネットの時代なので、以前よりかは随分状況がよく、恐らくこの週刊文春の記者さんとかも、そうした自分自身の関心に従って、ネットなどを調べるとおやおやとか言って、気がついていくということがあるのだと思いますが、しかし、ネットにアプローチ、アクセスしない人もとてもたくさんいるという場合に、やはり従来のマスコミに出てくる間違った情報にカウンターを当てていっていただきたいなというか、そういう人任せでもいけないのですけれども、当てられればいいなと強く思いますね。

権丈座長　どうもありがとうございます。

　一時期、社会保障、特に年金そのものがポリティカル・イシューになってしまったんですね。ポリティカル・イシュー化すると、官僚は正論といえども、なかなか発言できなくなります。その上、2009年の政権交代時には、民主党は、我々がいったんは廃止して新年金制度に作り替

える現行の年金制度の広報費を予算請求するなどまかりならぬという雰囲気の中で、年金の広報費がゼロにされたりしたために、正規軍たる厚生労働省が全く動くことができない状況がありました。正規軍が動けないから、自然と在野の論者達がゲリラ戦を展開しはじめ、年金に対する正しい情報を伝えると共に、間違えた論者達の退治を行っていたわけです[12]。ここにきて、今ようやく正規軍が動けるようになってきて、年金に対する正しい理解について広報活動も行えるようになってきているので、これから先は、宮台委員がおっしゃったような状況にはなっていくのではないかと期待しています。一時期は、社会保障、年金が政争の具とされてしまい、本当にどうしようもない状況に追い込まれていましたが、これから先は失地回復運動がそこそこ展開されていくのではないかという気がします。

細野委員 今の宮台委員の御指摘は、本当にもっともだと思い続けているのですけれども、とにかく私はこれは政府に対して申しわけないですが、何でこの人たちはこんなに反論しないのだろうと、怒りにも似た感情をもっていました。

5年前の財政検証のときに何が起こったのかと言ったら、世の中のニュースのほとんどがこの年金不安をあおるような形になっていたけれども、そこに対して、全く反論とかをしない政府って何なのだろうなというところはずっと思い続けていて。そして、それを同じような感じでカウンターパートになるような人もあまりいないような、宮台委員のおっしゃるような状況にあったのですよね。

だから、世の中に広がっている情報としては、とにかく理解不能なほど誤解に基づく間違った話ばかりがずっと伝えられていて、それが常識化してしまっていたのが、今までだったわけですね。ところが、今年はすごく画期的な年でしたね。この『週刊文春』の話もそうなのですけれども、今年は、私はいろいろな意味で「社会保障の教育元年」だと言っても全然大げさではないと思っているのですね。

財政検証の年に、年金の話がここまで負の面で話題になっていないということは、ある意味、物すごく画期的なことなのですね。

それだけやはり世の中が落ち着いてきているということも同時に言える話で、だからようやく、多くの人が聞く耳を持つような状況になってきたのが実は今なのです。そこで、今回の検討会の大きな意義として、

---

12) 本書第35講中「両論併記から脱却したメディア」参照。

完全に政府だけがつくっていたら、また政府の広報誌だろうくらいな形でこういったものを見られたと思うのですけれども、ただこうやって第三者が入って、きちんと検証していって、つくり上げたことで、別に政府の言い分だけ一方的にやったのではない、というところの説得力もきちんと出てくると思うのです。

本書の最後に、次もどうぞ。上記と同日の教育検討会の議事録からです[13]。

　権丈座長　どうもありがとうございました。
　今、政策統括官のほうから話がありましたように、前政権の2年目の平成23年10月にこの検討会はこっそりと立ち上げられました。当時はまだ抜本改革華やかりし時代でして、そうした雰囲気と対立することになる社会保障教育の正しいあり方の検討、いわば世間の誤解をいかに解き、正しい理解をいかに広めるかということを検討していることは表だって言えない環境でした。検討会で話し合っている内容といいますと、前政権に喜ばしくない彼らへの批判を結構していたのですけれども、そこからずっと続いて、我々、この検討会は生き延びて、ここまで到達することができ、報告書もまとめることができました。その間、高校の公民科の宮崎三喜男先生や家庭科の三野直子先生にもメンバーになって参加してもらった教材検討プロジェクトチームは、9回開催されました。社会保障と税の一体改革と同じように、政権をまたいで継続してきた検討会という強みをこれから先も生かしていただければと思います。
　松江さんをはじめとした事務局の方々には、長い間、大変なお仕事をありがとうございました、とここで終えたいところですが、昨年の社会保障制度改革国民会議の報告書には、「政府は、社会保障の現状や動向等についての情報公開等を行うだけにとどまらず、若い時期から、教育現場等において社会保障の意義や役割を学ぶことのできる機会を設けていくことが必要である」とあります。したがって、事務局の皆様方には、ここで終えたり休むことなく、社会保障の意義や役割を教育現場で教える機会がこの国でしっかりと整備されるまで、今後とも継続してがんばって頂かなければなりません。よろしくお願いいたします。

　とにかくこの「社会保障の教育推進に関する検討会」、社会的意義はよく分からないが、メンバーがおもしろかったことだけは事実だな。みんな、自由

---

13)　第9回社会保障の教育推進に関する検討会（2014年6月23日）議事録。

奔放（？）で、検討会で誤報の新聞記事が配付されては、傍聴席にいた記者たちに、「なんで、あんなおかしな記事が出たのか？　社内で社会保障はどう取り扱われているのか？」といきなり委員から質問が向けられて、傍聴席から、記者が「すみません、あの記事は、○○部が書きまして」と答えてくれたり……。

追記3　社会保障の高校授業を参観して[14]

「後ろにおじさん（すなわち僕ら）、おばさんがいますが、いつもどおりやってください」と、生徒をリラックスさせた宮崎三喜男先生は「みんな、幸せですか」との問いかけで、社会保障の授業をスタート。……

実際に高校生と接し、彼らが社会保障の知識を十分には持っていないものの、社会保障に対する誤解や間違った情報にも思ったほど影響を受けていないことが分かった。純真な目で見れば、こんなにも素直に社会保障の本質を理解できるのかと、おじさん、おばさんたちは驚いた。同時に、社会保障教育の意義と効果が十分期待できると実感できた。そして、これまで「幸せって何か」をテーマにしてきた宮崎先生の授業で、生徒たちには社会保障教育を受け入れる「下地」があったことも教育効果を高めていると感じた。

社会保障や助け合いは、みんなが幸せに生きていく手段にすぎない。大切なのは「幸せって何か」を考えること……

参観を終え、取材の記者たちと駅までの帰り道、ある記者が、「子どもたちのあの純真さ、社会保障への素直な理解はなんなのでしょうね。大人になると、なんで歪むのですかねぇ」。全員、しばし沈黙の後、ある記者がぽつり。「やっぱりメディアかなぁ……」——かもしれない。

14）　2012年11月8日、社会保障教育を授業参観。「特集　社会保障教育を授業参観した」『年金時代』2013年1月号。

あとがき

　2014年7月2日の年金シンポジウム「平成26年財政検証について」(Ⅶ巻第4講参照) の会場で、私が日頃考えていることの、うん分の一くらいしか話していなかった様子を見ていた妻、英子が、後で「年金の本を書くのは気が進まないだろうけど、まとめてみたら」と。

　1980年代の学部生の頃から年金研究の世界を眺めていた私は、年金論の混乱ってほとんどが政治家や研究者による人災で、自分が同じような年金研究者と思われるのも嫌だったので、これまで出した年金の本も、『年金改革と積極的社会保障政策』とか『医療年金問題の考え方』というように、年金だけの研究者でないことを何かと示そうとしてきた経緯がある。ちなみに、慶應でゼミを始めて17年、いまだに年金で卒論を書いた学生は1人もいない——いつも「年金は卒論に向かないから止めときな。あれは考える訓練にはならない」と言い続けてきたからである。そうしたことを知る妻の「年金の本を書くのは気が進まないだろうけど」という言葉だったわけである。

　たしかになぁっと思い、でも、やっぱり、年金の本だけを出して、一緒にされるのは困ると思って、医療介護と財政の本も出して、そっちに優先順位を置こうと考えて『医療介護の一体改革と財政』、『年金、民主主義、経済学』の作業に取りかかったのが昨年、2014年の夏のことであった。ところが、「忘れっぽいという民主主義の欠点」を補う「歴史の記録」をも意識してできあがったものは、はたしてこれは本という形に成りうるものなのか？という代物。

　自費出版も考えていろいろと調べてみたりもしたなか、勇気を出して、これまで再分配政策の政治経済学シリーズでお世話になった慶應義塾大学出版会の木内鉄也さんに相談したのが、2014年の10月頃であった。本書「はじめ

に」を書いたのはその頃である。その後、社会保障教育の世界でいろいろとおもしろいことがあって、2015年の年が明けて新しく加筆していったりと、出版会には大変なご協力をいただいた。おかげでこの度、再分配政策の政治経済学シリーズのⅥ巻、Ⅶ巻として同日に出版することができる運びとなった。

　思えば、2002年の春から夏にかけて、大学の紀要に「年金改革論議の政治経済学」と「積極的社会保障政策と日本の歴史の転換」を書いていた時──この頃の話はⅦ巻第Ⅰ講参照──の紀要の担当者が木内さんであった。校正作業の過程で私の文章を読んでいた彼から「本にしましょう」との提案があり、「再分配政策の政治経済学Ⅱ」として出した本が、再分配政策の政治経済学のシリーズ化の始まりであった。

　今回、Ⅵ巻、Ⅶ巻という、2冊合わせて900頁超の本ができたわけだが、やはり、自分の本は、ないよりはあったほうがよいみたいであるし、便利でもある。医療介護と年金の本、2冊同日出版という、この遊び半分の企画の構想と実現では、妻と木内さんに、どうもありがとうと言いたい。そしてもちろん、この10年間に知り合い、一緒に仕事をしてきた人たち、そしてさまざまなかたちで応援してくれた人たちに、心より感謝している。何よりもみんなは、世の中がまんざら捨てたものではないことを私に教えてくれた。

2015年5月3日
権丈　善一

主要参考文献

Barr, Nicholas (2000), "The role of the public and private sectors in ensuring adequate pensions – theoretical considerations," Conference on Designing Equitable Pension Systems in the Post Crisis World, 10-11 January 2013, Tokyo.

Cichon, M. (1999) "National Defined-Contribution Schemes: Old Wine in New Bottles?" *International Social Security Review*, No. 52, pp.87-105.

Fuchs, V. R. (2000), "The Future of Health Economics," *Journal of Health* 19(2), pp. 1-24.（V・R・フュックス氏による国際医療経済学会第2回世界大会（1999年6月30日於ロッテルダム）の基調講演「医療経済学の将来」〔二木立訳 (2000)『医療経済学研究』(Vol.8, pp. 9-105)〕）。

Klamar, A. (1989), "An Accounting among Economists: Conversations with Sir John R. Hicks," *Journal of Political Perspectives* 3(4), 167-180.

Lee, M. L. (1971), "A Conspicuous Production Theory of Hospital Behavior," *Southern Economic Journal* 38, pp. 48-58.

Piketty, Thomas, (trans.) Arthur Goldhammer (2014), *Capital in the Twenty-First Century*, Belknap Press.（ピケティ、トマ著／山形浩生・守岡桜・森本正史訳 (2014)『21世紀の資本』みすず書房）

Ranade, W. ed. (1998), *Markets and Health Care: A Comparative Analysis*, Longman.

Sintonen, H. and Linnosmaa, I. (2000), "Economics of dental services," in A. J. Culyer and J. P. Newhouse eds., *Handbook of health economics* 1(B), Chapter 24, Amsterdam, Elsevier.

Schumpeter (1951), *Ten Great Economist*, Oxford University Press.（中山伊知郎・東畑精一監訳 (1952)『十大経済学者』日本評論社）

Weinstein, M. C. and Stason, W. B. (1977), "Foundations of Cost-effectiveness Analysis for Health and Medical Practices," *The New England Journal of Medicine*, 296, pp. 716-721.

伊東光晴 (1987)「老いの政治経済学」伊東光晴・副田義也・日野原重明・河合隼雄・鶴見俊輔編『老いと社会システム（老いの発見 5）』岩波書店

——— (1992)「ノーベル経済学賞ゼロの裏側」『THIS IS 読売』8月号

伊東光晴 (2006)『現代に生きるケインズ——モラル・サイエンスとしての経済理論』岩波新書

宇沢弘文 (1994)『宇沢弘文著作集Ⅲ ケインズ『一般理論』を読む』岩波書店

——— (2000)『社会的共通資本』岩波書店

太田啓之（2011）『いま、知らないと絶対損する年金50問50答』文藝春秋
─────（2012a）「民主党は年金に指一本触れるな」『新潮45』3月号
─────（2012b）「年金破綻論のまやかし」『AERA』4月9日号
─────（2012c）「年金大誤報にダマされるな」『週刊文春』4月26日号
大竹文雄（2004）「年金未納は若者の逆襲」『週刊東洋経済』年5月29日号。
大山典宏（2008）『生活保護 vs ワーキングプア──若者に広がる貧困』PHP 研究所
小塩隆士（2012）『効率と公平を問う』日本評論社
クライン、ナオミ著／幾島幸子・村上由見子訳（2011）『ショック・ドクトリン──惨事便乗型資本主義の正体を暴く（上・下）』岩波書店
クルーグマン、ポール／ウェルス、ロビン著／大山道弘・石橋孝次・塩澤修平・白井義昌・大東一郎・玉田康成・蓬田守弘訳（2009）『クルーグマン　マクロ経済学』東洋経済新報社
ケインズ、J. M. 著／大野忠男訳（1980）『ケインズ全集　第10巻　人物評伝』東洋経済新報社
ケインズ、J. M. 著／宮崎義一訳（1981）『説得論集（ケインズ全集　第9巻）』東洋経済新報社
ケインズ、J. M. 著／間宮陽介訳（2008）『雇用、利子および貨幣の一般理論（上・下）』岩波書店
権丈善一（2005〔初版2001〕）『再分配政策の政治経済学Ⅰ──日本の社会保障と医療（第2版）』慶應義塾大学出版会
─────（2006）『医療年金問題の考え方──再分配政策の政治経済学Ⅲ』慶應義塾大学出版会
─────（2007）『医療政策は選挙で変える──再分配政策の政治経済学Ⅳ（増補版）』慶應義塾大学出版会
─────（2009）『社会保障の政策転換──再分配政策の政治経済学Ⅴ』慶應義塾大学出版会
─────（2010）「『この人民ありてこの政治あるなり』の今日的な意味合い」『三色旗』749号
─────（2011a）「震災復興と社会保障・税の一体改革両立を」『WEDGE』5月号
─────（2011b）「半学半教──考えろ、とにかく考えろ」『塾』Autumn
─────（2012）「社会保障と係わる経済学の系譜序説」『三田商学研究』55巻5号
─────（2013）「社会保障と係わる経済学の系譜（1）」『三田商学研究』55巻6号
─────（2015）『年金、民主主義、経済学──再分配政策の政治経済学Ⅶ』慶應義塾大学出版会
権丈善一・権丈英子（2009〔初版2004〕）『年金改革と積極的社会保障政策──再分配政策の政治経済学Ⅱ（第2版）』慶應義塾大学出版会
コトリコフ、ローレンス著／香西泰訳（1993）『世代の経済学──誰が得をし、誰が損をするのか』日本経済新聞社

社会保障制度改革国民会議（2013）「社会保障制度改革国民会議報告書——確かな社会保障を将来世代に伝えるための道筋」
シュンペーター、J. A. 著／東畑精一・福岡正夫訳（2000）『経済分析の歴史』岩波書店
スティグリッツ、ジョセフ E. 著／鈴木主税訳（2003）『人間が幸福になる経済とは何か——世界が90年代の失敗から学んだこと』徳間書店
鈴木亘（2010）『年金は本当にもらえるのか？』筑摩書房
─── （2012）『年金問題は解決できる！——積立方式による抜本改革』日本経済新聞出版社
─── （2014）『社会保障亡国論』講談社
スミス、アダム著／山岡洋一訳（2007）『国富論——国の豊かさの本質と原因についての研究（上・下）』日本経済新聞社出版社
高山憲之（1999a）「公的年金をめぐる争点」『ビジネスレビュー』47巻1号
─── （1999b）「書評／八田・小口『年金改革論』——科学的装いを凝らした八田氏の「信念の表明」書。公的年金積立方式化への疑問」『経済研究』50巻3号
─── （2004）『信頼と安心の年金改革』東洋経済新報社
橘木俊詔（2002）「社会保障制度における世代間公平論と民営化を含んだ制度改革」国立社会保障・人口問題研究所編集『社会保障と世代・公正』東京大学出版会
橘木俊詔・下野恵子（1982）「内部収益率からみた厚生年金制度の所得再分配効果」『労働協会雑誌』No. 227
玉木伸介（2004）『年金2008年問題——市場を歪める巨大資金』日本経済新聞社
辻村江太郎（1977）『経済政策論』筑摩書房
─── （2001）『はじめての経済学』岩波書店
ディートン、アンガス著／松本裕訳（2014）『大脱出——健康、お金、格差の起原』みすず書房
適菜収（2011）『ゲーテの警告 日本を滅ぼす「B層」の正体』講談社
西沢和彦（2014）「年金（特集 2015総予測 バブルがやってくる！）」『週刊ダイヤモンド』2014年12月27日-2015年1月3日新年合併号
西村周三・田中滋・遠藤久夫編著（2006）『医療経済学の基礎理論と論点（講座 医療経済・政策学）』第1巻、勁草書房。
ハーヴェイ、デヴィッド著／渡辺治監訳（2007）『新自由主義』
ハロッド、R. F. 著／塩野谷九十九訳（1967）『ケインズ伝』東洋経済新報社
ピグウ、A. C. 著／気賀健三ほか訳（1953）『厚生経済学（第1分冊）』、東洋経済新報社
福澤諭吉著／西川俊作・山内慶太編（2002）『福沢諭吉著作集〈第5巻〉学問之独立・慶應義塾之記』慶應義塾大学出版会
古市憲寿（2011）『絶望の国の幸福な若者たち』講談社
堀（2005）『年金の誤解——無責任な年金批判を斬る』東洋経済新報社
マーシャル、アルフレッド著／永沢越郎訳（2000）『マーシャル　経済論文集』岩波ブックサービスセンター

宮武剛（2000）『年金のすべて』毎日新聞社
八代尚宏（2009）「経済を見る眼　世代間格差の改善を」『週刊東洋経済』6月1日号
リカードウ、デイヴィド著／堀経夫訳（1972）『デイヴィド・リカードウ全集　第一巻　経済学および課税の原理』雄松堂書店
ロビンズ、ライオネル著／辻六兵衛訳（1957）『経済学の本質と意義』東洋経済新報社

索　引

Alphabet

apple to orange　320
Denzau and Munger モデル　124
IMF: International Monetary Fund　76, 88
IS–LM モデル　11, 123
LSE: London School of Economics and Political Science　128
Old Wine in New Bottles　321
OLG: Overlapping Generation　20, 372
Output is central　46, 77, 201, 206
『SiCKO』　112, 116

あ

アクチュアリー（保険数理人）　332, 333
悪しき競争　125
新しい年金　274
悪貨が良貨を駆逐する　126, 374
アトキンソン（A. B. Atkinson）　353, 365
アメニティーフォーラム　293
アメリカ・ケインジアン　11
アメリカの民主主義　263
アルマゲドン　358
安心社会実現会議　289
安定人口　314

い

為政者の保身　236
今井澄　342
『医療年金問題の考え方』　360
医療保険の民営化　116
院外非救済原則　267
インカムテスト　234

う

ウェッブ夫妻（S. & B. Webb）　123, 132
ウォール街　88
宇沢弘文　12
運用3号　274, 275, 286, 321

え

AIJ 問題　313
永遠の課題　274
エッジワース　132
エルゴード性の公理　13, 21, 116
エンカルタ　364, 366
エンゲルス（F. Engels）　267

お

オプション試算　169
オルテガ（J. Ortega y Gasset）　20

か

カーン（R. F. Kahn）　11
外形標準課税　108, 287
介護保険　391, 424
学者の質　331
学問ニ凝ル勿レ（勿凝学問）　43
隠れ経済学ファン　329
過少消費　16
課税所得　338
肩車型　215, 307
『価値と資本』　11
価値判断　126
価値観明示主義　130
貨幣ヴェール観　13
貨幣数量説　13
完全賦課方式　228
官僚バッシング　3, 59

き

キーフィッツ（N. Keyfitz） 355
規制緩和 135
基礎年金 237, 345
帰着 63, 458
騎馬戦型 215, 307
規範経済学 245
規範分析 113
窮迫販売 133
救貧機能 52, 191, 232, 273, 287, 320, 335, 344
救貧法 267
給付
　――が負担 41, 46, 81, 209
　――建て年金 366
　――付き税額控除 266
　――の十分性 72, 149
　――反対給付均等の原則 330
　――負担倍率 51, 62, 372, 456
9万8,000円の壁の問題 95
教育検討会作成ケーススタディ 103, 408, 429, 436, 450, 458
強行採決の映像 59, 460
拠出建て年金 366
近代の野蛮人 20

く

クロヨン（9割・6割・4割） 338, 347
クラウディング・アウト 311, 455
繰上げ受給・繰下げ受給 83, 99, 156
クルーグマン（P. R. Krugman） 121, 122

け

経済
　――学教育 312
　――学の本質と意義 128
　――財政諮問会議 147
　――政策思想の流れ 14
　――前提専門委員会 25, 59, 150
経世の学亦講究すべし 136
経路依存性 258

ケインズ（J. M. Keynes） 10, 37, 117, 135
　――伝 45
　――革命 29
　――型計量経済モデル 21
　――の庶子（Bastard Keynesian） 11
　――の嫡子（Legitimate Keynesian） 12, 14
ゲーテの警告 300
ケンブリッジ大学 128

こ

故意的な公約違反 269
後期高齢者医療制度 350
公共選択論 270
合計特殊出生率 307
高校の教科書 333, 335
『講座 医療経済・政策学』 136
交渉上の地歩 133
高所得高齢者の課税 371
厚生経済学 127
合成の誤謬 12, 27, 50, 82, 169, 283, 314
厚生年金の適用拡大 274
公的年金
　――とメディア 441
　――に関する定量的なシミュレーションについて 53
　――のインデクゼーション 192
　――のバランスシート 69, 332, 386, 438
　――の債務超過 438
　――論議のパラドックス 24, 291, 365
効率的市場仮説 86
合理的無知 50, 124, 268, 270, 374
高齢期所得保障政策 183, 185, 189
高齢者の貧困率 404
国勢調査 291, 307
国民会議 150
国民皆奨学金 166, 187
国民皆年金 253
国民仕送りクラブ 426
国民年金法 241

ゴッドファーザー　55
この国の政治の諸悪の根源　319
雇用延長　162
『雇用、利子および貨幣の一般理論』　10
古来の予測者　355

さ

財政検証　291, 375
財政再計算　363, 367, 379
最大多数の最大幸福　261
最低加入期間　97
最低賃金　133
最低保証年金　321
最低保障年金　99, 340, 346, 349
最適課税論　249
『再分配政策の政治経済学』　353
坂口試案　146
サブプライム問題　122
サプライサイダー　5
サミュエルソン（P. A. Samuelson）　13, 15, 28, 33
　——・アーロン・パラドックス　314
参議院選挙（2004年）　51

し

シカゴ大学　29, 44
シカゴ・ボーイズ　31
支給開始年齢　82, 99, 157, 168（「受給開始年齢」も見よ）
　——引上げ　158, 174
持久力のある見解　362
資源配分の問題　129
自称「経済学者」　118
市場の失敗　129
自助の強制　235, 237, 267, 330
失業給付　133
実質価値を保障する終身年金　34, 399
実証分析（Positive Analysis）　113
資本主義的民主主義　120, 123
『資本主義と自由』　5, 288
社会主義者鎮圧法　233
社会政策目的による変容　330

社会的扶養　61
社会保険　101, 214, 233, 237, 250
　——一元化　67, 337
　——一元化はタケコプター　57
　——教育　329
　——制度で守るべき第1の原則　91
　——の抜本改革　337
　——の考え方　323
　——の適用拡大　89
　——料賦課ベース　93
社会保障
　——改革に関する有識者検討会　320, 324
　——国民会議　53, 94, 166, 289, 305, 306, 316, 375
　——3経費　102
　——審議会年金部会　46
　——審議会年金部会における議論の中間的な整理　91
　——制度改革国民会議　47, 50, 76, 141, 255, 340, 342, 375
　——制度改革国民会議報告書　171, 239, 349
　——制度改革推進会議　142
　——・税一体改革　274
　——・税一体改革と年金　350
　——・税一体改革成案について　305, 316, 318, 350
　——・税一体改革大綱について　306, 317, 318, 350
　——・税一体改革の集中検討会議　56, 330
　——とかかわる経済学の系譜　9
　——の教育推進に関する検討会　64, 100, 323, 335, 391, 457
　——の正確な理解についての1つのケーススタディ　101, 402, 408, 452, 456
就業者1人当たり人口　215
自由放任論　121
受給開始年齢　97
　——自由選択制　82, 155, 156
　——上限の撤廃　187

――選択の自由　85
受給資格要件　320
シュンペーター（J. A. Schumpeter）　134, 283, 361
消極的自由放任主義者　134
消極的賦課方式論　32
正直者がバカを見ない　91
正直者がバカを見る制度　321, 324
少子高齢化　206, 216
消費税　186
消費の平準化　246
情報の非対称性　125
将来についての考え方　352, 364
将来の生産物に対する請求権　46, 204
職業的詐欺集団　301, 318
所得
　――再分配　17, 329
　――代替率　34, 35, 71, 72, 161, 372
　――比例年金　256
　――捕捉率　95, 347
新救貧法　267
人口
　――減少　206
　――推計（平成18年12月）　313
　――推計（平成24年1月）　313
　――のコブに対するバッファー　78
　――論　267
新厚生経済学　129, 132
新古典派経済学　121, 123
新古典派総合　15, 36
人事院　66
新年金制度　377
新聞の発行部数　286

す

スウェーデン
　――の教科書　335
　――の年金（改革）　63, 321
　――国立銀行　122
　――方式　319
スティグマ　235, 273, 330
スティグリッツ（J. E. Stiglitz）　122

スピーナムランド制度　266
スプレッド　223, 225, 230
スミス（A. Smith）　10, 36, 118, 122, 133, 134, 135

せ

セイ（J.-B. Say）　10, 50
　――の法則　13, 16, 20, 40, 50, 86
生活保護　133, 237, 273
　――法　241
政策実行世代　378, 380
政策の優先順位　62
政治的関心層　268
税・社会保険料の賦課基準たる課税所得　338
政治リスク　60
政争の具たる年金　311
制度移行問題　321, 345
世界銀行　88
世代
　――会計　64, 437
　――間移転　105
　――間格差　61, 62, 64, 104, 207, 316, 428, 447
　――間格差論議の学説史的考察　5
　――間のゼロ・サム・ゲーム　72
　――間のパイの分割　42
　――間不公平論　38, 101, 371, 412, 417
　――間扶養の社会化　81
　――間リスク・ヘッジ機能　74
「積極的社会保障政策と日本の歴史の転換」　8
積極的賦課方式論　30, 33
04年フレーム　143
専業主婦　97

そ

総合確保推進法　151
相続税　371
素材的・物的な視点　37, 46.209
租税方式　53

索引　479

た

退役軍人　55
大海に浮かぶ小舟　370
代議制統治論　262
代考士　115
第3号被保険者　96, 275, 375
大数の法則　197
タケコプター　57
多数の専制　261
タロック（G. Tullock）　353
団塊の世代　161
短時間労働者　274
　——の社会保険適用拡大に関する方法について　90

ち

小さな政府論　123
チェンバレン（J. Chamberlain）　236
チャーチル（W. L. S. Churchill）　214
チャランケ通信　324, 351

つ

積立金　39, 77, 222, 228, 313
積立方式　20, 24, 38, 77, 202, 206, 308, 389

て

帝国主義論　15
定性的な読みの能力　27
ティンバーゲン（J. Tinbergen）　21
手放せない政争の具　317
転嫁　63, 458
転向者　115
天動説　213, 311, 315, 394
伝統的な経済学の方法論　366

と

胴上げ型　215, 307
投影（projection）　21, 146, 291, 354, 357, 358
トウゴウサン（10割・5割・3割）　347
同等命題　46, 105, 207, 311, 315

『道徳および立法の諸原理序説』　262
『道徳感情論』　118
トービン（J. Tobin）　130
特殊平等主義　130
得票率極大化行動　124, 270
特例水準　75
　——から本来水準へ　81
トリクルダウン理論　17
トンデモ年金論　55, 67, 76, 287

な

内閣府ペーパー　326, 397, 429
ナイト（F. H. Knight）　365
長生きリスク　25, 242

に

二重の負担　24, 208, 311, 315, 333, 400
20世紀的社会科学の方法論　366
2009年マニフェストへの先祖返り　317
2009年政権交代後、初めての復帰　310
2004年年金改正　310, 374
日露戦争　26
日本経済団体連合会　147
日本国憲法　241
日本財政学会　119, 344
日本社会政策学会　118

ね

ねずみ講　431
ネットバブル　122
年金
　——一元化　50, 255, 340, 349
　——が政争の具となった国　342
　——関連4法による改革の内容と残された課題　89
　——記者第1世代　107
　——記録回復委員会　277
　——経済学者のライフ・サイクル　312, 315, 362, 372
　——嫌悪感　366, 368
　——財政シミュレーション　119
　——債務超過論　333

『――実務』2000号記念座談会　　64, 71, 84, 95, 170
　　――神話　　315
　　――政局　　306, 455
　　――制度をはじめとする社会保障制度改革に関する両院合同会議　　118
　　――選挙　　318, 319, 340
　　――騒動の政治経済学　　118
　　――の誤解　　203
　　――の世代間不公平　　308, 326
　　――の抜本改革　　68, 340
　　――破綻　　60
　　――は保険である　　189
　　――バランスシート　→　公的年金バランスシート
　　――不信感　　366, 368
　　――保険料の拠出履歴　　344
　　――モンロー主義者　　62
　　――論議の攪乱要因　　55
年金改革
　　『――と積極的社会保障政策』　　360, 361
　　「――の骨格に関する方向性と論点」　　6, 146, 359
　　――の2段階アプローチ　　56, 57, 255, 330, 339, 340, 342
　　「――論議の政治経済学――『方向性と論点を』読んで」　　8
『年金時代』　　5
　　――2012年1月インタビュー　　76
年金綜合研究所　　45
　　――の設立記念シンポジウム　　3, 50

の

農家への個別所得保障制度　　266
納税者番号　　347
能動的自由放任主義者　　134
ノーベル記念経済学スウェーデン国立銀行賞　　28, 121, 122

は

パーソンズ（T. Parsons）　　369, 379

パート労働に関する厚生年金適用のワーキンググループ　　154
ハイエク（F. A. v. Hayek）　　123
パラダイムシフト　　107
パレート効率　　127
ハロッド（R. F. Harrod）　　45
反経済学の感情　　111
反経済学の流れ　　137

ひ

ピグー（A. C. Pigou）　　127, 129
ビスマルク（O. v. Bismarck）　　214, 233
非正規労働者の厚生年金適用の拡大　　375
左側の経済学　　10, 20, 372
　　――から見た経済政策　　18
　　――と右側の経済学の相違　　12
ヒックス（J. R. Hicks）　　11
ビデラ（J. R. Videla Redondo）　　32
ピノチェト（A. J. R. Pinochet）　　32, 44
被保険者期間25年　　320
100年安心　　148, 220, 290, 375, 453
被用者年金一元化法案　　337

ふ

ファースト・ベストの仮定　　248
フィージビリティ　　53, 57, 345, 347
付加価値　　283
不確実性　　13, 22, 24, 33, 362, 428
　　――の古典　　365
賦課方式　　24, 38, 77, 202, 206, 308, 389
付加保険料　　198
ブキャナン（J. M. Buchanan）　　123, 353
福澤諭吉　　43, 130, 136, 375
複利計算の怖さ　　447, 448
扶助原理　　235
負の所得税　　266
フュックス（V. R. Fuchs）　　44
フリードマン（M. Friedman）　　5, 6, 27, 29, 31, 43, 44, 123, 266, 288
ブレトンウッズ体制　　15
プログラム法　　142, 150

分配問題　129

へ

平均余命　219
ペイゴー（pay as you go）方式　38, 403
平成21年財政検証　68
平成26年財政検証　141, 172
ベーシックインカム　119
ベッカー（G. S. Becker）　353
ヘッジファンドの破綻　122
縁付きエッジワースボックス　132, 133
ベンサム（J. Bentham）　261

ほ

方向性と論点 →「年金改革の骨格に関する方向性と論点」
防貧機能　52, 191, 232, 273, 287, 320, 344, 346
防貧・救貧機能の強化　320
保険　22, 246
　──プレミアム　199
　──料固定方式　72, 145
補足性の原則　273
ホブソン（J. A. Hobson）　14
ホメオスタット機構　108, 369, 379
ポラニー（K. Polanyi）　36, 267, 428
本位論　130
ポンチ絵　319

ま

マーケット・リスク　78
マーシャル（A. Marshall）　127
『毎日新聞』　56, 330
マキャベリ（N. Machiavelli）　236
マクロ経済スライド　68, 81, 143, 310, 378, 436
　──の発動時期　71
負け太り　54, 80, 384
マッカーシズム　28
マニフェスト　294
ママリー（A. F. Mummery）　14

マルクス（K. H. Marx）　135
　──経済学　111
マルサス（T. R. Malthus）　10, 14, 15, 267
マンデヴィル（B. de Mandeville）　10, 14

み

ミーンズテスト　234, 273, 330
見えざる手　12
右側の経済学　10, 26, 27, 372
ミスター年金　350
『「未納が増えると年金が破綻する」って誰が言った？』　54
「未納で年金が破綻する」　54, 316, 414
ミュルダール（K. G. Myrdal）　130, 361
ミル（J. S. Mill）　261
民主主義の運営コスト　454
ミンスキー（H. P. Minsky）　32

む

無教養学派　43, 372

め

メディアクラシーの日本的特徴　285
メディケア　58, 328

ゆ

有限均衡方式　72, 82, 168

よ

与謝野馨　56, 305, 317, 338, 350
予測（prediction）　20, 145, 354, 357
　──可能幻想　291
　──可能性信仰　367

ら

ラウントリー（B. S. Rowntree）　426
ランボー（J. J. Rambo）　56

り

リーマン・ショック　15, 313

利益集団モデル　*125*
リカード（D. Ricardo）　*10, 27, 50, 121, 134*
リスク　*22*
　——プレミアム　*199*
　——ヘッジ機能　*58, 63, 430*
理想的な多面性　*117*
リバタリアン　*123*
流動性選好　*13*
両院合同会議　*346*
両論併記　*99*

る

累積成長の法則　*447*

れ

礼儀と歴史　*293*
レーニン（V. I. Lenin）　*15*

歴史センス　*312*
歴史という、1つの社会実験の軌跡　*51*
レッセ・フェール　*12*
劣等処遇原則　*267, 330*
レッド・パージ　*28*
連合　*330*

ろ

ロイド・ジョージ（D. Lloyd George）　*214*
労働市場のブラックホール　*95*
ロビンズ（L. C. Robbins）　*128, 129*
ロビンソン（Joan Violet Robinson）　*11, 361*

わ

ワシントン・コンセンサス　*32, 88, 288*

権丈 善一（けんじょう よしかず）
慶應義塾大学商学部教授　博士（商学）
1962年福岡県生まれ。1985年慶應義塾大学商学部卒業、1990年同大学院商学研究科博士課程修了。嘉悦女子短期大学専任講師、慶應義塾大学商学部助手、同助教授を経て、2002年より現職。この間、1996年〜1998年ケンブリッジ大学経済学部訪問研究員、2005年ケンブリッジ大学ダウニングカレッジ訪問研究員。
公務では、社会保障審議会、社会保障国民会議、社会保障制度改革国民会議、社会保障制度改革推進会議の委員や社会保障の教育推進に関する検討会の座長など、他にもいくつか引き受けたり、いくつかの依頼を断ったり、また、途中で辞めたり。
主要業績に、『医療介護の一体改革と財政――再分配政策の政治経済学Ⅵ』（2015年）、『社会保障の政策転換――再分配政策の政治経済学Ⅴ』（2009年）、『医療政策は選挙で変える――再分配政策の政治経済学Ⅳ［増補版］』（2007年〔初版2007年〕）、『医療年金問題の考え方――再分配政策の政治経済学Ⅲ』（2006年）、『年金改革と積極的社会保障政策――再分配政策の政治経済学Ⅱ』（2004年、労働関係図書優秀賞）、『再分配政策の政治経済学Ⅰ―日本の社会保障と医療［第2版］』（2005年〔初版2001年、義塾賞〕）（以上、慶應義塾大学出版会）、『医療経済学の基礎理論と論点（講座 医療経済・政策学　第1巻）』（共著、勁草書房、2006年）、翻訳としてV. R. フュックス著『保健医療政策の将来』（共訳、勁草書房、1995年）などがある。
URL　http://kenjoh.com/

年金、民主主義、経済学
　　――再分配政策の政治経済学Ⅶ

2015年12月31日　初版第1刷発行

著　者―――――権丈善一
発行者―――――坂上　弘
発行所―――――慶應義塾大学出版会株式会社
　　　　　　　〒108-8346　東京都港区三田2-19-30
　　　　　　　TEL〔編集部〕03-3451-0931
　　　　　　　　　〔営業部〕03-3451-3584〈ご注文〉
　　　　　　　　　〔　〃　〕03-3451-6926
　　　　　　　FAX〔営業部〕03-3451-3122
　　　　　　　振替　00190-8-155497
　　　　　　　http://www.keio-up.co.jp/
装　丁―――――桂川　潤
印刷・製本―――株式会社加藤文明社
カバー印刷―――株式会社太平印刷社

©2015 Yoshikazu Kenjoh
Printed in Japan ISBN978-4-7664-2196-5

慶應義塾大学出版会

再分配政策の政治経済学 I
日本の社会保障と医療［第 2 版］

権丈善一著　公共政策のもつ「所得の再分配」という側面に着目し、民主主義社会における統治者と有権者の間の権力の作用や価値判断の問題を明示的に扱った政治経済学的分析を行う。社会保障の経済研究に新たな視点で切り込む。　　　　　　　　　　　　◎3,400 円

年金改革と積極的社会保障政策
再分配政策の政治経済学 II［第 2 版］

権丈善一・権丈英子著　年金制度改革に向け積極的賦課方式支持論を展開しつつ、社会保障の拡充と経済成長論とを結びつけた第 2 次ケインズ革命を提唱し、近年の社会保障政策の転換を予見した快著の第 2 版。初版は第 27 回労働関係図書優秀賞受賞。　　　　　◎3,400 円

医療年金問題の考え方　再分配政策の政治経済学 III

権丈善一著　2004 年年金国会以降の学界・政界・マスコミの動向を分析した好評ウェブエッセイに関連論文を加え書籍化。少子高齢化、保険料と税、医療給付費総枠規制、混合診療問題など社会保障制度改革の主要論点に答える。　　　　　　　　　　　　　　◎3,800 円

医療政策は選挙で変える　再分配政策の政治経済学 IV【増補版】

権丈善一著　「医療・介護、保育・教育サービスを、所得・地域・年齢・性別にかかわらず皆が自由に使える『共有地』のようにしよう！」と呼びかける著者が、今日の政治に対して辛口しかしユーモラスに切り込む痛快エッセイ集。　　　　　　　　　　◎1,800 円

社会保障の政策転換　再分配政策の政治経済学 V

権丈善一著　崩壊する医療介護に、不信高まる年金に、疲弊する地方に、そして手付かずの少子化に、この処方箋が効く！　ますます混迷を深める日本社会に「積極的社会保障政策」という内需主導型の新たな経済成長論を展開する。　　　　　　　　◎1,600 円

医療介護の一体改革と財政　再分配政策の政治経済学 VI

権丈善一著　医療介護制度改革のキーパーソンが新制度の概要と改革のポイント、その基本的な考え方を分かりやすく解説。また、今後の重要課題となる「地域包括ケア」システムの具体化に向けて、その経緯と次なる改革の道筋を示す！　　　　　◎4,600 円

表示価格は刊行時の本体価格(税別)です。